画说(上)

股事 | 求是
市场先生　图表语言

波　浪　理　论
缠　中　说　禅
筹　码　分　布

李春祯 ◎ 著

波浪理论　图例手册
缠中说禅　图例手册

中国经济出版社
CHINA ECONOMIC PUBLISHING HOUSE
北京

图书在版编目（CIP）数据

画说.上，波浪理论　缠中说禅　筹码分布 / 李春祯著. -- 北京：中国经济出版社，2024.4
ISBN 978-7-5136-7718-9

Ⅰ. ①画⋯　Ⅱ. ①李⋯　Ⅲ. ①股票市场 – 市场分析　Ⅳ. ① F830.91

中国国家版本馆 CIP 数据核字（2024）第 069375 号

特约编辑　李　元
责任编辑　张梦初　高　鑫
责任印制　马小宾
封面设计　久品轩

出版发行	中国经济出版社
印 刷 者	北京富泰印刷有限责任公司
经 销 者	各地新华书店
开　　本	710mm×1000mm　1/16
印　　张	24
字　　数	416 千字
版　　次	2024 年 4 月第 1 版
印　　次	2024 年 4 月第 1 次
定　　价	88.00 元

广告经营许可证　京西工商广字第 8179 号

中国经济出版社　网址 http://epc.sinopec.com/epc/　社址 北京市东城区安定门外大街 58 号　邮编 100011
本版图书如存在印装质量问题，请与本社销售中心联系调换（联系电话：010-57512564）

版权所有　盗版必究（举报电话：010-57512600）
国家版权局反盗版举报中心（举报电话：12390）　　服务热线：010-57512564

前 言

  在金融市场中，每个人都在寻找投资之道。在这个充满机遇与挑战的市场里，每一位投资者都渴望拥有一套得心应手、所向披靡的投资理论。在众多的投资方法中，本书将关注两个备受瞩目的理论：缠中说禅（又称缠论）与艾略特波浪理论（又称波浪理论）。这两大理论在中国享有盛名，受到众多投资者的推崇。

  缠中说禅以其"教你炒股票"的独特方式，用形态学和动力学展现了深入浅出的解析方法和严密的逻辑体系。它的核心理念是还原市场的本来面目，主张用100%的理论推导方式证明走势分解的唯一性。缠中说禅预言，能学会它的人全国不会超过五个。这种神秘感和吸引力无疑增加了缠中说禅的独特魅力。然而，对于一些缠友来说，它的深奥和难以理解可能成为学习时的障碍。

  艾略特波浪理论自20世纪30年代由拉尔夫·纳尔逊·艾略特提出以来，就以其可识别的模式、趋势运动和反转而闻名。这个理论以曼德勃罗特分形几何和斐波那契数列为基础，通过五升三降的八浪循环来描述市场的波动。艾略特波浪理论具有强大的生命力，被广泛应用于股票、商品、外汇等金融市场的分析和预测。然而，一些研习者认为它过于机械化和理想化，无法充分应对市场的复杂性和不确定性。

  对于这两大理论，学术界普遍存在争议。缠论研习者对缠论本身有争议，波浪研习者对波浪理论也有争议。其中，缠论争议更大。

  双方争议的焦点包括理论的基础部分、准确性和实用性。然而，这些争议并没有阻挡投资者对两大理论的热情和追捧。许多投资者热衷于探讨和比较这两大理论，试图找到最适合自己的投资策略。

本书旨在全面而深入地剖析和比较缠中说禅与艾略特波浪理论。通过本书的研究和分析，读者能够更好地理解两大理论。希望通过本书的探讨，读者自己能判断哪一个理论更适合他们。无论您是缠论的追随者还是波浪理论的爱好者，都希望您在本书中能找到答案。

在本书的撰写过程中，笔者进行了严谨的研究和科学的分析，从宏观层面、中观层面和微观层面等多个角度对两大理论进行了对比分析，从哲学、数学、结构要素、应用范围以及实战技巧等方面进行了深入探究。

需要指出的是，本书采用了结构化思维、图形化表达方式——分析研究的整体架构见图 0-1；实践探索是基于 300 多张真实的市场 K 线图进行的。《画说》的最大特点不是话说，而是用事实说话。

在本书的阅读过程中，建议读者保持开放的心态和批判的精神。笔者将竭尽全力做到内容准确、完整和可读。但由于金融市场的复杂性和理论的深奥性，读者在阅读过程中可能会有不同的理解和感悟，需要您积极思考，勇于实践并不断总结经验教训。只有这样，您才能真正领略两大理论的精髓并找到适合自己的投资之道。

《画说》本着实事求是的宗旨，探求市场自身的运动规律。书中有些观点难免偏颇，这仅代表个人意见，如有不当之处，欢迎讨论。

最后，对关心支持《画说》写作的人员表示感谢！向中国经济出版社张梦初老师及其同事致谢！谢谢你们在本书出版过程中自始至终悉心指导，耐心帮助！也希望通过本书的分享和交流，读者能够在金融市场的海洋中航行得更加稳健和从容。

李春祯
2023 年 12 月

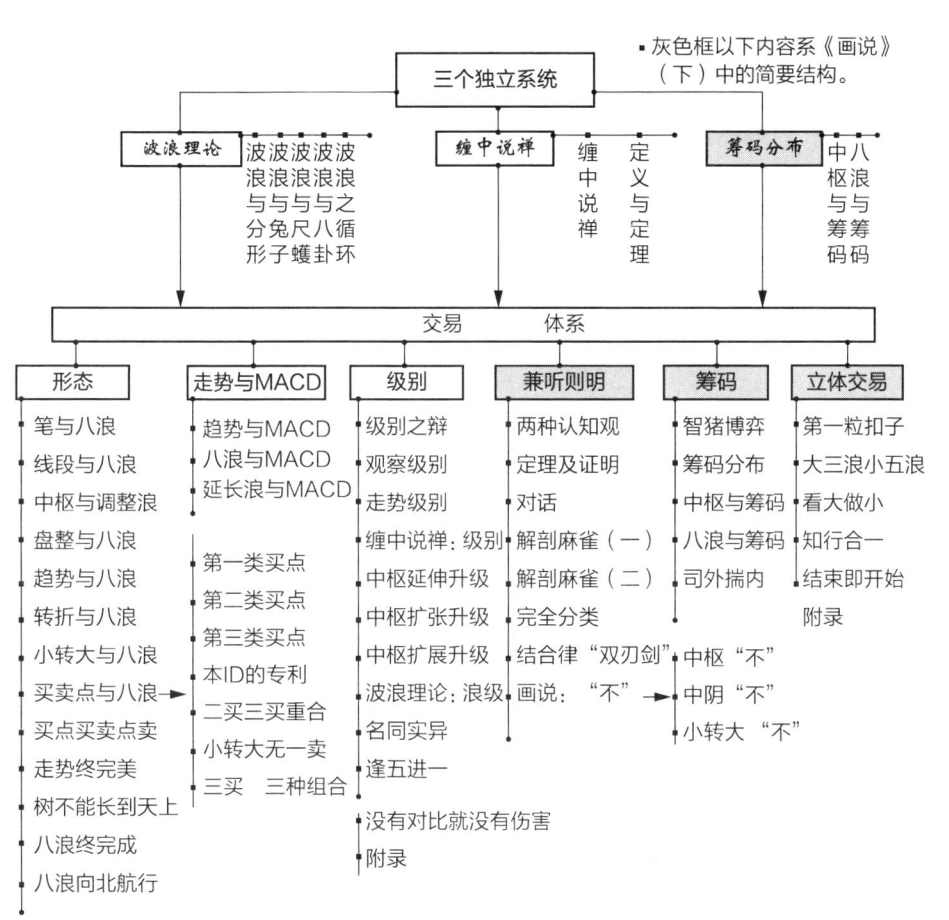

图 0-1 金字塔系统图

目录

| 第一篇 硬核 | 第1章 波浪理论 | 003 |
| | 第2章 缠中说禅 | 059 |

第二篇 交易模块和而不同	第3章 笔与八浪	073
	第4章 线段与八浪	088
	第5章 中枢与调整浪	098
	第6章 盘整与八浪	124
	第7章 趋势与八浪	142
	第8章 转折与八浪	159
	第9章 小转大与八浪	178
	第10章 买卖点与八浪	187
	第11章 买点买卖点卖	233
	第12章 走势终完美	238
	第13章 树不能长到天上	243
	第14章 八浪终完成	257
	第15章 八浪向北航行	264
	第16章 走势与MACD	273

第 17 章　级别	301
第 18 章　没有对比就没有伤害	362
附录 A　画中画	370
附录 B　画中诗	374
附录 C　参考资料	376

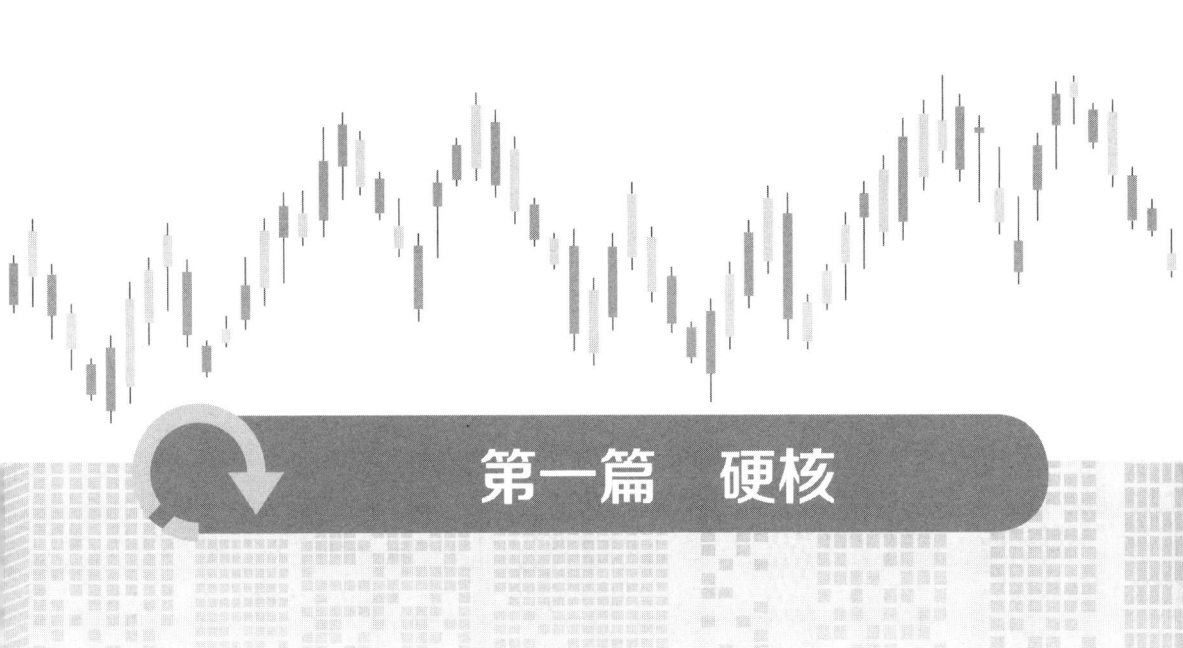

第一篇　硬核

第 1 章　波浪理论

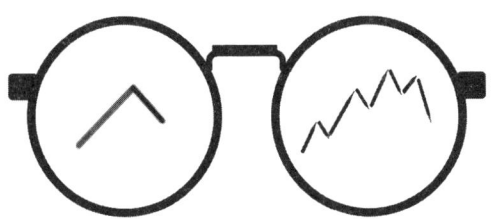

波浪理论介绍

艾略特波浪理论之硬核

（1）艾略特波浪理论之基础：

- 曼德勃罗特（B.B.Mandelbort）分形（Fractal）几何是艾略特波浪的理论基础。
- 斐波那契数列是艾略特波浪理论的数据基础。
- 对立统一法则是艾略特波浪理论的哲学基础。

（2）艾略特波浪理论包括三部分：形态、比率及时间，其重要性以排列先后为序。

（3）波浪理论一个完整的循环包括八个波浪，五升三降。

（4）推动浪和调整浪是价格波动的两个最基本形态：

推动浪（与大趋势走向一致的波浪）可以分割成五个小浪，一般用第1浪、第2浪、第3浪、第4浪、第5浪来表示，简称数字五浪。

调整浪（与大趋势走向相反的波浪）可以划分成三个浪，通常用A浪、B浪、C浪表示，简称字母三浪。

（5）波浪理论三铁律：

①第2浪不破第1浪的底；

②第 3 浪不可以是最短的一个浪；

③第 4 浪的底不可以低于第 1 浪的顶。

（6）波浪可合并为高一级的大浪，亦可以分割为低一级的小浪。

（7）跟随主流行走的波浪可以分割为低一级的五个小浪。

（8）调整浪通常以三个浪的形态运行。

（9）假如三个推动浪中的任何一个浪成为延伸浪，其余两个波浪的运行时间及幅度会趋于一致。

（10）交替规则。如果第 2 浪以简单的形态出现，则第 4 浪大多会以较为复杂的浪型结构出现。

（11）波浪经常遇见的回吐比率为 0.382、0.500、0.618。

（12）在八个波浪完成之后，一个循环即告结束，走势将进入一个新的八浪循环。

（13）时间的长短不会改变波浪的形态，因为市场会依照其基本形态发展。波浪可以拉长，也可以缩短，但其基本形态永恒不变。

（14）总之，波浪理论可以用一句话来概括："八浪循环。"

（15）艾略特波浪理论主要反映大众心理，越多人参与的市场，其准确性越高。

艾略特如是说：波浪理论[①]

20 世纪 30 年代，拉尔夫·纳尔逊·艾略特曾发现股票市场价格以可识别的模式趋势运动和反转。他辨认出的这些模式在形态上不断重复，但并不一定在时间上或幅度上重复。艾略特分离出了十三种这样的模式或称"波浪"，它们在市场的价格数据中反复出现。

他给各种模式命名、定义并图解。他随后解释了它们是如何连接在一起的，形成其自身的更大版本，以及它们是如何依次相连形成大一级的相同模式，依此类推，这产生了结构化的价格波动。艾略特基于这种现象创建了波浪理论。

市场的本质结构产生了完整的斐波那契数列。一个调整浪的最简单表现形式是直线下降。一个推动浪的最简单表现形式是直线上升。一个完整的循环是两条直线。在下一级的复杂形态中，相应的数字是 3、5 和 8，这个数列

---

① 小罗伯特·R.普莱切特（Robert R.Prechter）是《艾略特波浪理论》一书的作者，1979 年，他创立了艾略特波浪国际公司（EWI）并担任总裁，开始发行市场行情资讯——《艾略特波浪理论家》。

可以无穷无尽。波浪产生斐波那契数列的事实揭示出，人类总体表达出的情绪锁定在这条自然的数学法则上。

我们能推论并观察到股市像许多自然现象那样按相同的数学基础运行吗？答案为"是"。正像艾略特在他最后的统一结论中解释的那样，各种波浪的前进有着相同的数学基础。

艾略特为这些浪级从最大到最小选择了以下名称：特大超级循环浪（Grand Supercycle）、超级循环浪（Supercycle）、循环浪（Cycle）、大浪（Primary）、中浪（Intermediate）、小浪（Minor）、细浪（Minute）、微浪（Minuette）、亚微浪（Subminuette）。

循环浪细分成大浪，大浪细分成中浪，中浪再依次细分成小浪等。

更大的循环自动成为下一个更大浪级波浪的两个细分浪，只要这个过程不停，向更大浪级的建造行为就不停止。细分成更小浪级的相反过程显然也永不停息。因此，到目前为止我们可以确定的是，所有的波浪不仅有分量波浪，而且是分量波浪。

因此，一个包含八个浪的完整循环由两个截然不同的阶段组成：五浪驱动阶段（也称五浪），其子浪用数字标示；三浪调整阶段（也称三浪），其子浪用字母标示。就像浪2调整了浪1那样，波浪序列A、B、C调整了波浪序列1、2、3、4、5。

总之，波浪理论中的基本内在趋势是，在任何浪级的趋势中，与大一浪级趋势同向的作用以五浪方式发展，而与大一浪级趋势逆向的反作用以三浪方式发展。

一个驱动浪中的每个同向分量（浪1、浪3和浪5），以及一个完整循环中的每个完全循环分量（浪1+浪2，或浪3+浪4），是其自身的较小版本。

如果在"显微镜"下观察，浪（1）和浪（2）会呈现与浪①和浪②相同的形态。无论浪级如何，形态是不变的。

尽管波浪的内部波浪数是其分类的指导，但正确的总体外形常常是正确计数其内部波浪的指导。

艾略特警告说，"正确的外表"并不一定在所有浪级的趋势中同时显现。解决方案是专注于最清晰的浪级。如果小时走势图含混不清，那就回过头去看看日走势图和周走势图。反过来说，如果周走势图提供了太多的可能性，那就注意短期的市场运动，直至更大的画面使之明朗。一般来说，你需要短期走势图来分析快速运动市场中的细分浪，并用长期走势图来分析运动缓慢的市场。

最初八浪循环结束的时候，一个相似的循环会接着出现，这个循环后面又跟着另一个五浪运动。这种完整的发展产生了一个比组成它的各浪大一浪级（相对规模）的五浪模式。结果是到达标示着（5）的顶点。然后，这个浪级更大的五浪模式又被相同浪级的三浪模式所调整，完成一个更大浪级的完整循环。

波浪理论解释了人类进化的大循环，并揭示了它们怎样以及为什么要这样展开的道理。此外，它不仅包含小规模的循环，还包含大规模的循环，这些循环都是基于一种物理悖论，并在一种恒定的形态中变化。

永远记住，所有浪级的趋势总是同时运转的。例如，有时一个大浪级的第5浪中的中浪级的第5浪会在这两个浪级同时到达上边界线时结束。

没有艾略特波浪理论，市场活动的可能性看起来就会无穷无尽。对于市场未来可能的走势，波浪理论提供的是一种首先限定可能性然后按相对可能性排序的手段。艾略特波浪理论中非常具体的规则把有效的替代方案数减至最少。在这之中，最佳的研判，有时称为"首选数浪"，是满足最多数量的波浪指导方针的那一种。

如果我们考察的是股票市场的本质，而不是一种基于草率考虑之上的表面市场表现，那么股票市场是可以被正确理解的。股票市场不是对时事随机的、无形的大量反映，而是对价格波动的有形结构的精确记录。

精确定位一个转折点是一种惊心动魄的经历，但波浪理论是唯一能够时常提供这种机会来这样做的手段。

普莱切特如是说：波浪理论[①]

正如查理斯·柯林斯所说，波浪理论的应用是一门客观的学科。因此，只有那些极度严谨的研判才是有效的。如果你不顾事实而仅凭自己的期望或者灵感来研判，市场将会给予你惩罚。

我从来没有看到过市场是以不同于艾略特总结的模式而展开的。

波浪理论如此灵验，因为它是百分之百技术的，不需要来自经济学和政治学理论化的帮助。

波浪理论是最纯正的技术分析方式，市场是以波浪的形式连续不断地展开，而各个波浪则是通过形态和比率相互联系在一起的。

波浪理论最显著的特点是广泛性与准确性。它的广泛性常给予人们对市

---

① 以下摘录的文本来自普莱切特访谈录——《普莱切特的观点》。

场的洞察力，而其令人难以置信的准确性则在于它能指出变化的方向。

波浪理论能成为观察股市的独特的工具，其原因之一是它既能反映精微的价格趋势，又能反映宏大的价格趋势。

股票市场的形态无论多大或多小，其基本格局永远不变。

艾略特发现了这个市场运动的基本形态，并在各级波浪中确认了这种形态，即使在最小级别的走势图上也是如此。如果根据一笔笔的交易绘制走势图，你会发现波浪形态照样重复出现。

趋势在各个级别上重复出现，这是艾略特最重要的发现。较大级别波浪的各个组成部分本身，就由较小浪级的波浪所构成。小尺度的波浪汇聚而产生与它们形态相同的大尺度波浪，大尺度的波浪与同级别的其他几个波浪组合在一起又形成更大尺度的波浪。

波浪理论的精髓在于与大一级波浪同向的运动是五浪结构，而逆大一级趋势的运动是三浪结构。从这一点来看，你就能分辨出潜在的趋势，从而能做出相应的投资决策。

一旦掌握了艾略特波浪理论，你就能预测市场面临的任何可能性，以及这种可能性何时发生。

艾略特波浪理论能够预测未来市场的价格走势，这是让我着迷的地方。

我们的基本原理是，社会情绪被遵循波浪理论的形态所驱动，这是一种强烈的自相似运动，受斐波那契比率关系约束。

但是，一旦你掌握了它们，那么在市场上认出各种形态便较为容易。当你能识别出五浪驱动、A—B—C调整和艾略特三角形的时候，只需往走势图上一瞥便能确定买点和卖点，而无须额外的工作。

我必须强调一点，使用艾略特理论获胜的概率还是高于使用别的方法的，并且，这是判断其价值的唯一合理的标准。

社会行为是社会情绪趋势的结果，它遵循波浪理论的形态，并在股市中得到最好的体现。

缠中说禅如是说：波浪理论[①]

"市场是有规律的，但市场的规律并不是显而易见的，需要严格地分析才

---

① 缠中说禅. 教你炒股票［M］. 北京：科学技术文献出版社，2013.

能得到。更重要的是，市场的规律是一种动态的，在不同级别合力作用下显示出来的规律，企图用些单纯的指标、波段、波浪、分型①、周期等预测、把握，只可能错漏百出。但只要把这动态的规律在当下的交易中把握好、应用纯熟，踏准市场的节奏，并不是不可能的。"

言人人殊

百花齐放，百家争鸣。

泰山北斗大家说

◆ 在自然中所引起的一切运动，都遵循着一些不变的和必然的法则。

——霍尔巴赫

◆ 真理是时间的产物，而不是权威的产物。

——培根

◆ 理论的正确性是由理论的结论同人的经验的符合程度判断的。只有通过经验，我们才能对实际做出一些推断。

——爱因斯坦

◆ 实践是理论真假的试金石。

——培根

◆ 我要用自己的眼睛去看这个世界。

——伽利略

◆ 科学是实事求是的学问，来不得半点虚假。

——华罗庚

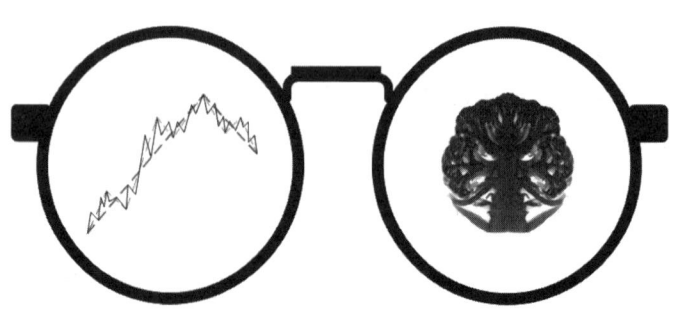

---

① 分型，股市术语。它与下文的"分形"适用领域不同。

波浪与分形

分形几何

著名的数学家陈省身是世界公认的现代微分几何奠基人,一代几何宗师,杰出的华裔数学家。陈省身认为数学可分为以下七个阶段:第一阶段为公理(欧几里得);第二阶段为坐标(笛卡儿、费马);第三阶段为微积分(牛顿、莱布尼茨);第四阶段为群(克莱因、李);第五阶段为流形(黎曼);第六阶段为纤维丛(嘉当、惠特尼);第七阶段为分形几何(曼德勃罗特)。所以分形几何是 21 世纪的几何学。

经典几何研究规则图形,平面解析几何研究一次和二次曲线,微分几何研究光滑的曲线和曲面,分形几何研究自然界大量存在的不规则形体。

分形几何学作为当今世界十分风靡和活跃的新理论、新学科,它的出现,使人们重新审视这个世界:世界是非线性的,分形无处不在。

分形的概念是美籍数学家曼德勃罗特首先提出来的。

为了给自己的研究对象,即那些极不规则、破碎不堪、不光滑、不可微的东西命名,1975 年冬他创造了分形一词。

曼德勃罗特出版的《大自然的分形几何学》一书中,有一段话:"云不只是球体,山不只是圆锥,海岸线不是圆形,树皮不是那么光滑,闪电传播的路径更不是直线。它们是什么呢?它们都是简单而又复杂的'分形'。"

分形几何学是一门以非规则几何形态为研究对象的几何学。由于不规则现象在自然界是普遍存在的,因此分形几何又称描述大自然的几何学。

分形的定义

能无限细分的几何形状,其中的每一细分部分都是整体的缩影。

所谓分形,是数学上的一类几何形体,在任何尺度上都具有复杂并且精细的结构。一般来说,分形几何体都是自相似的,即图形的每一个局部都可以看作整体图形的一个缩小的复本。

分形一词的原意是不规则、支离破碎等,曼德勃罗特用此词来描述自然界中传统欧几里得几何学所不能描述的复杂无规则的几何对象。

例如,弯弯曲曲的海岸线、起伏不平的山脉、粗糙不堪的断面、变化无常的浮云、九曲回肠的河流、纵横交错的血管、令人眼花缭乱的满天繁星等。它们的特点都是极不规则或极不光滑。直观而粗略地说，这些对象都是分形。

根据自相似性的程度，分形可以分为有规分形和无规分形。有规分形是指具有严格的自相似性，即可以通过简单的数学模型来描述其相似性的分形，如雪花曲线、勾股树等；而无规分形是指具有统计学意义的自相似性的分形。波浪理论的八浪结构，五升三降循环往复则属于无规分形。

从分形理论的角度来讲，自相似性是分形的一个重要特征，自相似性结构就是局部形态和整体形态的相似。用波浪理论的话来讲，一个大级别的上涨五浪，其中一浪、三浪、五浪都可以进行细节上的拆分，从而出现级别较低的五浪序列。这个级别较低的五浪序列和级别更高的五浪序列的走势极其相似，从这个角度去看，这与自相似的定义不谋而合。

分形形态中的自相似性可以是完全相同，也可以是统计意义上的相似。

股票市场大多数在自相似结构中运行，短期的偶然因素在主导或干扰短期不同尺度的分形运动，但中长期的核心驱动力将一直并最终决定高级系统层面的分形趋势运动，这也许就是波浪理论的真谛吧！

波浪理论与分形几何

分形几何学为股市分析提供了新理论、新方法，极大地拓宽了投资者的视野。它廓清了一些以前争论不休的问题，为股市分析预测正了名，使波浪理论有了坚实的数学基础；如果几何对象的某个局部放大后与其整体相似，这种性质就叫作自相似性，这一点为波浪理论的级别变化和循环交替提供了科学的解释。

自相似性有两种分类，一种是规则分形，另一种是随机分形。规则分形指的是局部放大后的样子和原先的分形是相同的，它们的相似度非常高，我们一眼就可以辨认出来。然而在自然界，大部分的分形都是随机分形，它们虽然满足自相似性，但是相似度却不高，股价的走势也属于随机分形。

微浪由小微浪组成，微浪组成了小浪，小浪堆成大浪，大浪成长为更大级别的浪。波浪理论与分形几何均反映了股市的本质。

在艾略特发现市场运动的规律而将其命名为波浪理论时，分形理论还没有面世。艾略特因慢性心肌炎于1948年1月15日与世长辞，而曼德勃罗特的分形理论是于1975年冬才提出来的。尽管如此，这并未影响艾略特对金融市场规律的客观观察和认识。

在以下论述中，艾略特描述的波浪理论没有，也不可能有分形的提法；但是，波浪理论所描述的的确是一种金融市场中的分形结构。

艾略特如是说：波浪理论中的分形结构[①]

20世纪30年代，艾略特曾发现股票市场以可识别的模式（Pattern）进行趋势运动和反转。他辨认出的这些模式在形态上不断重复，但并不一定在时间上或幅度上重复。艾略特将这种现象归纳为波浪理论。

市场有其自身的规律，它不会为人们在日常生活经验中习以为常的线性因果关系所驱动。市场的轨迹不是消息的产物。市场也不像某些人宣称的那样是有节奏的机器。它的运动反映了各种形态的重复，这种重复既独立于假定的因果关系事件，也独立于周期。

在1938年的《波动原理》和1939年的一系列文章中，艾略特指出股市呈现一定的基本韵律和形态，五个上升波和三个下降波构成了八个波的完整循环。

艾略特并未特别说明仅有一种支配形态，即"五浪"模式，但这是不可否认的事实。在任何时候，市场都能被识别为处于最大浪级（Degree）趋势的基本五浪模式中的某个位置。由于五浪模式是市场前进的主导形态，因此其他所有模式都被它囊括。

最初八浪循环结束的时候，一个相似的循环会接着发生，这个循环后面又跟着另一个五浪运动。这种完整的循环产生了一个比组成它的各浪大一浪级（相对规模）的五浪模式。结果是到达标示着（5）的顶点。然后，这个浪级更大的五浪模式又被相同浪级的三浪模式所调整，完成一个更大浪级的完整循环。

一个驱动浪中的每个同向分量（浪1、浪3和浪5），以及一个完整循环中的每个完全循环分量（浪1+浪2，或浪3+浪4），是其自身的较小版本。

艾略特在撰写《自然法则》时曾经解释说，斐波那契数列奠定了波浪理论的数学基础。

---

① 普莱切特，弗罗斯特.艾略特波浪理论：市场行为的关键（珍藏版）[M].陈鑫，译.北京：机械工业出版社，2015.

普莱切特如是说：波浪理论中的分形结构

无论交易什么品种，也不管环境怎样，金融市场几乎总是按照一种模式运行，所有的市场都按照艾略特波浪发展。

波浪理论能成为观察股市的独特的工具，其原因之一是它既能反映精微的价格趋势，又能反映宏大的价格趋势。

股票市场的形态无论多大或多小，其基本格局永远不变。

艾略特发现了这个市场运动的基本形态，并在各级波浪中确认了这种形态，即使在最小级别的走势图上也是如此。如果根据一笔笔的交易绘制走势图，你会发现波浪形态照样重复出现。

趋势在各个级别上重复出现，这是艾略特最重要的发现。较大级别波浪的各个组成部分本身，就是由较小浪级的波浪所构成的。小尺度的波浪汇聚而产生与它们形态相同的大尺度波浪，大尺度的波浪与同级别的其他几个波浪组合在一起又形成更大的波浪。凡此种种，不一而足。

在上升市——真正的牛市中，波浪分量是向上的五个浪，顺序为升—降—升—降—升。熊市中总是出现降—升—降的三浪序列。每个波浪都有各自的形状和个性。只要能识别出当前波浪的形态，就能知道接下来将可能出现什么浪或就有把握预料接下来市场会发生什么。

正如所有的波浪都是更大波浪的组成部分一样，超级循环浪并不是最大浪级。尽管如此，从那时起，更详尽的股票市场数据已经证明了波浪理论的正确性。

波浪的识别是一件很视觉化的事情。看走势图，先从长期走势图开始，然后逐步转移到短期走势图上。细分是波浪的天性。要研判波浪，必须深入到更低一级浪的细节里面去。

波浪形态能出现在任何级别的趋势中。月线图上的形态同样也会出现在分钟图上。对于日内短线交易来说，你至少要先识别出中浪和小浪，然后便可以随心所欲地交易，只要你可以够快地判断波浪形态。在用波浪理论进行日内短线交易之前，也许你需要先在大一级趋势的走势图里花一番大力气，直到你真正掌握了波浪预测的方法。

要鉴别一个新的波浪的启动，最重要的是分辨出上一个波浪的终点！我们密切关注两者的衔接关系，当一个浪终结的时候，那就是另一浪启动了。

从理论的角度来讲，市场行为遵循数学定律，但这与自然科学中发现的定律又不一样。从实际应用的角度来讲，波浪理论是一个活的系统，它允许形式的变化，事实上，允许无限的变化，但又受限于一个基本形式。

我们的基本观点是，社会情绪被遵循波浪理论的形态所驱动，这是一种强烈的自相似运动，受斐波那契比率关系约束。

本 ID 如是说：缠中说禅与分形几何[①]

本 ID 的理论中，有一条最重要的定理，就是有多少不同构的自相似性结构，就有多少种分析股市的正确道路，任何脱离自相似性的股市分析方法，本质上都是错误的。

自同构性结构，在前面不太精确地用了自相似性结构之类的词语，这很容易和数学里的分形以及利用这种先验性理论构造的理论中的一些术语相混淆，所以以后都统一为自同构性结构。而正因为有了自同构性结构，所以股票走势才可以被技术所绝对分析。

至于所谓分形，当然也可能是一种结构，但这种结构，本质上都是归纳性的，因此都必然是有缺陷、划分不唯一的，和在一种完全分类基础上给出的绝对结论，有着本质的区别。

> 做一个在水中学习游泳的人
>
> 观浪
>
> 横看成岭侧成峰，五升三降垄上行。
>
> 不畏浮云遮望眼，只缘心在八浪中。
>
> 纸上得来终觉浅，绝知此事要躬行。
>
> 股事求是
>
> 市场先生　图表语言

[①] 缠中说禅.教你炒股票［M］.北京：科学技术文献出版社，2013.本ID指的是《教你炒股票》的作者缠中说禅。

> 画说
>
> 波浪与分形
>
> 事实是无言的芬芳，真理在画说中绽放。
>
> 穿着最顶级的鲨鱼皮游泳衣，天天岸上练，从来不湿脚。
>
> 你还在岸上学游泳吗？请跳下水吧！
>
> 涉浅水者见鱼虾，涉深水者见蛟龙。
>
> 矮人看戏何曾见，都是随人说短长。
>
> 掀起你的盖头来，让我看看你的脸。

波浪理论　单层平面　分形结构图

相关内容见图 1-1 至图 1-10。

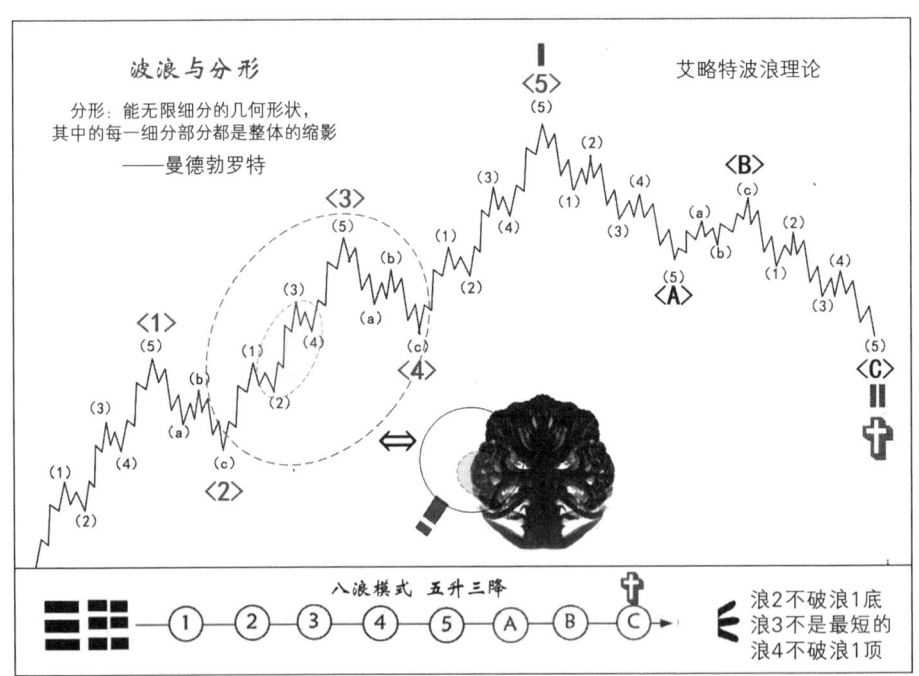

图 1-1　波浪与分形原理图

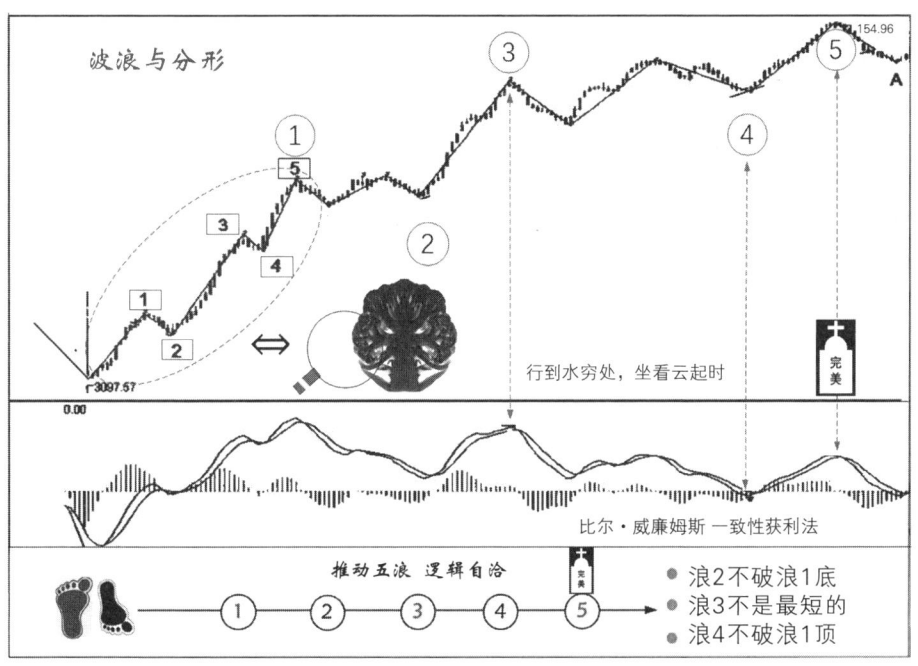

图 1-2　上证指数 1F（2017 年 4 月 27 日）

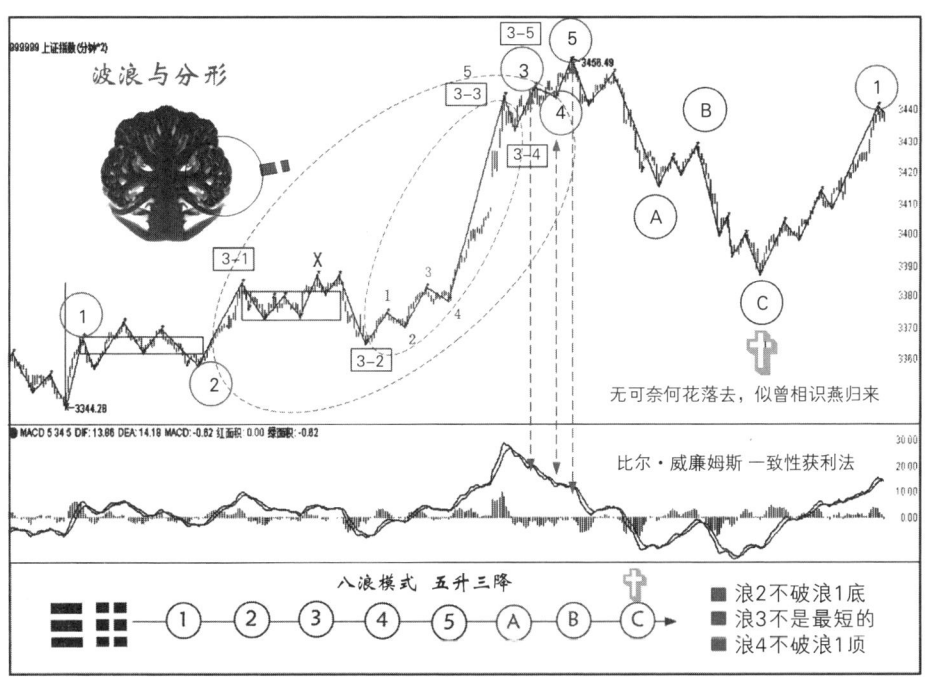

图 1-3　上证指数 2F（2020 年 11 月 26 日）

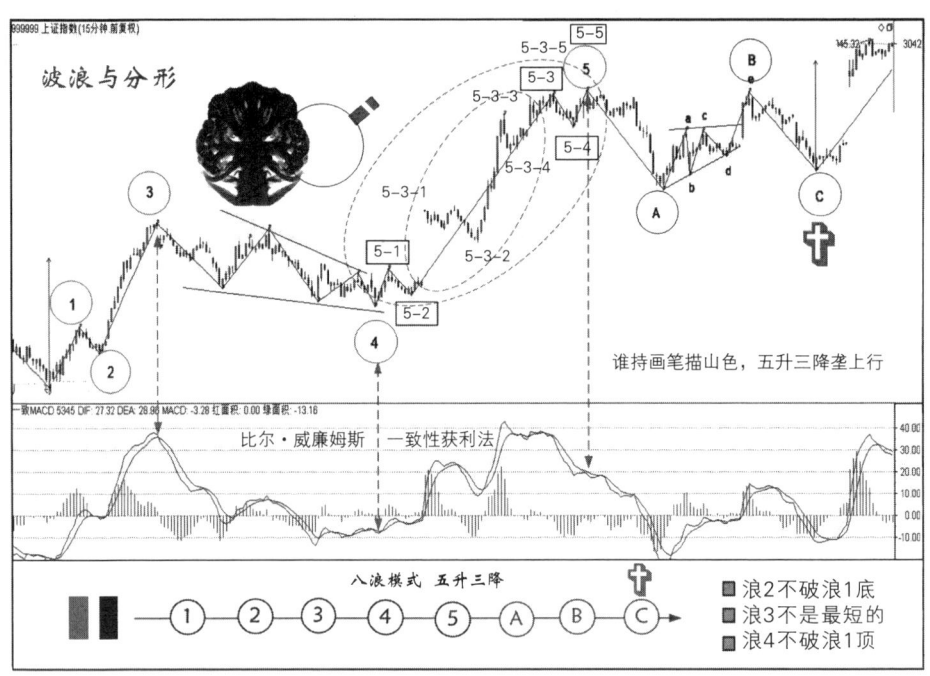

图 1-4　上证指数 15F（2019 年 6 月 10 日）

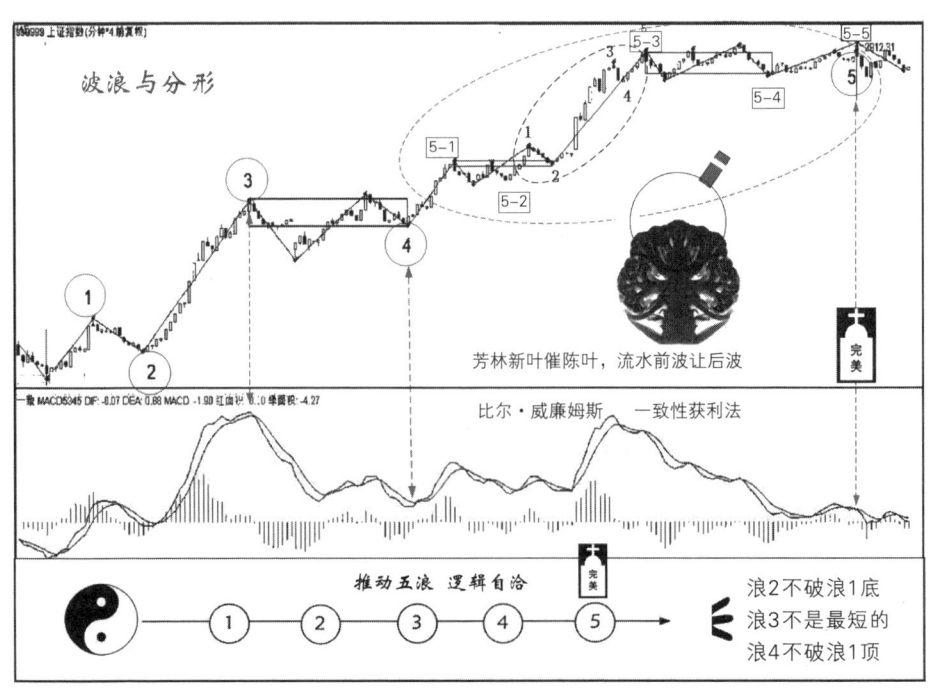

图 1-5　上证指数 4F（2018 年 7 月 25 日）

波浪理论多层平面分形结构图

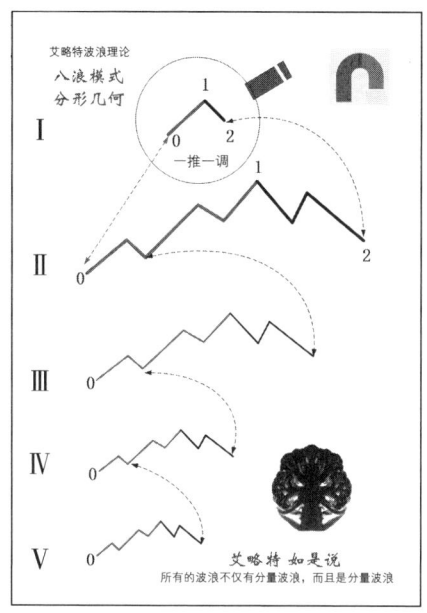

图 1-6　波浪理论八浪模式分形几何原理图

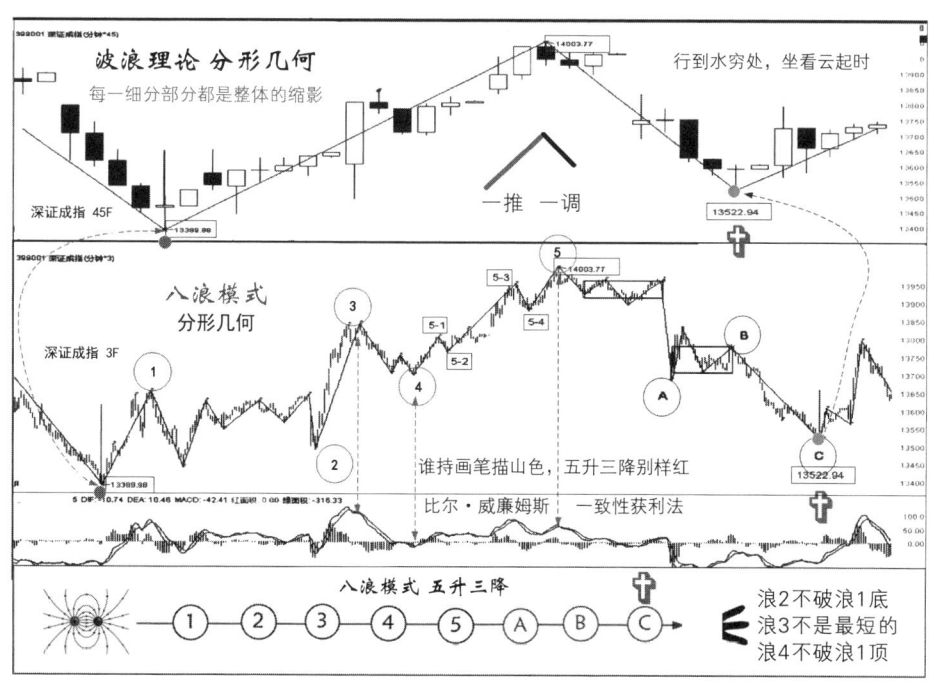

图 1-7　深证成指 45F、3F（2021 年 3 月 15 日）

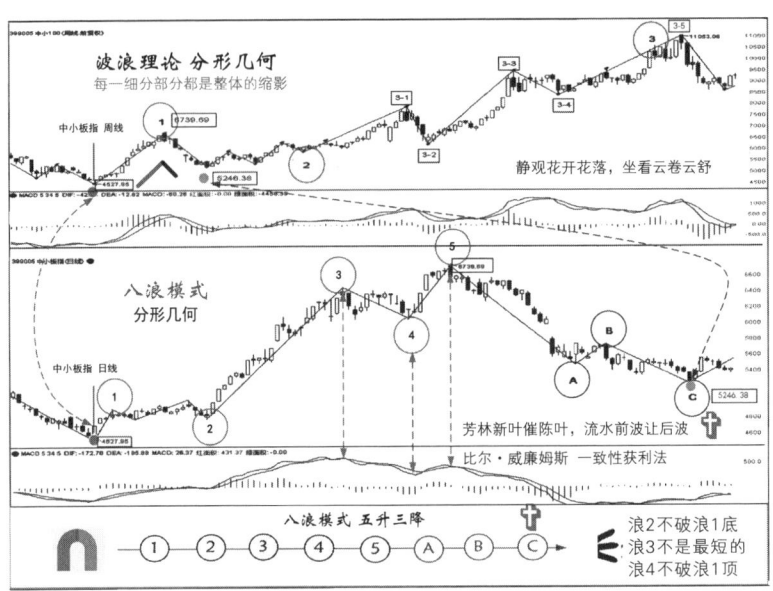

图 1-8　中小板指周线、日线（2019 年 1 月 15 日）

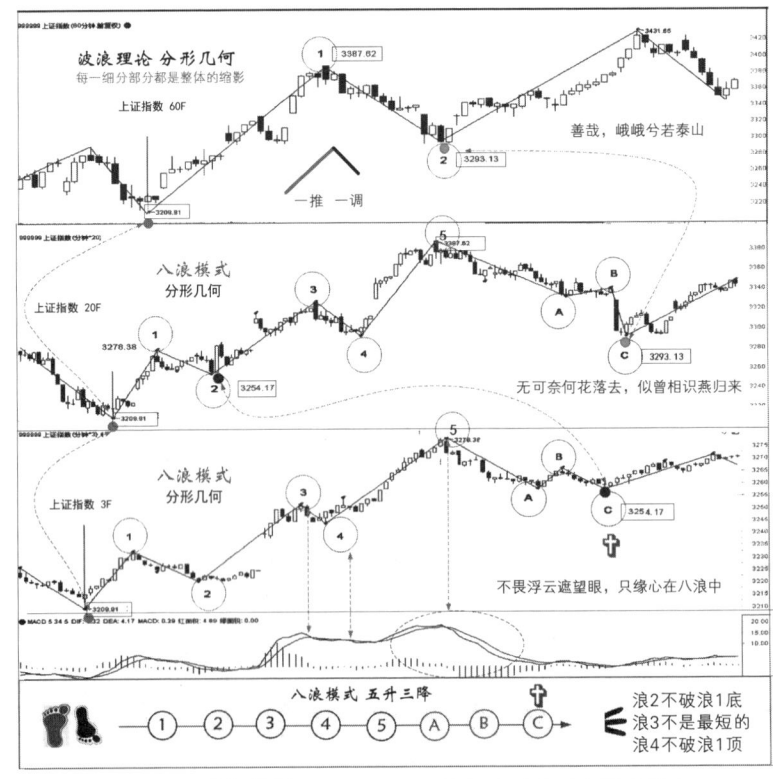

图 1-9　上证指数 60F、20F、3F（2020 年 11 月 2 日）

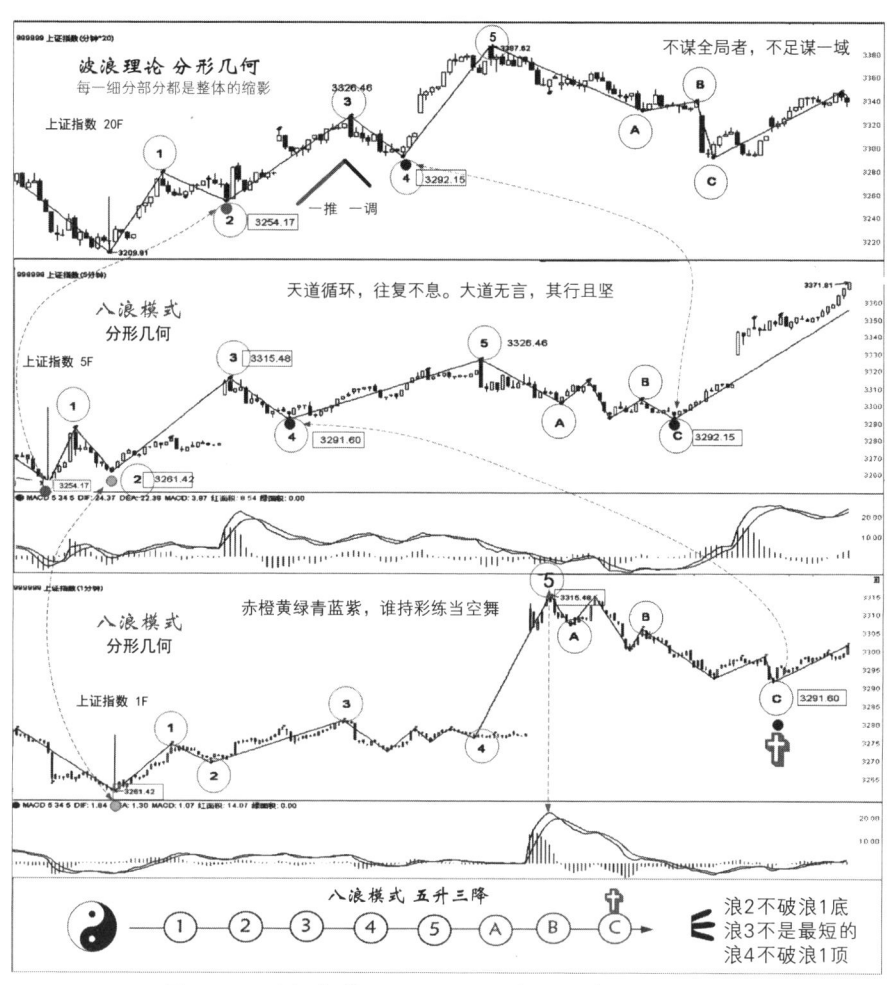

图1-10 上证指数20F、5F、1F（2020年11月4日）

图穷匕见

无画不说，有画少说；

画中有话，话中有画。

主要是画，次要是话；

画没有错，话会有错。

尽小者大，慎微者著。

形而上者谓之道，形而下者谓之器。

操千曲而后晓声，观千剑而后识器。

实践感悟

- 自相似性就是局部形态与整体形态相似。
- 波浪理论是部分与整体以某种方式相似的分形结构。
- 股市属于随机分形，它具有统计意义上的自相似，而不是绝对自相似。

泰山北斗大家说

◆ 数学，如果正确地看，不但拥有真理，而且也具有至高的美。

——罗素

◆ 分形的奇妙之处在于以往看似无规则、碎片状的东西，其实也是有确定性规律的。

——曼德勃罗特

◆ 历史总是惊人的相似，但不会简单地重复。

——马克·吐温

◆ 分形几何不仅展示了数学之美，也揭示了世界的本质，还改变了人们理解自然奥秘的方式；可以说分形几何是真正描述大自然的几何学，对它的研究也极大地拓展了人类的认知疆域。

——周海中

◆ 一门科学，只有当它成功地运用数学时，才能达到真正完善的地步。

——马克思

波浪与兔子

斐波那契数列

坐落于意大利比萨的里昂纳多·斐波那契雕像底座上铭刻着"A. 里昂纳

多·斐波那契,他是 13 世纪比萨著名的数学家"。

数学家里昂纳多·斐波那契(Leonardoda Fibonacci)以兔子繁殖为例而引出一个数列,故又称"兔子数列"。

他在《算盘全书》中,提出了下面的问题。

"有小兔子一对,如果它们第二个月成年,第三个月生下一对小兔,以后,每月生产小兔一对,而所生的小兔亦在第二个月成年,第三个月生产另一对小兔,此后也每个月生一对小兔。则一年后共有多少对兔子?"假设每产一对兔子必为一雌一雄,而所有兔子都可以相互交配,并且没有死亡。

分析:这样推算下去,每个月所生的兔子数可以排成下面的数列:1,1,2,3,5,8,13,21,34,55,89,144……

我们把这一列数称为斐波那契数列。研究这一列数的规律,从第三项起每一个数都是排在它前面两个数的和。如 2=1+1,3=1+2,5=2+3,8=3+5,13=5+8,21=8+13……

斐波那契数列可以无限地写下去。在数学上,斐波那契数列以递归的方法定义:

$$F(0)=0 \quad F(1)=1$$
$$F(n)=F(n-1)+F(n-2)(n \geq 2, n \in N^*)$$

波浪理论是构建于斐波那契数列之数学基础上的一门市场分析学说。

艾略特如是说:波浪理论中的斐波那契数列[①]

我们能推论并观察到股市像许多自然现象那样按相同的数学基础运行吗?答案为"是"。正像艾略特在他最后的统一结论中解释的那样,各种波浪的前进有着相同的数学基础。

为什么是"5-3"?艾略特本人从未考虑过为什么市场的基本形态是五浪前进和三浪倒退,他只是注意到这就是所发生的事实。

基本形态非得是五浪和三浪吗?考虑一下,你就会认识到,这是在线性运动中实现振荡(Fluctuation)和前进的最低要求,因此也是最有效的方法。

---

① 普莱切特,弗罗斯特.艾略特波浪理论:市场行为的关键(珍藏版)[M].陈鑫,译.北京:机械工业出版社,2015.

一浪不允许有振荡，创造振荡的最小细分浪是三浪。在两个方向上的（不限制规模的）三浪不允许有前进，纵使有倒退期，要朝一个方向前进，主要趋势上的运动就必须至少是五浪，这不仅比三浪涵盖的范围更广，而且仍然包含了振荡。尽管可能有比这更多的波浪，但是分段前进的最有效形式是"5–3"，而且自然界典型地遵循最有效的途径。

当波浪与它作为其中一部分的大一级波浪同向运动时，用驱动方式（五浪）划分；当波浪与它作为其中一部分的大一级波浪反向运动时，用调整方式（三浪或其变体）划分。

在各种市场中，价格前进最终采取一种特定结构的五浪形态。这些浪中的三个，分别标示为1、3和5，实际影响这种有向运动。而它们又被两个逆势的休整期分割，分别标示为2和4。对于将要发生的整个有向运动，这两个休整期显然是必不可少的。

有两种波浪发展方式：驱动的（Motive）和调整的（Corrective）。驱动浪有一个五浪结构，调整浪有一个三浪结构或其变体。

总之，波浪理论中的基本内在趋势是指，在任何浪级的趋势中，与大一浪级趋势同向的作用以五浪方式发展，而与大一浪级趋势逆向的反作用以三浪方式发展。

普莱切特如是说：波浪理论中的斐波那契数列

《艾略特波浪理论》的作者普莱切特说："科学正在迅速证明，这个宇宙世界实际上存在这样一种自然的比例关系。"

我们的基本原理是，社会情绪被遵循波浪理论的形态所驱动，这是一种强烈的自相似运动，受斐波那契比率关系约束。

波浪理论的精髓在于与大一级波浪同向的运动是五浪结构，而逆大一级趋势的运动是三浪结构。

在上升市中，波浪分量是向上的五个浪，顺序为升—降—升—降—升。下降市中总是出现降—升—降的三浪序列。每个波浪都有各自的形状和个性。只要能识别出当前波浪的形态，就能知道接下来将可能出现什么浪。

波浪理论中的黄金分割率

斐波那契数列除前三个数字外，每相邻之间的数字几乎都是黄金分割率

（0.618）的关系。并由此衍生出许多有趣的数学现象。

这个比例让人感到很舒服，它在生物、音乐、绘画与建筑中"很自然"地常常出现，在证券市场中也频频出现。

艾略特认为，斐波那契数列奠定了波浪理论的数学基础。

然而，关键是要明白，在波浪理论的大概念中，数字本身确实有理论上的重要性，而比率才是这种类型的生长模式的关键。

所有逆势的休整期均采用调整方式，即浪 2 和浪 4。它们的结构被称为"调整的"是因为每一浪都作为对前面的驱动浪的一种反应而出现，但仅完成部分回撤，或称"调整"。

"一个熊市预计会跌多少？"除波浪理论外，没有哪种市场手段能给这个问题提供令人满意的回答。解答这个问题的主要指导方针是，调整浪——尤其当它们本身是第 4 浪的时候，往往在先前小一浪级的第 4 浪的运动区域内记录下它们的最大回撤，大多数情况下是在其终点附近。

在驱动浪中，浪 2 总是回撤不了浪 1 的 100%，而且浪 4 总是回撤不了浪 3 的 100%。此外，浪 3 总会超过浪 1 的终点。驱动浪的目的是产生前进，这些形成规则确保了前进行为的发生。

市场是以波浪的形式连续不断地展开的，而各个波浪则是通过形态和比率相互联系在一起的。

波浪的研判还是需要一些艺术头脑才能做得好，因为市场本身的波动就像在画图，你必须首先判决比例是否足够相称协调，然后才能说这个波浪已经完成了。

用波浪理论来决策在何处设置止损单简直无懈可击，因为波浪理论给予了你一个客观的止损价位。你被逼着遵守纪律，从长期投资操作来说，这是使你保持良好交易纪录的唯一办法。

做一个在水中学习游泳的人

学以致用

一语不能践，万卷徒空虚。

纸上得来终觉浅，绝知此事要躬行。

股事求是

市场先生　图表语言

画说
波浪理论与斐波那契数列
波浪理论与黄金分割率

事实是无言的芬芳，真理在画说中绽放。

穿着最顶级的鲨鱼皮游泳衣，天天岸上练，从来不湿脚。

你还在岸上学游泳吗？请跳下水吧！

涉浅水者见鱼虾，涉深水者见蛟龙。

矮人看戏何曾见，都是随人说短长。

掀起你的盖头来，让我看看你的美。

波浪理论与斐波那契数列

相关内容见图 1-11 至图 1-17。

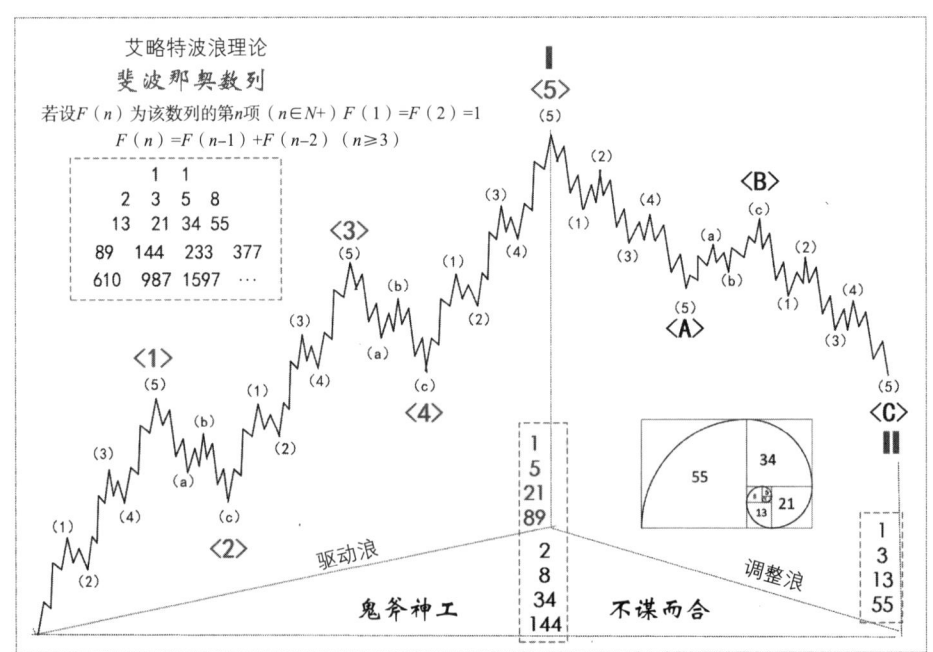

图 1-11　波浪理论与斐波那契数列原理图

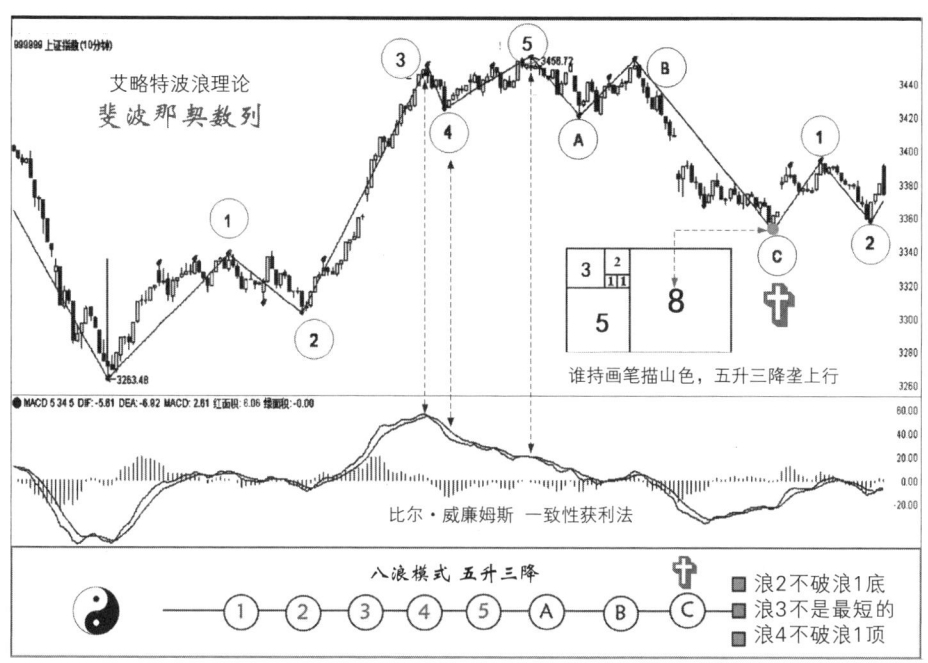

图 1-12　上证指数 10F（2020 年 8 月 12 日）

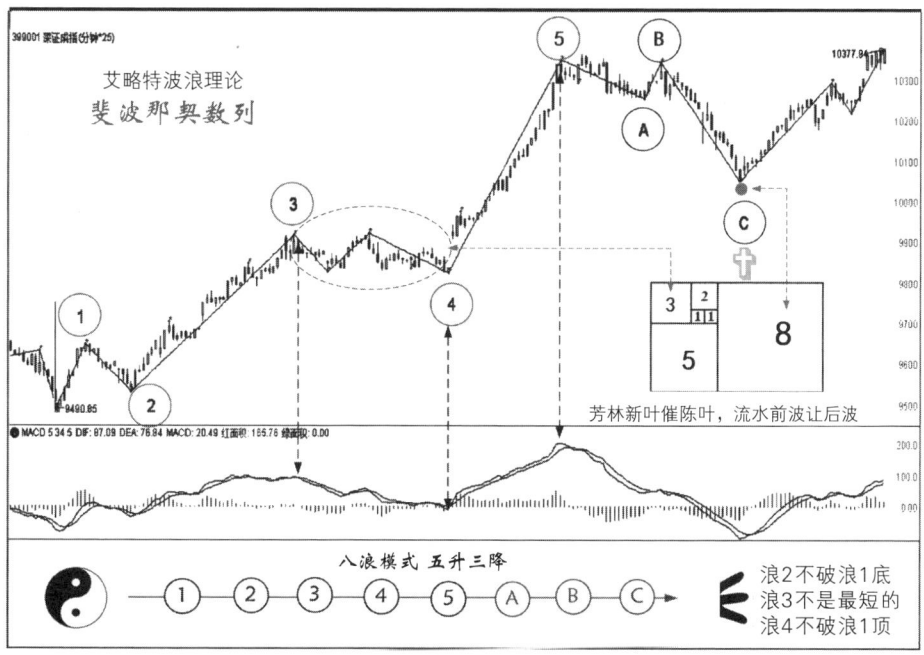

图 1-13　深证成指 25F（2019 年 11 月 29 日）

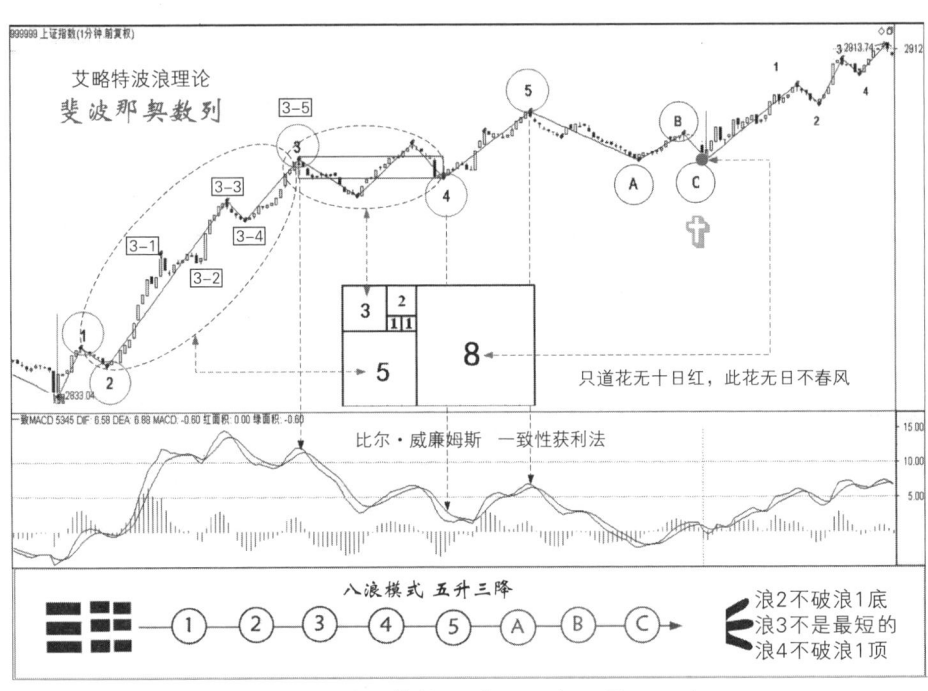

图 1-14 上证指数 1F（2019 年 5 月 27 日）

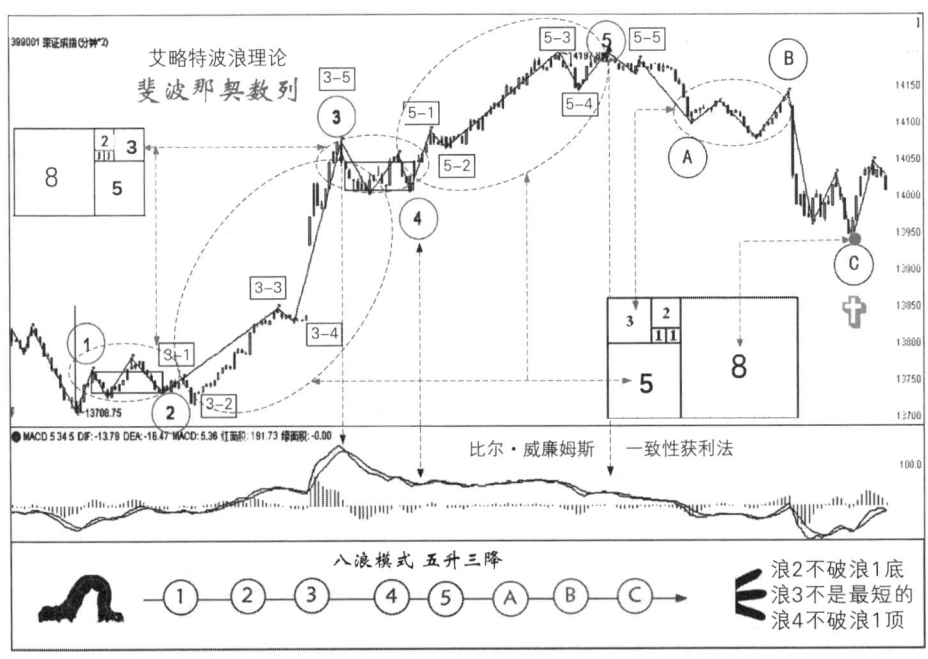

图 1-15 深证成指 2F（2020 年 11 月 6 日）

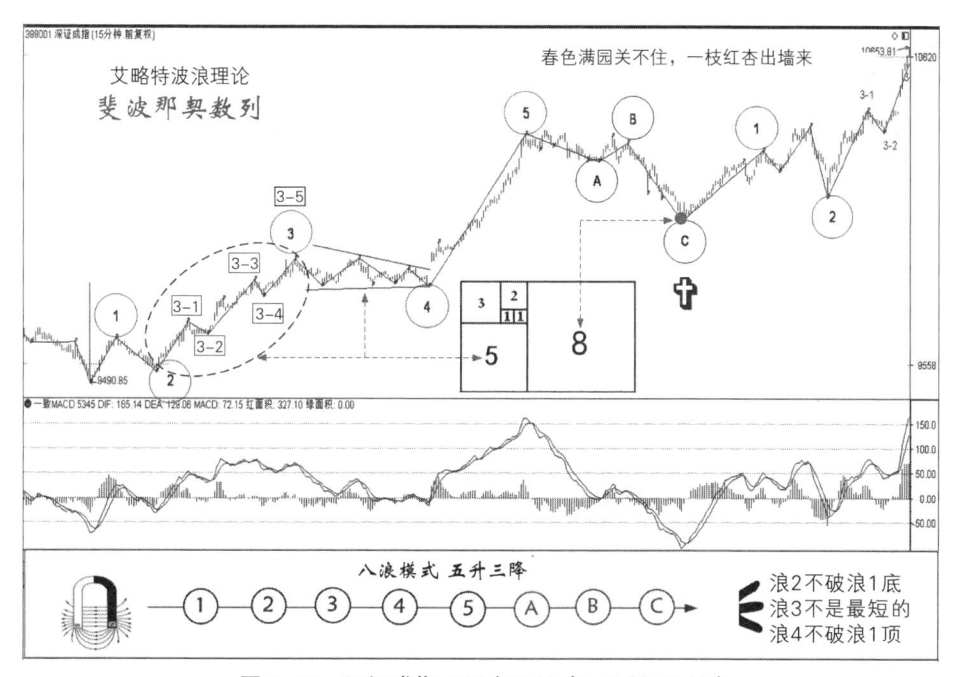

图 1-16　深证成指 15F（2019 年 11 月 29 日）

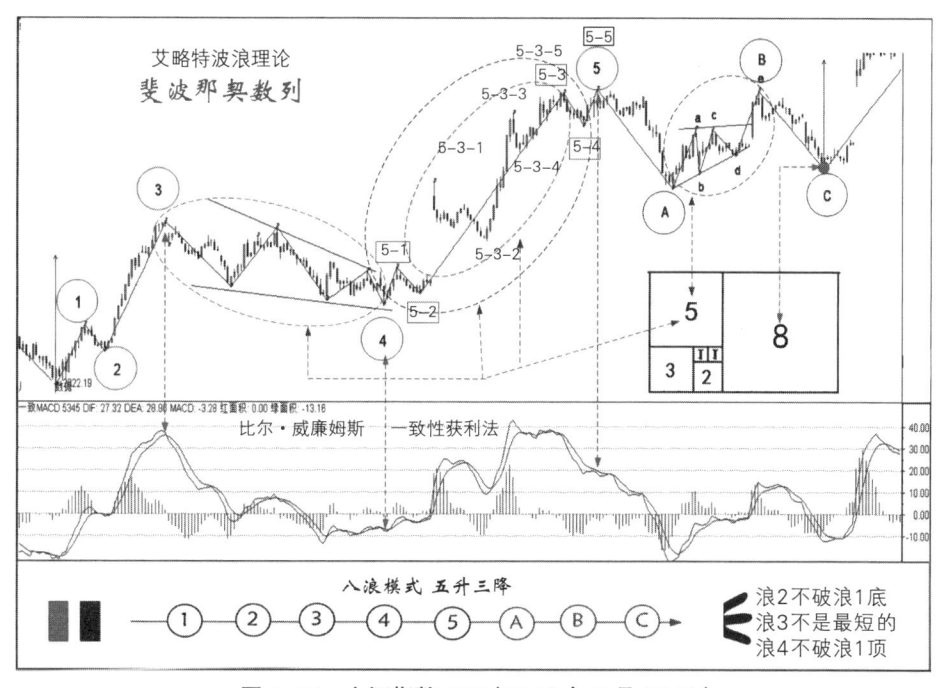

图 1-17　上证指数 15F（2019 年 6 月 10 日）

波浪理论与黄金分割率

威廉·霍法曾在1975年发表的一篇文章中这样写道:"0.618的比例关系,是纸牌、希腊巴台农神庙、向日葵、蜗牛壳、希腊花瓶与外宇宙的螺旋星系的形状的数学基础",是宇宙自然的"黄金平衡"。

德国数学家、天文学家开普勒在谈到黄金分割率时,称其为"神赐分割","它实质上描绘了万物"。

达·芬奇是在绘画中巧妙使用黄金分割率——"黄金矩形"的大师。而"黄金螺线"更是普遍存在于宇宙的物体形态中,如贝壳、羊角、星系、海马、旋涡、松果、海浪等。

所谓"神赐",实际上是大自然定律的体现,人的行为,特别是经济波动推动的市场趋势,也是一种"社会力学"及心理力学的"合成与分解",物理学的惯性运动、杠杆运动、几何学图形原理……在市场行为中都有着相当神奇的体现。

黄金分割率在波浪理论中的应用如图1-18至图1-24所示。

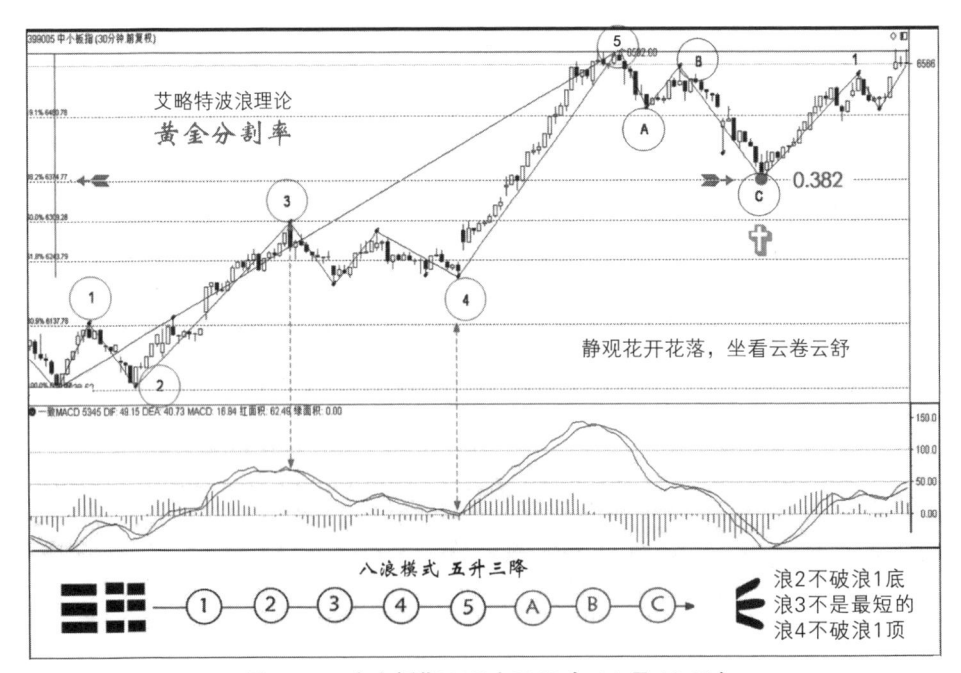

图1-18 中小板指30F(2019年11月29日)

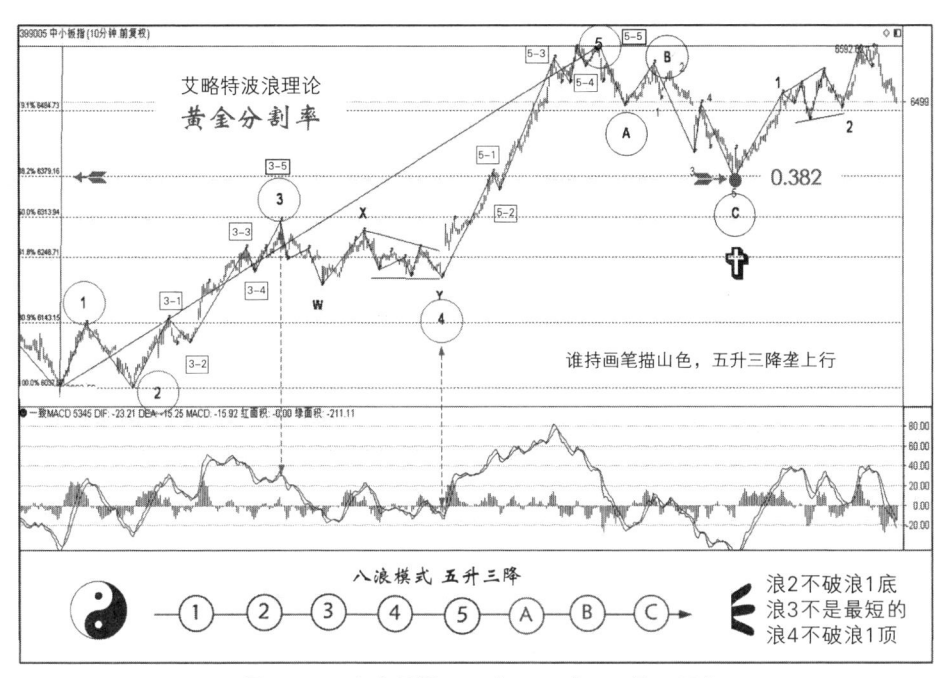

图 1-19　中小板指 10F（2019 年 12 月 2 日）

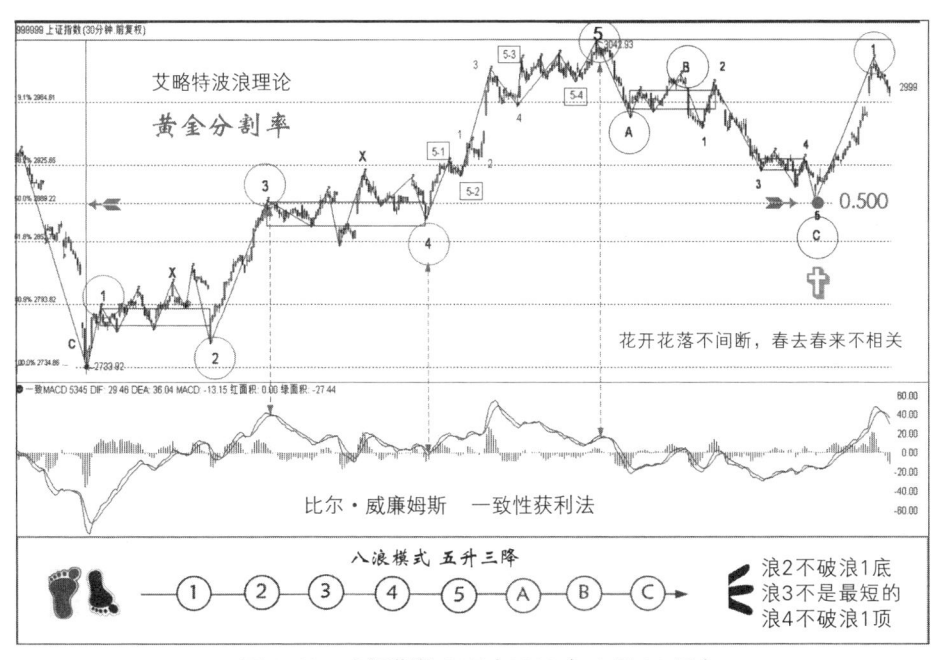

图 1-20　上证指数 30F（2019 年 8 月 10 日）

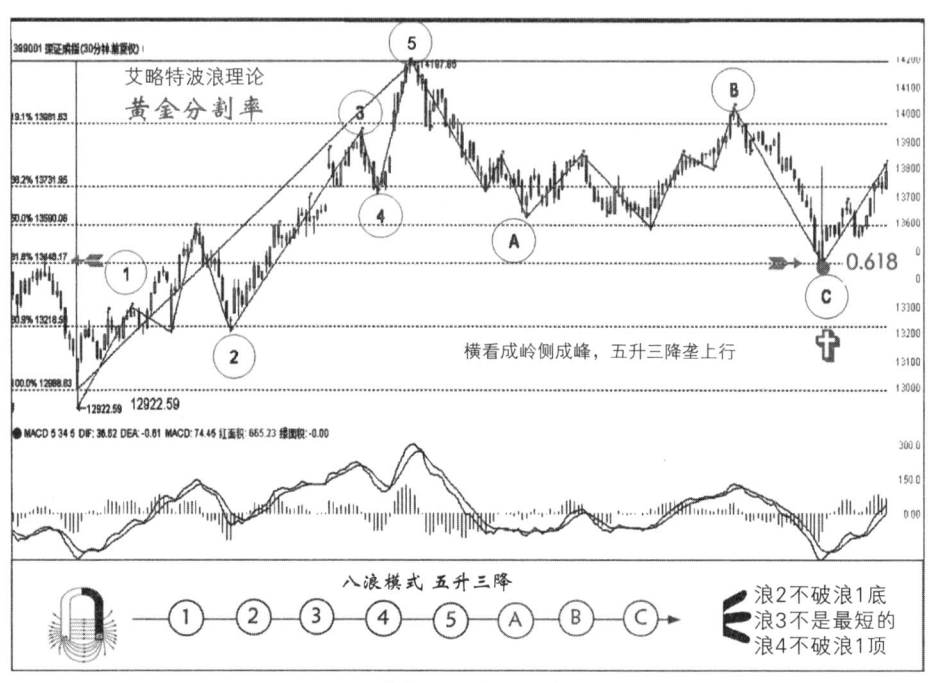

图 1-21　深证成指 30F（2020 年 10 月 26 日）

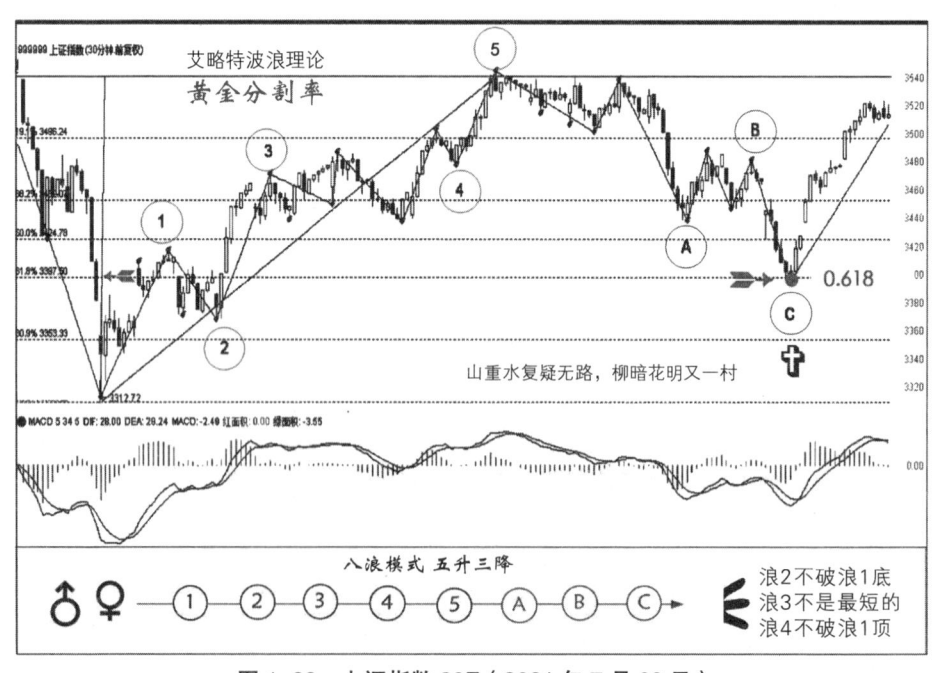

图 1-22　上证指数 30F（2021 年 7 月 28 日）

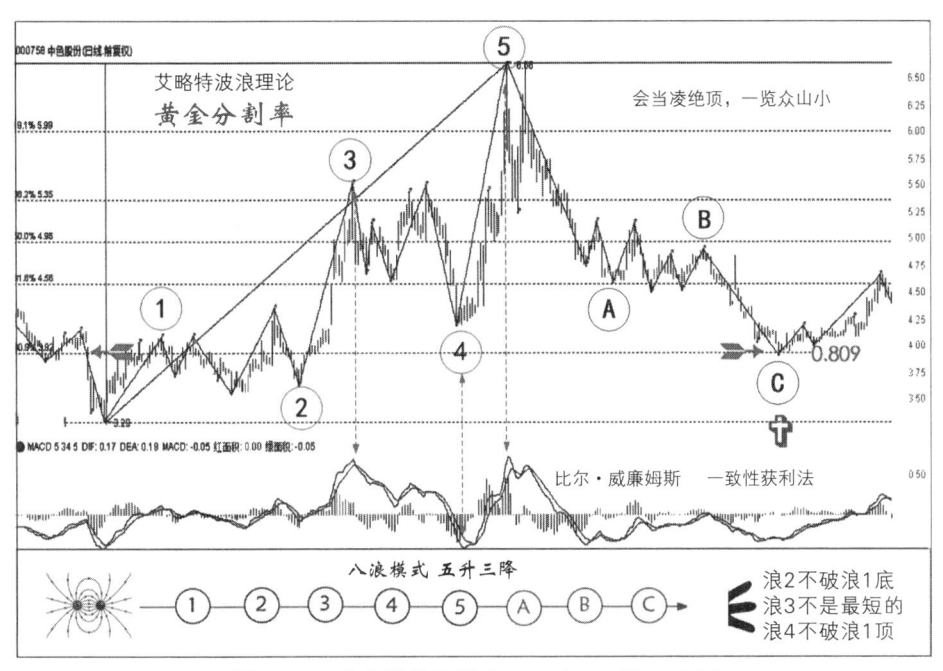

图 1-23　中色股份日线（2018 年 10 月 22 日）

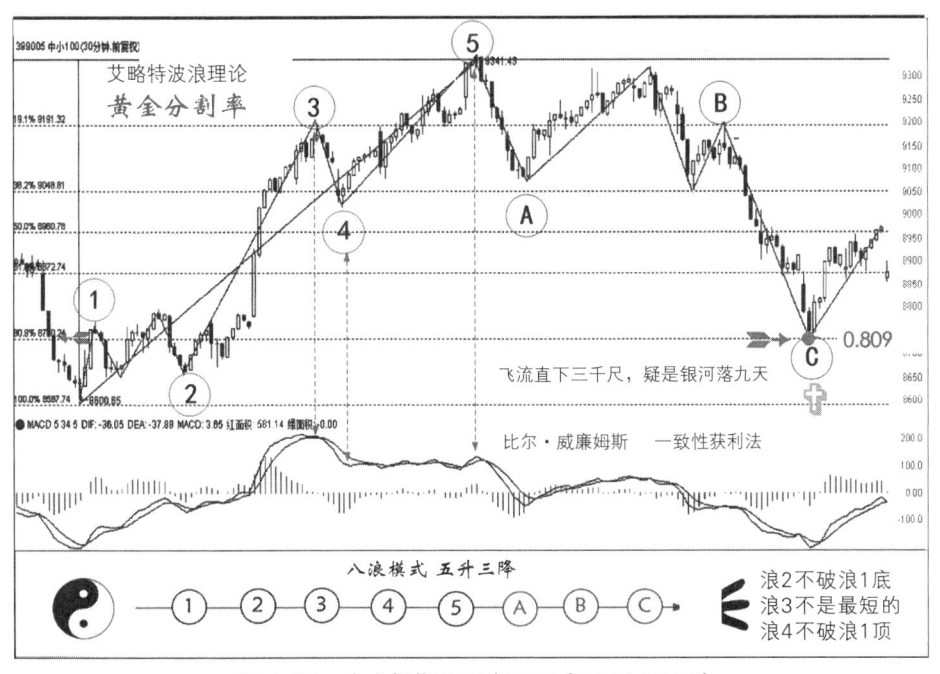

图 1-24　中小板指 30F（2021 年 4 月 13 日）

> **图穷匕见**
>
> 无画不说，有画少说；
>
> 画中有话，话中有画。
>
> 主要是画，次要是话；
>
> 画没有错，话会有错。
>
> 形而上者谓之道，形而下者谓之器。
>
> 问渠那得清如许？为有源头活水来。

学习分享

- 比尔·威廉姆斯"一致性获利法"：MACD 参数 5 34 5（斐波那契数列）。
- 缠中说禅动力学：MACD 参数 12 26 9。

泰山北斗大家说

◆ 如果人们想要认识真理，就必须具备一个自由的头脑。

——哥白尼

◆ 人的感觉只能知个体的事物，不能知它们的共相。共相须由心灵用理论推得。

——苏格拉底

◆ 万物皆数，数学支配着宇宙。

——毕达哥拉斯

◆ 数学受到高度尊崇的另一个原因在于：恰恰是数学，给精密的自然科学提供了无可置疑的可靠保证，没有数学，它们无法达到这样的可靠程度。

——爱因斯坦

◆ 人的思维是否具有客观的真理性，这并不是一个理论的问题，而是一个实践的问题。

——马克思

波浪与尺蠖

艾略特如是说[①]

市场的趋势在波浪中展开，各个波浪是有向运动的模式。

波浪有两种发展方式：驱动的和调整的。

所有逆势的休整期均采用调整方式。它们的结构被称为"调整的"，是因为每一浪都作为一种对前面的驱动浪的反应出现。

波浪的功能：作用（Action）或反作用（Reaction）。

波浪的功能取决于其相对方向。一个作用浪或顺势浪是与其作为其中一部分的大一浪级波浪同向运动的任何波浪；一个反作用浪或逆势浪是所有与其作为其中一部分的大一浪级波浪反向运动的任何波浪。

所有的反作用浪都以调整方式发展，而大多数作用浪以驱动方式发展。

驱动浪并不总指向上，而调整浪并不总指向下。波浪的发展方式不是取决于它的绝对方向，而主要取决于它的相对方向。当作用浪向下，而反作用浪向上时，这些观察资料反过来用。

尽管在任何方向上的任何浪级趋势中，五浪作用之后会有三浪反作用，但是波浪的前进总以一个作用的推动浪开始。

浪级永远增大的推动浪的发展指引股市前进。向下的驱动浪只是调整浪的组成部分，因此与股市的前进不同步。类似地，向上的调整浪仍然只是调整，因此最终不会实现前进。

任何不处于更大浪级的调整浪中的向上的驱动浪都取名为前进浪。它必

[①] 普莱切特，弗罗斯特.艾略特波浪理论：市场行为的关键（珍藏版）[M].陈鑫，译.北京：机械工业出版社，2015.

定被标示成 1、3 或 5。任何下跌浪，无论是何种波浪方式，都取名为倒退浪。最后，出现在任何更大浪级的调整浪中的向上的浪，无论是何种波浪方式，都取名为副倒退浪。倒退浪和副倒退浪都是调整浪的部分或全部。只有前进浪独立于逆势的作用力。

市场逆着大一浪级趋势的运动只是一种表面上的抵抗。来自更大趋势的阻力似乎要防止调整浪发展成完整的驱动浪结构。这两个互为逆向的浪级之间的搏斗，通常使调整浪比驱动浪——总是相对轻松地沿大一浪级趋势的方向流动——不容易识别。作为这两种趋势间相互冲突的另一个结果，调整浪的变体比驱动浪的多。而且，调整浪在展开时，常常会以复杂形态上升或下降，所以技术上同一浪级的子浪，会因其复杂性和时间跨度，显得似乎是其他浪级的。这些原因使得调整浪时常要到完全形成过后才能被归入各种可识别的模式中。因为调整浪的终点比驱动浪的终点难预测，所以当市场处于一种蜿蜒调整的状态时，你必须在分析中比市场处于持续驱动趋势中时有更多的耐心和灵活性。

普莱切特如是说

市场以波浪的形式连续不断地展开，而各个波浪则通过形态和比率相互联系在一起。

从波浪理论的角度来判断市场是牛市还是熊市，并不是基于价格水平，而是基于价格形态。

与大一级波浪同向的运动是五浪结构，而逆大一级趋势的运动是三浪结构。

牛市中，波浪分量是向上的五个浪，顺序为升—降—升—降—升。熊市中总是出现降—升—降的三浪序列。

艾略特波浪模式的关键在于市场是以进三退二的方式前行。即使那样，我也要奉劝一句，波浪理论控制着股票价格这一点容易为人所知，而预测下一个波浪，以及从行动中牟利则是另一回事。

趋势在各个级别上重复出现，较大级别波浪的各个组成部分本身，就是由较小浪级的波浪所构成。凡此种种，不一而足。

要鉴别新波浪的启动，最重要的是分辨出上一个波浪的终点。当一个浪终结的时候就是另一个浪启动了。

波浪理论中的自然辩证法

对立面之间的统一和斗争是矛盾双方所固有的两种相反的属性。对立面的统一即矛盾的统一性，是矛盾双方相互依存、相互肯定的属性，它使事物保持自身统一。由于对立面之间相互统一的作用，双方能够互相吸引和利用有利于自己的因素而得到发展，从而为扬弃对立面即解决矛盾准备条件。对立面的斗争即矛盾的斗争性，是矛盾双方相互排斥、相互否定的属性，它使事物不断地变化以至最终破坏自身统一。对立面之间的相互斗争，是促成新事物否定旧事物的决定性力量。

恩格斯在《自然辩证法》中写道，"辩证法被看作关于一切运动的最普遍的规律的科学"。

那么，金融证券市场中的运动是不是矛盾运动？存不存在对立统一法则呢？答案是肯定的。

对立统一规律是唯物辩证法的根本法则，同样也是金融证券市场的根本法则。缠中说禅把他的理论称为"市场哲学的数学原理"，可以看出市场哲学的极端重要性。当然，波浪理论也不例外，客观事实有力地证明了波浪理论是一个自然辩证法的模范践行者。

众所周知，证券市场蜡烛图上一根根的K线是市场先生的语言，是市场先生看不见的脚运动时留下的印记，它就是摆在我们面前的最昂贵的市场走势图。一阴一阳、一买一卖是股票金融市场存在与发展的内在根本因素；市场在一阴一阳相互交错而形成的矛盾运动中有序地演绎着，股价于涨跌起伏中展现着大自然法则内在的规律性，而大自然法则的客观性决定了市场同自然界所有事物一样，都是在各自生成的系统内有序地演化。

市场走势的背后是什么力量使得走势图如此多姿多彩、变幻莫测？基本面、技术面、消息面、政策面，理由千条万条可以说出一箩筐，但归根结底一句话，根本在于事物运动的内在矛盾，即事物自身矛盾双方运动的过程使然。

描写市场相反相成的词句如下：

买卖、阴阳、涨跌、升降、多空、牛熊、高低、快慢、动静、正反、表里、盈亏。

一阴一阳之谓道，一推一调之谓道。

波浪理论之"一推一调"是矛盾运动的内在动因。波浪运动的矛盾双方：推动、调整。

推动——作用、驱动、前进、阳刚、正向、运动、奇数、开放。

调整——反作用、休整、后退、阴柔、反向、静止、偶数、闭合。

缠中说禅为了说明中枢的概念，常常使用人们熟悉的星球或苹果来作比喻，使用最多的是苹果。

中枢是苹果，一个苹果的苹果树是盘整，两个苹果的苹果树是趋势。

那么，艾略特波浪运动中，我们也可以用一个比喻来形象描述波浪一推一调的运动。

缠中说禅中的比喻物用的是苹果，属于植物类；波浪理论中使用一个小动物作比喻似乎更恰当、更形象。

为了形象比喻波浪运动的过程，我挖空心思，别出心裁使用一个小小的"尺蠖"，把抽象的波浪理论的矛盾运动，活灵活现地呈现在读者的眼前。

能伸能屈有大丈夫风范的尺蠖，称得上是一个小机灵。

《易传·系辞上传》：尺蠖之屈，以求信也；龙蛇之蛰，以存身也。

尺蠖：俗称"吊死鬼"，是一种小昆虫，北方称步曲虫，南方称造桥虫。体细长二三寸，爬行时一屈一伸，交替前进。尺蠖用弯曲来求得伸展，动作如用尺子去丈量物体一样。

波浪与尺蠖有何相干？无画不说，有画少说。

做一个在水中学习游泳的人

格物致知

尺蠖之屈，以求信也。

龙蛇之蛰，以存身也。

纸上得来终觉浅，绝知此事要躬行。

股事求是

市场先生　图表语言

> **画说**
> **波浪理论之一推一调（一升一降）**
> **波浪理论之尺蠖模式（一伸一屈）**
> 事实是无言的芬芳，真理在画说中绽放。
> 穿着最顶级的鲨鱼皮游泳衣，天天岸上练，从来不湿脚。
> 你还在岸上学游泳吗？请跳下水吧！
> 涉浅水者见鱼虾，涉深水者见蛟龙。
> 矮人看戏何曾见，都是随人说短长。
> 掀起你的盖头来，让我看看美不美。

波浪理论之一推一调（一升一降）

相关内容见图 1-25 至图 1-34。

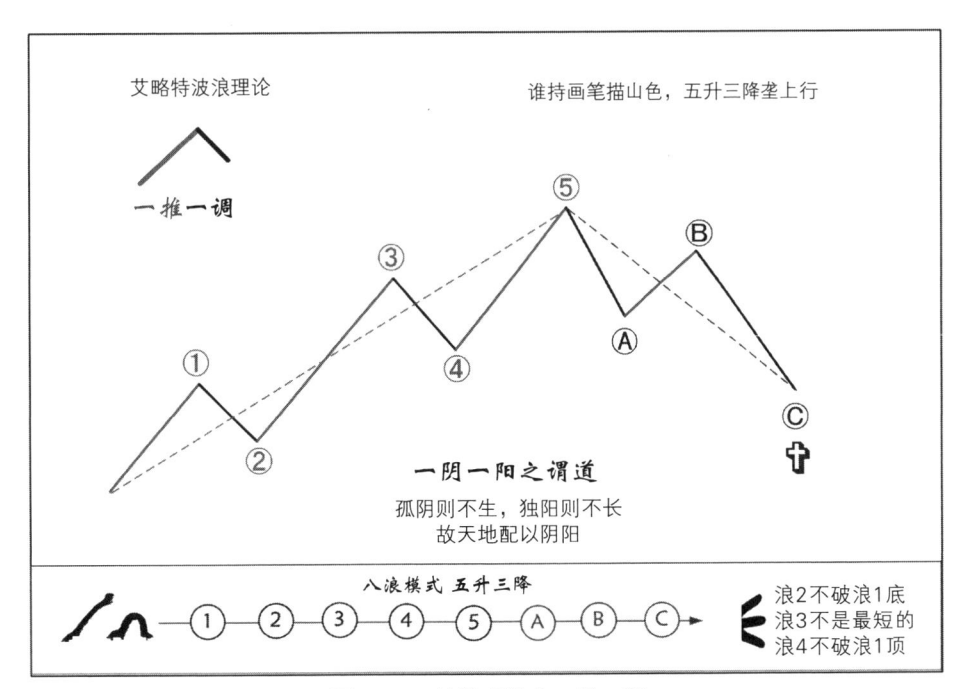

艾略特波浪理论　　　　　　谁持画笔描山色，五升三降垄上行

一推一调

一阴一阳之谓道
孤阴则不生，独阳则不长
故天地配以阴阳

八浪模式　五升三降

浪2不破浪1底
浪3不是最短的
浪4不破浪1顶

图 1-25　波浪理论之一推一调

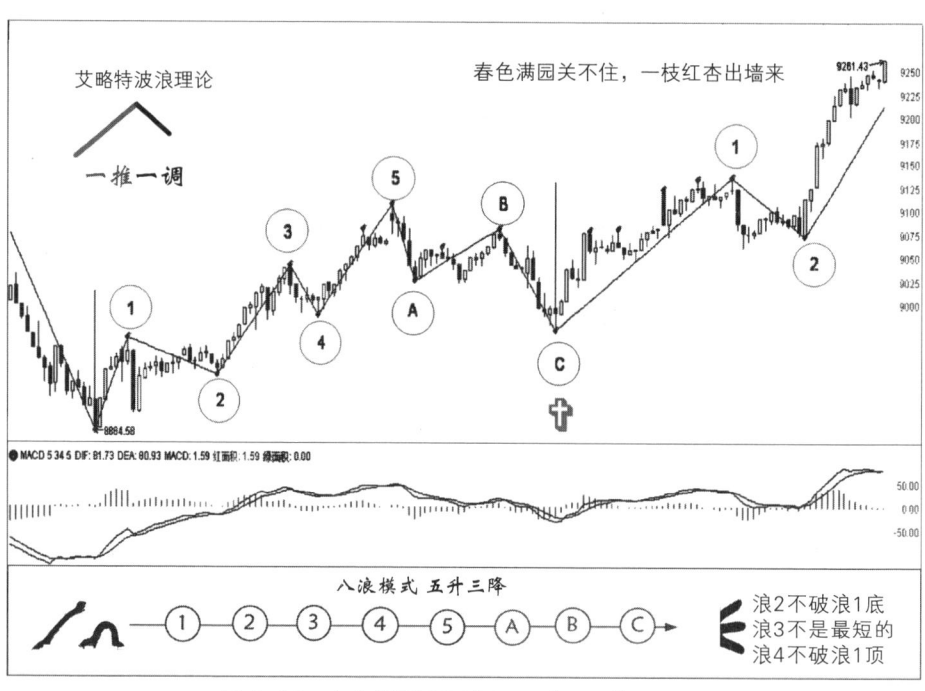

图 1-26　中小板指 10F（2020 年 12 月 11 日）

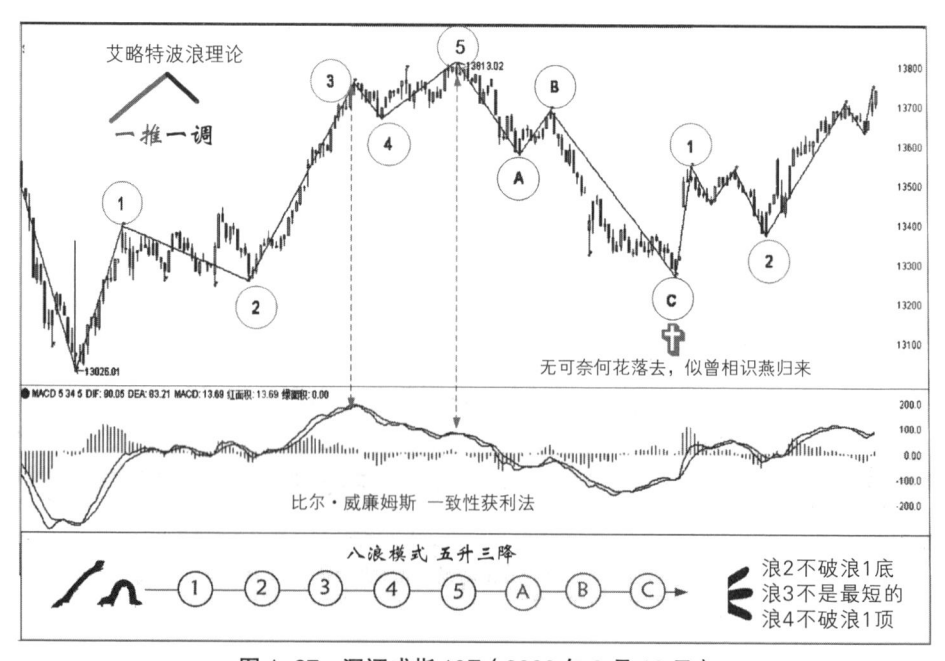

图 1-27　深证成指 10F（2020 年 8 月 12 日）

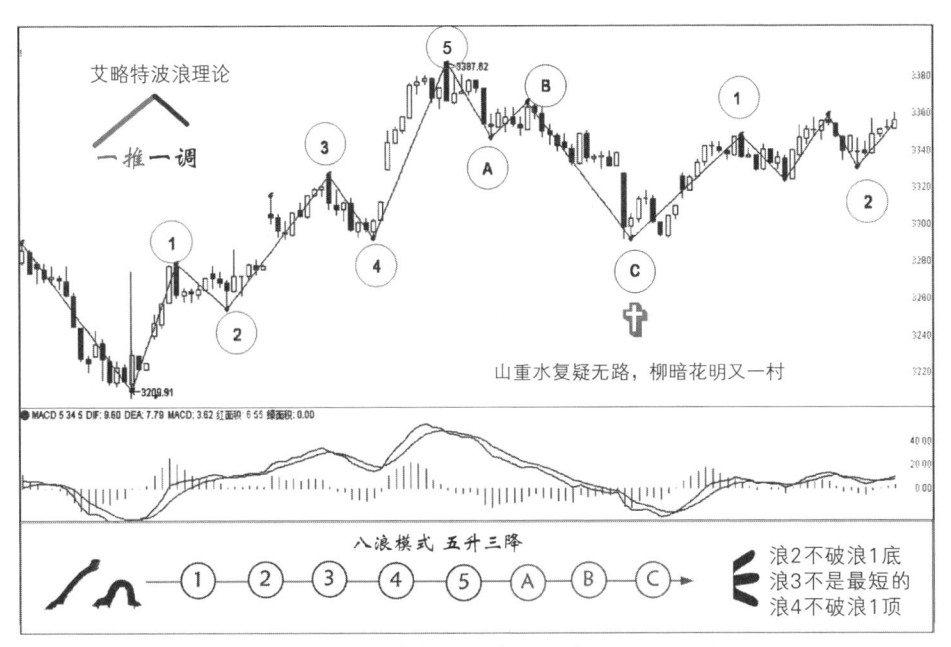

图 1-28　上证指数 30F（2020 年 11 月 2 日）

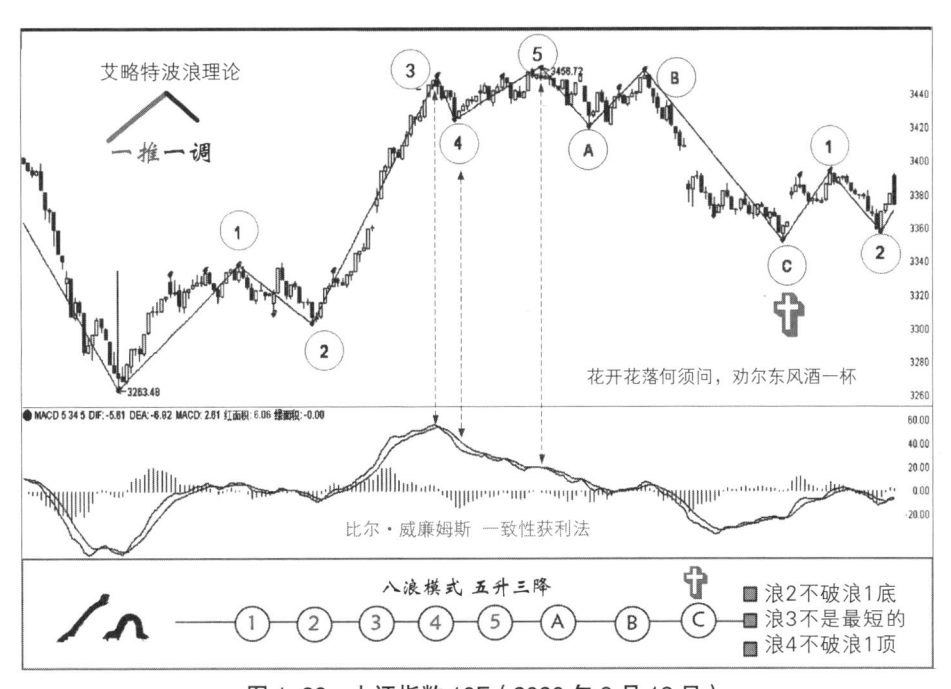

图 1-29　上证指数 10F（2020 年 8 月 12 日）

波浪理论之尺蠖模式（一伸一屈）

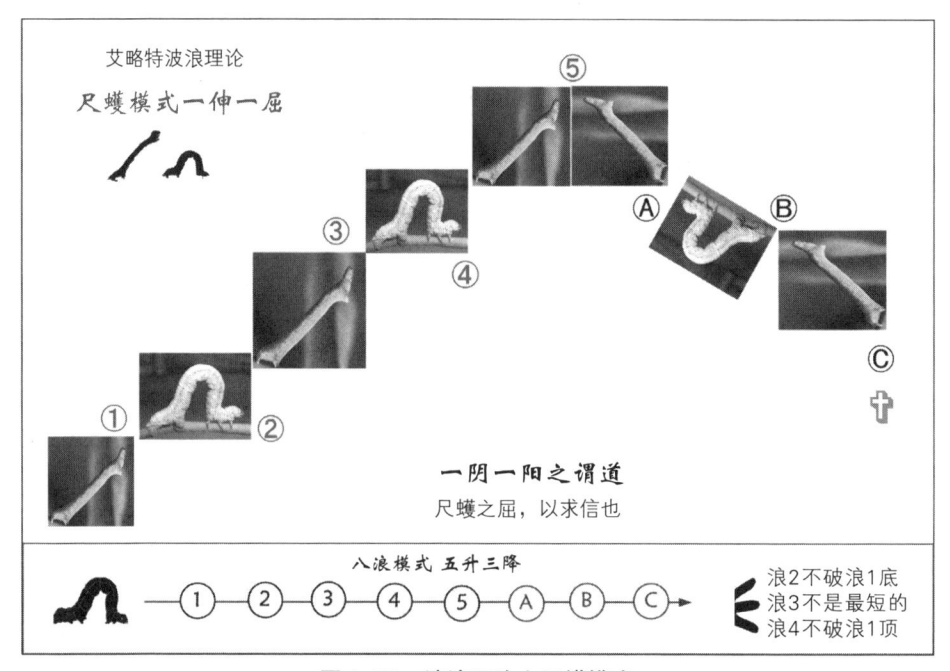

图 1-30　波浪理论之尺蠖模式

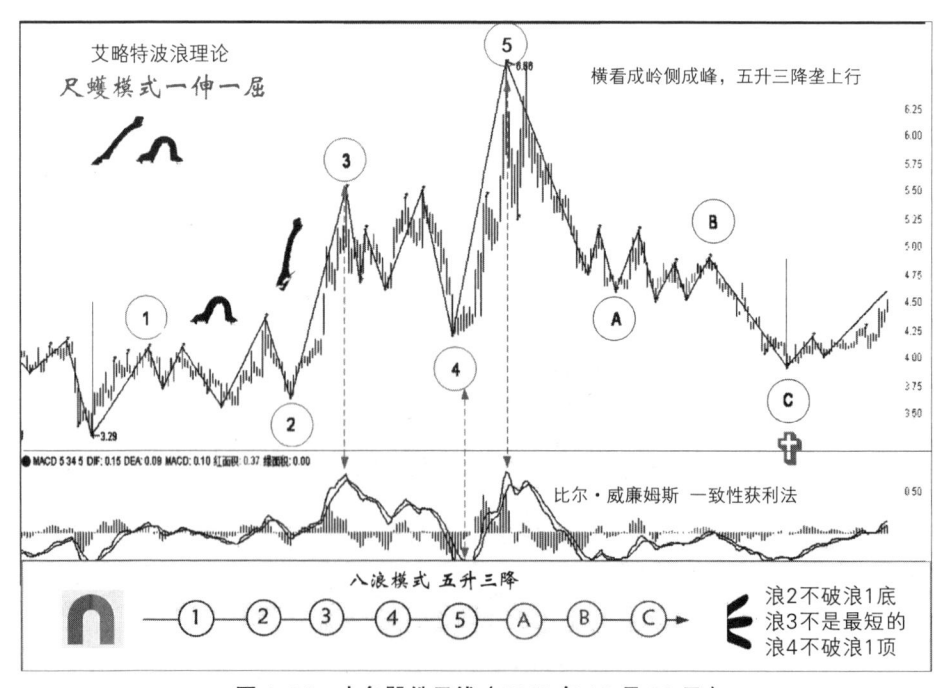

图 1-31　中色股份日线（2018 年 10 月 22 日）

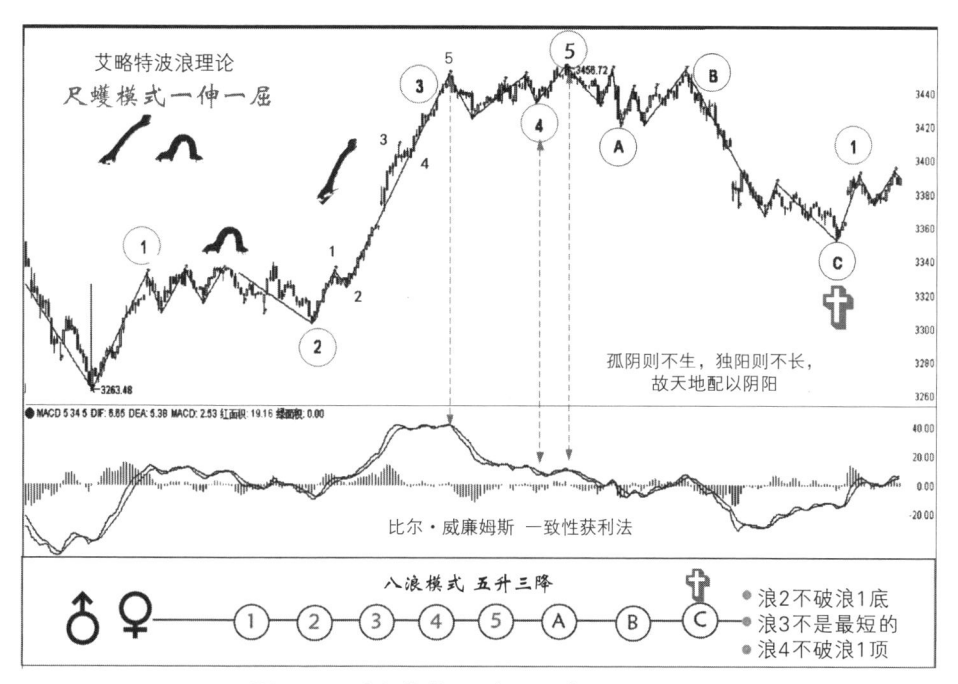

图 1-32　上证指数 6F（2020 年 8 月 12 日）

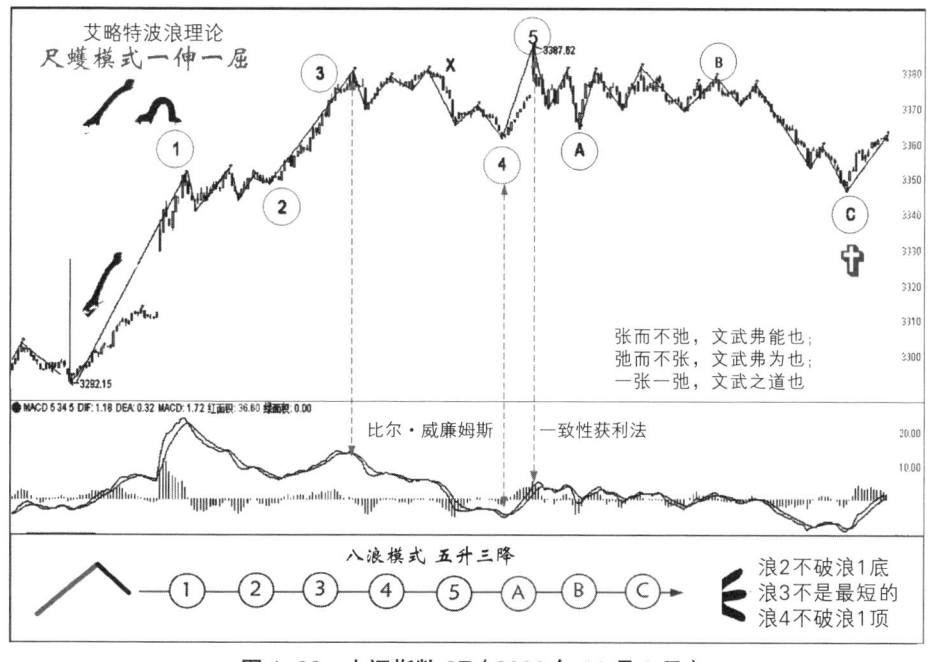

图 1-33　上证指数 2F（2020 年 11 月 6 日）

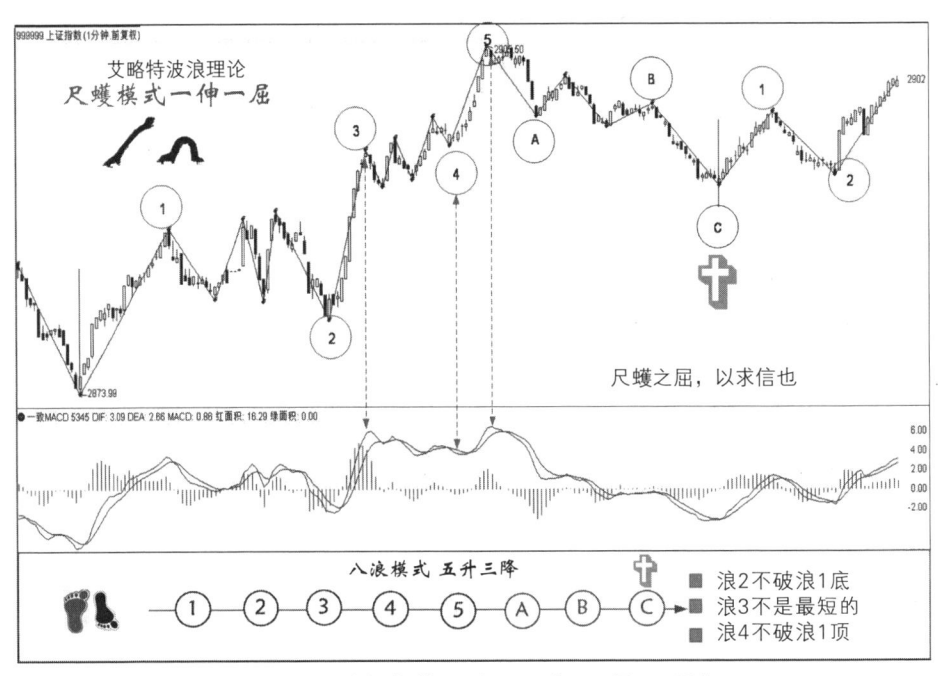

图 1-34　上证指数 1F（2019 年 11 月 22 日）

图穷匕见

无画不说，有画少说；

画中有话，话中有画。

主要是画，次要是话；

画没有错，话会有错。

千淘万漉虽辛苦，吹尽狂沙始到金。

春风得意马蹄疾，一日看嗨尺蠖行。

尺蠖的本领

- 走起路来，伸屈有度，大丈夫范。（波浪法则）
- 静如处子，拟态功能，韬光养晦。（等待）
- 危险境地，吐丝撤离，逃之夭夭。（卖点卖）

学习园地

学友们好！让我悄悄地告诉你"一推一调"有个小秘密（见图 1-35）！

图 1-35　一推一调全马甲

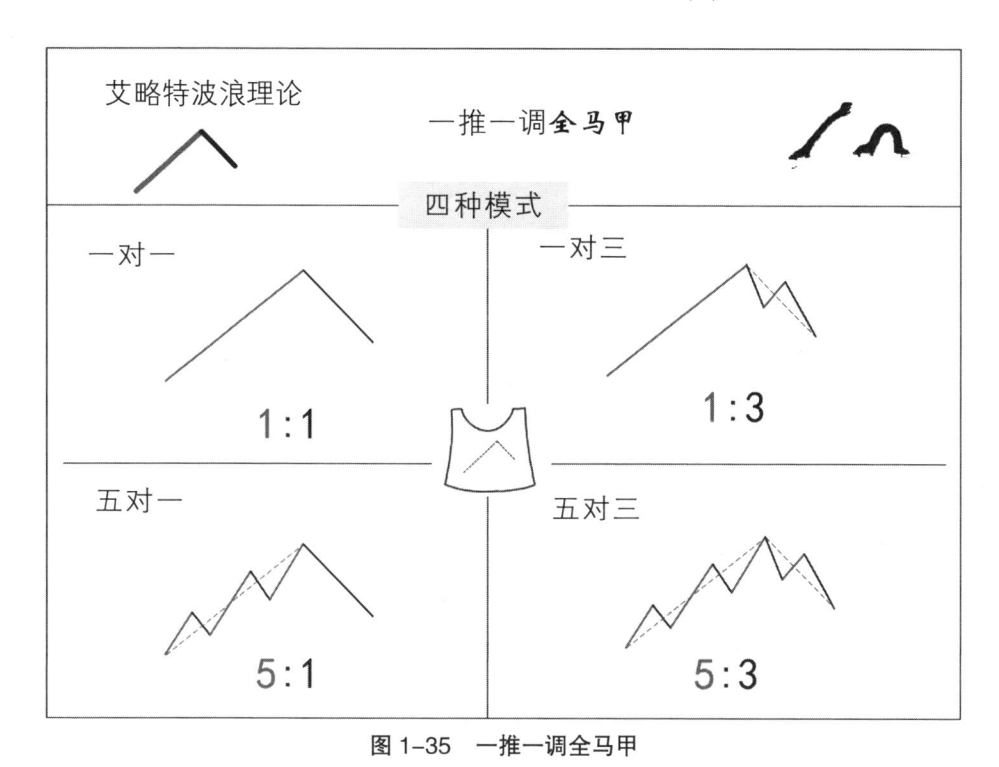

本书使用了大量实际走势图，读者朋友在看走势图时，应该有意使用四种马甲套用在走势图上，以实际感觉走势的四种变化模式。

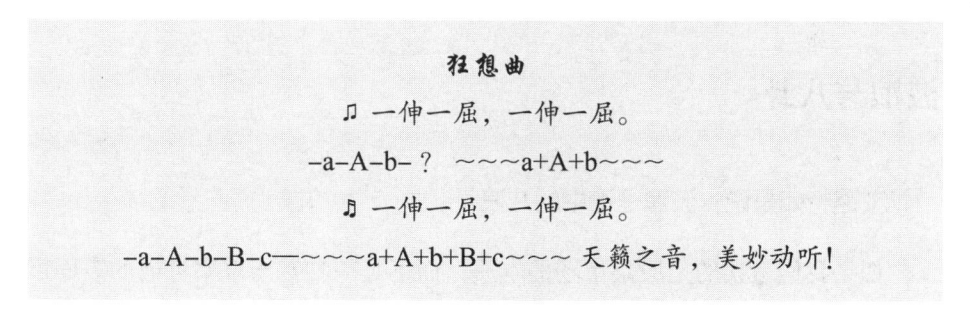

狂想曲

♬ 一伸一屈，一伸一屈。

-a-A-b-？　~~~a+A+b~~~

♬ 一伸一屈，一伸一屈。

-a-A-b-B-c-~~~a+A+b+B+c~~~　天籁之音，美妙动听！

泰山北斗大家说

◆ 统一物之分而为二以及我们对其各矛盾部分的认识，是辩证法的本质。

——列宁

◆ 思辨的思维在于思维把握住矛盾并在矛盾中把握住自身。在于从对立面的统一中把握对立面，或者说在否定的东西中把握肯定的东西。

——黑格尔

◆ 在数学中，正和负，微分和积分。在力学中，作用和反作用。在物理学中，阳电和阴电。在化学中，原子的化合和分解。在社会科学中，阶级斗争。

——列宁

◆ 战争中的攻守、进退、胜败，都是矛盾着的现象。

——毛泽东《矛盾论》

◆ 清浊、小大、短长、疾徐、哀乐、刚柔、迟速、高下、出入、周疏、以相济也。

——《左传》

◆ 有无相生，难易相成，长短相形，高下相倾，音声相和，前后相随。

——老子

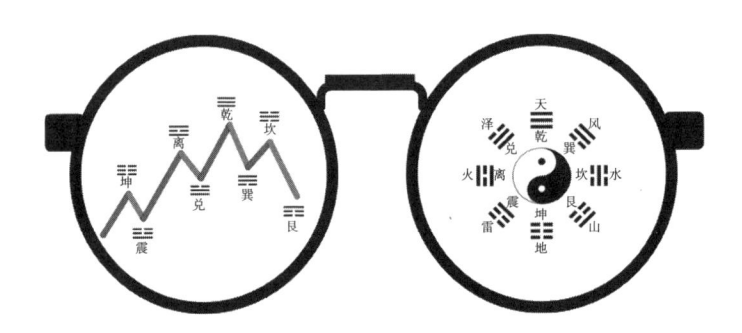

波浪与八卦

艾略特如是说：波浪理论中的八浪[①]

如果我们考察的是股票市场的本质，而不是一种基于草率考虑的表面市场表现，那么股票市场是可以被正确理解的。股票市场不是对时事随机的、无形的大量反映，而是对人类前进的有形结构的精确记录。

艾略特指出股市呈现一定的基本韵律和形态，五个上升波和三个下降波构成了八个波的完整循环。

市场的本质结构产生了完整的斐波那契数列。一个完整的循环是两条直

---

① 普莱切特，弗罗斯特.艾略特波浪理论：市场行为的关键（珍藏版）[M].陈鑫，译.北京：机械工业出版社，2015.

线。在下一级的复杂形态中，相应的数字是3、5和8。波浪产生斐波那契数列的事实揭示出，人类总体表达出的情绪锁定在了这条数学法则上。

最初八浪循环结束的时候，这个循环后面又跟着另一个五浪运动。这种完整的发展产生了一个比组成它的各浪大一浪级（相对规模）的五浪模式。然后，这个浪级更大的五浪模式又被相同浪级的三浪模式所调整，完成一个更大浪级的完整循环。

总之，波浪理论中的基本内在趋势是，与大一浪级趋势同向的作用以五浪方式发展，而与大一浪级趋势逆向的反作用以三浪方式发展。

第1浪——粗略估计，大约一半的第1浪是"打底"过程中的一段，因此它们常常被浪2大幅调整。然而，与先前下跌中的熊市反弹相比，这个第1浪的上扬在技术上更有结构性，常常显示出成交量和广泛性的轻度增加。

第2浪——第2浪常常回撤掉第1浪的大部分，在第1浪中获得的大部分利润会在第2浪结束时丧失殆尽。此时，投资者们彻底相信熊市又回来了。第2浪常常以非常小的成交量和波动性结束，这表明卖压正在消失。

第3浪——第3浪看到的是奇迹。市场涨势强劲且广泛性强，因此这时的趋势准确无误。因为信心恢复，第3浪通常产生最大的成交量和最剧烈的价格运动，而且大部分时候是序列中的延长浪。当然，第3浪中的第3小浪也具有上述特征，诸如此类，在任何波浪序列中它都是力量最强大的。这种时候总免不了产生突破、"持续"跳空、成交量放大、异常的广泛性、主要道氏理论趋势的印证，以及失去控制的价格运动等现象，根据浪级不同在市场中产生了巨大的小时盈利、日盈利、周盈利、月盈利或年盈利。基本上所有的股票都参与到了第3浪中。

第4浪——第4浪的深度和形态是可预测的，因为根据交替指导方针，它们应该与先前相同浪级的第2浪不同。第4浪往往呈现横向趋势，为最后的第5浪运动打底。

第5浪——就广泛性而言，在股市中第5浪的力度比第3浪小。通常，它们还显示出较慢的价格变化速度，但是如果第5浪是延长浪的话，那么第5浪中的第3小浪的价格变化速度可能超过第3浪的价格变化速度。类似地，虽然成交量常常在循环浪级或浪级更大的相继的推动浪中持续放大，但它只有在第5浪延长时才出现在大浪级以下的第5小浪中。否则，寻找较小的成交量作为第5浪中的规则而不是第3浪中的规则。市场"戏水者"有时指望在长期趋势的尽头价格出现"喷发",但股票市场没有在顶峰达到最大加速度的历史。即便第5浪延长,第5浪中的第5小浪也缺乏产生这种现象的活力。

A浪——在熊市的A浪期间,投资界一般确信这次反作用浪只是下一波上升行情前的退却。大众蜂拥买入,尽管技术上个股形态正在出现裂纹。A浪为随后B浪的表现定下了调子。五浪结构的A浪意味着B浪是锯齿形调整浪,而三浪结构的A浪意味着B浪是平台形或三角形调整浪。

B浪——B浪是赝品。它们是无知者的举动、牛市的陷阱、投机者的天堂、零股投资者心态的放纵,或愚蠢的投资机构者自满情绪的显露(或两者兼有)。它们通常只集中于少数股票,常常得不到其他平均指数的"印证",技术上也极少表现出强势,而且注定要被C浪完全回撤。如果分析人士可以毫不费力地对自己说,"市场出问题了",那它很可能是B浪。

C浪——下跌C浪的摧毁性极强。C浪像第3浪,有第3浪的大部分属性。就是在这段下跌行情中,在A浪和B浪中抱有的种种幻想往往灰飞烟灭,因而恐惧控制了一切。C浪持续时间长,且广泛性强。

普莱切特如是说:波浪理论中的八浪

艾略特波浪理论认为,市场沿着一个较大趋势以五浪运行,三浪逆向调整。后者实际上在蓄积整个趋势的动力。因为市场走势无一例外按照这种方式运行,所以我们可以得出推论,主宰金融市场的不是交易合约,而是参与市场的投资者。

艾略特识别出与较大级别波浪同向运动的波浪细分为五浪。逆大一级趋势运动的波浪细分为三浪模式或包含几个三浪模式的变体。

牛市中,波浪分量是向上的五个浪。熊市中总是三浪序列。

从理论的角度来讲,市场行为遵循数学定律。从实际应用的角度来讲,波浪理论是一个活的系统,它允许形式的变化。

八卦与八浪

《易传·系辞上传》:易有太极,是生两仪,两仪生四象,四象生八卦。

八卦是中国古代人民的基本哲学概念,是古代的阴阳学说。所谓八卦就是八个卦象，八卦是由太昊伏羲氏，也就是伏羲画出的。八卦其实是最早的文字，是文字符号。八卦即乾卦、兑卦、离卦、震卦、巽卦、坎卦、艮卦和坤卦。

艾略特指出，五个上升波和三个下降波构成了八个波浪的股市整体结构。《易经》文化的根本在于阴阳变化，也就是"易"。

波浪理论中，一个大循环是一个太极，上升五浪和下降三浪就是太极所生的两仪，即阳和阴；上升五浪中有三个上升的阳，有两个是调整的阴，下降三浪中有两个下跌的阴，有一个反弹的阳；算起来是四阴和四阳，就是两仪所生的四象，共同组合成八浪。

太极图中的黑白鱼代表阴阳，白色为阳，黑色为阴，里面的两个小圆点表示阳中有阴，阴中有阳。

波浪理论也体现出阳中有阴，阴中有阳。何以证之？上升浪中的五个推动浪，总体属阳。其中1浪、3浪、5浪向上体现阳性；2浪、4浪是反向的，属阴，这就是"阳中有阴"。

下跌浪ABC三波是向下的，总体属阴。其中B浪是反作用浪，是向上的，属阳。这就是"阴中有阳"。

伏羲八卦和艾略特八浪，仿佛风马牛不相及，但无巧不成书：一个八卦与一个八浪，不谋而合都是"八"！耐人寻味！相关内容见图1-36至图1-40。

难道说五千年前的中华民族的人文始祖——伏羲，与20世纪30年代大洋彼岸的艾略特有过约定？还是穿越了时空隧道，正如爱因斯坦所称"遥远地点间幽灵般的相互作用"使然？

五千年前的古人对事物发展变化的规律就有如此深刻的认识，不能不让人惊叹！闪耀的中华文明伟大啊！

正如程颐在《程氏易传》中说：天下之理一也，途虽殊而其归则同，虑虽百而其致则一。

做一个在水中学习游泳的人

八卦八浪

谁持画笔描山色，红黑阴阳淡淡情。

不畏浮云遮望眼，八卦八浪道之动。

纸上得来终觉浅，绝知此事要躬行。

股事求是

市场先生　图表语言

画说

八浪与八卦

事实是无言的芬芳，真理在画说中绽放。

穿着最顶级的鲨鱼皮游泳衣，天天岸上练，从来不湿脚。

你还在岸上学游泳吗？请跳下水吧！

涉浅水者见鱼虾，涉深水者见蛟龙。

矮人看戏何曾见，都是随人说短长。

掀起你的盖头来，让我看看你的眉。

伏羲
先天八卦

艾略特波浪理论
八浪与八卦

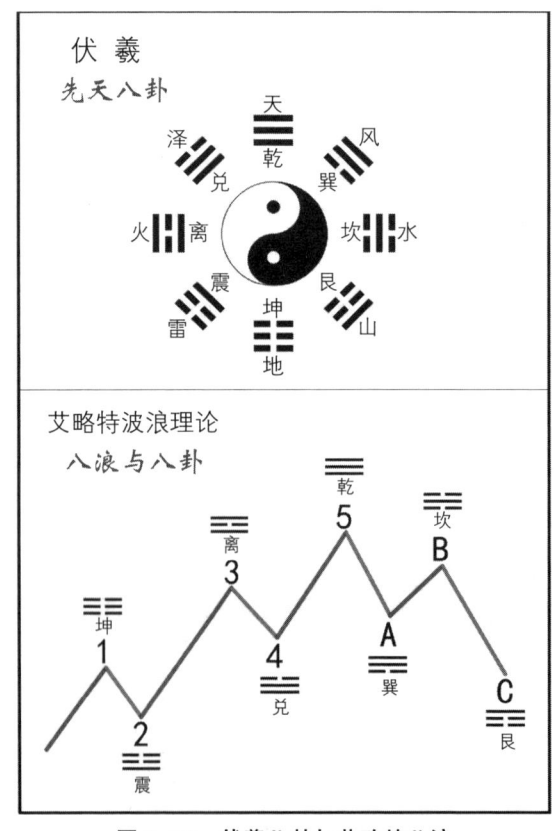

图 1-36　伏羲八卦与艾略特八浪

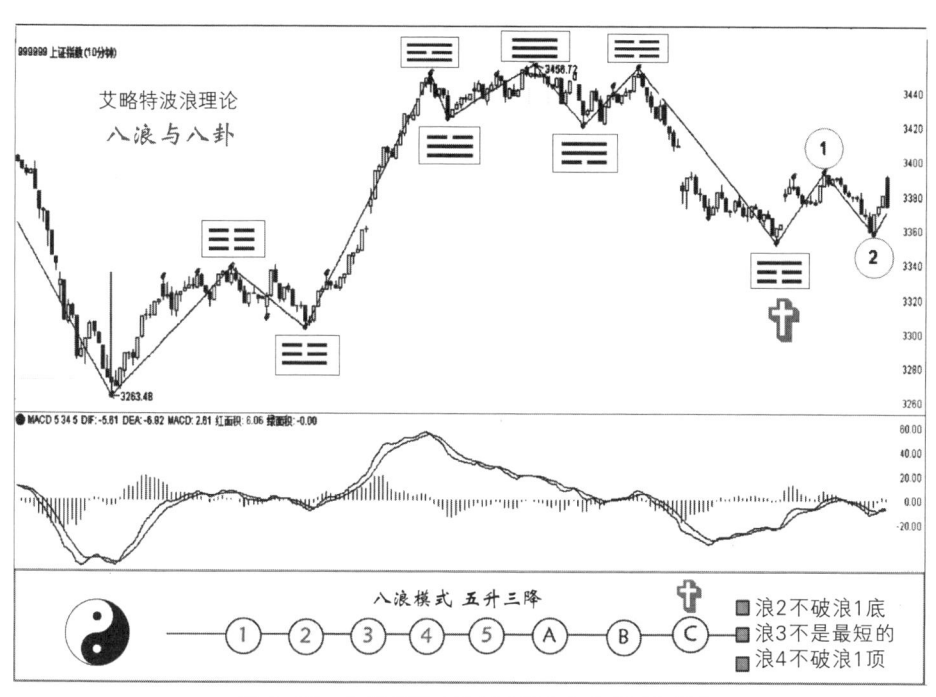

图 1-37　上证指数 10F（2020 年 8 月 12 日）

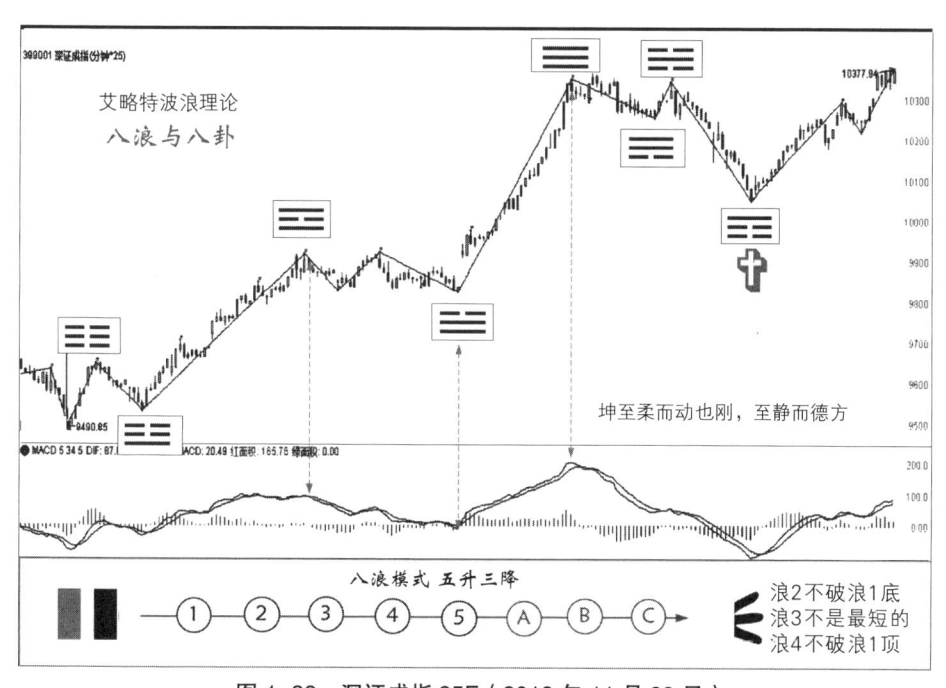

图 1-38　深证成指 25F（2019 年 11 月 29 日）

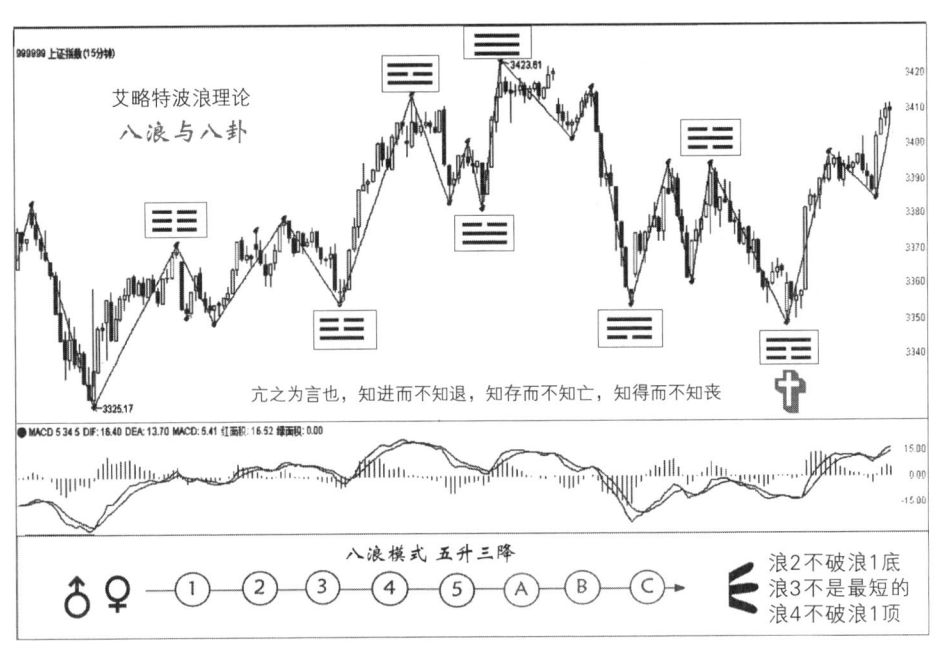

图 1-39　上证指数 15F（2020 年 12 月 11 日）

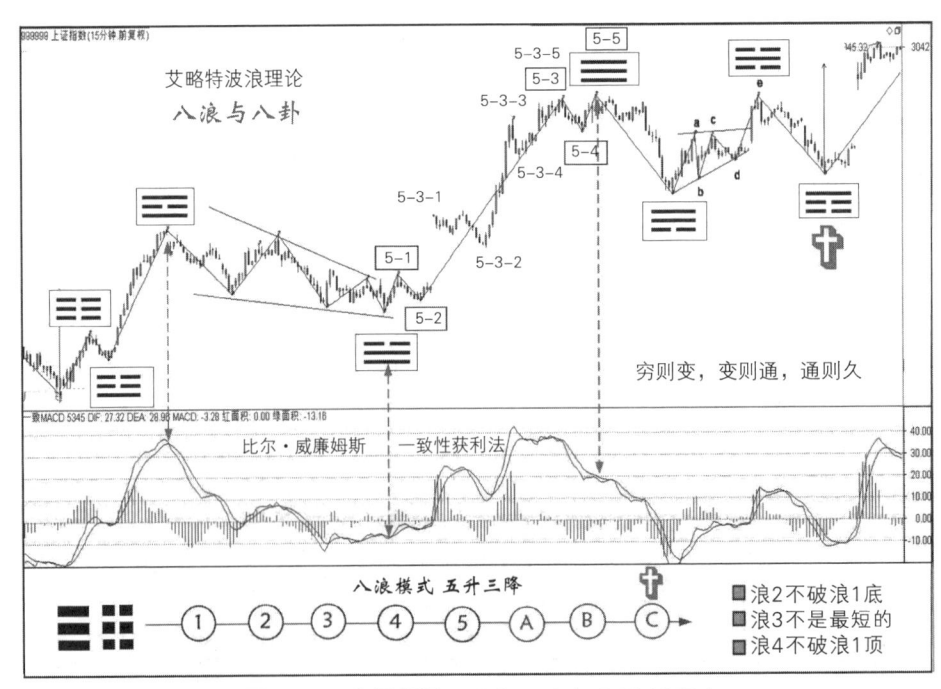

图 1-40　上证指数 15F（2019 年 6 月 10 日）

> **图穷匕见**
>
> 无画不说，有画少说；
>
> 画中有话，话中有画。
>
> 主要是画，次要是话；
>
> 画没有错，话会有错。
>
> 天行健，君子以自强不息。
>
> 地势坤，君子以厚德载物。

见仁见智

（1）《易经》中的阴爻和阳爻的三重结合可产生八种卦形：坤卦、震卦、离卦、兑卦、乾卦、巽卦、坎卦、艮卦。

（2）艾略特波浪理论中一个完整的循环结构有四阴四阳八个波浪，它们是一阳一阴首尾顺次相连。

用数字和字母表示为：①②③④⑤　ⒶⒷⒸ

波浪理论三条铁律：● ② 不破 ① 底；

　　　　　　　　　● 在①③⑤中③不是最短的；

　　　　　　　　　● ①与④不可以有重叠。

（3）八卦八浪虽然都有数字八，由于构成元素的差异，结合方式的异同，在具体的相互对应上不存在实质性的技术方面意义，只能在逻辑层面、哲学范畴上去解释和理解，本书采用的对应关系只是体现了"先天为体后天为用"。

泰山北斗大家说

◆ 想象力比知识更重要。

——爱因斯坦

◆ 道生一，一生二，二生三，三生万物。万物负阴而抱阳，冲气以为和。

——老子

◆ 世界是由0和1组成的，阴阳是宇宙和自然最基本、最简单、最抽象的表述形式。所以，我们把基于阴阳的逻辑体系称为自然形式逻辑，或者先天形式逻辑。

——莱布尼茨

◆ 仿佛是向旧事物的回复。

——黑格尔

◆ 历史常常惊人地相似。

——黑格尔

◆ 天下之理一也，途虽殊而其归则同，虑虽百而其致则一。

——程颐《程氏易传》

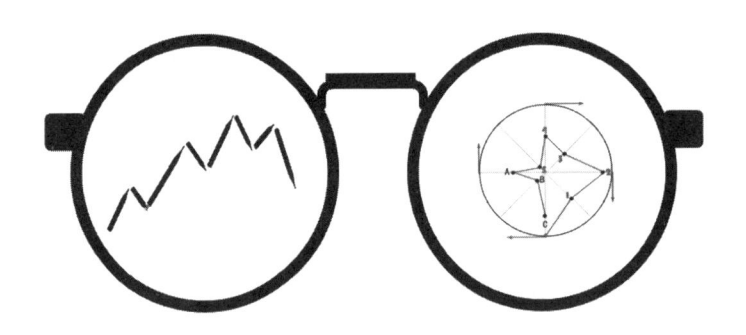

波浪之循环

艾略特如是说：波浪之循环[①]

查尔斯·H.道是研究美国股市运动造诣最深的学者之一，他注意到市场持续运动中的某种重复。从这种看似杂乱无章的运动中，查尔斯·H.道发现市场并不像风中的气球那样飘忽不定，而是有序地运动。

艾略特在通过观察、研究和思考以发展自己理论的过程中，融汇了查尔斯·H.道的发现，而且在综合性和精确性上比查尔斯·H.道的理论更进一步。这两个人都已经感觉到了控制市场运动的人类均衡的卷入，但是查尔斯·H.道做的是"大写意"，而艾略特做的是"工笔画"，广泛性更强。

---

① 普莱切特，弗罗斯特.艾略特波浪理论：市场行为的关键（珍藏版）[M].陈鑫，译.北京：机械工业出版社，2015.

20 世纪 30 年代，艾略特发现股票市场价格以可识别的模式趋势运动和反转。他分离出了十三种这样的模式或称"波浪"。

艾略特给各种模式命名、定义并图解。他随后解释了它们如何连接在一起并形成大一级的相同模式。艾略特称这种现象为波浪理论。

他为这些浪级从最大到最小选择了以下名称：特大超级循环浪、超级循环浪、循环浪、大浪、中浪、小浪、细浪、微浪、亚微浪。

循环浪细分成大浪，大浪细分成中浪，中浪再依次细分成小浪等。

最初八浪循环结束的时候，后面又跟着另一个五浪运动。这个浪级更大的五浪模式又被相同浪级的三浪模式所调整，完成一个更大浪级的完整循环。

每一笔交易在成功前后，通过市场向其他投资者传递交易数据，加入影响其投资行为的原因链中。这种反馈循环受制于人的社会本性，而且既然人具有这样一种本性，那么这个过程就产生了各种形态。因为各种形态在重复，所以它们就有了预测的价值。

大的循环其实是下一个更大浪级波浪的两个细分浪，只要这个过程不停，向更大浪级的建造过程就会持续。细分成更小浪级的相反过程显然也永不停息。因此，所有的波浪不仅有分量波浪，而且是分量波浪。

一个驱动浪中的每个同向分量，以及一个完整循环中的每个完全循环分量，是其自身的较小版本。

尽管像市场或人类经历的循环性这种观念意味着精确的重复，但波浪的概念允许无穷的变化，这些变化实际上表现很突出。

尽管交替出现现象无法精确说明即将发生什么，但它对于那些预期之外的事仍提供了宝贵的提示，所以在分析波浪构造并估计其未来出现的概率时记住它很有用。它主要是提示分析人士，不要像大多数人那样，仅因为上个市场循环以某种风格发展，就相信这次的情况肯定一模一样。

波浪理论解释了人类进化的大循环，并揭示了它们怎样以及为什么要这样展开的道理。此外，它不仅包含小规模的循环，还包含大规模的循环，这些循环都是基于一种物理悖论，并在一种恒定的形态中变化。

普莱切特如是说：波浪之循环

无论交易什么品种，也不管市场环境怎样，股票市场几乎总是按照一种模式运行，即都按照艾略特波浪模式发展。

艾略特发现了股票市场运动的基本形态，并在各级波浪中确认了这种形态，即使在最小级别的走势图上也是如此。如果根据一笔笔的交易绘制走势图，你会发现波浪形态照样重复出现。

趋势在各个级别上重复出现，小尺度的波浪汇聚而产生与它们形态相同的大尺度波浪，大尺度的波浪与同级别的其他几个波浪组合在一起又形成更大的波浪。

所有的波浪都是更大波浪的组成部分，超级循环浪并不是最大浪级。更详尽的股票市场数据已经证明了波浪理论的正确性。

相关内容见图 1–41 至图 1–45。

做一个在水中学习游泳的人

循环

谁持画笔描山色，五升三降垄上行。
一峰一谷亘交替，八浪循环道之动。
纸上得来终觉浅，绝知此事要躬行。

股事求是

市场先生　图表语言

画说

波浪之循环

事实是无言的芬芳，真理在画说中绽放。
穿着最顶级的鲨鱼皮游泳衣，天天岸上练，从来不湿脚。
你还在岸上学游泳吗？请跳下水吧！
涉浅水者见鱼虾，涉深水者见蛟龙。
矮人看戏何曾见，都是随人说短长。
掀起你的盖头来，让我看看波浪卷。

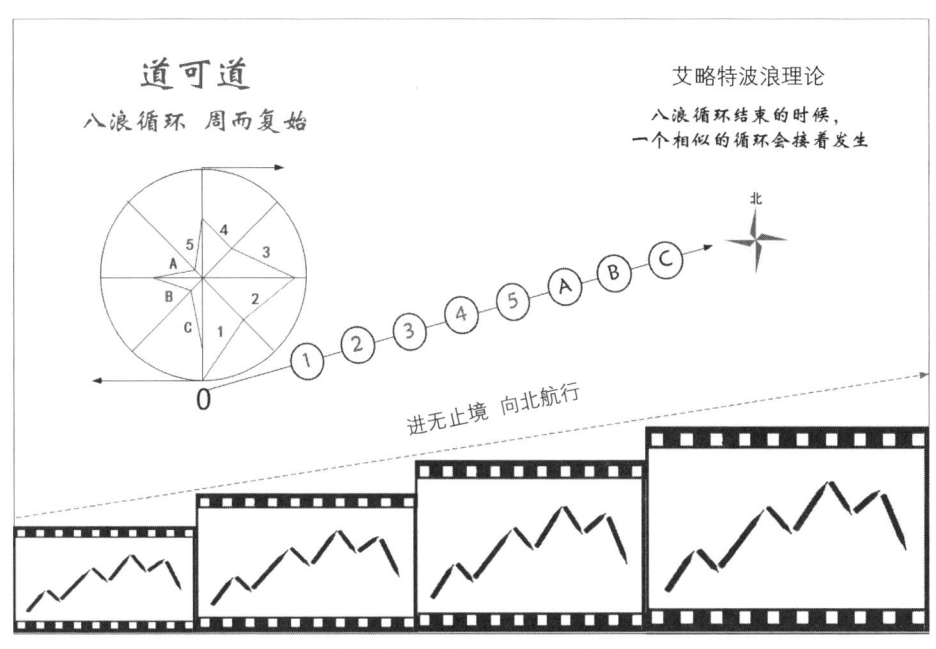

图 1-41 八浪循环周而复始

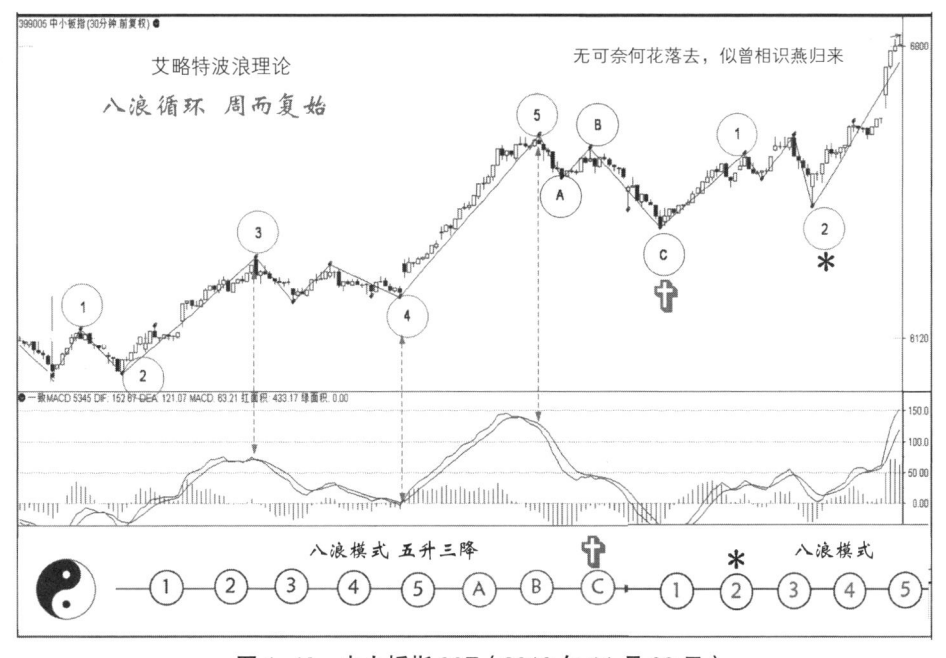

图 1-42 中小板指 30F（2019 年 11 月 29 日）

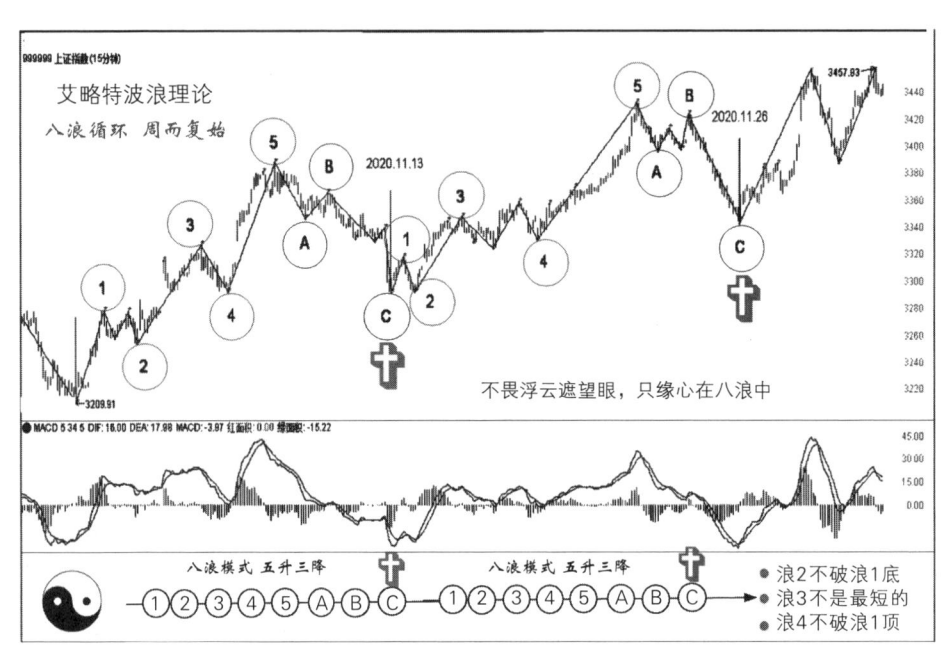

图 1-43　上证指数 15F（2020 年 11 月 2 日）

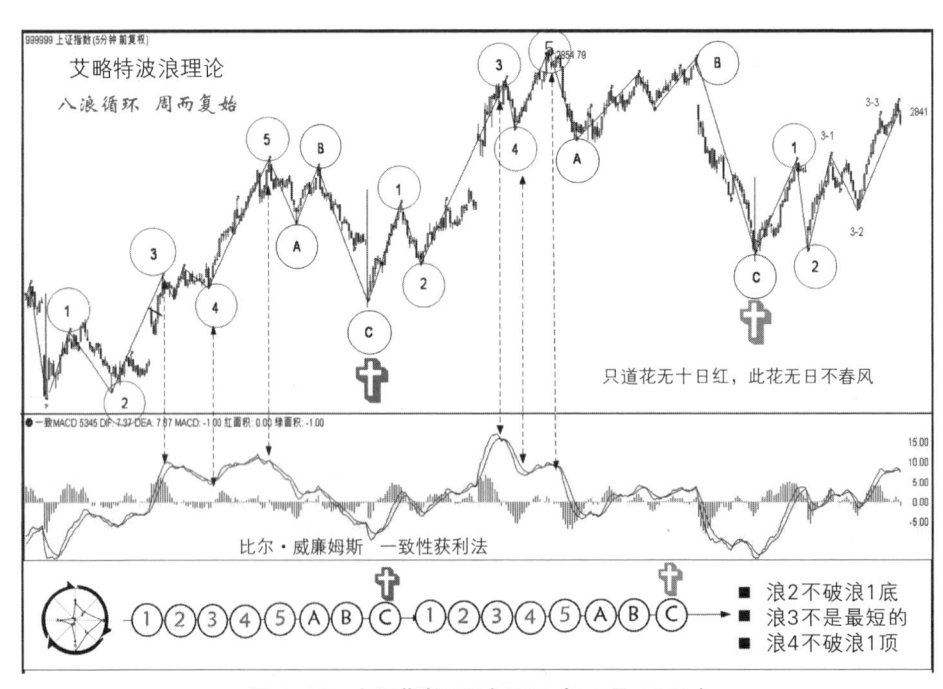

图 1-44　上证指数 5F（2020 年 4 月 13 日）

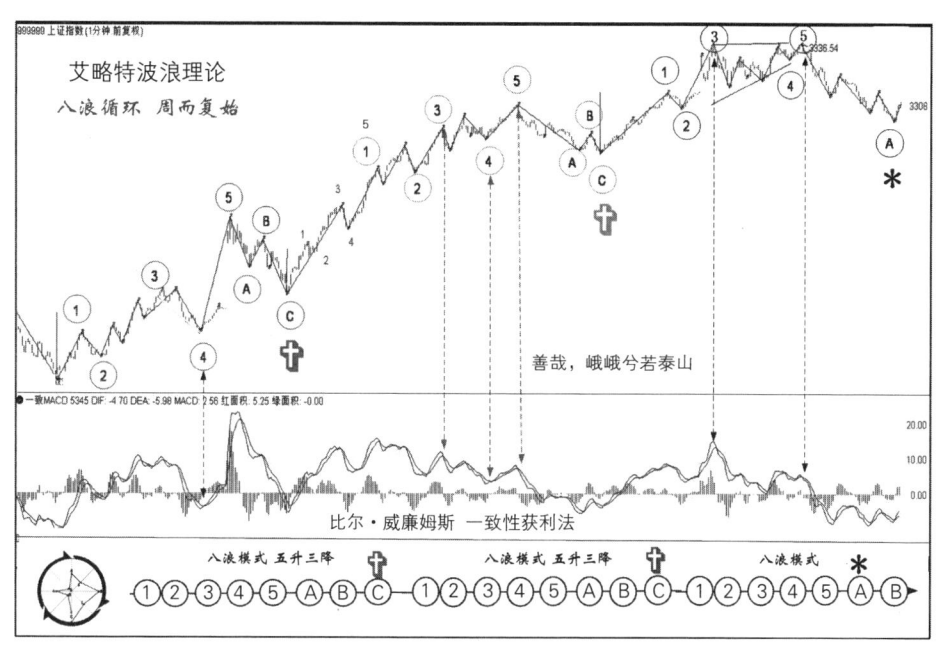

图 1-45 上证指数 1F（2020 年 7 月 17 日）

困穷匕见

无画不说，有画少说；

画中有话，话中有画。

主要是画，次要是话；

画没有错，话会有错。

天道循环，往复不息。

大道无言，其行且坚。

问渠那得清如许？为有源头活水来。

春风得意马蹄疾，一日看嗨浪循环。

实践感言

理论靠不靠谱，只能实践说了算。

泰山北斗大家说

◆ 凡是具有天然运动和生死的，都有一个循环。这是因为任何事物都是由时间辨别，都好像根据一个周期开始和结束，因此，甚至时间本身也是一个循环。

——亚里士多德

◆ 一代过去,一代又来,地却永远长存。日头出来,日头落下,急归所出之地。风往南刮,又向北转,不住地旋转,而且返回转行原道。江河都往海里流,海却不满。江河从何处流,仍归还何处。

已有之事,后必再有。已行之事,后必再行。日光之下并无新事。

——《旧约全书》

◆ 历史会重演。

——查尔斯·H.道

◆ 一个事物被否定了,一个新事物在更高水平上开始了。

——黑格尔

◆ 科学家、数学家就应该抓住这些变中有不变的地方进行研究,为什么在事物变化时它不变呢?它为什么有相对的稳定性,就是因为它在某个侧面上反映了事物的本质,我们研究客观世界就要抓住事的本质。抓住变中有不变的性质,就可以找到事物的规律,发现事物的本质。

——陈省身

第 2 章 缠中说禅

缠中说禅市场哲学的数学原理[①]

任何级别的所有走势，都能分解成趋势与盘整两类，而趋势又分为上涨与下跌两类。以上结论，是从无数图形的分析实践中总结出来的。

任何级别的任何走势类型终要完成，这句最简单的话，却包含技术分析最本质的东西。这是最重要的。

"走势终完美"这句话有两个不可分割的方面：任何走势，无论是趋势还是盘整，在图形上最终都要完成。

技术分析系统在本 ID 的理论中只是三个独立的系统之一，它建立在三个独立系统所依据的原则在数学上有效的基础之上。

必须强调三类买卖点都是被理论所支持的，是较为安全的买卖点。如果对这三类买卖点的安全性没有充分的理解，就说明对缠中说禅技术分析理论的理解尚不充分。市场交易，归根结底就是对买卖点的把握，买卖点的完备性就是理论的完备性。

抓住中枢这个关键点，走势类型与级别两个基本点，其他都是辅助。

---

① 缠中说禅. 教你炒股票 [M]. 北京：科学技术文献出版社，2013.

那么，市场的基本形态是什么，最基础的就是反复说的以中枢、级别为基础的趋势与盘整。而背驰的级别一定不小于转折的级别，是市场预测的最基础手段。

站在纯理论的角度分析，形态学是最根本的理论。形态学，从本质上来说就是几何，这个观点的证明是无须任何前提的。以前说的本 ID 理论成立的前提，其实并不是针对上述内容的，主要是针对动力学部分。

动力学属于物理范畴，但站在更高的层次上看物理，物理的本质就是几何。同理，本 ID 理论里的动力学部分，本质上也是几何，只是这种几何比较特别，需要把价格充分有效市场里的非完全绝对趋同交易作为前提并转化为某些几何结构，然后构造出理论。

泰山北斗如是说：一分为二

"一分为二"的意思是，由太极生成阴阳对立面，指事物内部的可分性、矛盾性。中国古代不少先哲、思想家都提出和阐述过这个概念。

◆ 一尺之棰，日取其半，万世不竭。

——庄子

◆ 割之弥细，所失弥少。割之又割，以至于不可割，则与圆合体而无所失矣。

——刘徽

◆ 从道生一，谓之朴也。一分为二，谓天地也。从二生三，谓阴阳和气也。从三以生万物，分为九野四时日月乃至万物。

——杨上善

◆ 无极而太极。太极动而生阳，动极而静，静而生阴，静极复动。一动一静，互为其根。分阴分阳，两仪立焉。阳变阴合，而生水火木金土。五气顺布，四时行焉。五行一阴阳也，阴阳一太极也，太极本无极也。

——周敦颐

◆ 太极，一也。不动，生二，二则神也。……是故一分为二，二分为四，四分为八……

——邵雍

◆ 一分为二，节节如此，以至无穷，皆是一生两尔。

——朱熹

近代哲学中的一分为二思想

◆ 如果现象形态和事物的本质会直接合二而一,一切科学就都成为多余的了。

——马克思

思考题

缠中说禅趋势走势类型之经典数学表达式 a+A+b+B+c 中有哪些哲学基本原理?

"一分为二"的思想在该数学表达式中有没有用?为什么?

上述数学表达式中,a、b、c 可以是不存在的吗?从哲学的角度说明理由。

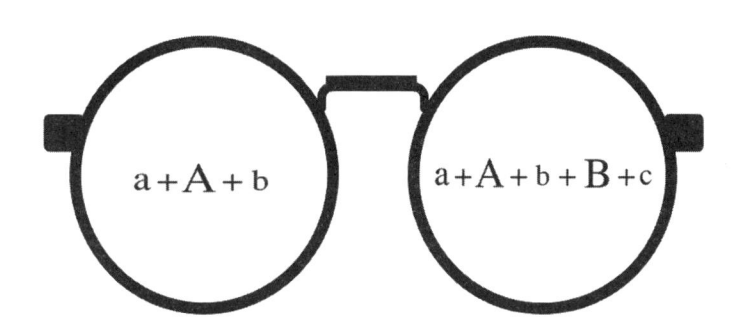

定义与定理

缠中说禅分型、笔、线段及相关定义[①]

(1)K线包含关系:指一根K线的高低点全在另一根K线的范围里。

非包含关系的三根相邻K线完全分类:

分为四类——上升K线、顶分型、下降K线、底分型。

(2)K线包含关系的处理:在向上时,把两根K线的最高点当作高点,而把两根K线低点中的较高者当作低点,这样就把两根K线合并成一根新的

---

① 缠中说禅. 教你炒股票[M]. 北京:科学技术文献出版社,2013.

K线；反之，当向下时，把两根K线的最低点当作低点，而把两根K线高点中的较低者当作高点，这样就把两根K线合并成一根新的K线。

（3）顶分型：第二根K线高点是相邻三根K线高点中最高的，而低点也是相邻三根K线低点中最高的。

（4）底分型：第二根K线低点是相邻三根K线低点中最低的，而高点也是相邻三根K线高点中最低的。

（5）笔：两个相邻的顶和底之间构成一笔。笔的意义就是忽略掉相邻的顶和底之间的其他波动。

所有的图形，都可以唯一地分解为上下交替的笔的连接。

上升的一笔：底分型+上升K线+顶分型。

下降的一笔：顶分型+下降K线+底分型。

（6）线段：至少由三笔组成，而且前三笔必须有重叠的部分。

（7）线段分解定理：

线段被破坏，当且仅当至少被有重叠部分的连续三笔的其中一笔破坏。而只要构成有重叠部分的前三笔，就必然会形成一个线段。换言之，线段破坏的充要条件，就是被另一个线段破坏。

注意，以向上笔开始的线段的特征序列，只考察顶分型；以向下笔开始的线段，只考察底分型。

特征序列两相邻元素间没有重合区间，称为该序列的一个缺口。

（8）线段破坏的第一种情况：特征序列的顶分型中，第一和第二元素间不存在特征序列的缺口，那么该线段在该顶分型的高点处结束，该高点是该线段的终点；特征序列的底分型中，第一和第二元素间不存在特征序列的缺口，那么该线段在该底分型的低点处结束，该低点是该线段的终点。

（9）线段破坏的第二种情况：特征序列的顶分型中，第一和第二元素间存在特征序列的缺口，如果从该分型最高点开始的向下一笔的序列的特征序列出现底分型，那么该线段在该顶分型的高点处结束，该高点是该线段的终点；特征序列的底分型中，第一和第二元素间存在特征序列的缺口，如果从该分型最低点开始的向上一笔的序列的特征序列出现顶分型，那么该线段在该底分型的低点处结束，该低点是该线段的终点。

相关内容见图2-1。

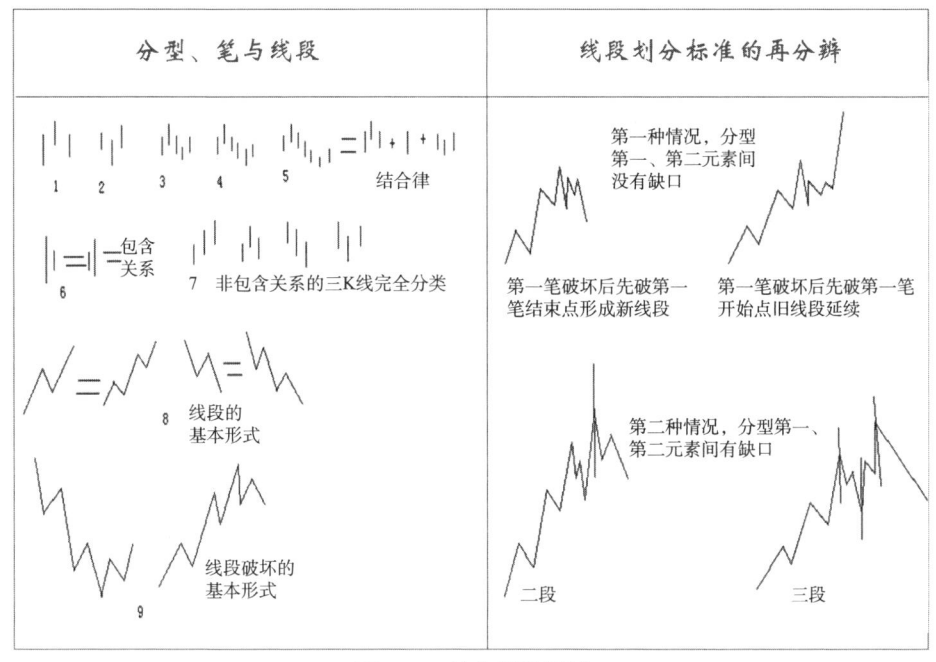

图 2-1 缠中说禅图例

缠中说禅基本定义

（1）走势：打开走势图看到的就是走势。走势分不同级别。

（2）走势类型：趋势、盘整。

（3）缠中说禅走势中枢：某级别的走势类型中，被至少三个连续次级别走势类型所重叠的部分。具体的计算以前三个连续次级别的重叠为准，严格的公式可以这样表示：次级别的连续三个走势类型 A、B、C，分别的高、低点是 a1\a2、b1\b2、c1\c2。则，中枢的区间就是 [max（a2，b2，c2），min（a1，b1，c1）]，而实际上目测就可以，不用这么复杂。

最后不能分解的级别，其缠中说禅走势中枢就不能用"至少三个连续次级别走势类型所重叠"定义，而定义为至少三个该级别单位 K 线重叠部分。

（4）缠中说禅盘整：在任何级别的任何走势中，某完成的走势类型只包含一个缠中说禅走势中枢，就称为该级别的缠中说禅盘整。

（5）缠中说禅趋势：在任何级别的任何走势中，某完成的走势类型至少包含两个以上依次同向的缠中说禅走势中枢，就称为该级别的缠中说禅趋势。该方向向上就称为上涨，向下就称为下跌。

注意，趋势中的缠中说禅走势中枢之间必须绝对不存在重叠，包括围绕走势中枢产生的任何瞬间波动之间的重叠。

技术分析基本原理

（1）缠中说禅技术分析基本原理一：任何级别的任何走势终要完成，即"走势终完美"。

（2）缠中说禅技术分析基本原理二：任何级别的完成的任何走势，必然包含一个以上的缠中说禅走势中枢。

走势分解定理、原则

（1）缠中说禅走势分解定理一：任何级别的任何走势，都可以分解成同级别"盘整""下跌""上涨"三种走势类型的连接。

（2）缠中说禅走势分解定理二：任何级别的任何走势类型，都至少由三段以上次级别走势类型构成。

（3）缠中说禅走势类型分解原则：一个某级别的走势类型中，不可能出现比该级别更大的中枢，一旦出现，就证明这不是一个某级别的走势类型，而是更大级别走势类型的一部分或几个该级别走势类型的连接。

（4）缠中说禅线段分解定理：线段被破坏，当且仅当至少被有重叠部分的连续三笔的其中一笔破坏。

（5）缠中说禅笔定理：当下，在任何时间周期的K线图中，走势必然落在一确定的具有明确方向的笔当中（向上笔或向下笔），而在笔当中的位置，必然只有两种情况，第一，在分型构造中；第二，分型构造确认后延伸为笔的过程中。

缠中说禅走势中枢相关定理

（1）缠中说禅走势中枢定理一：在趋势中，连接两个同级别"缠中说禅走势中枢"的必然是次级别以下级别的走势类型。

（2）缠中说禅走势中枢定理二：在盘整中，无论是离开还是返回"缠中说禅走势中枢"的走势类型必然是次级别以下的。

（3）缠中说禅走势中枢定理三：某级别的"缠中说禅走势中枢的破坏"，当且仅当一个次级别走势离开该"缠中说禅走势中枢"，其后的次级别回抽走势不重新回到该"缠中说禅走势中枢"内。

定理三中的两个次级别走势的组合只有三种：趋势+盘整、趋势+反趋势、盘整+反趋势。

（4）缠中说禅走势中枢中心定理一：走势中枢的延伸等价于任意区间 [dn，gn] 与 [ZD，ZG] 有重叠。换言之，若有 Zn，使得 dn>ZG 或 gn<ZD，则必然产生高级别的走势中枢或趋势及延续。其中 GG=max（gn），G=min（gn），D=max（dn），DD=min（dn），ZG=min（g1，g2），ZD=max（d1，d2）。

（5）缠中说禅走势中枢中心定理二：前后同级别的两个缠中说禅走势中枢，后 GG< 前 DD 等价于下跌及其延续；后 DD> 前 GG 等价于上涨及其延续。后 ZG< 前 ZD 且后 GG ≥ 前 DD，或后 ZD> 前 ZG 且后 DD ≤ 前 GG，则等价于形成高级别的走势中枢。

走势级别延续定理

（1）缠中说禅走势级别延续定理一：在更大级别的缠中说禅走势中枢产生前，该级别的走势类型将延续。也就是说，只能是具有该级别缠中说禅走势中枢的盘整或趋势的延续。

（2）缠中说禅走势级别延续定理二：更大级别缠中说禅走势中枢产生，当且仅当围绕连续两个同级别缠中说禅走势中枢产生的波动区间出现重叠。

买卖点相关定理、定律和程序

（1）缠中说禅短差程序：大级别买点介入的，在次级别第一类卖点出现时，可以先减仓，其后在次级别第一类买点出现时回补。

（2）缠中说禅买卖点定律：任何级别的第二类买卖点都由次级别相应走势的第一类买点构成。

（3）第三类买卖点定理：

一个次级别走势类型向上离开缠中说禅走势中枢，然后以一个次级别走势类型回试，其低点不跌破 ZG，则构成了第三类买点；

一个次级别走势类型向下离开缠中说禅走势中枢，然后以一个次级别走势类型回抽，其高点不升破 ZD，则构成了第三类卖点。

而对于第三类买卖点，其意义就是对付中枢结束的。一个级别的中枢结束，无非面对两种情况：①转成更大的中枢；②上涨或下跌直到形成新的该级别中枢。

第三类买卖点就是告诉我们什么时候发生这种事情，而在第二、第三买卖点的本级别走势类型之间，都是中枢震荡，这时候，是不会有该级别的买卖点的，因此，如果参与其中的买卖，用的都是低级别的买卖点。

（4）缠中说禅买卖点的完备性定理：市场必然产生赢利的买卖点，只有第一类、第二类、第三类。

（5）缠中说禅升跌完备性定理：市场中的任何向上与下跌，都必然从三类缠中说禅买卖点中的某一类开始以及结束。换言之，市场走势完全由这样的线段构成，线段的端点是某级别三类缠中说禅买卖点中的某一类。

（6）缠中说禅买卖点级别定理：大级别的买卖点必然是次级别以下某一级别的买卖点。

（7）缠中说禅背驰—买卖点定理：任一背驰都必然制造某级别的买卖点，任一级别的买卖点都必然源自某级别走势的背驰。

（8）缠中说禅精确大转折点寻找程序定理：某大级别的转折点，可以通过不同级别背驰段的逐级收缩范围而确定。换言之，某大级别的转折点，先找到其背驰段，然后在次级别图里，找出相应背驰段在次级别里的背驰段，将该过程反复进行下去，直到最低级别，相应的转折点就在该级别背驰段确定的范围内。如果这个最低级别是可以达到每笔成交的，理论上，大级别的转折点，可以精确到笔的背驰上，甚至就是唯一的一笔。

（9）缠中说禅趋势转折定律：任何级别的上涨转折都由某级别的第一类卖点构成；任何级别的下跌转折都由某级别的第一类买点构成。

（10）缠中说禅背驰—转折定理：某级别的趋势的背驰将导致该趋势最后一个中枢的级别扩展、该级别更大级别的盘整或该级别以上级别的反趋势。这是一个十分重要的定理，它说明了什么？就是某级别的背驰必然导致该级别原走势类型的终止，进而开始该级别或以上级别的另一个走势类型。

（11）缠中说禅小背驰—大转折定理：小级别背驰引发大级别走势向下的必要条件是该级别走势的最后一个次级别中枢出现第三类卖点；小级别背驰引发大级别走势向上的必要条件是该级别走势的最后一个次级别中枢出现第三类买点。

（12）缠中说禅第一利润最大定理：对于任何固定交易品种，在确定的操作级别下，以上缠中说禅操作模式的利润率最大。

（13）缠中说禅第二利润最大定理：对于不同交易品种，在确定的操作级别下，以上激进的缠中说禅操作模式的利润率最大。

其他定义、定律

（1）笔是不能构成中枢的，这就是笔和线段以及线段以上的各种级别走势类型的最大区别。

（2）缠中说禅转折性趋势定律：任何非盘整性的转折性上涨，都是在某一级别的"下跌+盘整+下跌"后形成的。下跌反之。

（3）缠中说禅的MACD定律：第一类买点都是在0轴之下背驰形成的，第二类买点都是第一次上0轴后回抽确认形成的。卖点的情况就反过来。

（4）趋势形成定义：向上趋势形成，就是在第一中枢后出现第三类买点并形成非背驰向上。下跌反之。

（5）中阴阶段：就是一种走势类型完成后无法确定会转向何种走势类型，即是会出现反转变成新的走势类型还是延续原来的走势类型的过程阶段。

> **股事求是**
>
> 几何学的家族是一个"人丁兴旺"的大家族：欧氏（欧几里得）几何、非欧氏几何（罗氏几何、黎曼几何）、射影几何、解析几何、微分几何、分形几何等，它们分别有着不同的应用领域。
>
> 在证券市场中，和K线走势形态关系密切的是欧几里得几何学、曼德勃罗特分形几何学。

缠中说禅把欧几里得几何学作为自己的理论基础；波浪理论把曼德勃罗特分形几何学作为自己的理论基础。

对于同一幅市场走势图，缠中说禅的欧几里得几何学，与波浪理论的曼德勃罗特分形几何学会有不一样的描述，它们各有千秋，并大放异彩。实际上是言人人殊，各说各话，仁者见仁，智者见智。

欧几里得几何学与曼德勃罗特分形几何学之比较

- 欧氏几何是规则图形，而分形几何是不规则图形。
- 欧氏几何图形层次是有限的，而分形几何图形从数学角度讲层次是无限的。
- 欧氏几何图形不能从局部得到整体的信息，而分形几何图形局部与整体有相似性。
- 欧氏几何图形越复杂，背后规则也越复杂；而分形几何图形看上去很复杂，但是背后的规则往往很简单。
- 欧氏几何学描述的对象是人类创造的简单的标准物体，而分形几何学描述的对象是大自然创造的复杂实物。
- 欧氏几何学有特征长度，而分形几何学无特征长度。
- 欧氏几何学有明确的数学表达方式，而分形几何学用迭代语言表达。
- 欧氏几何学的维数是 0 及整数（1 或 2 或 3），而分形几何学的维数一般是分数（也可以是正整数）。

思考题

（1）阐述：缠中说禅的趋势走势类型典型表达式 $a+A+b+B+c$ 是代数式，还是几何表达式？

在平面几何、立体几何、解析几何、分形几何中，该表达式应该属于哪一种几何学？

该表达式代表了走势图中哪种具体走势形态？其中的 a、A、b、B、c 五个元素之间，有哪些不变的内在数学关系？

（2）艾略特波浪理论的数学基础是哪一种几何学？

泰山北斗大家说

◆ 数学是一切知识中的最高形式。

——柏拉图

◆ 数学是知识的工具，亦是其他知识工具的泉源，所有研究顺序和度量的科学均和数学有关。

——笛卡儿

◆ 数学是人类知识活动留下来最具威力的知识工具，是一些现象的根源。数学是不变的，是客观存在的，上帝必以数学法则建造宇宙。

——欧拉

◆ 原来这个世界上有这么多我不需要的东西。

——苏格拉底

知识拓展

（1）缠中说禅几何学——特征表达：

- a+A+b；
- a+A+b+B+c。

（2）欧几里得几何学——特征表达：

- △ABC 中：∠A+∠B+∠C=180°。
- 勾股定理：$a^2+b^2=c^2$。
- 圆的面积：$S=\pi r^2$。
- 圆的周长：$C=2\pi r$。

（3）曼德勃罗特分形几何学——曼德勃罗特集（Mandelbrot Set）满足迭代公式：

$$z(n+1)=z(n)^2+c$$

其中，c 是一个常数，z 是一个复数（可表示为 z=a+bi）。

通过迭代计算，可以将复平面上的点分为属于集合内或集合外，形成具有分形特征的图像。

市场先生考问，市场属于哪一种几何学？

　　缠中说禅——几何学；

　　欧几里得——几何学；

　　曼德勃罗特——分形几何学。

　　读者朋友，请你说出自己的答案。

《股事求是》中正确的答案，它就隐藏在市场先生的《画》中！

泰山北斗大家说

◆ 尊重他人，才能让人尊敬。

——笛卡儿

◆ 真理只会越辩越明。

——苏格拉底

◆ 实在说来，没有知识的人总爱议论别人的无知，知识丰富的人却时时发现自己的无知。

——笛卡儿

◆ 当真理还正在穿鞋的时候，谎言就能走遍半个世界。

——马克·吐温

◆ 不要在自己的身上装上别人的脑袋。

——佛陀

第二篇　交易模块和而不同

第 3 章　笔与八浪

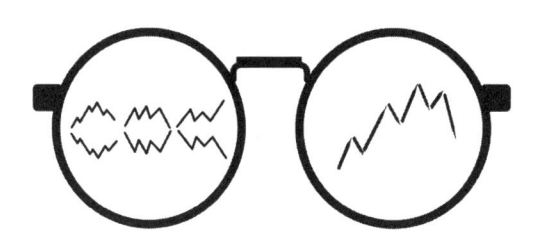

两种市场观

缠中说禅的市场观[①]

上涨、下跌、盘整三种基本走势，有六种组合可能代表着三类不同的走势。
陷阱式：上涨＋下跌；下跌＋上涨。
反转式：上涨＋盘整＋下跌；下跌＋盘整＋上涨。
中继式：上涨＋盘整＋上涨；下跌＋盘整＋下跌。
市场的走势都可能通过这三类走势（见图 3-1）得以分解和研究。

陷阱式	反转式	中继式
上涨＋下跌	上涨＋盘整＋下跌	上涨＋盘整＋上涨
下跌＋上涨	下跌＋盘整＋上涨	下跌＋盘整＋下跌

图 3-1　缠中说禅的市场观原理

[①] 缠中说禅. 教你炒股票［M］. 北京：科学技术文献出版社，2013.

根据本 ID 的理论，市场的结构已经被彻底分解。站在本 ID 理论的角度，哪里有什么市场，不过是一堆关节。

波浪理论的市场观[①]

一个调整浪的最简单表现形式是直线下降。一个推动浪的最简单表现形式是直线上升。一个完整的循环是两条直线。在下一级的复杂形态中，相应的数字是 3、5 和 8，这个数列可以无穷无尽（见图 3-2）。

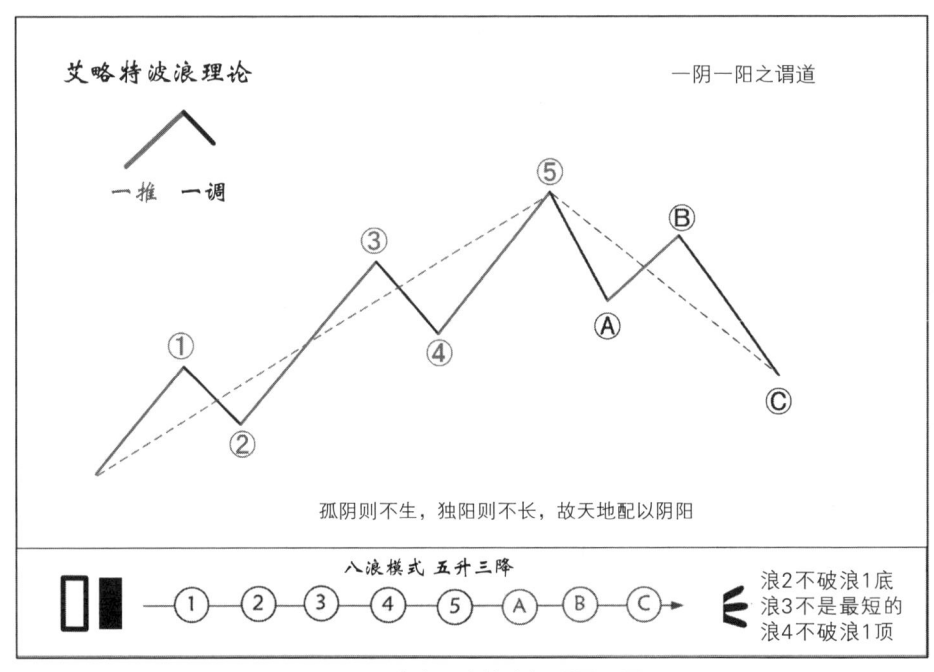

图 3-2 波浪理论的市场观原理图

在 1938 年的《波动原理》及以后的一系列文章中，艾略特指出股市呈现一定的基本韵律和形态。

对比两种理论，缠中说禅"上涨+下跌"的陷阱式形态与波浪理论的"五升三降"八浪模式形同实异，貌合神离。

后面章节，将对缠中说禅与波浪理论两个独立系统的相关要素进行客观、

---

① 普莱切特，弗罗斯特.艾略特波浪理论：市场行为的关键（珍藏版）[M].陈鑫，译.北京：机械工业出版社，2015.

全面、系统的对比分析。

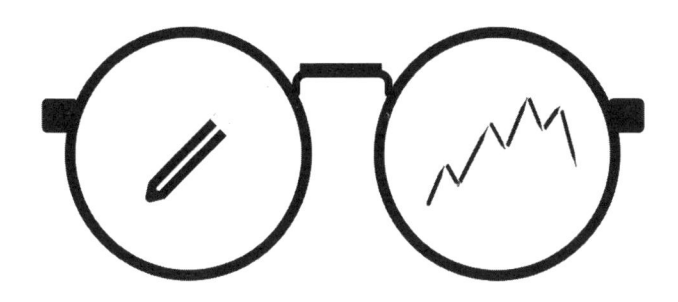

笔与八浪的相关分析

缠中说禅话说：分型与笔[①]

分型，即在1分钟级别是这样的结构，在年线上也是这样的结构，在不同的级别上，结构是一样的，这就是自相似性。同样，走势类型也一样。

顶分型的最高点叫该分型的顶，底分型的最低点叫该分型的底，由于顶分型的底和底分型的顶是没有意义的，所以顶分型的顶和底分型的底就可以简称为顶和低。也就是说，下文说顶和底时，就分别指顶分型的顶和底分型的底。

两个相邻的顶和底之间构成一笔，所谓笔，就是顶和底之间的其他波动，都可以忽略不计，但要注意的是，一定是相邻的顶和底，隔了几个就不是了。

在实际分析中，要求顶和底之间必须都至少有一根K线当成一笔的最基本要求。

从分型到笔，必须是一顶一底。那么，两个顶或底能构成一笔吗？有两种情况：第一，在两个顶或底中间有其他的顶和底，这种情况是把好几笔当成了一笔，所以只要继续用一顶一底的原则，自然可以解决；第二，在两个顶或底中间没有其他的顶和底，这种情况意味着第一个顶或底后的转折级别太小，不足以构成值得考察的对象，在这种情况下，第一个顶或底就可以忽略不计了。

而所有的图形，都可以唯一地分解为上下交替的笔的连接。

---

① 缠中说禅. 教你炒股票［M］. 北京：科学技术文献出版社，2013.

笔，必须出现一顶一底，而且顶和底之间至少有一根 K 线不属于顶分型与底分型。当然，还有一个最明显的条件，就是在同一笔中，顶分型中最高 K 线的区间至少要有一部分高于底分型中最低 K 线的区间。如果上述条件不满足，也就是顶都在底的范围内或顶比底还低，这显然是不可接受的。

划分笔的步骤：

第一，确定所有符合标准的分型。

第二，如果前后两分型是同一性质的，对于顶，前面的低于后面的，只保留后面的，前面那个可以划掉；对于底，前面的高于后面的，只保留后面的，前面那个可以划掉。不满足上面情况的，例如相等的，都可以先保留。

第三，经过步骤二的处理后，余下的分型，如果相邻的是顶和底，那么就可以划为一笔。

缠中说禅笔定理：当下，在任何时间周期的 K 线图中，走势必然落在一确定的具有明确方向的笔中（向上笔或向下笔），而在笔中的位置，必然只有两种情况，第一，在分型构造中；第二，分型构造确认后延伸为笔的过程中。

现在这种设计，一定是所有可能设计中最好的，这使得笔出现的可能性最大并把最多的偶然因素给消除了，使得实际的操作中更容易把走势分解。

艾略特话说：波浪理论[①]

艾略特训练有素，其思维适于对道琼斯工业股平均指数及其前身的走势图进行如此彻底和精确的研究。这使他得以建立一套反映至 20 世纪 40 年代中期，他所了解的全部市场行为的理论系统。

在各种市场中，价格前进最终采取一种特定结构的五浪形态。这些浪中的三个，分别标示为浪 1、浪 3 和浪 5。而它们又被两个逆势的休整期所分割，标示为浪 2 和浪 4。

尽管在任何方向上的任何浪级趋势中，五浪作用之后会有三浪反作用，但是波浪的前进总从一个作用的推动浪开始。

---

① 普莱切特，弗罗斯特.艾略特波浪理论：市场行为的关键（珍藏版）[M].陈鑫，译.北京：机械工业出版社，2015.

艾略特记录了五浪形态的三个永恒之处：浪2永远不会超过浪1的起点；浪3永远不是最短的一浪；浪4永远不会进入浪1的价格领地。

如果在"显微镜"下观察，浪（1）和浪（2）会呈现与浪①和浪②相同的形态。无论浪级如何，形态是不变的。

推动浪中的一个驱动浪，也就是浪1、浪3或浪5，通常会延长，也就是远比其他两个浪长。

推动浪共有五个浪，如果有延长浪，就会达到九个或十三个浪，依此类推；而调整浪共有三个浪，如果有联合型调整浪，就会达到七个或十一个浪，依此类推。

任何不处于更大浪级的调整浪中的向上的驱动浪都可称为前进浪。任何下跌浪，都可称为倒退浪。出现在任何更大浪级的调整浪中的向上的浪，都可称为副倒退浪。

成功的分析总是取决于对各种波浪模式的正确标示。

一个波浪的总体外形必须与适当的图解一致。

波浪分类主要是为了确定股价在股市前进中所处的位置。

波浪理论的主要价值在于，它为市场分析提供了一种前后关系。这种前后关系既为严密思考奠定了基础，又对市场总体位置及前景进行了展望。

文章中介绍的各项指导方针都是以牛市为背景进行讨论和图解的。除了特别指出的以外，它们同样也能应用于熊市，但在熊市背景中，各种图解和推论就得倒置过来。

普莱切特的观点

艾略特发现了股票市场运动的基本形态，并确认了这种形态。

市场沿着一个较大趋势以五浪运行，三浪逆向调整。后者在蓄积整个趋势的动力。

我认为每个人都会发现波浪理论的确迷人，但是只有那些愿意把市场当作他们生命中一个相当重要部分的人才能应用波浪理论。

波浪的识别是一件很视觉化的事情。在看走势图时，先从长期走势图开始，然后再看短期走势图。

一个投资者采用什么样的数据来做图表分析，跟他采用什么时间框架的图表做分析一样，一些信息会被过滤掉。在月线图上看不到的信息，在日线图上会很清晰。在60分钟图上看不到的价格运动，在1分钟图上便能知晓。

不要只是在脑海里想象你应该如何标示走势图。一定要把波浪实际地标示出来。这样的实践操作对于学习识别波浪形态的效果与光看不做是完全不一样的。

只有通过艰苦的分析研究才能得到合理正确的研判。最糟糕的研判者是那些把该理论当作一门艺术，凭着自己的冲动和不充分的理解"绘画"波浪的人。

笔画波浪，跃然纸上——笔在波浪理论中的应用

一个好汉三个帮，一个篱笆三个桩。

艾略特发现股票市场价格以可识别的八浪模式循环运动，从而创立了波浪理论。

艾略特波浪理论的实践者，从事交易长达35年的比尔·威廉姆斯博士，结合实践提出了混沌操作法。混沌操作法是一整套完美的金融投资思想、交易策略体系。

比尔·威廉姆斯的混沌操作法使用了"分形"的概念，一个基本的"分形"由五根K线组成，分为"上分形""下分形"。

比尔·威廉姆斯再结合鳄鱼线技术指标，观察价格走势所处的位置是波浪理论的推动浪还是调整浪，价格围绕鳄鱼线上下跳动就是调整浪，价格在鳄鱼线上或下单边运行就是推动浪。

【编者按】混沌操作法的"分形"（类似于缠中说禅"顶分型""底分型"概念），而不是曼德勃罗特分形的概念。

遗憾的是混沌操作法虽然提出了"上分形""下分形"，却没有连续笔的概念。笔，是缠中说禅中走势量化分析的基石，比靠目测分析连续的走势图明显精确了很多，克服了模棱两可、似是而非。那么，缠中说禅的笔嫁接到艾略特波浪理论中可行吗？本书作者多年实践的结果，回答是去掉一个字——"吗"，肯定的答案："可行。"

将缠中说禅笔的概念直接引入艾略特波浪理论中是一个中西合璧、取长补短、相映成辉、实践性的新课题。

在本书中，缠中说禅的笔适用于所有走势图形，对于波浪理论、缠中说禅、筹码分布（主图）来说都是可用的。当然，事实上不吻合的情况也时有发生，还要具体问题具体分析。

骏马能历险，犁田不如牛；坚车能载重，渡河不如舟。尺有所短，寸有所长，笔在三个独立系统（波浪理论、缠中说禅、筹码分布）中的综合应用，可以取长补短、扬长避短、事半功倍，这就是八仙过海各显神通、和而不同、交相辉映。国人常言道：三个臭皮匠顶个诸葛亮，此话有理。

做一个在水中学习游泳的人

笔

象牙塔里吟定理，白纸一张演走势。
一顶一底笔连笔，五升三降亘规律。
纸上得来终觉浅，绝知此事要躬行。

股事求是

市场先生　图表语言

画说

笔与八浪

事实是无言的芬芳，真理在画说中绽放。
穿着最顶级的鲨鱼皮游泳衣，天天岸上练，从来不湿脚。
你还在岸上学游泳吗？请跳下水吧！
涉浅水者见鱼虾，涉深水者见蛟龙。
矮人看戏何曾见，都是随人说短长。
掀起你的盖头来，让我看看你的脸。

同一段走势，在裸K线与连续"笔"中的对照比较

相关内容见图3-3至图3-6。

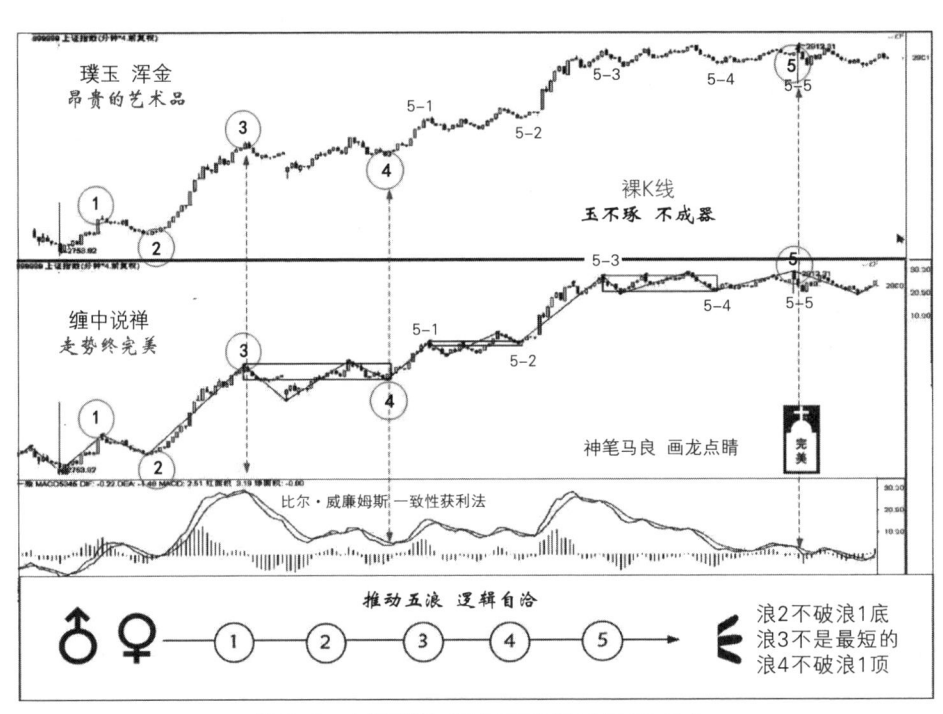

图 3-3　上证指数 4F（2018 年 7 月 25 日）

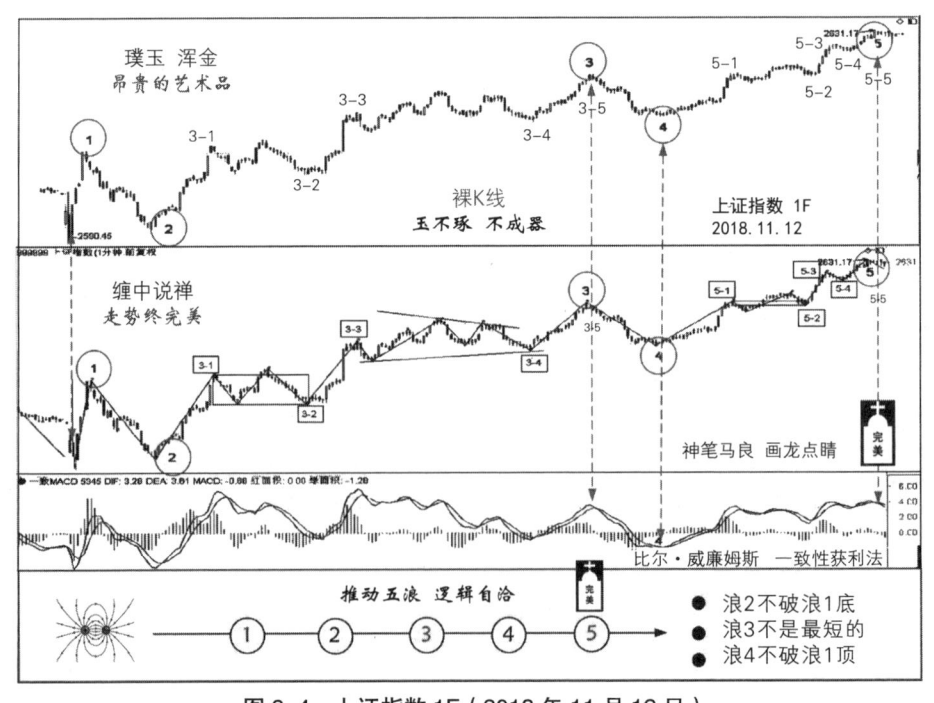

图 3-4　上证指数 1F（2018 年 11 月 12 日）

第 3 章 笔与八浪

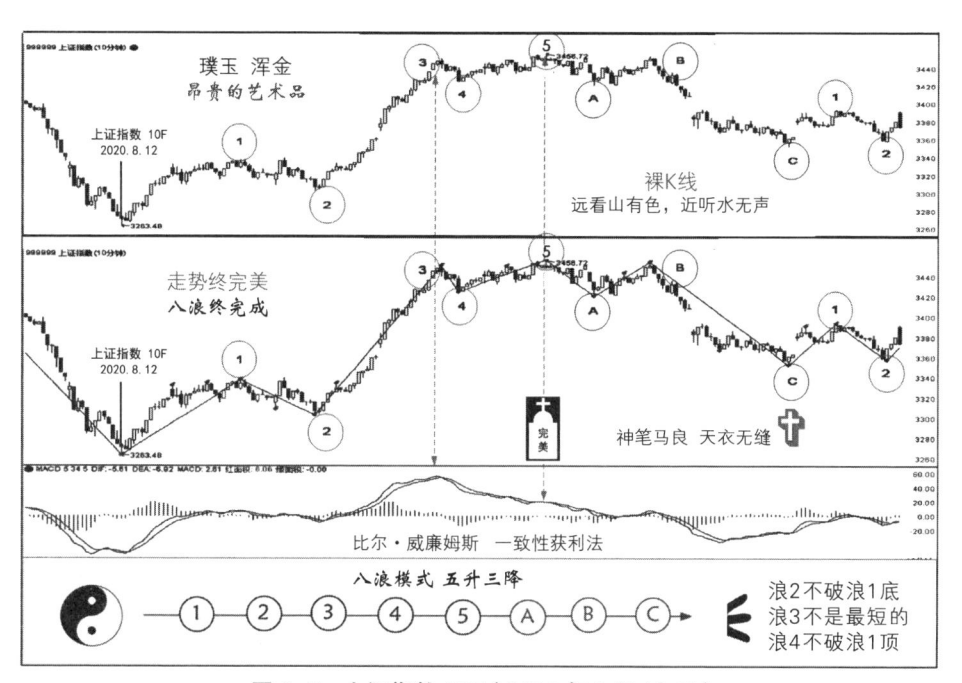

图 3-5 上证指数 10F（2020 年 8 月 12 日）

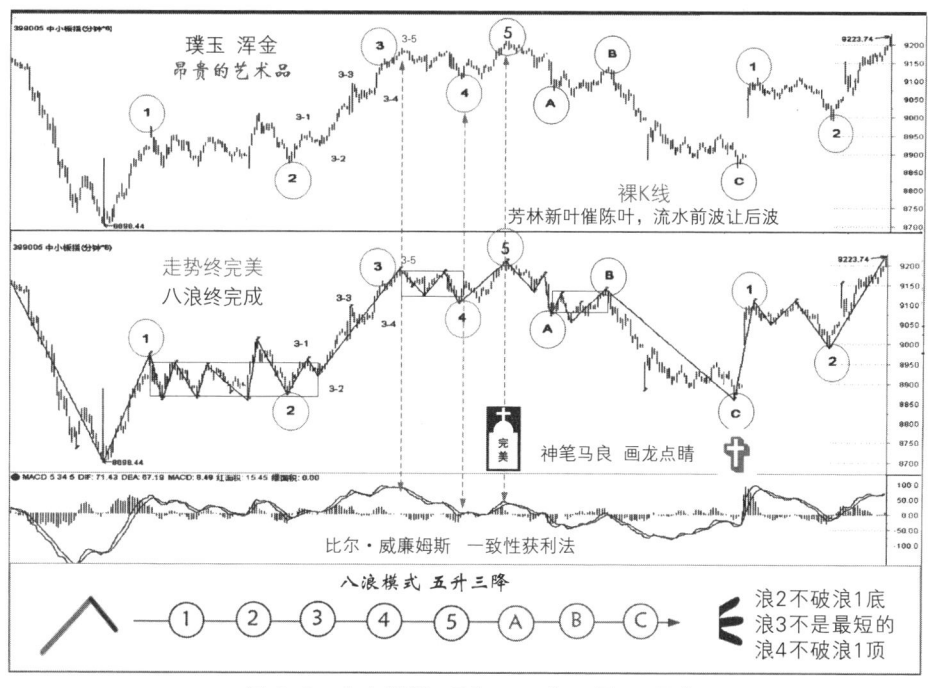

图 3-6 中小板指 6F（2020 年 8 月 12 日）

> 人靠衣裳马靠鞍，狗挂铃铛跑得欢。
> 试玉要烧三日满，辨材须待七年期。

缠中说禅"阴阳双笔"，在小级别走势中是艾略特"八浪结构"

所有图形，都可以唯一地分解为上下交替的笔的连接。

在任何时间框架的 K 线图中，走势必然落在一确定的具有明确方向的笔当中。

相关内容见图 3-7 至图 3-10。

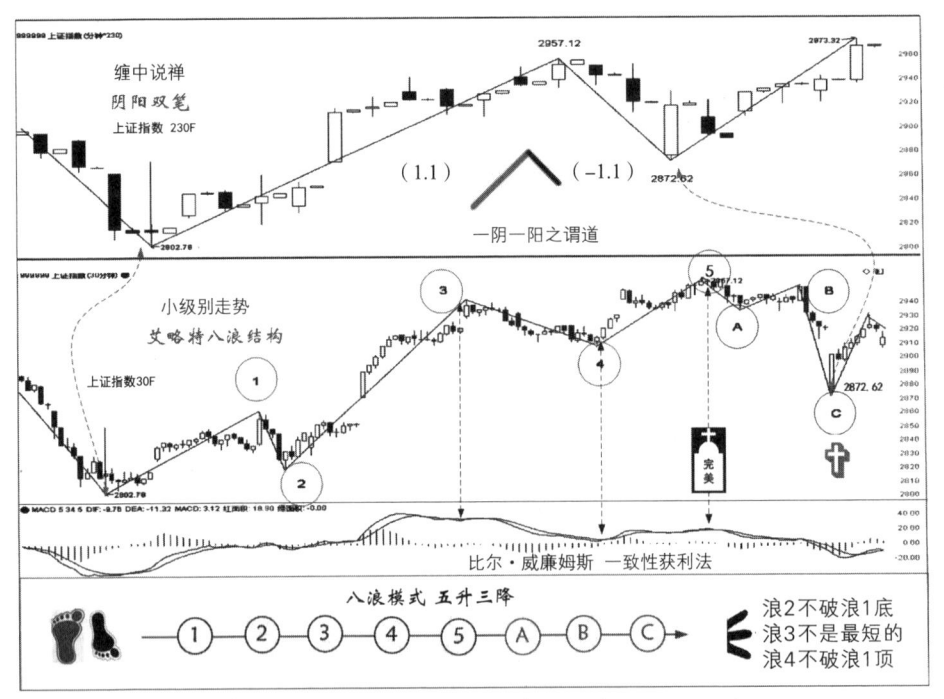

图 3-7　上证指数 230F、30F（2020 年 5 月 25 日）

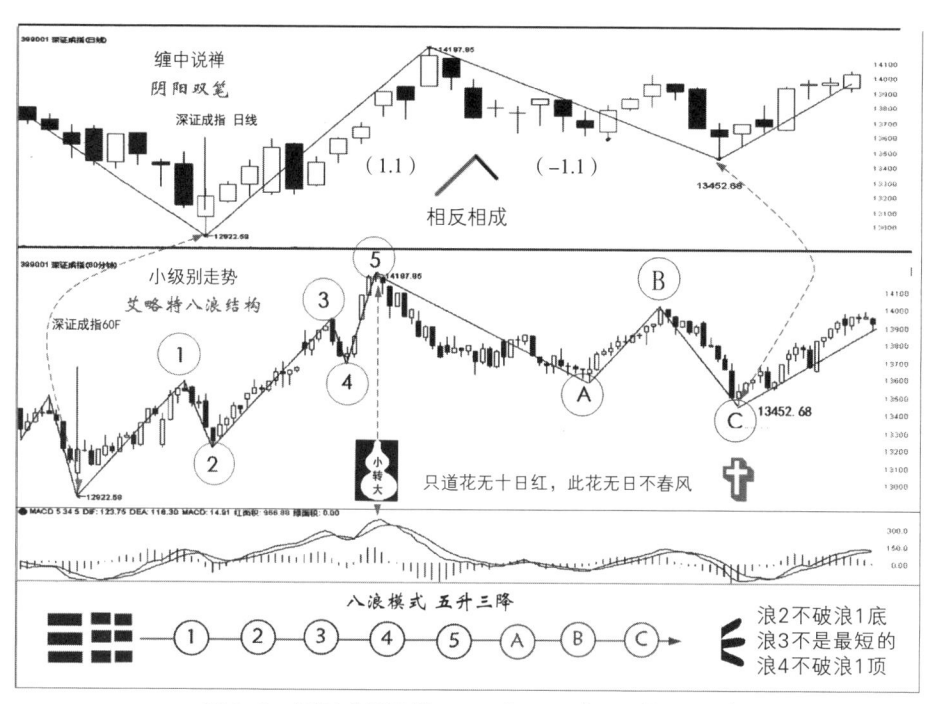

图 3-8　深证成指日线、60F（2020 年 10 月 26 日）

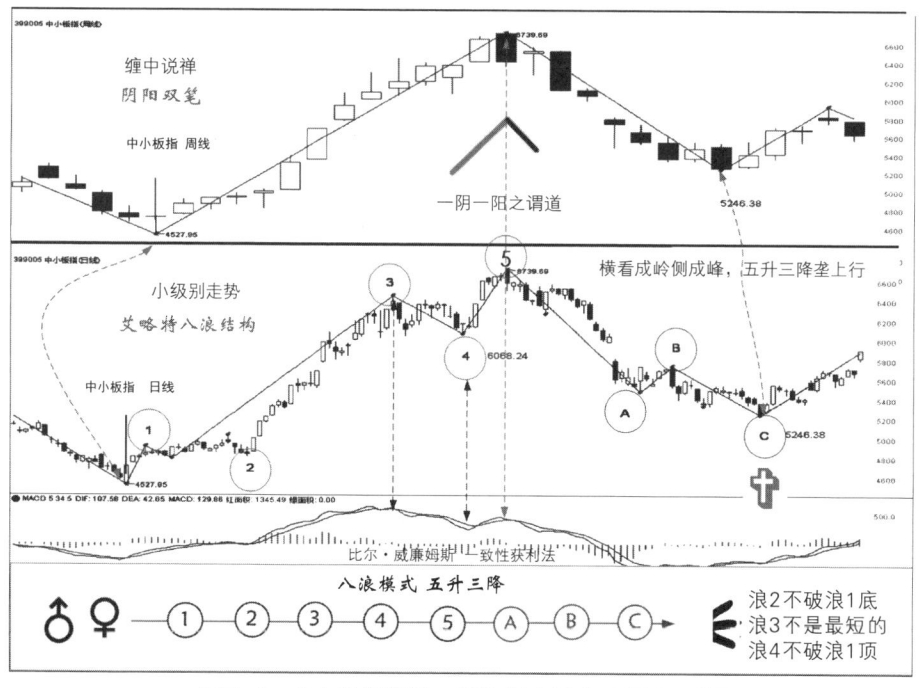

图 3-9　中小板指周线、日线（2019 年 1 月 15 日）

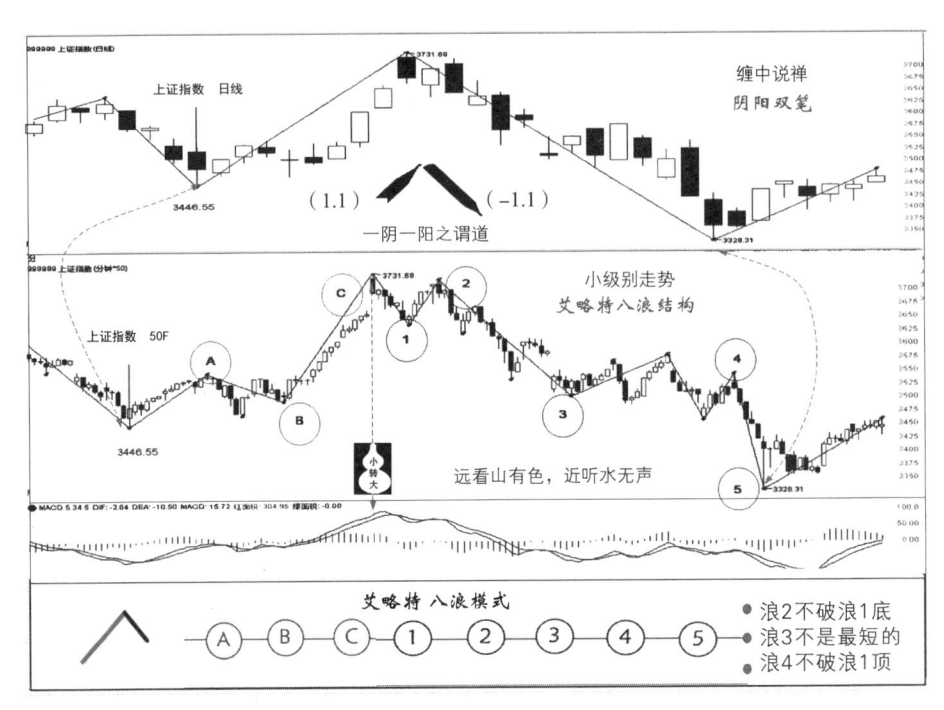

图 3-10　上证指数日线、50F（2021 年 2 月 1 日）

> 千淘万漉虽辛苦，吹尽狂沙始到金。
> 不经一番寒彻骨，怎得梅花扑鼻香。

二八法则

细心的读者应该意识到下面这句话的深刻寓意：

缠中说禅"阴阳双笔"，在小级别走势中是艾略特"八浪结构"。本书把观察到的上述现象称为二八法则。

该法则在缠中说禅《教你炒股票 108 课》中没有介绍过，在艾略特波浪理论中更没有涉及，这是一个把缠中说禅和波浪理论结合起来的新法则，后文许多地方都使用了这一法则。

缠中说禅"笔"忽略不计的偶然因素（杂波），是波浪理论中的"亚微浪"[①]

两个相邻的顶和底之间构成一笔，隔了几个就不是了。

---

① 缠中说禅. 教你炒股票［M］. 北京：科学技术文献出版社，2013.

这种设计使得笔出现的可能性最大,在实际的操作中更容易把走势分解。相关内容见图 3-11 至图 3-14。

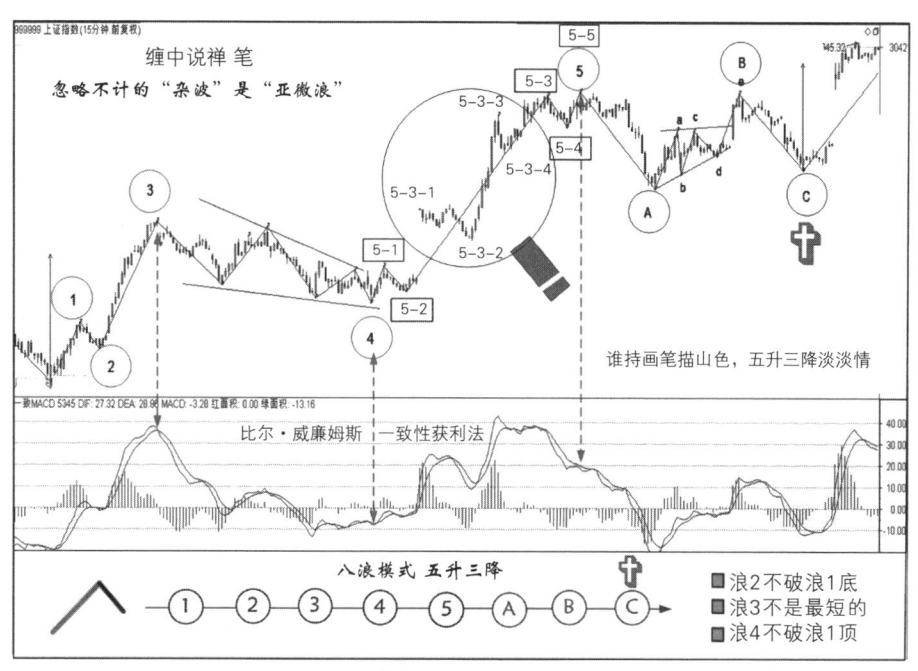

图 3-11　上证指数 15F（2019 年 6 月 10 日）

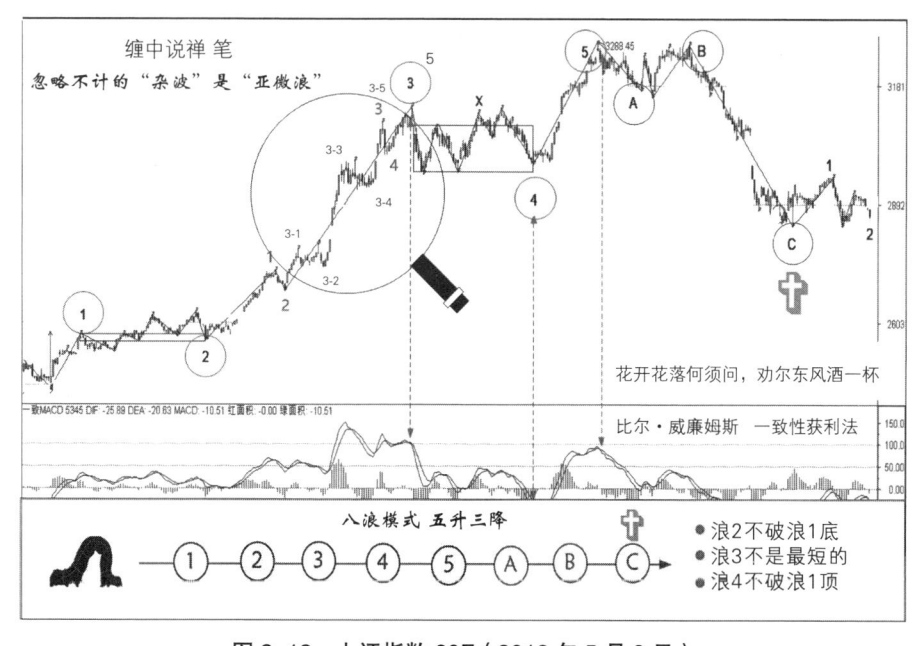

图 3-12　上证指数 60F（2019 年 5 月 9 日）

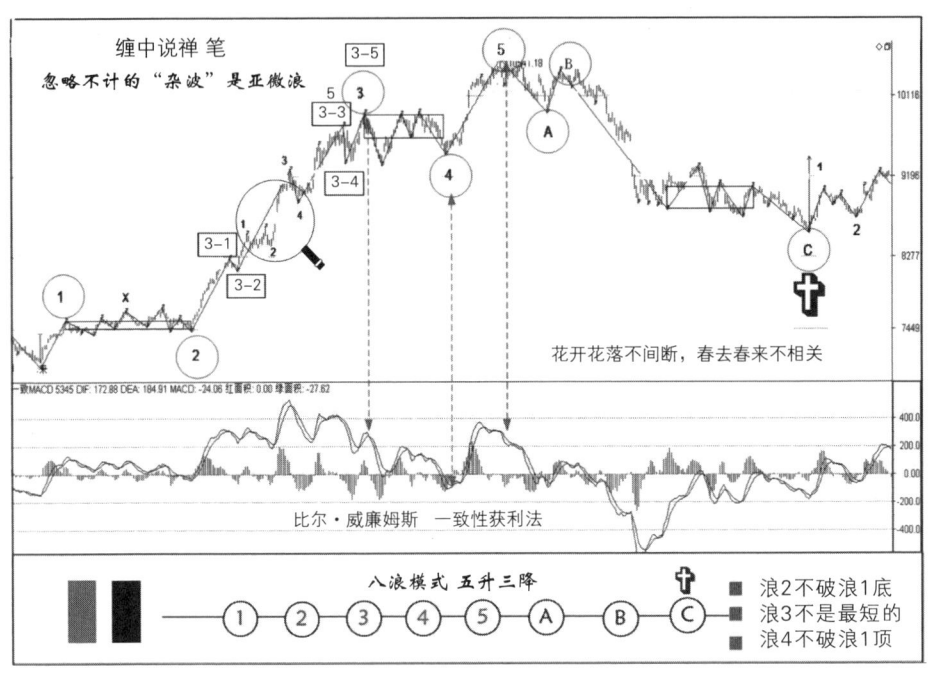

图 3-13　深证成指 60F（2019 年 2 月 14 日）

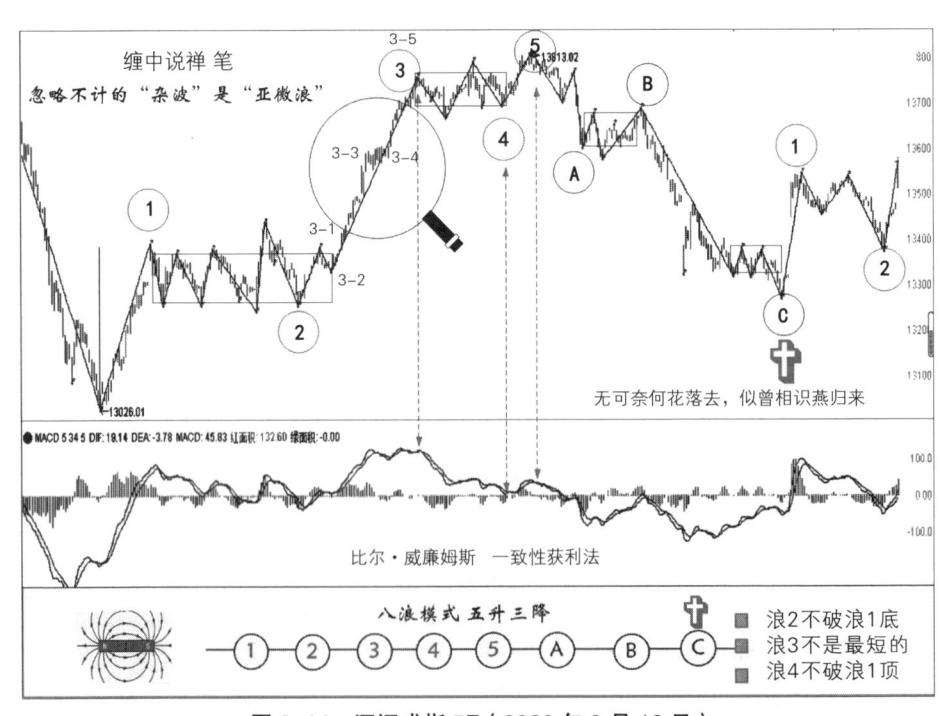

图 3-14　深证成指 5F（2020 年 8 月 12 日）

> **图穷匕见**
>
> 无画不说，有画少说；
>
> 画中有话，话中有画。
>
> 主要是画，次要是话；
>
> 画没有错，话会有错。
>
> 操千曲而后晓声，观千剑而后识器。
>
> 学不博无以通其变，思不精无以烛其微。
>
> 缠中说禅"笔"忽略的"杂波"，是波浪理论中的"亚微浪"。

泰山北斗大家说

◆ 学习知识要善于思考，思考，再思考。我就是靠这个方法成为科学家的。

——爱因斯坦

◆ 只有在我们认识了根本原因，最初本原而且直到构成元素时，我们才认为是认识了每一事物。

——亚里士多德

◆ 在历史的发展中，偶然性起着自己的作用，而它在辩证的思维中，就像在胚胎的发展中一样包括在必然性中。

——恩格斯

第 4 章 线段与八浪

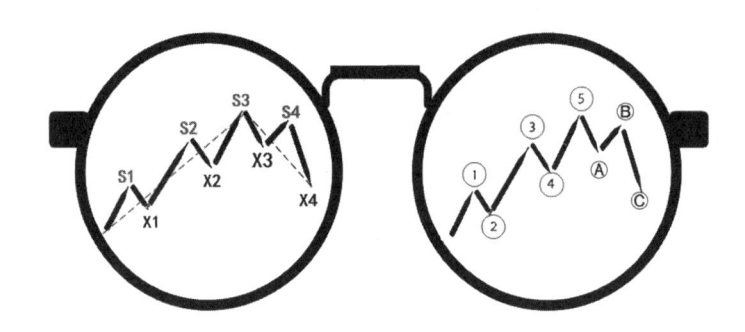

线段与八浪的相关分析

缠中说禅话说：线段[①]

线段有两种：从向上一笔开始的向上线段，从向下一笔开始的向下线段。以向上笔开始的线段一定结束于向上笔，以向下笔开始的线段一定结束于向下笔。同一线段中，两端的一顶一底，顶必须要高于底。如果三笔没有重叠，那么这三笔是不能构成线段的。线段破坏的充要条件就是被另一个线段破坏。

线段必须要被线段破坏才算是真破坏，单纯的一笔是不能破坏线段的。

线段至少有三笔，但并不是连续的三笔就一定构成线段，这三笔必须有重叠的部分。

缠中说禅线段分解定理：线段被破坏，当且仅当至少被有重叠部分的连续三笔的其中一笔破坏。而只要构成有重叠部分的前三笔，就必然会形成一线段。换言之，线段破坏的充要条件，就是被另一个线段破坏。

---

① 缠中说禅.教你炒股票［M］.北京：科学技术文献出版社，2013.

线段破坏的第一种情况：特征序列的顶分型中，第一和第二元素间不存在特征序列的缺口，那么该线段在该顶分型的高点处结束，该高点是该线段的终点；特征序列的底分型中，第一和第二元素间不存在特征序列的缺口，那么该线段在该底分型的低点处结束，该低点是该线段的终点。

线段破坏的第二种情况：特征序列的顶分型中，第一和第二元素间存在特征序列的缺口，如果从该分型最高点开始的向下一笔序列的特征序列出现底分型，那么该线段在该顶分型的高点处结束，该高点是该线段的终点；特征序列的底分型中，第一和第二元素间存在特征序列的缺口，如果从该分型最低点开始的向上一笔序列的特征序列出现顶分型，那么该线段在该底分型的低点处结束，该低点是该线段的终点。

假设某转折点是两线段的分界点，然后对此用线段划分的两种情况去考察是否满足，如果满足其中一种，那么这点就是真正的线段的分界点；如果不满足，那就不是，原来的线段依然延续，就这么简单。

线段必须被线段所破坏才能确定其完成。

艾略特话说：波浪理论[①]

我们要说：选择波浪理论。它将使你开始正确思考，而这是你在通向成功投资的道路上迈出的第一步。

没有哪种手段保证对市场无所不知，也包括波浪理论。然而，当用正确的眼光看待时，它提供了它允诺的一切。

注意，推动浪共有五个浪，而调整浪共有三个浪。

斐波那契数列奠定了波浪理论的数学基础。

波浪理论说的是，人类社会不是沿一条直线向前发展，也不是随机地发展，更不是循环地发展。倒不如说，它以"三步前进，两步倒退"的方式发展，这是一种受自然界青睐的形态。

[①] 普莱切特，弗罗斯特.艾略特波浪理论：市场行为的关键（珍藏版）[M].陈鑫，译.北京：机械工业出版社，2015.

普莱切特的观点

艾略特在 1935 年 2 月 19 日写给查尔斯·柯林斯的信中说:"波浪不会错,但我们对市场的理解可能有缺陷。"

我们知道市场以波浪的形式展开,而各个波浪则通过形态和比率相互联系在一起。

波浪形态不会失败,但是分析家的判断会。

与较大级别波浪同向运动的波浪可细分为五浪。逆大一级趋势运动的波浪可细分为 3 浪模式。

但是,一旦你掌握了波浪理论只需往图表上一瞥便能确定买点和卖点。

> **做一个在水中学习游泳的人**
>
> **疑**
>
> 象牙塔里吟定理,纸上谈兵演走势。
> 线段破坏前线段,特征序列乃关键。
> 纸上得来终觉浅,绝知此事要躬行。
>
> **画说**
>
> **线段的破坏**
>
> 事实是无言的芬芳,真理在画说中绽放。
> 穿着最顶级的鲨鱼皮游泳衣,天天岸上练,从来不湿脚。
> 你还在岸上学游泳吗?请跳下水吧!
> 涉浅水者见鱼虾,涉深水者见蛟龙。
> 矮人看戏何曾见,都是随人说短长。
> 掀起你的盖头来,让我看看你的艳。

相关内容见图 4-1。

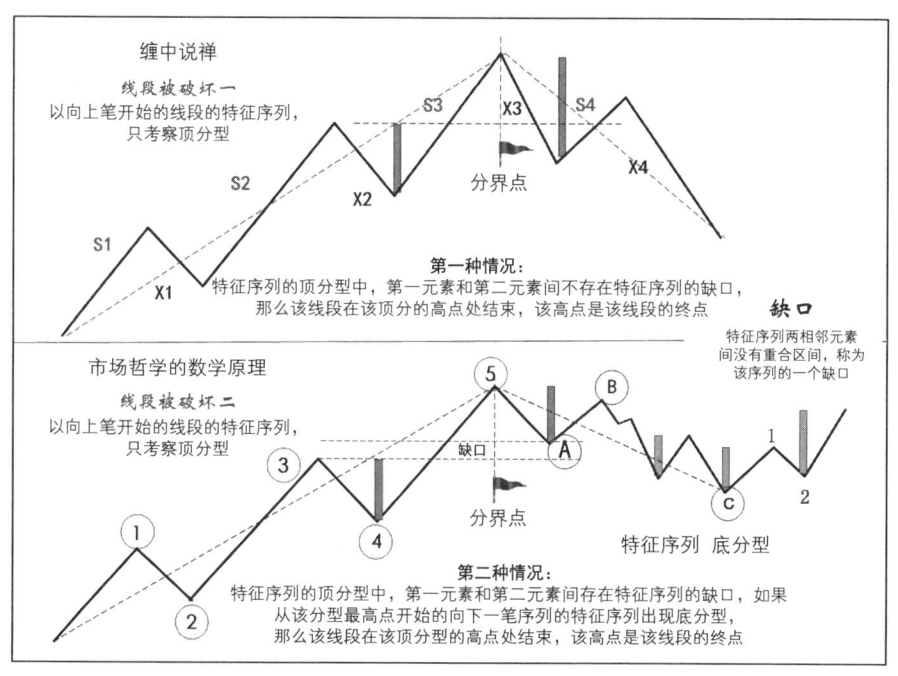

图 4-1 线段破坏原理图

线段被破坏——第一种情况

相关内容见图 4-2 至图 4-5。

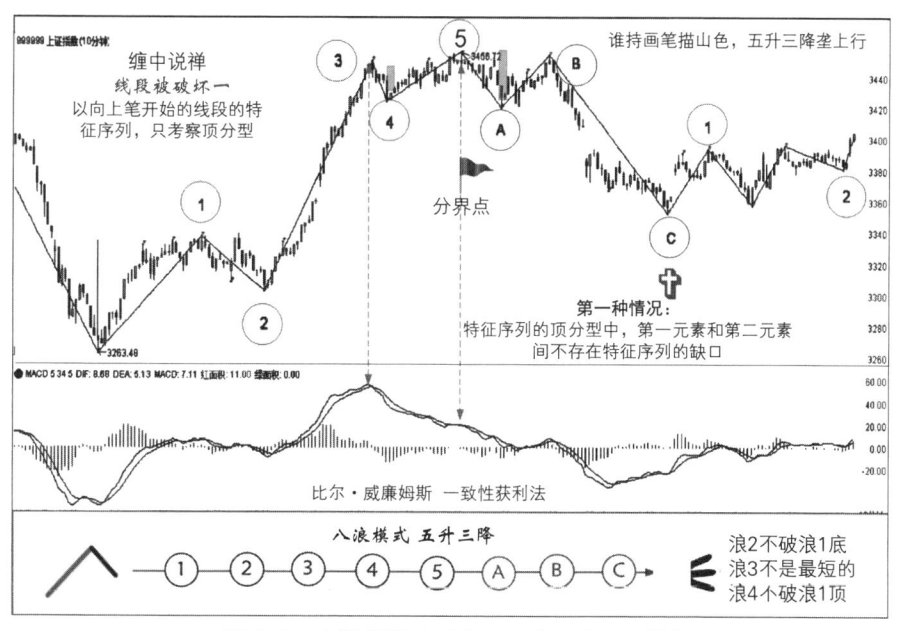

图 4-2 上证指数 10F（2020 年 8 月 12 日）

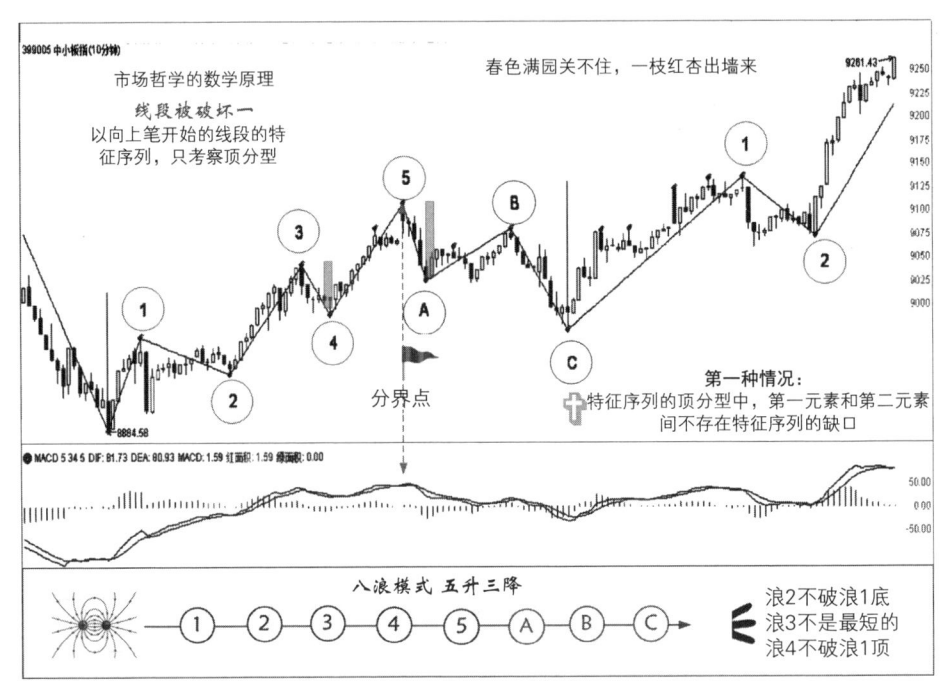

图 4-3　中小板指 10F（2020 年 12 月 11 日）

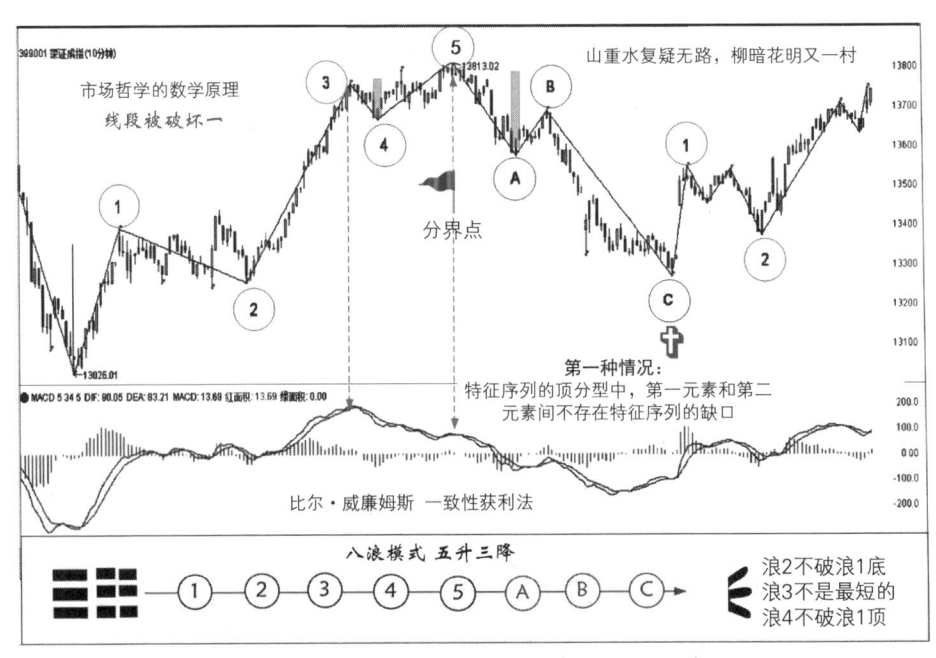

图 4-4　深证成指 10F（2020 年 8 月 12 日）

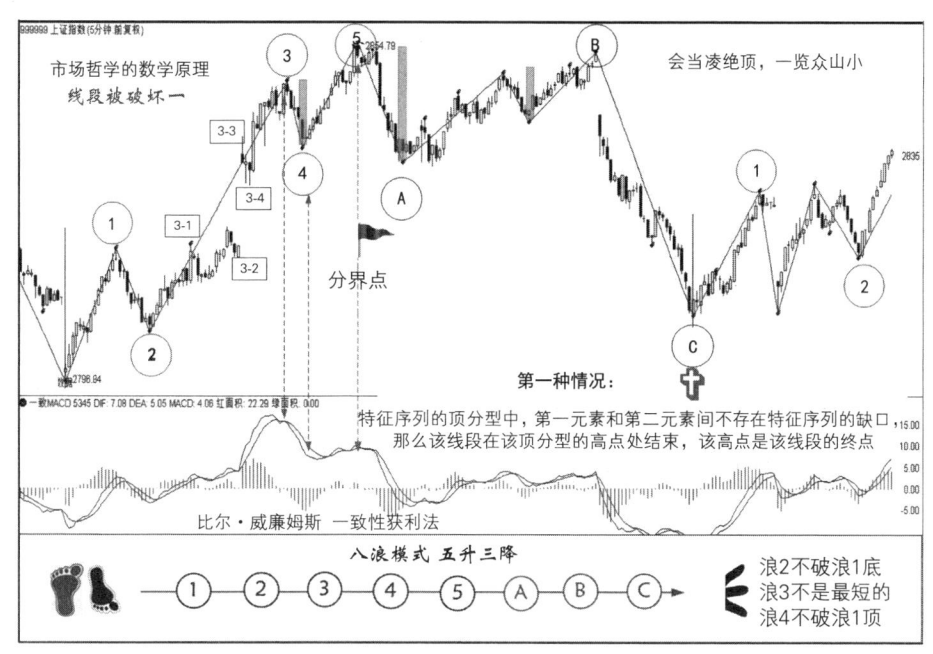

图 4-5　上证指数 5F（2020 年 4 月 16 日）

线段被破坏——第二种情况

相关内容见图 4-6 至图 4-9。

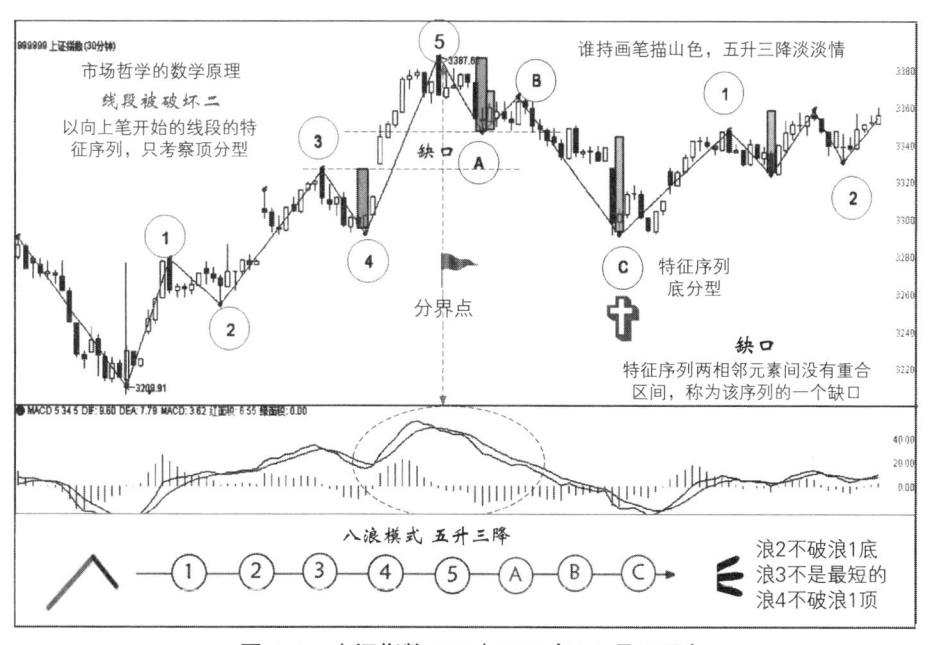

图 4-6　上证指数 30F（2020 年 11 月 2 日）

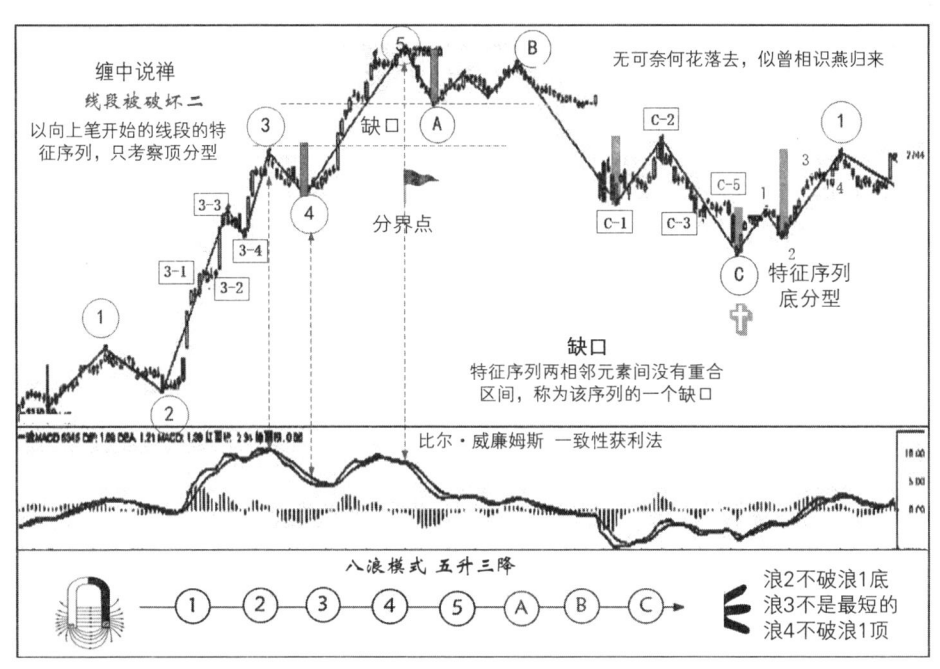

图 4-7　上证指数 1F（2018 年 8 月 14 日）

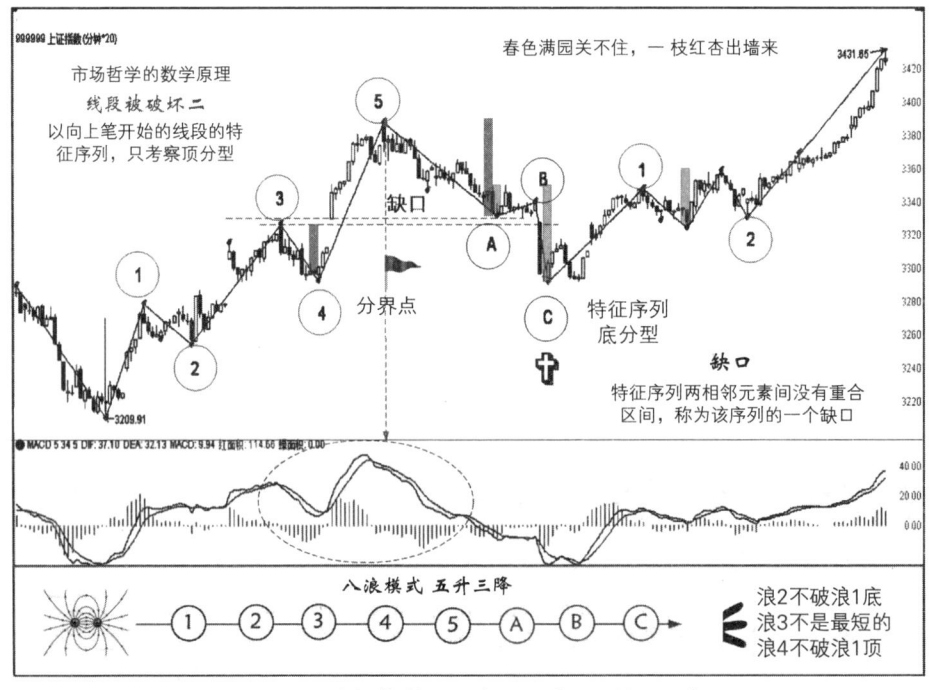

图 4-8　上证指数 20F（2020 年 11 月 2 日）

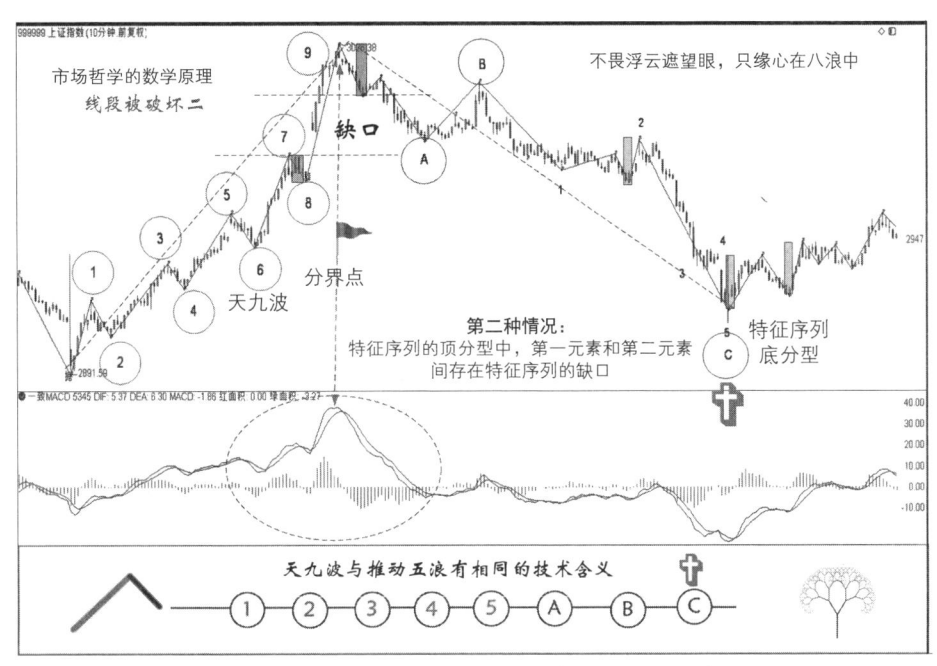

图 4-9　上证指数 10F（2019 年 10 月 10 日）

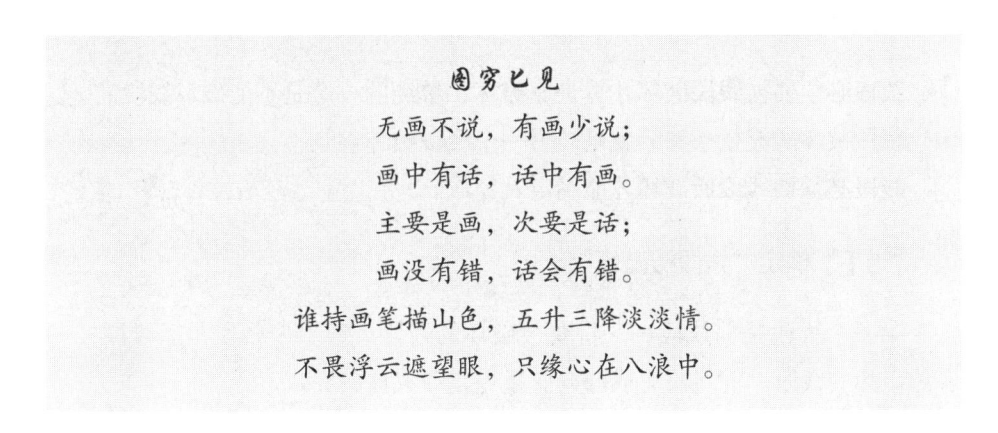

图穷匕见

无画不说，有画少说；
画中有话，话中有画。
主要是画，次要是话；
画没有错，话会有错。
谁持画笔描山色，五升三降淡淡情。
不畏浮云遮望眼，只缘心在八浪中。

缠中说禅话说："当下"与线段被线段破坏[①]

缠中说禅话说：当下

因为在实际操作中，面对的走势都是鲜活的、当下的，而正如《论语》

---

① 缠中说禅. 教你炒股票［M］. 北京：科学技术文献出版社，2013.

所说的，"由知、德者，鲜矣！"，必须直面这种当下、鲜活的走势，才能创新思维。

市场是有规律的，但并不是显而易见的，需要严格的分析才能发现。更重要的是，市场的规律是一种动态的，在不同级别合力作用下才能显示出来，企图单纯地用指标、波段、波浪、分型、周期等预测、把握，只可能错漏百出。但只要把动态的规律在当下的直观中把握好，踏准市场的节奏就不是不可能的。

技术分析的最终意义不是去预测市场要干什么，而是分析市场正在干什么，是一种当下的直观感受。市场上所有的错误都是离开了这当下的直观感受，而用想象、情绪来代替。

这一切，和市场价格是否反映所有信息毫无关系，因为所有价格都是当下的，如果当下的信息没被市场反映，那它就是没被市场当下反映的信息，至于会不会被另一个时间点的价格所反映是另外的事情。站在纯交易的角度，价格只有当下，当下只有价格，除了价格与依据时间延伸出来的走势，市场的任何其他东西都是可以忽略不计的。

缠中说禅话说：线段被线段破坏

线段必须要被线段破坏才算是真破坏，单纯的一笔是不能破坏线段的。

线段破坏的充要条件，就是被另一个线段破坏。

线段必须被线段所破坏才能确定其完成。

"当下"确定"线段被破坏"

第一个线段是前线段——将要被破坏的线段；第二个线段是后线段——实施破坏的线段。前线段完成的充要条件是后线段的完成。

换言之：前线段完成的当下，是由后线段完成的当下来确定的。

前线段的当下——后线段的当下，即前当下——后当下。

以子之矛（后当下），陷子之盾（前当下）如何？

韩非子曰：不可陷之盾与无不陷之矛，不可同世而立。

如果能"当下"，线段被线段破坏的理论就不能成立；如果"线段被线段破坏"是成立的，就不能做到"当下"。

这似乎在说："当下"判断今天西边太阳何时落山，应该由明天早晨，东方太阳冉冉升起的"当下"来确定。

粗略估算，今天西边太阳落山的"当下"，要到8小时以后，由明天早晨东方太阳升起的"当下"来确定。

泰山北斗大家说

◆ 实践，是个伟大的揭发者，它暴露一切欺人和自欺。

——车尔尼雪夫斯基

◆ 事物本身是不变的，变的只是人的感觉！

——叔本华

◆ 一个事物被否定了，一个新事物在更高水平上开始了。

——黑格尔

◆ 奴隶之所以是奴隶，乃是因为他的行为并不代表自己的思想而是代表别人的思想。

——柏拉图

第 5 章 中枢与调整浪

中枢与调整浪的表述

在生活中,同样的一件东西往往有不同的称呼,餐桌上盘子中的鸡爪有人称之为凤爪,工具箱中的螺丝刀有人称之为起子。

一张白纸上面画了个"上下上"形态,有人说这是字母 N,还是电力或闪电的标志,缠中说禅的研习者说这是一个"中枢",可比喻为苹果和星球;而波浪理论的研习者却说这是调整浪、修整浪、反作用浪,是一阴一阳中的一阴,可用太极图中的阴鱼来比喻。

在缠中说禅理论体系中,走势中枢是形态学的中心,走势类型的定义中走势中枢是硬核;动力学中力度的比较以中枢为核心;确定第一类买卖点、第二类买卖点、第三类买卖点都是以走势中枢为参考准绳,走势的级别由中枢来确定,走势中枢的重要性不言而喻。

至于区间套的精确定位,小转大的原理分析,背驰以及转折等都是围绕中枢展开的。

简言之,无中枢不缠论,没有中枢,缠中说禅乃无源之水、无本之木。

艾略特波浪理论中,推动浪与调整浪是一个事物对立统一的矛盾的两个方面,两者的矛盾运动的轨迹,在市场中形成了五升三降的八浪循环运动模式。

缠中说禅走势中枢与艾略特波浪理论的调整浪有何相干？它们似乎是风马牛不相及的。中枢与调整浪不可同日而语，千万不可鱼目混珠、滥竽充数！

朋友且慢！我可以斩钉截铁地告诉你：

中枢 vs 调整浪
望衡对宇　门当户对

缠中说禅里的走势中枢，对应着波浪理论中的调整浪。虽然名称各异，叫法不同，指的却是同一个事物。一样的结构，不一样的表述。

毋庸置疑，中枢是调整浪，反过来，调整浪不一定是中枢形态，往往简单的一笔，就是一个完整的调整浪。

中枢与调整浪——在各自的理论体系中，有截然不同的表述

中枢在缠中说禅理论体系中是中心、核心、重心，是皇冠上的明珠、苹果树上的苹果、宇宙中的星球。

而在波浪理论中，调整浪的地位往大处说只是起到半边天的作用，一个"贵妇人"，太极图阴阳鱼中的一条阴鱼而已。

中枢延伸九段级别升级，而从调整浪的角度来看，却没有这种升级的概念。缠中说禅走势中，前后两个中枢有交集，即形成中枢扩张或者扩展，中枢级别就要升级了；而当作波浪理论调整浪时，却没有调整浪级别升级之说。

在缠中说禅里，中枢没有与之对立统一的元素，在表达式 a+A+b+B+c 的典型的趋势走势结构中，a、b、c 只是进中枢段，出中枢段，它们是次级别及其以下级别的走势类型。而且，理论上它们也可以是不存在的，只有孤零零的中枢也是正常的，理论上是允许的。

至于波浪理论的调整浪，只是事物对立统一矛盾的一个方面；调整浪的对立面是推动浪，两者一个是作用浪，一个是反作用浪。推动浪与调整浪在哲学层面上构成了相反相成、阴阳互根的关系，即矛盾的对立统一关系。不能没有调整浪，也不能没有推动浪。没有矛盾就没有世界，没有矛盾就没有走势，没有矛盾就没有艾略特波浪理论。甚至可以直白地说，没有矛盾就没有市场。

泰山北斗大家说

◆ 在科学研究中,是允许创造任何假说的,而且,如果它说明了大量的、独立的各类事实,它就上升到富有根据的学说的等级。

——达尔文

◆ 羽毛相同的鸟,自会聚在一起。

——亚里士多德

◆ 理论上一切争论而未决的问题,都完全由现实生活中的实践来解决。

——车尔尼雪夫斯基

◆ 很少人是用自己的眼睛去看,和用自己的心去感觉的。

——爱因斯坦

中枢

缠中说禅话说:中枢[①]

某级别的走势类型中,被至少三个连续次级别走势类型所重叠的部分,称为缠中说禅走势中枢。

次级别的前三个走势类型都是完成的才构成该级别的缠中说禅走势中枢,完成的走势类型,在次级别图上是很明显的,根本就不用再看次级别下面级别的图了。

任何级别的任何完成的走势,必然包含一个以上的缠中说禅走势中枢。

在趋势中,连接两个同级别"缠中说禅走势中枢"的必然是次级别以下级别的走势类型。

在盘整中,无论是离开还是返回"缠中说禅走势中枢"的走势类型必然是次级别的。

某级别的"缠中说禅走势中枢的破坏",当且仅当一个次级别走势离开该"缠中说禅走势中枢",其后的次级别回抽走势不重新回到该"缠中说禅走势中枢"内。

在更大级别的缠中说禅走势中枢产生前,该级别的走势类型将延续。也

---

① 缠中说禅.教你炒股票[M].北京:科学技术文献出版社,2013.

就是说，只能是只具有该级别缠中说禅走势中枢的盘整或趋势的延续。

更大级别缠中说禅走势中枢产生，当且仅当围绕连续两个同级别缠中说禅走势中枢产生的波动区间出现重叠。

这里打个比喻就好理解了，缠中说禅走势中枢就如同恒星，和围绕该恒星转动的行星构成一个恒星系统。而两个同级别恒星系统要构成一个更大级别的系统，至少是其中的外围行星之间发生关系。

任何市场的获利机会，来自中枢上移与中枢震荡。显然，从走势类型同级别的角度来看，中枢上移就意味着该级别的上涨走势，而中枢震荡，有可能是该级别的盘整，或者是该级别上涨中的新中枢形成后的延续过程。

中枢，其实就是买卖双方反复较量的过程，中枢越简单，证明其中一方的力量越强大。中枢的复杂程度，是考察市场最终动向的很重要的依据。一个超复杂的中枢过后，就算一方赢了，其后的走势也经常是不断反复的。

一个最简单的问题，为什么不能由笔构成最小中枢？其实，这不是一个问题。为什么？因为实质上，我们可以设计这样的程序，也就是把笔当成构成最小中枢的零件，但这样构造出来的系统，其稳定性极差。

众所周知，一笔的基础是顶和底分型，故瞬间的交易，就足以影响其结构。

中枢如果是苹果，那么盘整就是只有一个苹果的苹果树，而趋势就是可以有两个以上直到无穷个苹果的苹果树。

【编者按】 遇到不会结苹果的苹果树，就只能摇头叹息了。

对 a+A+b+B+c，a 完全可以有另一种释义，就是把 a 看成围绕 A 这个中枢的一个波动，虽然 A 其实是后出现的，但不影响这种看法的意义。同样 c 也可以看成针对 B 的一个波动，这样整个走势其实就可看成两个中枢与连接两者的走势。在最极端的情况下，在 a+A+b+B+c 的走势系列类型里，a 和 c 并不是必然存在的，而 b 完全可以是一个跳空缺口，这样，整个走势就可以简化为两个孤零零的中枢。把这种看法推广到所有的走势中，那么任何走势图，其实就是一些级别大小不同的中枢，把这些中枢看成不同的星球，在当下位置上的星球对当下位置产生向上的力，当下位置下的产生向下的力，而这些力构成合力；而市场当下的力，也就是当下买卖产生的力，买的是向上的力，卖的是向下的力，这也构成一个合力。前者是市场已有走势构成的，后者是当下的交易产生的，而研究这两种力之间的关系，就是市场研究的另一个角度，也就是另一种释义的过程。

【编者按】一会儿说一就是一，多一分不行。这里又说整个走势可以简化为孤零零的中枢，缠中说禅的理论实在是变幻莫测，深奥难学！

学习园地

手里拿着锤子的人，看什么都像钉子。

心里装着中枢的人，看什么都是次级别。

中医、兵法、诗歌、操作

什么是中枢？中枢，经穴名，出自《素问·气府论》，属督脉。

中即中间，枢即枢纽，此穴在第十椎下，相当于脊柱中部之枢纽处，故名中枢。

标准定位：中枢穴在背部，背后正中线上，第十胸椎棘下凹陷。

中枢主治：腰背疼痛、胃痛、呕吐、腹满、食欲不振、黄疸、寒热、感冒、腰背神经痛、视神经衰弱。

中枢的特殊疗效：治愈人们的贪嗔痴疑慢，经常按压中枢穴可以疏通经络、强身健体、头脑清醒，在市场上或许可以呼风唤雨、战无不胜、攻无不克。

泰山北斗大家说

◆ 为了理解一个整体或系统不仅需要了解其各个部分，而且还需要了解它们之间的关系。

——乔治·布拉克

◆ 物理定律不能单靠"思维"来获得，还应致力于观察和实验。

——普朗克

◆ 质疑是迈向哲理的第一步。

——狄德罗

◆ 理论是灰色的，而生命之树常青。

——歌德

◆ 凡是在理论上正确的，在实践上也必定有效。

——康德

调整浪

艾略特话说：调整浪[①]

当波浪与它作为其中一部分的大一级波浪反向运动时，用调整方式（三浪或一种变体）划分。

三浪调整阶段（也称三浪），其子浪用字母标示。

就像浪 2 调整了浪 1 那样，波浪序列 A、B、C 调整了波浪序列 1、2、3、4、5。

波浪的功能取决于其相对方向。一个反作用浪或逆势浪是所有与其作为其中一部分的大一浪级波浪反向运动的任何波浪。

任何下跌浪，无论是何种波浪方式，都取名为倒退浪。出现在任何更大浪级的调整浪中的向上的浪，无论是何种波浪方式，都取名为副倒退浪。倒退浪和副倒退浪都是调整浪的部分和全部。

所有逆势的休整期均采用调整方式，即浪 2 和浪 4。

在对各种调整模式的研究中，唯一可以发现的重要原则是调整浪永远不会是五浪。只有驱动浪是五浪。因此，与更大趋势反向运动的最初五浪永远不是调整浪的结束，而仅是调整浪的一部分。

各种调整过程呈两种风格。陡直调整以陡峭的角度与更大的趋势相逆。横向调整——总是对先前的波浪产生净回撤，通常包含返回或超过调整起点的运动，这就形成了总体上横走的样子。

有十三种简单模式的变体：推动浪、终结倾斜三角形驱动浪、引导倾斜三角形驱动浪、锯齿形调整浪、双重锯齿形调整浪、三重锯齿形调整浪、规则平台型调整浪、扩散平台型调整浪、顺势平台型调整浪、收缩三角形调整浪、下降三角形调整浪、上升三角形调整浪和扩散三角形调整浪。

在推动浪中，浪 2 和浪 4 的形态几乎总是交替出现，此时一个调整浪通常属于锯齿形家族，而另一个则不是。各种调整通常在先前同一浪级推动浪的浪 4 范围内结束。

[①] 普莱切特，弗罗斯特.艾略特波浪理论：市场行为的关键（珍藏版）[M].陈鑫，译.北京：机械工业出版社，2015.

在驱动浪中，浪 2 总是回撤不了浪 1 的 100%，而且浪 4 总是回撤不了浪 3 的 100%。

普莱切特话说：调整浪

艾略特波浪理论认为，市场沿着一个较大趋势以五浪运行，三浪逆向调整。后者实际上在蓄积整个趋势的动力。

调整浪有十一种模式。但调整开始的时候，要事先识别开始的是哪种浪是不可能的，因此你知道调整将怎样展开。于是，要理智地猜测调整浪，最好是把艾略特的某些话当作指导方针来用。

艾略特波浪理论——调整浪的四种类型

波浪理论中常见的调整浪可以归纳为以下四种类型：

（1）平台型调整浪

平台型调整浪，是三浪调整模式，标识为 a—b—c。它的子浪序列是 3—3—5 形式。

既然第一个作用浪（浪 a）缺乏足够的向下推动力，不能像它在锯齿形调整浪中那样展开一个完整的五浪，那么浪 b 常常在接近浪 a 的起点位置结束。随之而来的浪 c 通常在略微超过浪 a 终点的位置结束。

（2）锯齿形调整浪

锯齿形调整浪，是简单的三浪下跌模式，标识为 a—b—c。它可以细分为更小一级的 5—3—5 的形式。

锯齿形调整浪中，浪 b 的高点应明显比浪 a 的起点低。

有时锯齿形调整浪会一连发生二次，甚至三次，尤其是在第一个锯齿形调整浪没有达到正常目标的时候。在这些情况下，每个锯齿形调整浪会被一个插入的"X 浪"分开，产生双锯齿形调整浪，或三锯齿形调整浪。

（3）三角形调整浪

三角形调整浪标识为 a—b—c—d—e，包含 5 个重迭的 3—3—3—3—3 子浪结构，浪 a 和浪 c 终点的延长线与浪 b 和浪 d 终点的延长线相交形成一个三角形调整浪。浪 e 的终点可不触及，也可超过 a—c 的连线，但实际上超过的情况居多。

（4）联合型调整浪

联合型调整浪，艾略特把二个或三个调整模式的盘档联合分别称为"双重三浪"W—X—Y 和"三重三浪"W—X—Y—X—Z。

一个联合型调整浪由更简单的调整浪模式构成，包括锯齿形、平台型、三角形调整浪。每个简单的调整模式分量标示成 W、Y、Z。连接它们的过渡浪，则标示成 X，过渡浪可以是任何调整模式，但通常是锯齿形调整浪。双锯齿形、三锯齿形也由过渡浪连接 2 个，或 3 个单锯齿形而成，因为属于同一个类型的调整模式，艾略特把它们都归为锯齿形调整浪。

艾略特认为，当一个简单形态的修正浪运行结束之后，如果市场不允许出现新一组推动浪，那么它还要继续在过渡浪（标记为 X 浪）之后再运行一个修正浪。有时候，这种情况还要重复两次。而很多时候，是基本面的因素导致了这种局面的产生。前面我们曾提到过双重平台、三重平台，艾略特之所以将它们归入双重三或三重三形态，是因为他认为水平形态的修正浪，和双重锯齿形态的非水平修正浪有所区别。

缠中说禅中枢与波浪理论调整浪比照关系

相关内容见图 5-1 至图 5-4。

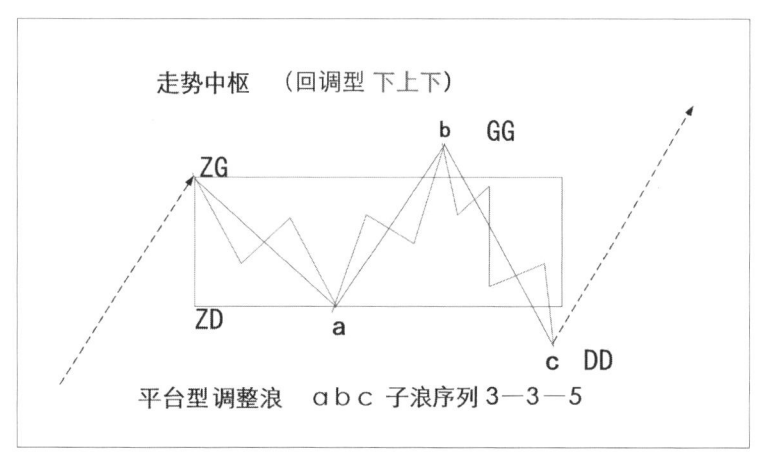

图 5-1 中枢与平台型调整浪

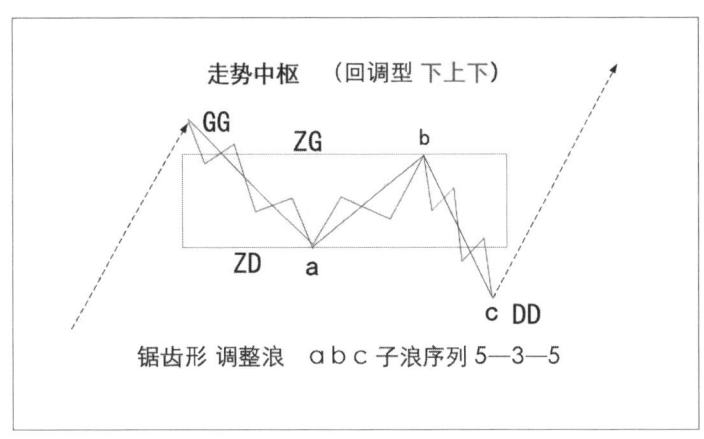

图 5-2　中枢与锯齿形调整浪

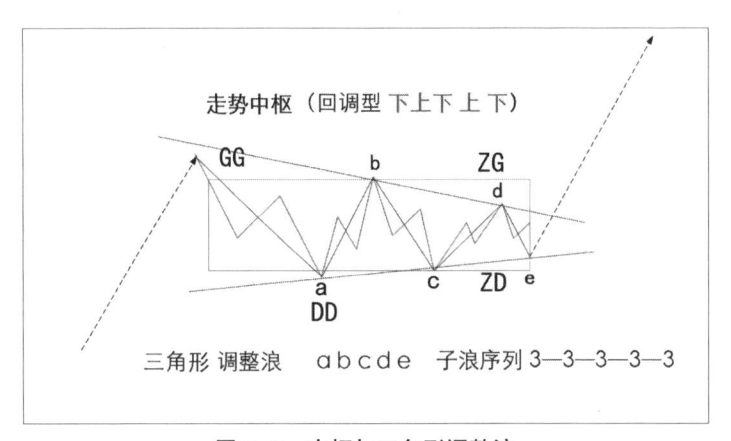

图 5-3　中枢与三角形调整浪

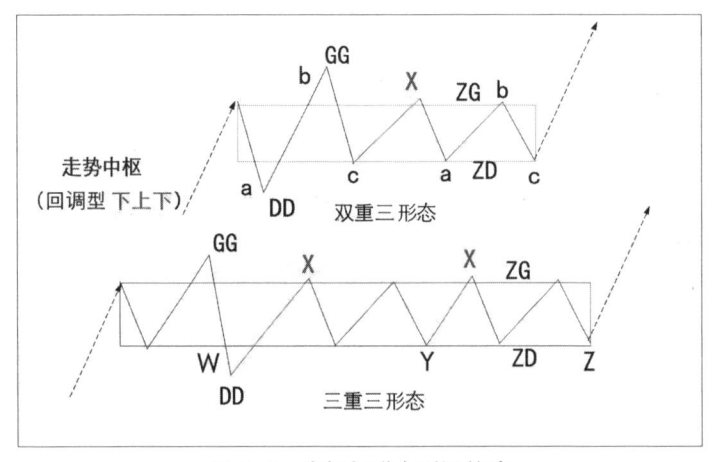

图 5-4　中枢与联合型调整浪

形而上者谓之道，形而下者谓之器。

学习与思考

（1）中枢延伸九段，站在波浪理论调整浪的视角上，此时此刻级别升级否？

（2）两个相邻同向中枢之间有交集而发生了中枢扩张，站在调整浪的视角上，此时此刻波浪的浪级升级否？

（3）两个相邻同向中枢之间有交集而发生了中枢扩展，站在调整浪的视角上，此时此刻波浪的浪级升级否？

本书在后面的章节中，会用真凭实据做出解答。

泰山北斗大家说

◆ 致力于科学研究的人们，首先要免除门户之见。

——贝弗里奇

◆ 系统论的观点总是把系统作为由从属组成部分结合成的集成整体来对待，从来不把系统当作处在孤立因果关系中的各部分的机械聚集体来对待。

——贝塔朗菲

◆ 现代科学技术，不是单单研究一个个事物，一个个现象，而是研究事物、现象的变化发展过程，研究事物相互之间的关系。

——钱学森

◆ 人的面孔要比人的嘴巴说出来的东西更多，更有趣，因为嘴巴说出的只是人的思想，而面孔说出的是思想的本质。

——叔本华

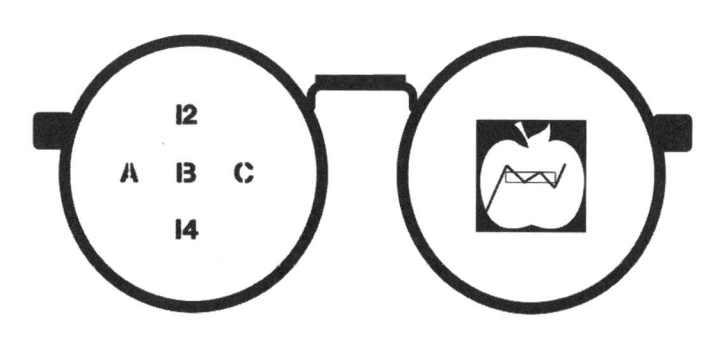

异曲同工

变色龙的眼睛

变色龙是捕食昆虫的能手，为了扩大视野范围，它有个特别的本领，那就是它的眼睛可以同时向两个方向转动，即两只眼睛可以向不同方向搜寻猎物。这样一来，附近的昆虫都难以逃脱被它发现并吃掉的命运。

德国著名思想家、作家、科学家约翰·沃尔夫冈·冯·歌德这样说：经验丰富的人读书用两只眼睛，一只眼睛看到纸面上的话，另一只眼睛看到纸的背面。

法国社会心理学家托利得提出了托利得定律：判断一个人的智力是否属于上乘，就看他脑子里是否能同时容纳两种不同的思想，而无碍于其处世行事。

在金融市场走势中同样一个形态，缠中说禅是一种说法，而波浪理论则是另一种说法。它们各自都有一套完整的理论体系来解释，而且都能逻辑自洽、自圆其说，正是仁者见仁、智者见智。

做一个在水中学习游泳的人

慢

象牙塔里吟定理，白纸一张演走势。
念念有词下上下，中枢调整两由之。
纸上得来终觉浅，绝知此事要躬行。

股事求是

市场先生　图表语言

画说

中枢与调整浪

事实是无言的芬芳，真理在画说中绽放。
穿着最顶级的鲨鱼皮游泳衣，天天岸上练，从来不湿脚。
你还在岸上学游泳吗？请跳下水吧！
涉浅水者见鱼虾，涉深水者见蛟龙。
矮人看戏何曾见，都是随人说短长。
掀起你的盖头来，让我看看左右眼。

中枢与调整浪

相关内容见图 5-5 至图 5-10。

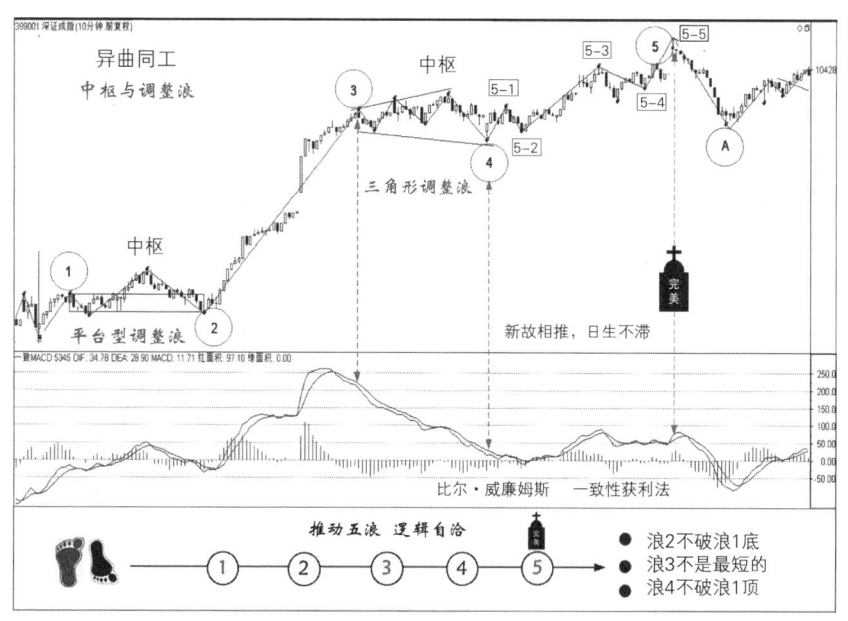

图 5-5　深证成指 10F（2019 年 4 月 8 日）

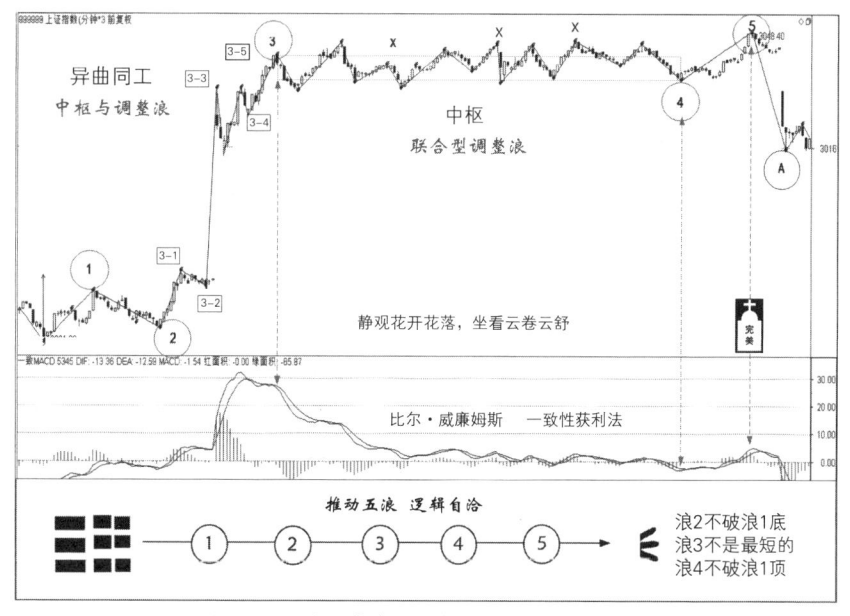

图 5-6　上证指数 3F（2019 年 7 月 1 日）

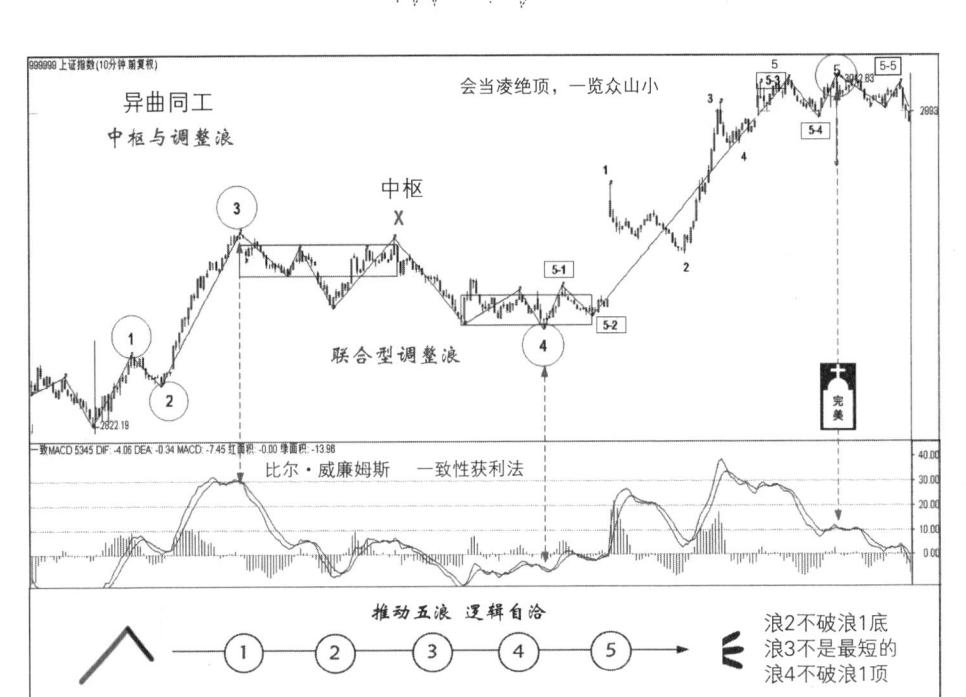

图 5-7　上证指数 10F（2019 年 6 月 11 日）

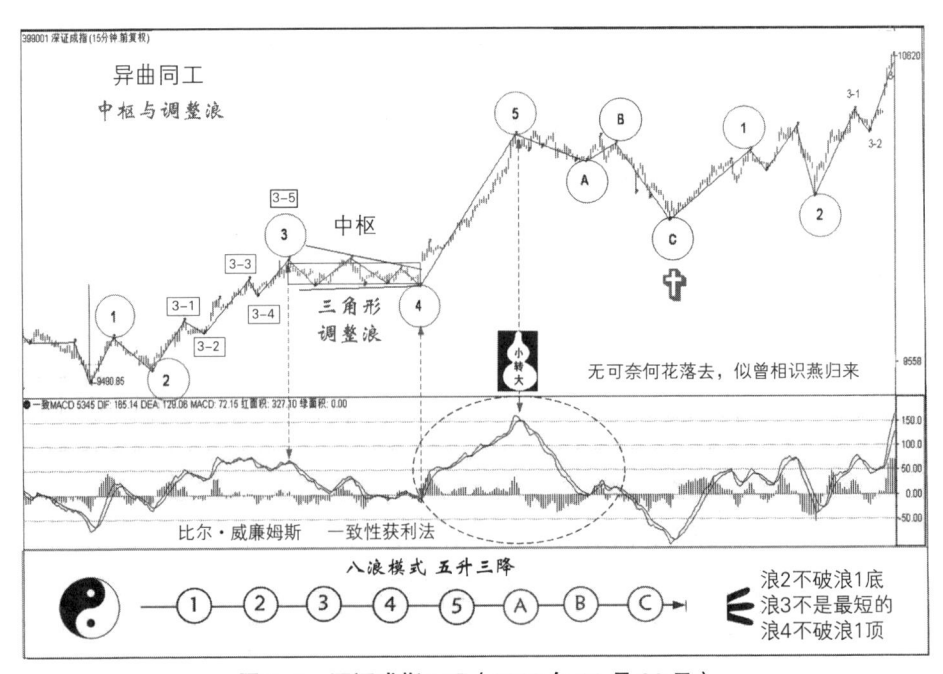

图 5-8　深证成指 15F（2019 年 11 月 29 日）

第 5 章　中枢与调整浪

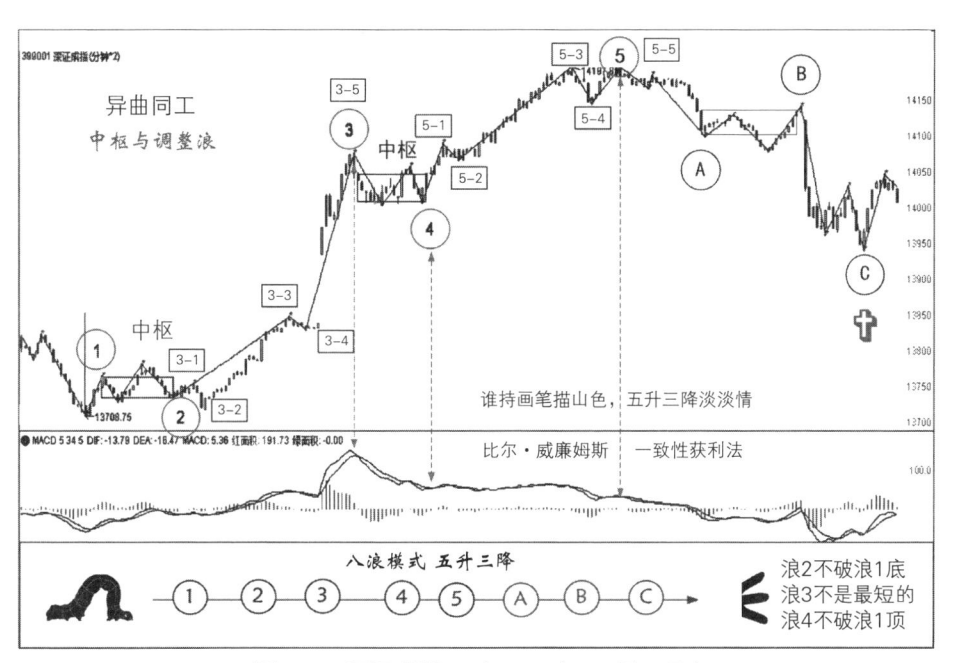

图 5-9　深证成指 2F（2020 年 11 月 6 日）

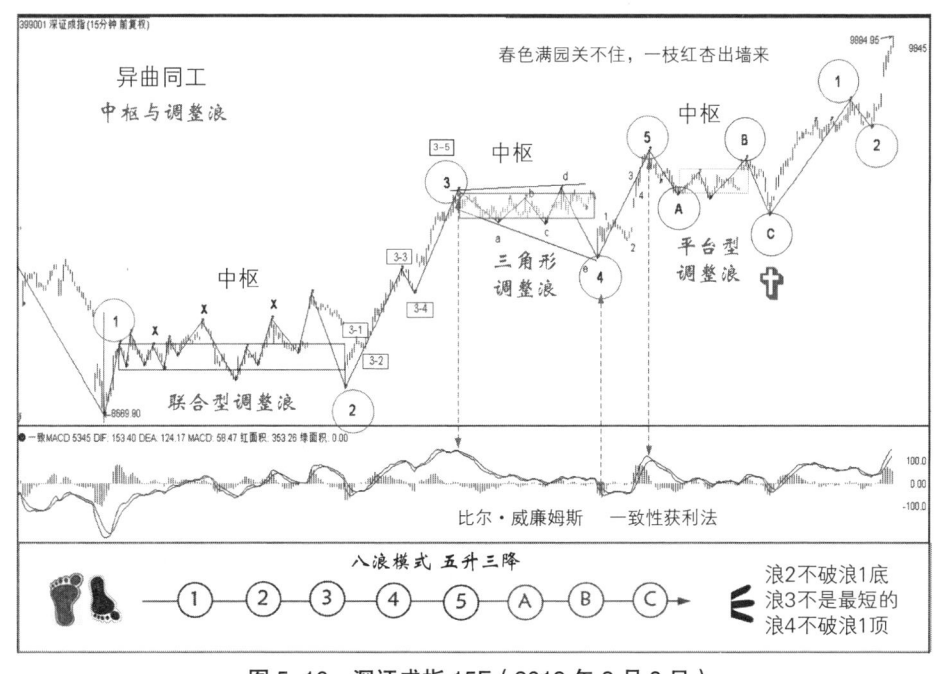

图 5-10　深证成指 15F（2019 年 8 月 8 日）

111

图穷匕见

无画不说，有画少说；

画中有话，话中有画。

主要是画，次要是话；

画没有错，话会有错。

智者察同，愚者察异。

不识走势真面目，只缘心在中枢中。

不畏浮云遮望眼，只缘心在八浪中。

泰山北斗大家说

◆ 在所有的感觉中我们认为视觉最好用，它能让我们看清楚事物之间的许多差别。

——亚里士多德

◆ 事物本身是不变的，变的只是人的感觉！

——叔本华

◆ 真正的科学不知道同情，也不知道厌恶，它的唯一目的就是真理。

——格罗夫

◆ 要学会做科学中的粗活，要研究事实，对比事实，积聚事实。

——巴甫洛夫

◆ 判定认识或理论之是否真理，不是依主观上觉得如何而定，而是依客观上社会实践的结果如何而定。真理的标准只能是社会的实践。实践的观点是辩证唯物论的认识论之第一的和基本的观点。

——毛泽东《实践论》

中枢是调整浪

缠中说禅话说：中枢[①]

有些无聊问题总是被提着，诸如中枢的意义是什么？对于一个实际操作者来说，中枢的意义就是没有意义，而没有意义就是最大的意义，因为你只要根据中枢的实际走势去反应。问题的关键是你去看明白走势的分解而不是中枢的意义，更重要的就是根据走势的分解去采取正确的反应。

精确地讨论走势中枢的问题：根据走势中枢的数学表达式：A、B、C，分别的高、低点 a1\a2，b1\b2，c1\c2，则中枢的区间就是 [max（a2，b2，c2），min（a1，b1，c1）]。

而中枢的形成无非两种，一种是回升形成的，一种是回调形成的。对于第一种有 a1=b1，b2=c2；对于第二种有 a2=b2，b1=c1。但无论是哪种情况，中枢的公式都可以简化为 [max（a2，c2），min（a1，c1）]。显然，A、C 段，其方向与中枢形成的方向是一致的，由此可见，在中枢的形成与延伸中，由与中枢形成方向一致的次级别走势类型的区间重叠确定。

例如，回升形成的中枢，由向上的次级别走势类型的区间重叠确定，反之亦然。为方便起见，以后都把这些与中枢方向一致的次级别走势类型称为 Z 走势段，按中枢中的时间顺序，分别记为 Zn 等，而相应的高、低点分别记为 gn、dn，定义四个指标，GG=max（gn），G=min（gn），D=max（dn），DD=min（dn），特别地，再定义 ZG=min（g1，g2），ZD=max（d1，d2），显然，[ZD，ZG] 就是缠中说禅走势中枢的区间。

中枢，其实就是买卖双方反复较量的过程，中枢越简单，证明其中一方的力量越强大。中枢的复杂程度，是考察市场最终动向的一个很重要的依据。一个超复杂的中枢过后，就算一方赢了，其后的走势也是经常反复不断的。

中枢如果是苹果，那么盘整就是只有一个苹果的苹果树，而趋势就是可以有两个以上直到无穷个苹果的苹果树。你说苹果和苹果树是一个概念吗？

本书作者——信誓旦旦，斩钉截铁，言之凿凿，立论惶惶。

缠中说禅走势中枢，就是艾略特波浪理论中的调整浪。

简言之，中枢是调整浪。

[①] 缠中说禅.教你炒股票［M］.北京：科学技术文献出版社，2013.

> **做一个在水中学习游泳的人**
>
> **慢**
>
> 象牙塔里吟定理,纸上谈兵演走势。
>
> 念念有词下上下,中枢乃是调整浪。
>
> 纸上得来终觉浅,绝知此事要躬行。
>
> **股事求是**
>
> 市场先生　图表语言
>
> **画说**
>
> **中枢是调整浪**
>
> 事实是无言的芬芳,真理在画说中绽放。
>
> 穿着最顶级的鲨鱼皮游泳衣,天天岸上练,从来不湿脚。
>
> 你还在岸上学游泳呀?请跳下水吧!
>
> 涉浅水者见鱼虾,涉深水者见蛟龙。
>
> 矮人看戏何曾见,都是随人说短长。
>
> 掀起你的盖头来,让我看看对与否。

相关内容见图 5-11 至图 5-16。

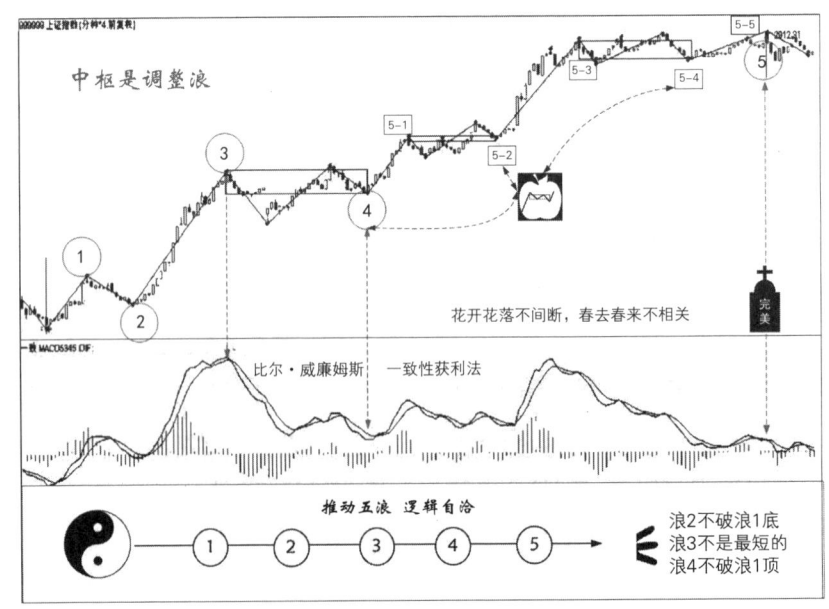

图 5-11　上证指数 4F（2018 年 7 月 25 日）

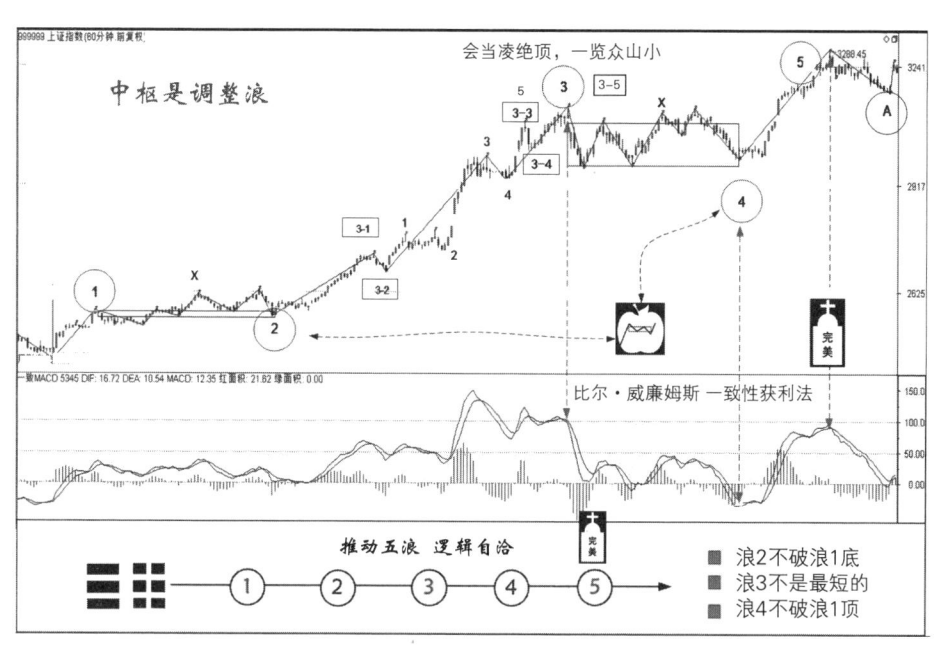

图 5-12　上证指数 60F（2019 年 2 月 14 日）

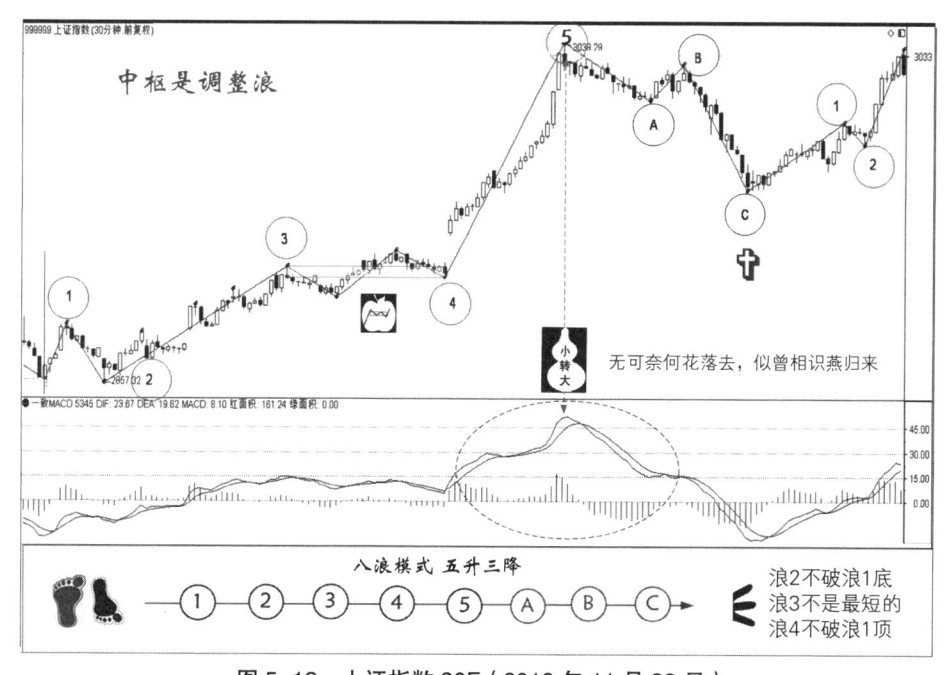

图 5-13　上证指数 30F（2019 年 11 月 29 日）

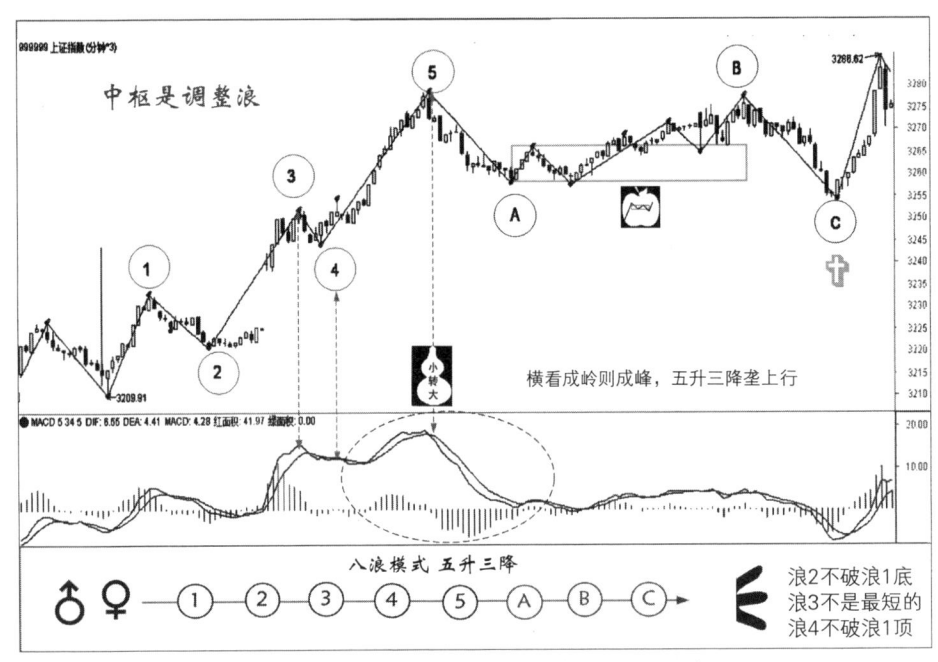

图 5-14　上证指数 3F（2020 年 11 月 2 日）

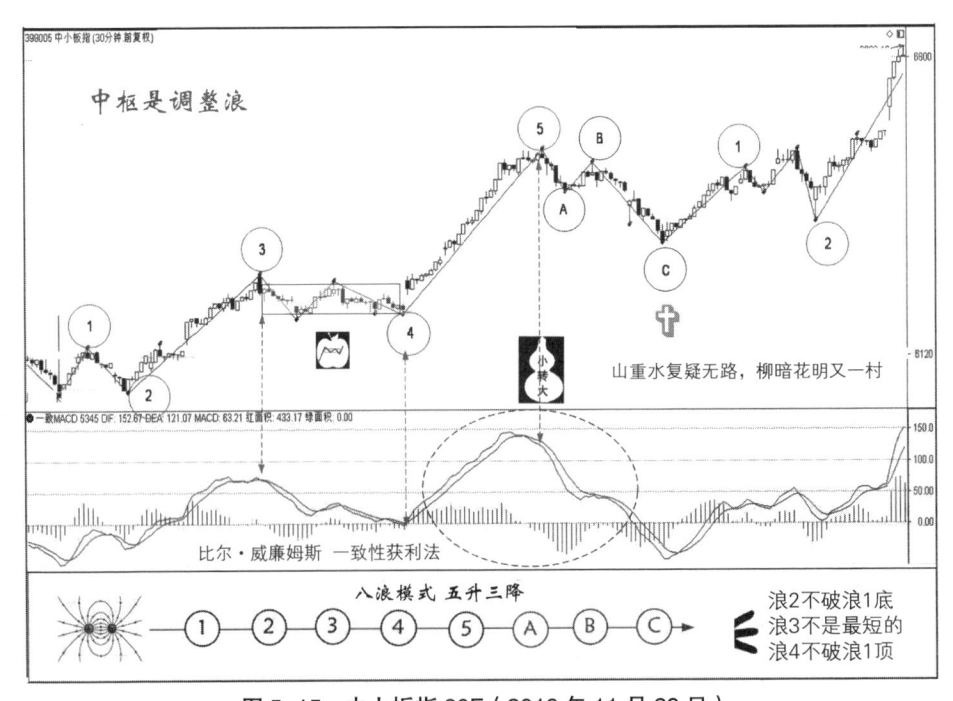

图 5-15　中小板指 30F（2019 年 11 月 29 日）

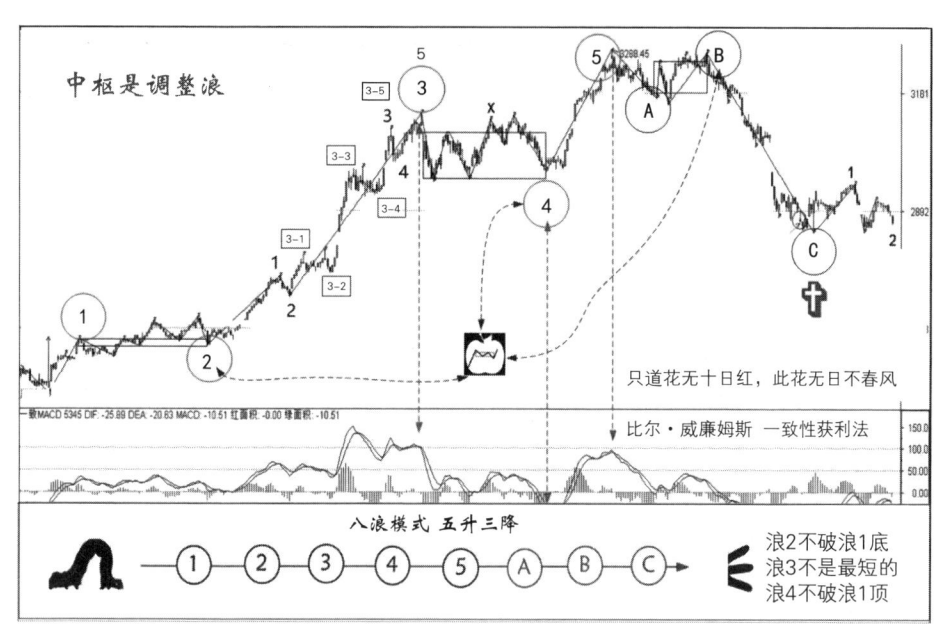

图 5-16　上证指数 60F（2019 年 5 月 9 日）

图穷匕见

无画不说，有画少说；

画中有话，话中有画。

主要是画，次要是话；

画没有错，话会有错。

智者察同，愚者察异。

不识走势真面目，只缘心在中枢中。

不畏浮云遮望眼，只缘心在八浪中。

泰山北斗大家说

◆ 在所有的感觉中我们认为视觉最好用，它能让我们看清楚事物之间的许多差别。

——亚里士多德

◆ 事物本身是不变的，变的只是人的感觉！

——叔本华

◆ 真正的科学不知道同情,也不知道厌恶,它的唯一目的就是真理。

——格罗夫

◆ 要学会做科学中的粗活,要研究事实,对比事实,积聚事实。

——巴甫洛夫

调整浪不全是中枢

《公孙龙子·白马论》:"白马非马,可乎?"曰:"可。"曰:"何哉?"曰:"马者,所以命形也。白者,所以命色也。命色者,非命形也,故曰白马非马。"

白马是马(的一种),马不全是白马。从逻辑上说"马"与"白马"概念的内涵与外延是不同的。

同理,苹果树是树,而树不全是苹果树;水牛会喝水,会喝水的牛不全是水牛;母鸡会下蛋,会下蛋的不全是母鸡,恐龙蛋就不是母鸡下的。

客观事实告诉我们:中枢是调整浪,而调整浪不全是中枢,有时简简单单的"一笔",就是一个完完整整的调整浪。

做一个在水中学习游泳的人

疑

不证自明几何学,公式定理一摞摞。

中枢乃是调整浪,调整不全是中枢。

纸上得来终觉浅,绝知此事要躬行。

股事求是

市场先生　图表语言

画说

调整浪不全是中枢

事实是无言的芬芳，真理在画说中绽放。

穿着最顶级的鲨鱼皮游泳衣，天天岸上练，从来不湿脚。

你还在岸上学游泳吗？请跳下水吧！

涉浅水者见鱼虾，涉深水者见蛟龙。

矮人看戏何曾见，都是随人说短长。

掀起你的盖头来，让我看看柳叶眉。

相关内容见图 5-17 至图 5-22。

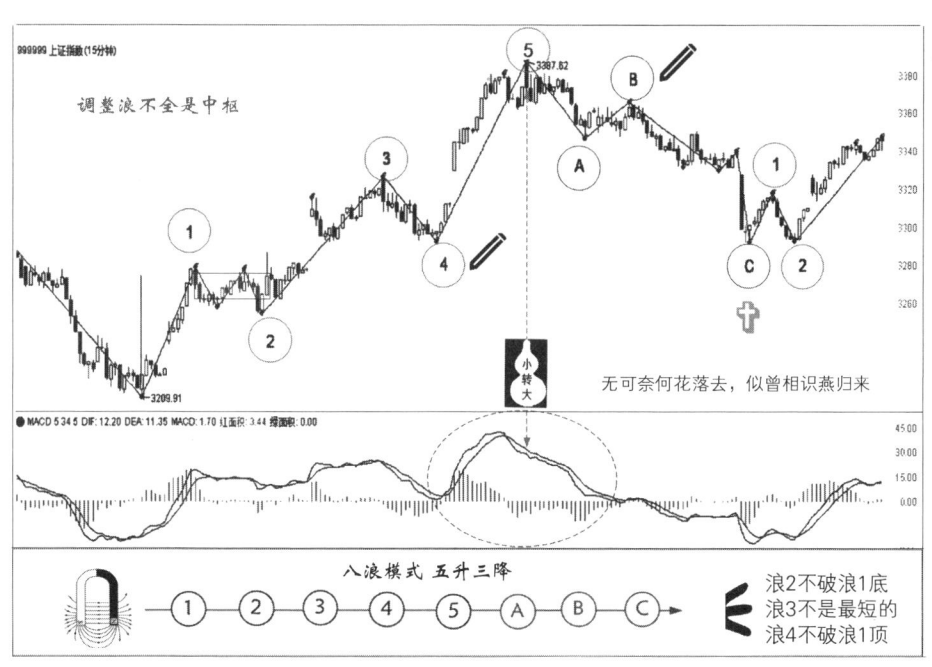

图 5-17　上证指数 15F（2020 年 11 月 2 日）

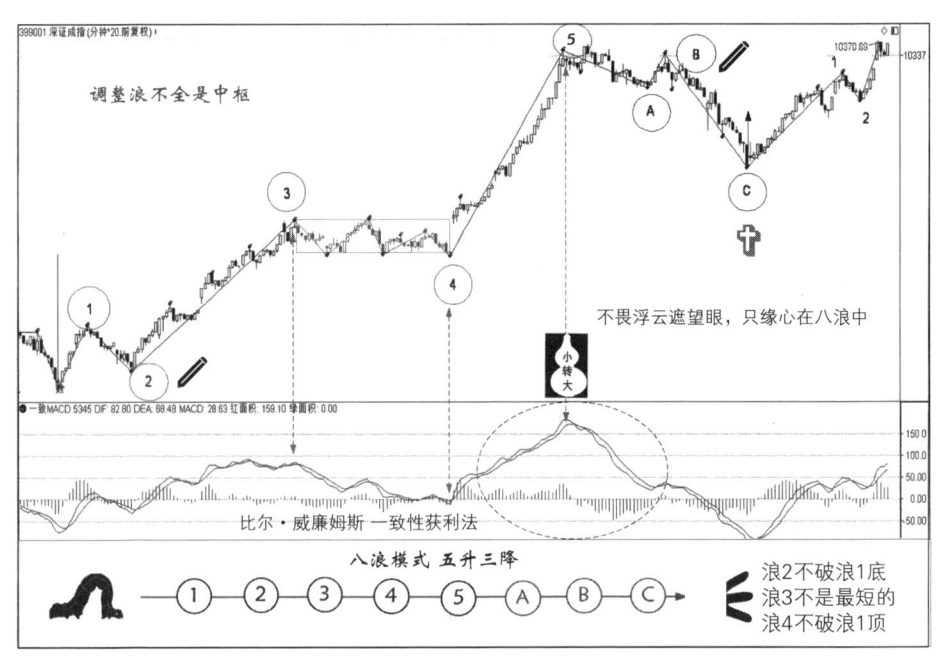

图 5-18　深证成指 20F（2019 年 12 月 4 日）

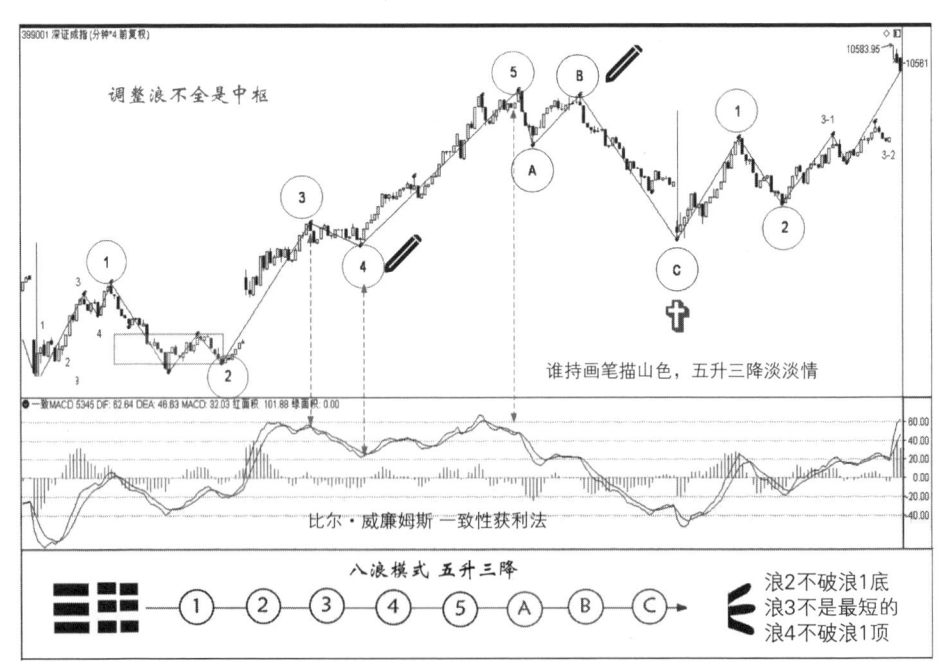

图 5-19　深证成指 4F（2020 年 4 月 13 日）

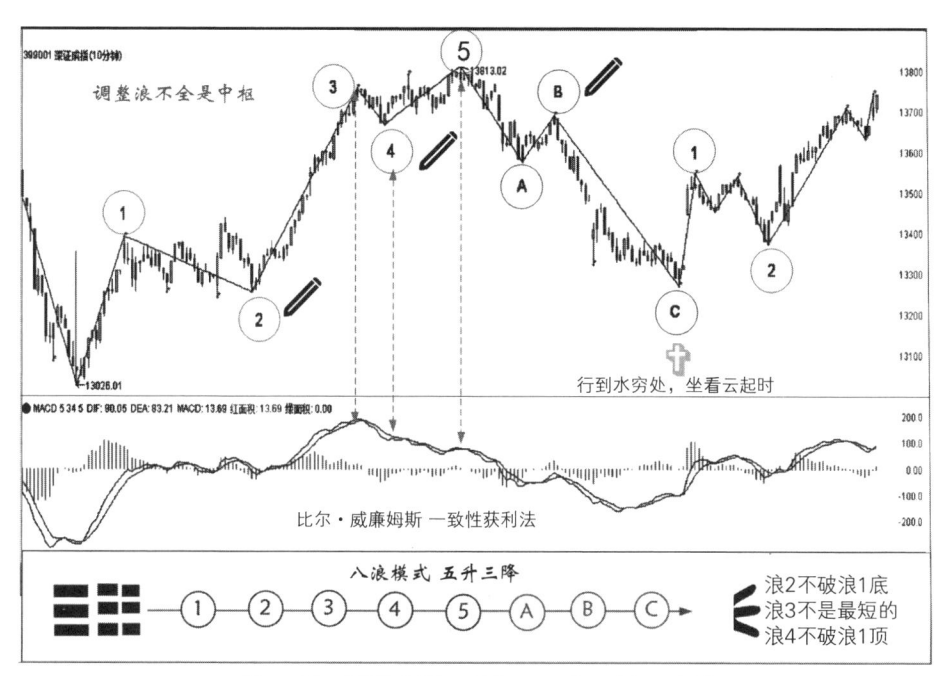

图 5-20　深证成指 10F（2020 年 8 月 12 日）

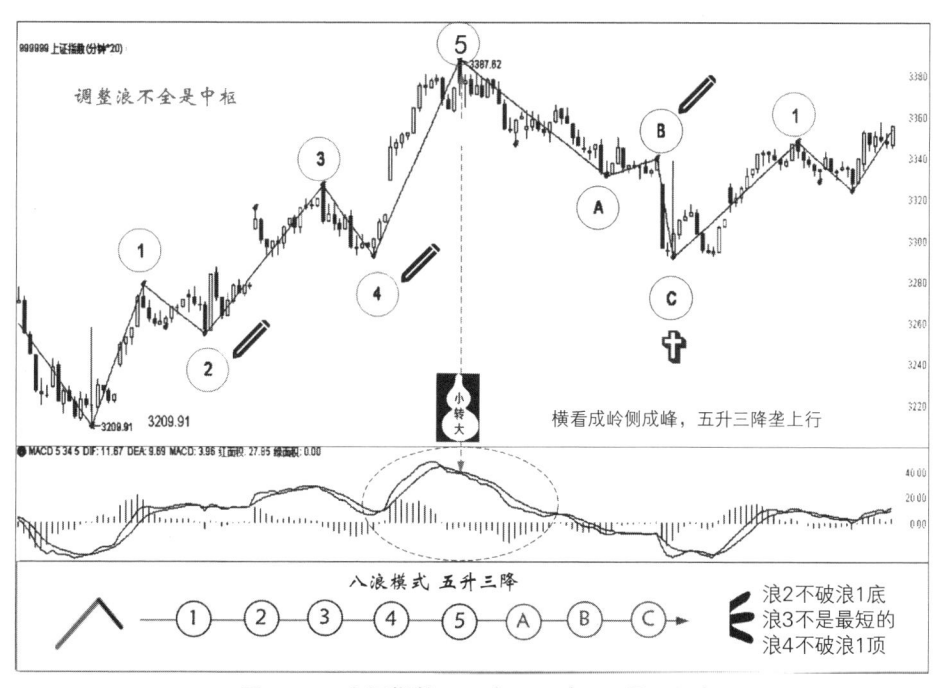

图 5-21　上证指数 20F（2020 年 11 月 2 日）

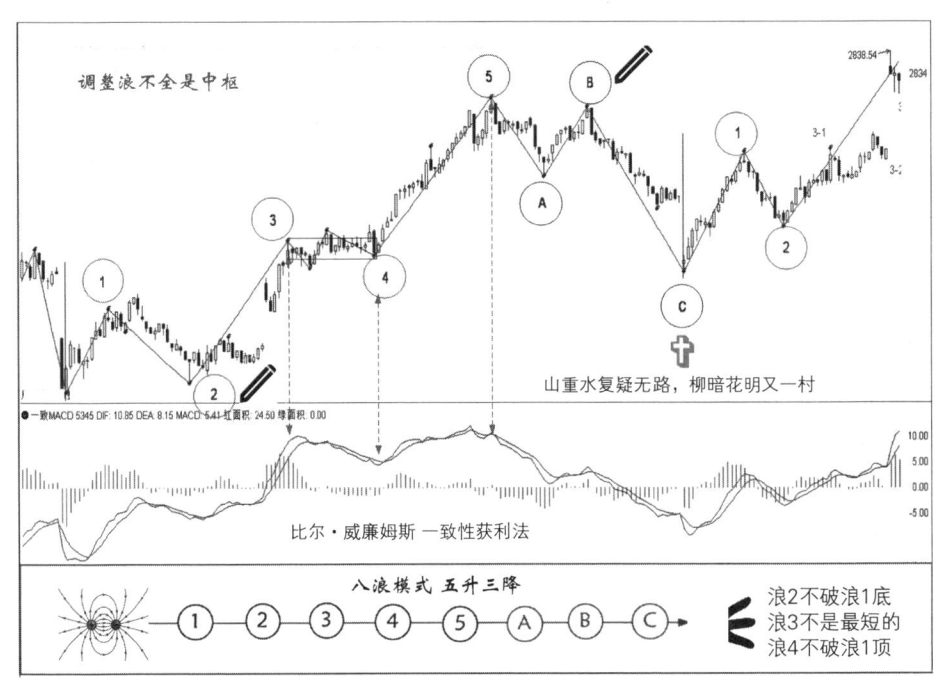

图 5-22　上证指数 5F（2020 年 4 月 13 日）

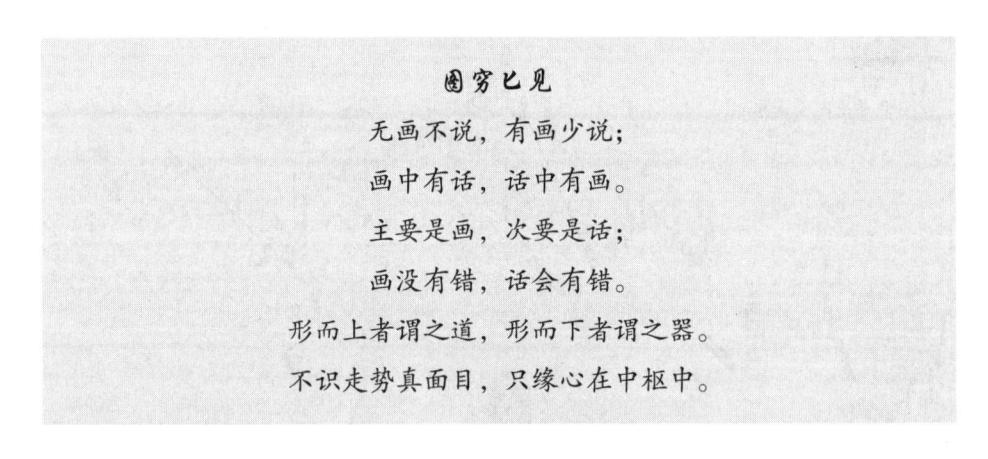

图穷匕见

无画不说，有画少说；

画中有话，话中有画。

主要是画，次要是话；

画没有错，话会有错。

形而上者谓之道，形而下者谓之器。

不识走势真面目，只缘心在中枢中。

任何级别的完成的走势，不应该排除艾略特八浪结构，可是在上述图例中，有的完成图形却没有出现走势中枢，缠中说禅的定理与事实不符。

在现实的走势图形中有许多没有"中枢"的情况，这是谁之过？是市场走势本身的问题，还是缠中说禅定理的问题？是波浪理论的问题，还是欧几里得几何学理论基础不严谨的问题？

思来想去，应该归咎于欧几里得几何学理论基础不严谨。为什么这样说？因为缠中说禅曾指出：欧几里得几何学理论基础不严谨。

【编者按】如果把曼德勃罗特的分形几何学作为缠中说禅的理论基础，应该会避免上述情况发生。不过，这一点恐怕"喜数女"[①]是绝对不会同意的。因为"本ID"对分形几何学总是嗤之以鼻，冷嘲热讽。

泰山北斗大家说

◆ 实践以客观世界为前提，作为他物的客观世界走着自己的道路。

——黑格尔

◆ 当你只是背定理、公式解题时，你对世界运转的内在规律的理解，很可能会越来越疏远！

——费曼

◆ 提出问题比解决问题更重要。

——爱因斯坦

◆ 数缺形时少直观，形少数时难入微。数形结合百般好，隔离分家万事休。

——华罗庚

◆ 单靠加工别人的作品是很难做出十分完美的东西的。

——笛卡儿

◆ 所有的理论法则都依赖于实践法则；如果只有一条实践法则，那么它们就都依赖这一条实践法则。

——费希特

---

① "喜数女"是"缠中说禅"之前的笔名，也是指下文的"本ID"。

第 6 章　盘整与八浪

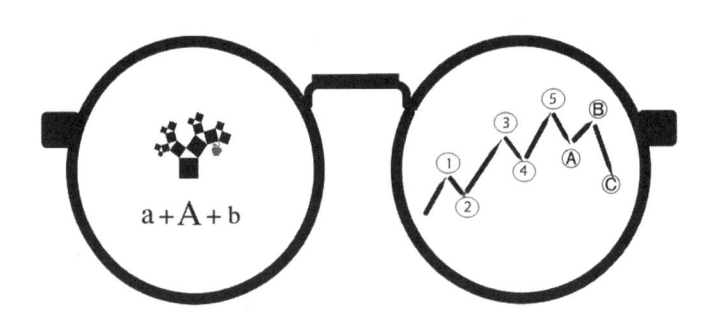

盘整与八浪的相关分析

缠中说禅话说：盘整[①]

盘整：最近一个高点比前一个高点高，且最近一个低点比前一个低点低；或者最近一个高点比前一个高点低，且最近一个低点比前一个低点高。

在任何级别的任何走势中，某完成的走势类型只包含一个缠中说禅走势中枢，就称为该级别的缠中说禅盘整。

在盘整中，无论是离开还是返回"缠中说禅走势中枢"的走势类型必然是次级别以下的。

一个最简单的问题，如何判断一个走势类型完成了？这是技术分析里最核心的问题之一。

这里最大的也是唯一的难点在于"走势类型的延伸"。例如一个盘整，三个重叠的连续次级别走势类型后，盘整就可以随时完成，也就是说，只要三个重叠的连续次级别走势类型走出来后，盘整随时结束都是完美的，但也可以不结束，而是不断延伸下去，不断围绕缠中说禅中枢上上下下地延伸下去

---

① 缠中说禅. 教你炒股票［M］. 北京：科学技术文献出版社，2013.

直到无穷都是可以的。

必须再次说明，本 ID 理论的盘整和一般所说的区间震荡盘整的概念不是一回事，指数从 10000 点跌到 0 也可以是一个盘整，只要中间只有一个中枢。

"所有级别的走势都能分解成趋势与盘整"是"不患"的，是无位次的，而"走势类型终要完成"的"走势终完美"以"所有级别的走势都能分解成趋势与盘整"的无位次而位次之，而"患"之。"走势终完美"，而走势"不患"的可以分解成趋势与盘整，换言之，"趋势终完美，盘整也终完美"。

"走势终完美"这句话有两个不可分割的方面：一方面，任何走势，无论是趋势还是盘整，在图形上最终都要完成；另一方面，一旦某种类型的走势完成以后，就会转化为其他类型的走势，这就是"不患"而有其位次。

艾略特话说：波浪理论[①]

尽管波浪理论是目前最好的股市预测工具，但它主要不是一种预测工具，而是对市场行为的细致刻画。不过，这种刻画的确传达了有关市场在行为连续统一体中所处位置，及其随后可能出现的运动轨迹变化方面的积极意义。

在波浪理论中，每一个市场决定不仅产生于意味深长的信息，同时也产生意味深长的信息。

调整浪永远不会是五浪。因此，与更大趋势反向运动的最初五浪永远不是调整浪的结束，而仅是调整浪的一部分。

所有的波浪都有一个特定的浪级。然而，要精确辨别一个正在发展中的波浪——尤其是处于一波新浪起始位置的子浪——的浪级是不太可能的。浪级并非基于特定的价格或时间长度，而是基于形态，形态是价格和时间作用的结果。幸运的是，精确的浪级通常与成功预测无关，因为相对浪级才最要紧。知道一轮大涨势即将来临比知道它的精确名称更重要。后来的各种事件总能使浪级清晰明了。

延长浪通常只在一个作用子浪中出现的事实，给即将到来的各个波浪的预期长度提供了有用的指南。比如，如果第 1 浪和第 3 浪的长度大致相同，那么第 5 浪就可能成为一个延长了的巨浪。如果第 3 浪延长了，那么第 5 浪

---

① 普莱切特，弗罗斯特.艾略特波浪理论：市场行为的关键（珍藏版）[M].陈鑫，译.北京：机械工业出版社，2015.

就必然结构简单，而且与第 1 浪类似。

普莱切特的观点

波浪理论最首要的是用于对市场行为的细致描述。

艾略特波浪模式的关键在于市场是以进三退二的方式前行。如果你未被后退的两步所吓倒，如果你不是在第三步向前时充满满心欢喜的自信，那你就轻松多了。关于市场行为，没有东西可以替代经验，经验让你学会你感觉到什么，什么时候感觉到的。

虽然数浪可能经常会数出好几种结果，但是，对波浪理论规则和指南的客观运用大多数情况下只会出现一个清晰的优选数浪方案，这个优选方案不会打破任何铁律而且要满足最多的要求。然后市场会告诉你，你的研判是否正确。

人脑尤其擅长图形识别。如果你画出波浪理论，它就能更快地被人理解。把真实的市场图片与模型做比较，你能更容易接受事实。是在知觉层面上，而不是在概念层面上，波浪理论得到最好的呈现。

盘整 a+A+b 是怎样诞生的？

◆ 道生一，一生二，二生三，三生万物。万物负阴而抱阳，冲气以为和。

——老子

◆ 阴阳者，天地之道也，万物之纲纪，变化之父母，生杀之本始，神明之府也。

——《黄帝内经》

◆ 一个调整浪的最简单表现形式是直线下降。一个推动浪的最简单表现形式是直线上升。一个完整的循环是两条直线。在下一级的复杂形态中，相应的数字是 3、5 和 8，这个数列可以无穷无尽。

——艾略特

一个包含八个浪的完整循环由两个截然不同的阶段组成：五浪驱动阶段，三浪调整阶段。

格物致知

不谋全局者，不足以谋一域。

纸上得来终觉浅，绝知此事要躬行。

第 6 章 盘整与八浪

> **股事求是**
>
> 市场先生　图表语言
>
> **画说**
>
> **盘整 a+A+b 在这里诞生！**
>
> 矮人看戏何曾见，都是随人说短长。
>
> 掀起你的盖头来，让我看看盘整美。

相关内容见图 6-1。

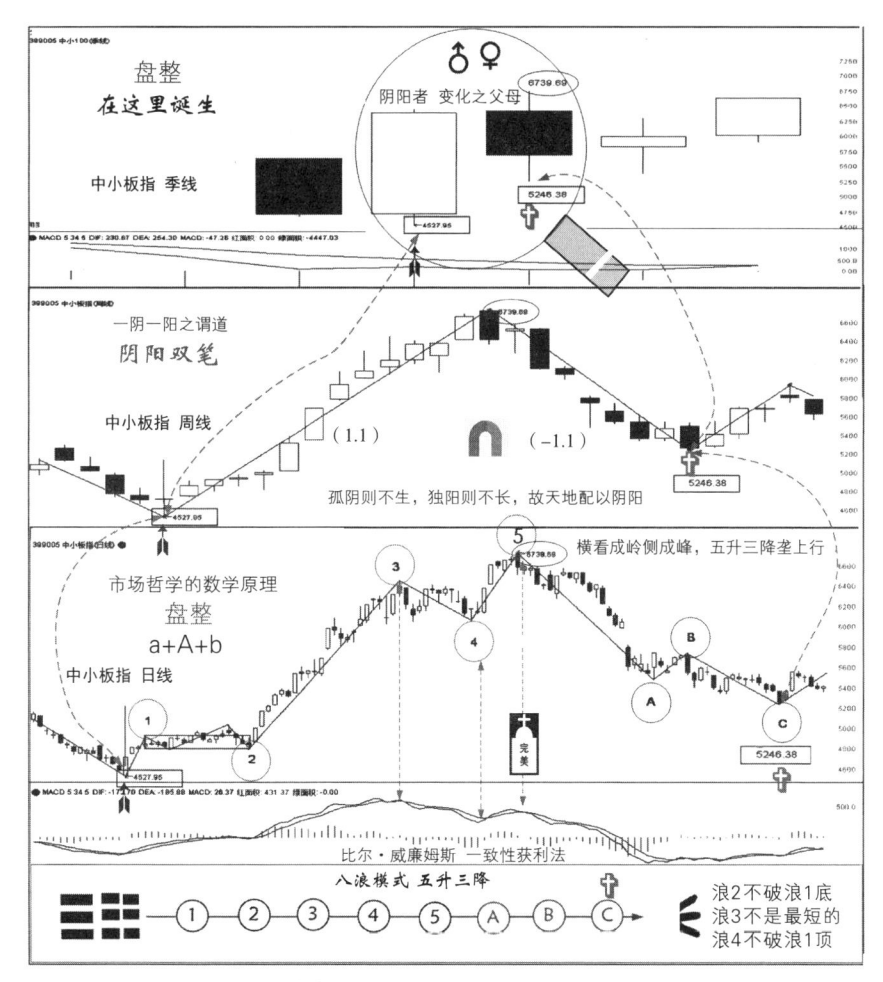

图 6-1　中小板指季线、周线、日线（2019 年 1 月 15 日）

127

> **窥一斑知全豹**
>
> 无画不说，有画少说；
>
> 画中有话，话中有画。
>
> 主要是画，次要是话；
>
> 画没有错，话会有错。
>
> 苹果不言，下自成蹊。
>
> 没有一朵花，一开始就是一朵花。

思考题

（1）眼前是一棵只有一个苹果的苹果树（盘整走势类型），它郁郁葱葱、亭亭玉立、迎风摇曳、婀娜多姿，你怎么能当下就断定，它绝对不会再结出新的苹果了？看似简单的问题其实并不简单，这棵苹果树究竟发生了什么事情？

原因有很多，根据缠中说禅的方法，需要把原因进行完全分类。

原因可能是山林大火烧死了？洪水淹死了？虫子拱死了？

当下就断定这棵苹果树不再结出新的苹果来，是一道世界级难题！还是交给达尔文学派去研究，不费那个脑筋了。

我们能够知道一个苹果里有几粒种子；但我们不会知道，一粒苹果树种子今后会生长出多少个苹果来！

（2）在盘整走势类型的定义中"某完成的走势类型"，你理解的正确的答案是什么？

a+A+b 这个盘整走势类型的表达式，代表的具体的几何结构是什么样的？你是怎么在当下判断盘整走势类型结束了？a 与 b 一定要盘整背驰吗？a 与 b 也可以是不存在的！这种超逻辑的走势应该怎么研判？

走势中枢 A 在没有形成第三类买卖点时，中枢尚未完成，这时盘整走势类型是否完美？

有或没有第三类买卖点，盘整背驰如何判别？还有，遇到小转大时，当下怎么判别盘整走势类型的完成？

更让人头疼的是中阴状态中的盘整：缠中说禅说"无论任何级别，在一个顶点出来后，都有对应级别长度的中阴阶段。就如同人的中阴，非人非鬼；

行情走势的中阴阶段，也是多空齐杀，不断折腾转换。中阴阶段，无一例外，都表现为不同级别的盘整"。

学习缠中说禅，迷迷糊糊，晕头转向，看走势仿佛是在看"天书"，而不是"如掌纹一样清晰"。

泰山北斗大家说

◆ 哪里有思想，哪里就有威力。

——雨果

◆ 异常抽象的问题，必须讨论得异常清楚。

——笛卡儿

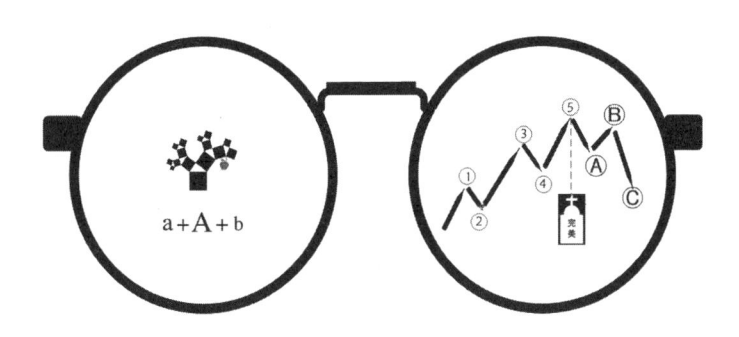

盘整与数字五浪

缠中说禅话说：盘整[①]

缠中说禅盘整：在任何级别的任何走势中，某完成的走势类型只包含一个缠中说禅走势中枢。

必须再次说明，本 ID 理论的盘整和一般所说的区间震荡盘整的概念不是一回事，指数从 10000 点跌到 0 也可以是一个盘整，只要中间只有一个中枢。另外，盘整和中枢也不是一个概念。

当第一个中枢形成后，走势类型可以随时结束，后面的分类比较复杂。

"趋势终完美，盘整也终完美"。

---

① 缠中说禅.教你炒股票［M］.北京：科学技术文献出版社，2013.

艾略特话说：数字五浪[①]

艾略特并未特别说明仅有一种支配形态，即"五浪"模式，但这是不可否认的事实。在任何时候，市场都能被识别为处于最大浪级趋势的基本五浪模式中的某个位置。由于五浪模式是市场前进的主导形态，因此其他所有模式都被它包容了起来。

任何不处于更大浪级的调整浪中的向上的驱动浪都取名为前进浪。它必定被标示成1、3或5。

艾略特进一步发现，就价格而言，浪3常常是驱动浪的三个作用浪（浪1、浪3和浪5）中最长的，而且也永远不是最短的一浪。只要浪3经历了比浪1或浪5更大百分比的运动，这个规则就成立。

推动浪中的一个驱动浪，也就是浪1、浪3或浪5，通常会延长，也就是远比其他两个浪长。

注意，推动浪总共有五个浪，如果有延长浪，总共就会达到九个或十三个浪，依此类推。

认清单个波浪的性质常常使你得以正确研判更大模式的复杂性。

第1浪，大约一半的第1浪是"打底"过程中的一段。

第2浪，常常回撤掉第1浪的大部分，常常以非常小的成交量和波动性结束，这表明卖压正在消失。

第3浪，通常产生最高的成交量和最大的价格运动，而且大部分时候是序列中的延长浪。

第4浪往往呈横向趋势，为最后的第5浪运动打底。

第5浪的力度比第3浪的小。

> **做一个在水中学习游泳的人**
>
> 痴
>
> 象牙塔里吟定理，纸上谈兵演走势。
> 念念有词单苹果，钢铁战士零向量。
> 纸上得来终觉浅，绝知此事要躬行。

[①] 普莱切特, 弗罗斯特.艾略特波浪理论：市场行为的关键（珍藏版）[M].陈鑫, 译.北京：机械工业出版社, 2015.

第6章 盘整与八浪

> **股事求是**
>
> 市场先生　图表语言
>
> **画说**
>
> **盘整与数字五浪**
>
> 事实是无言的芬芳,真理在画说中绽放。
>
> 穿着最顶级的鲨鱼皮游泳衣,天天岸上练,从来不湿脚。
>
> 你还在岸上学游泳吗?请跳下水吧!
>
> 涉浅水者见鱼虾,涉深水者见蛟龙。
>
> 矮人看戏何曾见,都是随人说短长。
>
> 掀起你的盖头来,让我看看盘整美。

盘整 a+A+b

相关内容见图 6-2 和图 6-3。

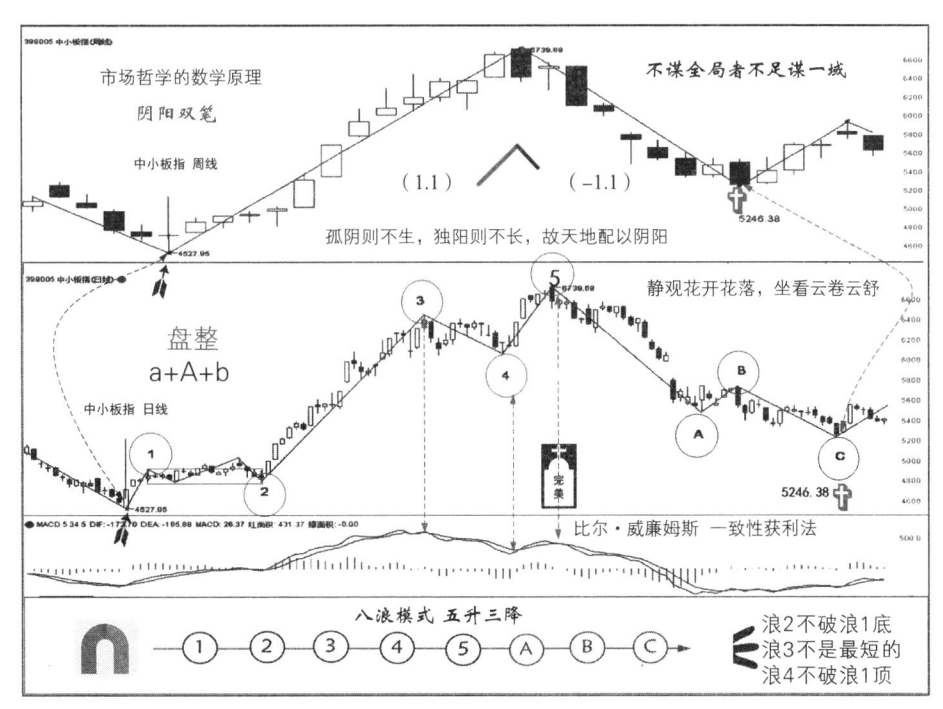

图 6-2　中小板指周线、日线（2019 年 1 月 15 日）

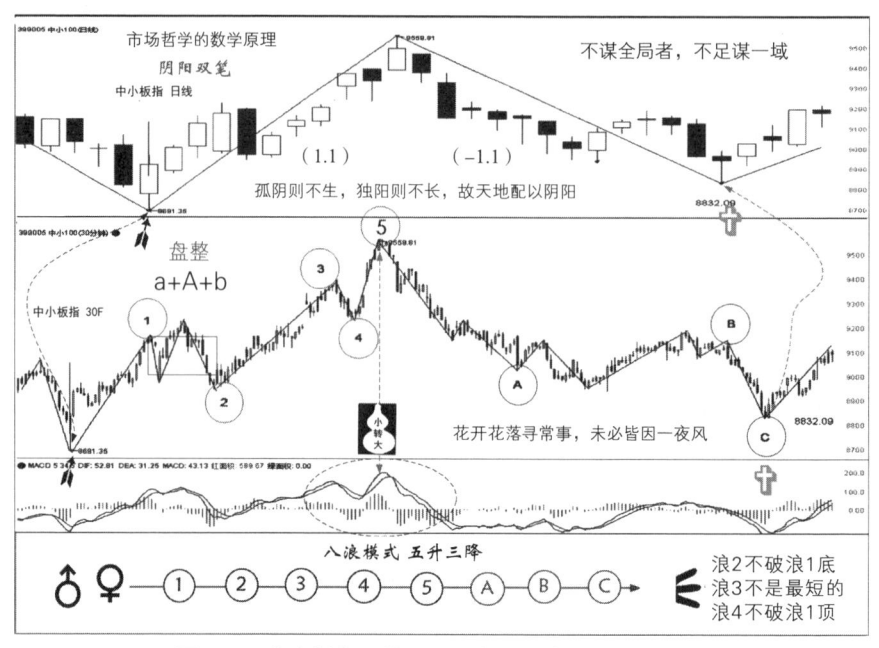

图 6-3　中小板指日线、30F（2020 年 10 月 26 日）

缠中说禅盘整与艾略特数字五浪

相关内容见图 6-4 至图 6-7。

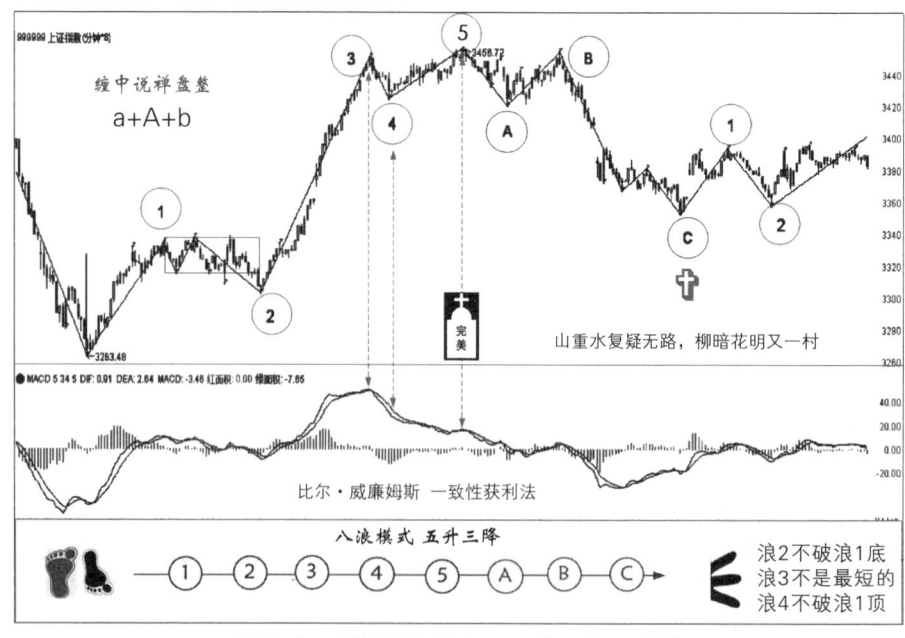

图 6-4　上证指数 8F（2020 年 8 月 12 日）

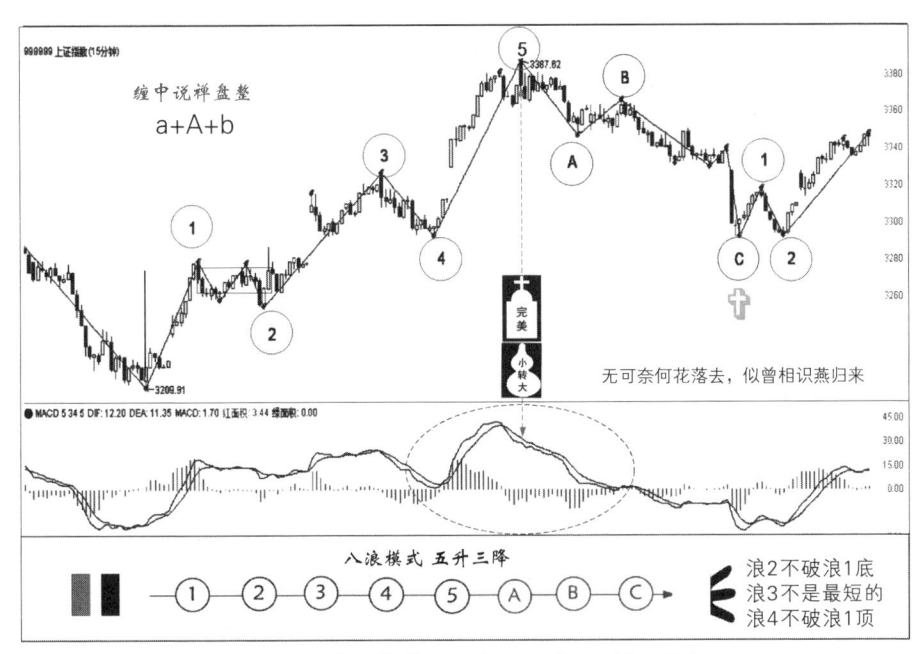

图 6-5　上证指数 15F（2020 年 11 月 2 日）

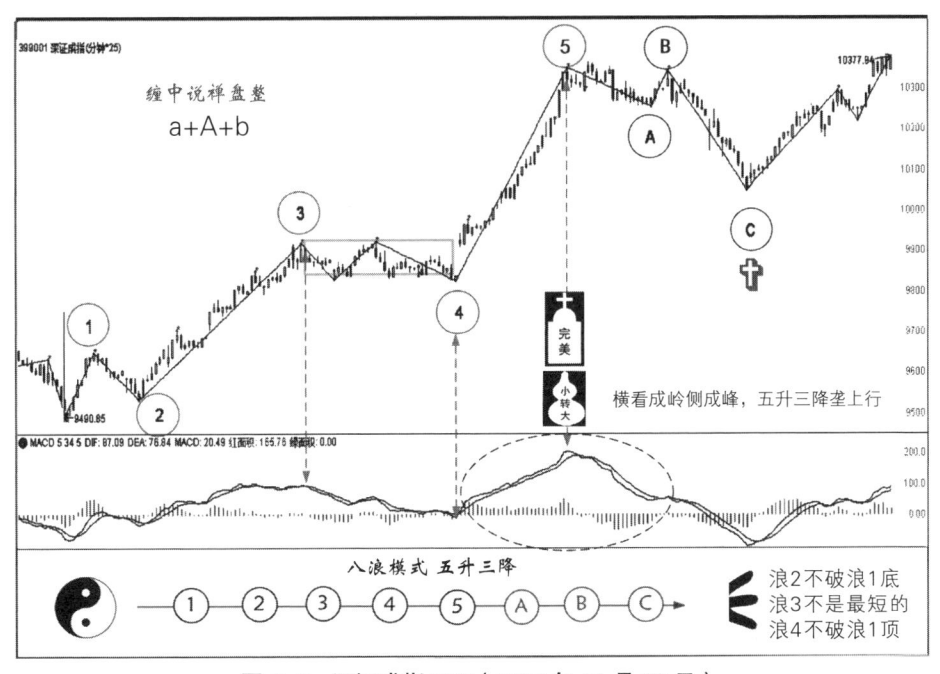

图 6-6　深证成指 25F（2019 年 11 月 29 日）

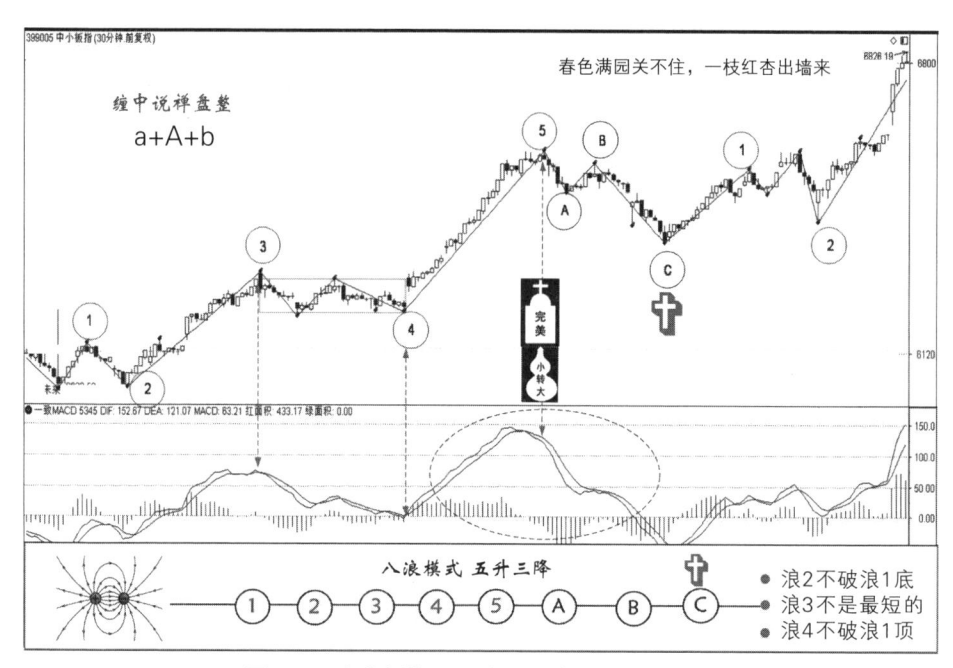

图6-7　中小板指30F（2019年11月29日）

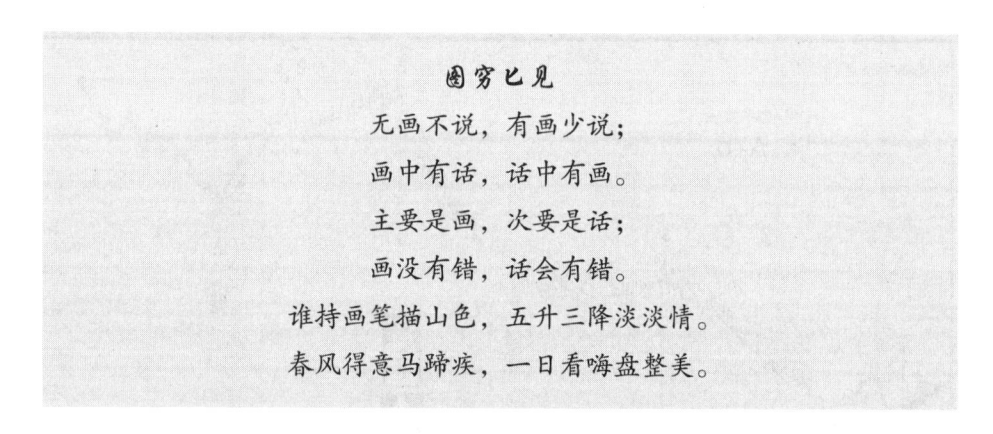

图穷匕见

无画不说，有画少说；

画中有话，话中有画。

主要是画，次要是话；

画没有错，话会有错。

谁持画笔描山色，五升三降淡淡情。

春风得意马蹄疾，一日看嗨盘整美。

泰山北斗大家说

◆ 如果一个特定的问题可以被转化为一个图形，那么思想就整体地把握了问题，并能创造性地思索问题的解法。

——蒂恩

◆ 第二次浪潮文化强调孤立地研究事物，第三次浪潮则注重研究事物的结构关系和整体。

——贝塔朗菲

◆ 我可以怀疑这，怀疑那，但我不能怀疑我在怀疑。因为我一旦怀疑我在怀疑，恰好证明我在怀疑。我怀疑，所以我思考。我思考，所以我存在。

——笛卡儿

◆ 莫让自己的头脑成为别人思想的跑马场。

——叔本华

◆ 真理是在漫长的发展着的认识过程中被掌握的，在这一过程中，每一步都是它前一步的直接继续。

——黑格尔

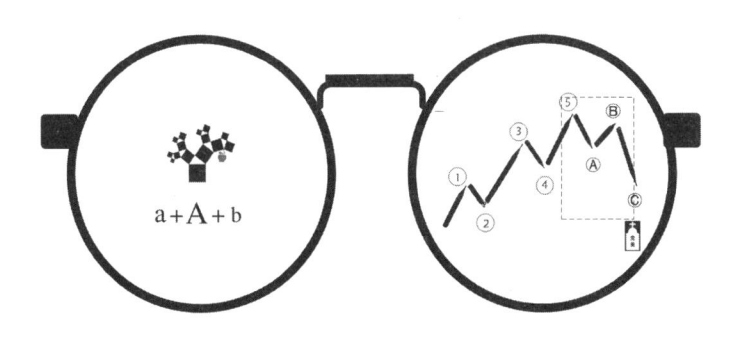

盘整与字母三浪

缠中说禅话说：盘整[①]

一个盘整，三个重叠的连续次级别走势类型后，盘整就可以随时完成，也就是说，只要三个重叠的连续次级别走势类型走出来后，盘整随时结束都是完美的，但这可以不结束，可以不断延伸下去，不断围绕这缠中说禅中枢上上下下地延伸下去直到无穷都是可以的。

"走势终完美"，而走势"不患"的可以分解成趋势与盘整，换言之，"趋势终完美，盘整也终完美"。

市场不是上就是下或者就是盘，这一点，刚好反映了股市的特征。

千万别以为盘整就一定比趋势弱，有些盘整，第一段就杀得天昏地暗

---

① 缠中说禅.教你炒股票[M].北京：科学技术文献出版社，2013.

的，后面一段，即使力度没有第一段大，两者加起来，也可以超越所谓的趋势了。

艾略特话说：字母三浪[①]

调整浪有一个三浪结构或其变体，其子浪用字母标示。就像浪 2 调整了浪 1 那样，波浪序列 A、B、C 调整了波浪序列 1、2、3、4、5。

认清单个波浪的性质常常使你得以正确研判更大的模式。

A 浪，投资界一般确信这次反作用浪只是下一波上升行情前的退却，大众蜂拥买入。A 浪为随后的 B 浪定下了调子。

B 浪，是无知者的举动、牛市陷阱、投机者的天堂、零股投资者心态的放纵，或愚蠢的投资机构者自满情绪的显露（或两者兼有）。

C 浪，摧毁性极强，有第 3 浪的大部分属性。

普莱切特的观点

三浪逆向调整，实际上在蓄积整个趋势的动力。

逆大一级趋势运动的波浪细分为三浪模式或包含几个三浪模式的变体。

熊市中总是出现降—升—降的三浪序列。

做一个在水中学习游泳的人

痴

象牙塔里吟定理，白纸一张演走势。

一个苹果盘整美，卖之高潮提款机。

纸上得来终觉浅，绝知此事要躬行。

股事求是

市场先生　图表语言

[①] 普莱切特，弗罗斯特.艾略特波浪理论：市场行为的关键（珍藏版）[M].陈鑫，译.北京：机械工业出版社，2015.

第 6 章 盘整与八浪

> **画说**
>
> **盘整与字母三浪**
>
> 事实是无言的芬芳,真理在画说中绽放。
>
> 穿着最顶级的鲨鱼皮游泳衣,天天岸上练,从来不湿脚。
>
> 你还在岸上学游泳吗?请跳下水吧!
>
> 涉浅水者见鱼虾,涉深水者见蛟龙。
>
> 矮人看戏何曾见,都是随人说短长。
>
> 掀起你的盖头来,让我看看盘整美。

盘整 a+A+b

相关内容见图 6-8 和图 6-9。

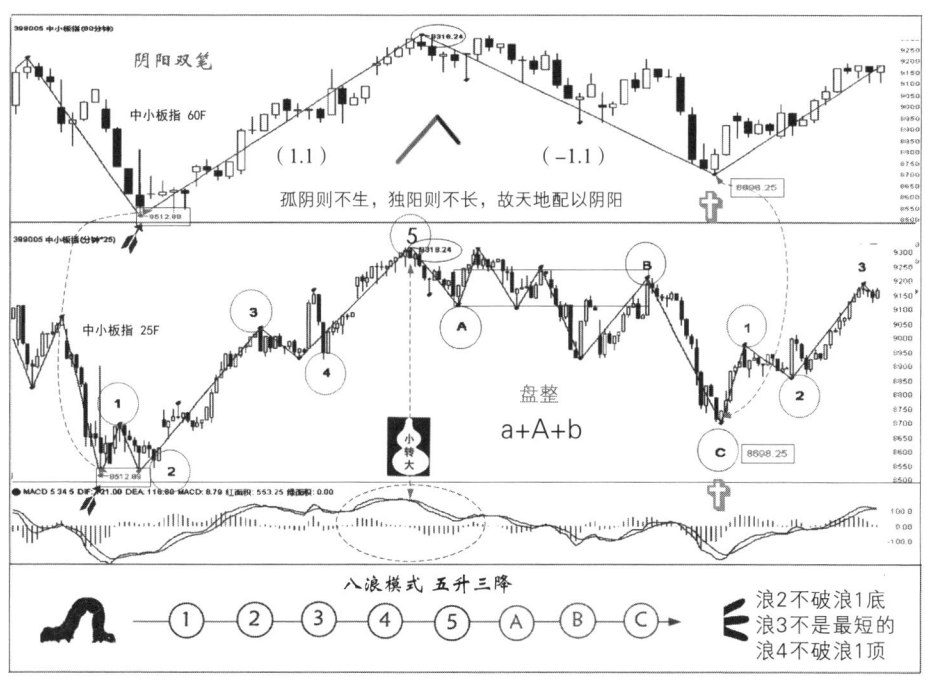

图 6-8 中小板指 60F、25F(2020 年 7 月 24 日)

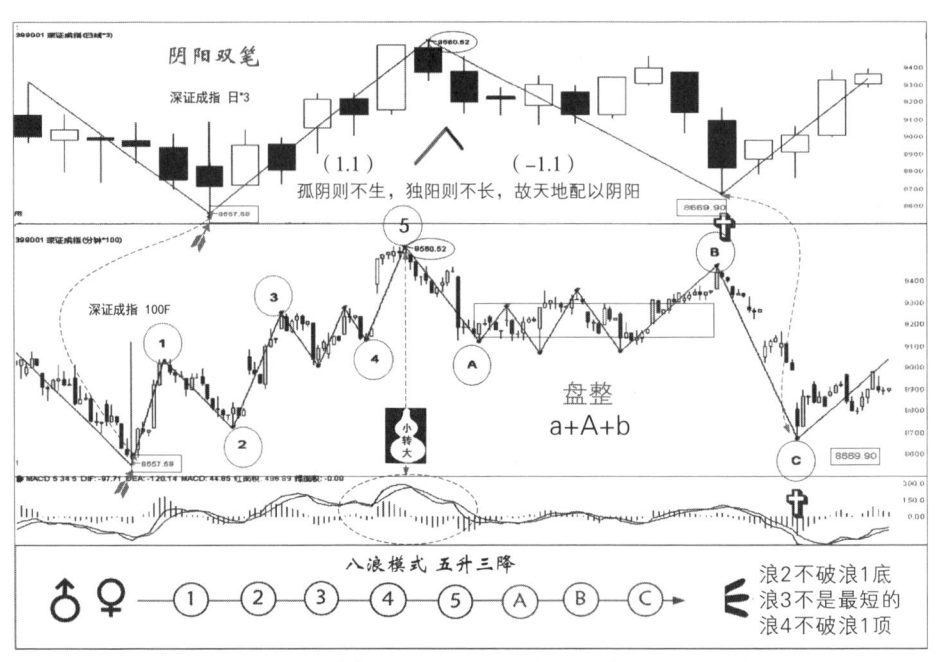

图 6-9 深证成指 3 日线、100F（2019 年 6 月 10 日）

缠中说禅盘整与艾略特字母三浪

相关内容见图 6-10 至图 6-13。

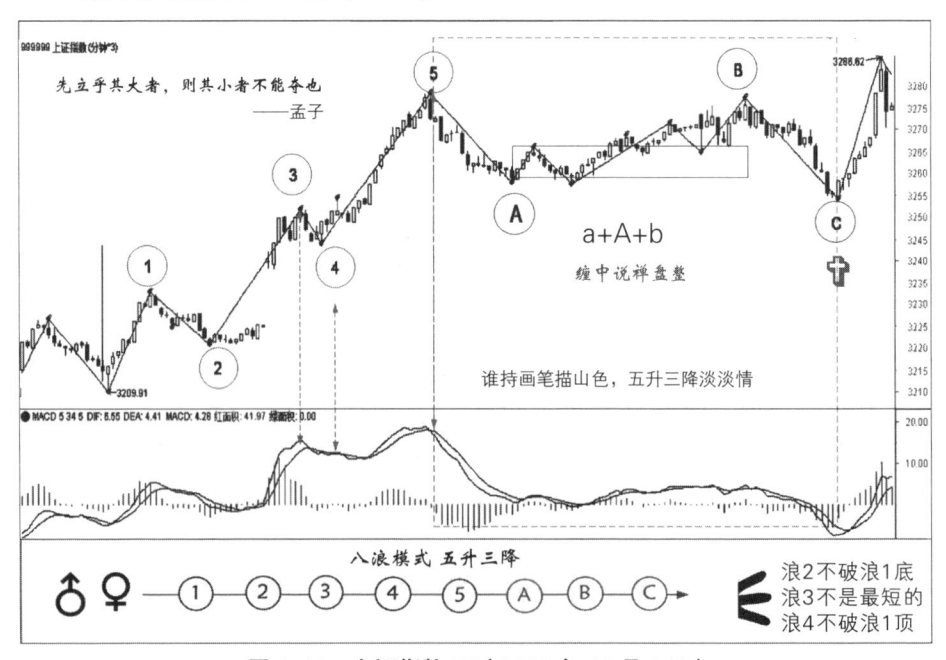

图 6-10 上证指数 3F（2020 年 11 月 2 日）

第 6 章　盘整与八浪

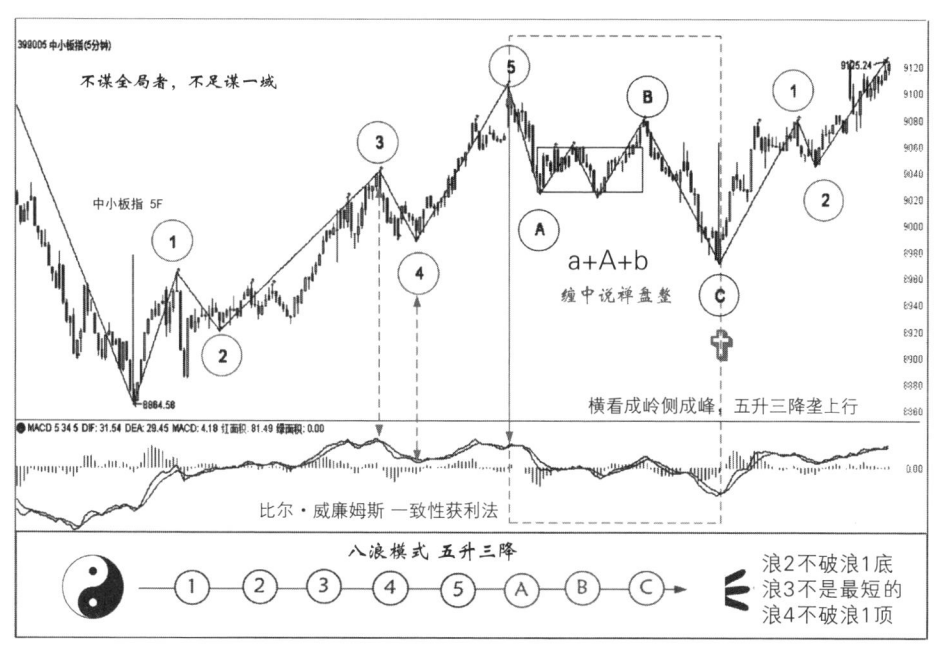

图 6-11　中小板指 5F（2020 年 12 月 11 日）

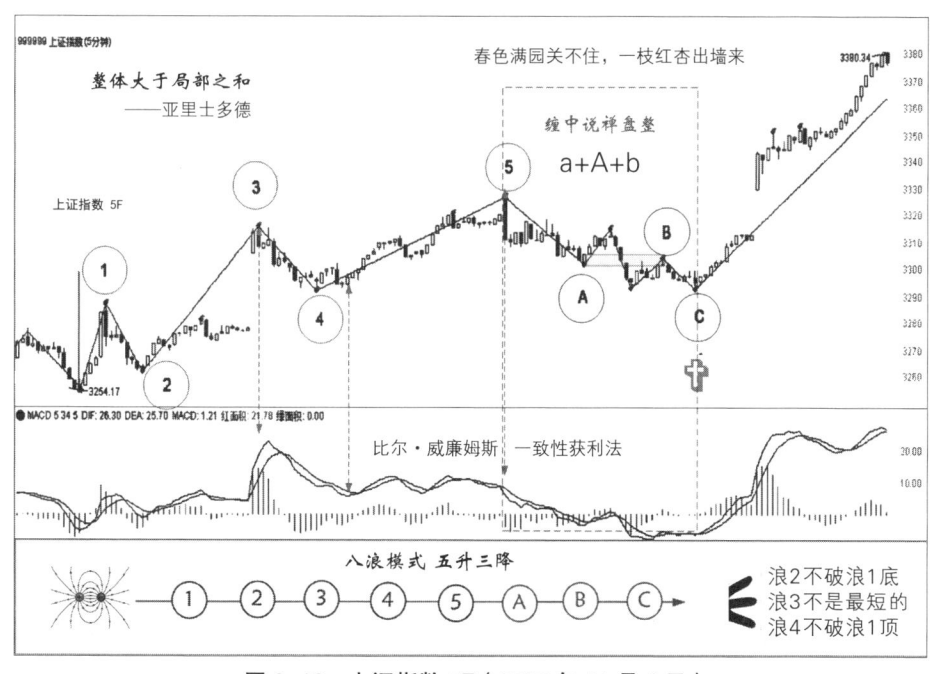

图 6-12　上证指数 5F（2020 年 11 月 4 日）

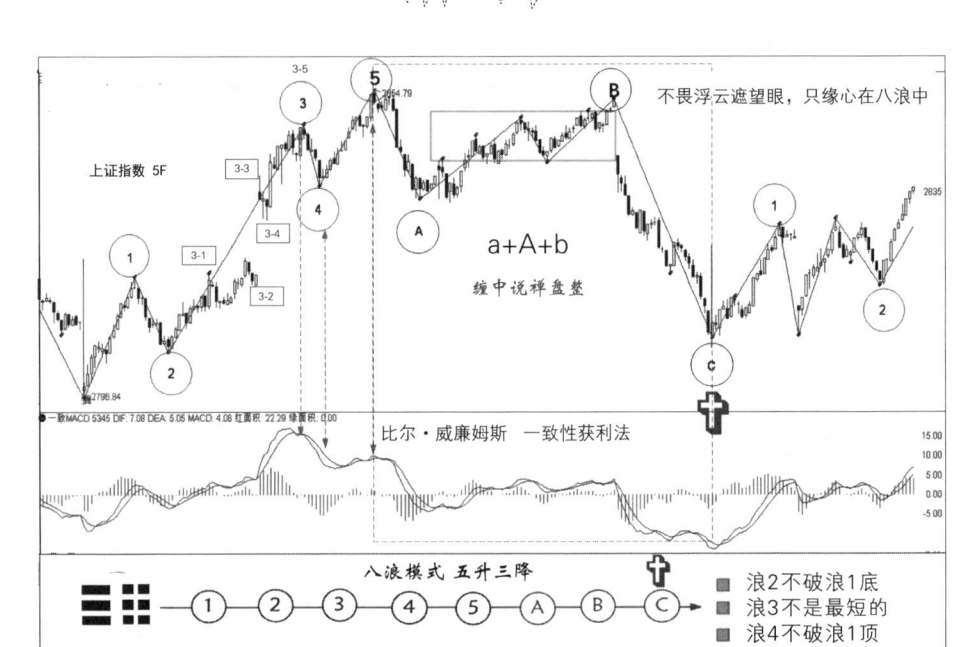

图 6-13　上证指数 5F（2020 年 4 月 21 日）

图穷匕见

无画不说，有画少说；

画中有话，话中有画。

主要是画，次要是话；

画没有错，话会有错。

春风得意马蹄疾，一日看嗨盘整美。

学不博无以通其变，思不精无以烛其微。

泰山北斗大家说

◆ 如果一个想法在一开始不是荒谬的，那它就是没有希望的。

——爱因斯坦

◆ 发现问题往往比解决问题更加重要，把问题清楚地写下来，就已经解决一半。

——查尔斯·吉德林

◆ 不要害怕怀有怪念头,因为现在人们接受的所有的观念都曾经是怪念头。

——罗素

◆ 从根本上说,只有我们独立自主地思索,才真正具有真理和生命。因为,唯有它们才是我们反复领悟的东西。他人的思想就像夹别人餐桌上的残羹,就像陌生客人脱下的旧衣衫。

——叔本华

第 7 章 趋势与八浪

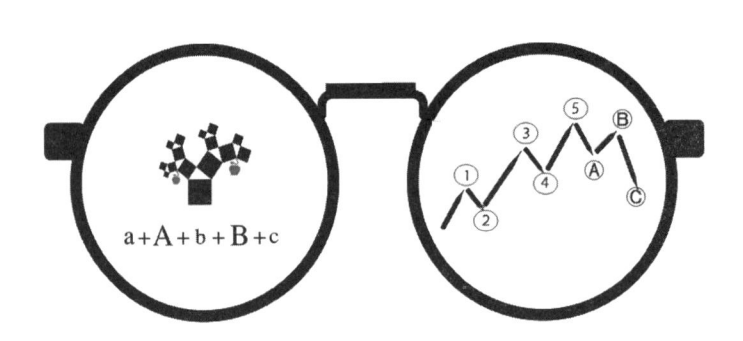

趋势与八浪的相关分析

缠中说禅话说：趋势[①]

走势可分解成趋势与盘整两类，而趋势又分为上涨与下跌两类。

在任何级别的任何走势中，某完成的走势类型至少包含两个以上依次同向的缠中说禅走势中枢，就称为该级别的缠中说禅趋势。该方向向上就称为上涨，向下就称为下跌。

趋势，一定有至少两个同级别中枢，对于背驰来说，肯定不会发生在第一个中枢之后，肯定至少是第二个中枢之后，对于那种延伸的趋势来说，很有可能在发生第 100 个中枢以后才背驰，当然，这种情况，一般来说，一百年也见不到几次。

第二个中枢后就产生背驰的情况，一般占了绝大多数，特别在日线以上的级别，这种就几乎达到 90% 以上。因此，如果出现日线以上级别的第二个中枢，就要密切注意背驰的出现。而在小级别中，例如 1 分钟的情况下，这种比例要小一点，但也是占大多数。一般四五个中枢以后才出现背驰的，就

---

① 缠中说禅. 教你炒股票［M］. 北京：科学技术文献出版社，2013.

相当罕见了。

一般来说，假设依次存在着 N（$N>2$）个中枢，只要依次保持着第 N 个中枢比 $N-1$ 个高的状态，那么就是上涨走势类型的延续；依次保持着第 N 个中枢比 $N-1$ 个低的状态，就是下跌走势类型的延续。显然，根据上面的定义，在最低级别的上涨里，只要也只有出现依次第 N 个中枢不再高于，即等于或低于第 $N-1$ 个的状态时，才可说这最低级别的上涨结束。最低级别下跌的情况与此相反。

艾略特话说：波浪理论[①]

波浪理论将使你开始正确思考，而这是向成功投资道路上迈出的第一步。

没有哪种手段保证对市场无所不知。然而，当用正确的眼光看待时，波浪理论提供了它允诺的一切。

所有的波浪都可按相对规模（或称浪级）来分类。一个波浪的浪级取决于它相对于分量波浪、相邻波浪和环绕波浪的规模和位置。艾略特命名了九个浪级，从在小时走势图上可辨认出的最小浪，直到他从当时的有效数据中可以假定的最大浪。

演绎是最佳的方法。知道艾略特规则不允许的东西，你就能够推断剩下的必定是市场适当的前景，而不管用其他方法看起来有多么不可能。运用延长、交替、重叠、通道、成交量以及其他所有的规则，你就有了比初次一瞥所能想象得到的强大得多的武器库。不幸的是，对于许多人来说，这种方法需要思考和劳作，而且很少机械地提供信号。然而，这种基本上是排除过程的思考可以挤出艾略特理论的精华，除此之外，这种思考乐趣横生。我们真诚地鼓励你做出尝试。

指导方针也有例外，但没有这些例外，市场分析就成了一门精确性的科学，而不是一门概率类的科学。然而，有了波浪结构指导方针的完整知识，你就能对自己的数浪有足够的信心。实际上，你可以用市场活动来印证数浪，就像用数浪来预测市场活动一样。

在道琼斯指数仅有近百年历史的当时，艾略特就预言以后几十年的大牛市会超乎所有人的预期，而当时大多数投资者认为道琼斯指数不可能高于

[①] 普莱切特，弗罗斯特.艾略特波浪理论：市场行为的关键（珍藏版）[M].陈鑫，译.北京：机械工业出版社，2015.

1929年的顶峰。正如我们将看到的，非凡的股市预言（有些甚至达到了提前数年的准确程度）与艾略特波浪理论的应用史相伴相随。

普莱切特的观点

我从来没有看到过市场是以不同于艾略特模式而展开的。

艾略特发现了股票市场运动的基本形态，并在各级波浪中确认了这种形态，即使在最小级别的走势图上也是如此。

波浪的研判需要艺术头脑，因为市场本身的波动就像在绘制走势图。理性的头脑不太适合这项工作。

市场会遵循波浪理论是一回事，要依据这一知识来预测未来完全又是另一回事。这是一个概率问题。一旦你有运用波浪理论的实际经验，一旦你理解了所有的规则和指导方针，它就变得像福尔摩斯一样。数浪有很多可能的结果，但指导方针迫使你沿着某个方向思考。最终，你会走到这一步，对于某个结论而言，其依据是不可推翻的。

趋势 a+A+b+B+c 是怎样诞生的？

◆ 道生一，一生二，二生三，三生万物。万物负阴而抱阳，冲气以为和。

——老子

◆ 阴阳者，天地之道也，万物之纲纪，变化之父母，生杀之本始，神明之府也。

——《黄帝内经》

◆ 一个调整浪的最简单表现形式是直线下降。一个推动浪的最简单表现形式是直线上升。一个完整的循环是两条直线。在下一级的复杂形态中，相应的数字是3、5和8，这个数列可以无穷无尽。

——艾略特

◆ 因此，一个包含八个浪的完整循环由两个截然不同的阶段组成：五浪驱动阶段，其子浪用数字标示；三浪调整阶段，其子浪用字母标示。就像浪2调整了浪1那样，波浪序列A、B、C调整了波浪序列1、2、3、4、5。

——艾略特

◆ 在上升市——真正的牛市中，波浪分量是向上的5个浪，顺序为升—降—升—降—升。熊市中总是出现降—升—降的3浪序列。

——普莱切特

第7章 趋势与八浪

格物致知

不谋全局者,不足以谋一域。

纸上得来终觉浅,绝知此事要躬行。

股事求是

市场先生　图表语言

画说

趋势 a+A+b+B+c——在这里诞生!

矮人看戏何曾见,都是随人说短长。

掀起你的盖头来,让我看看趋势美。

相关内容见图7-1。

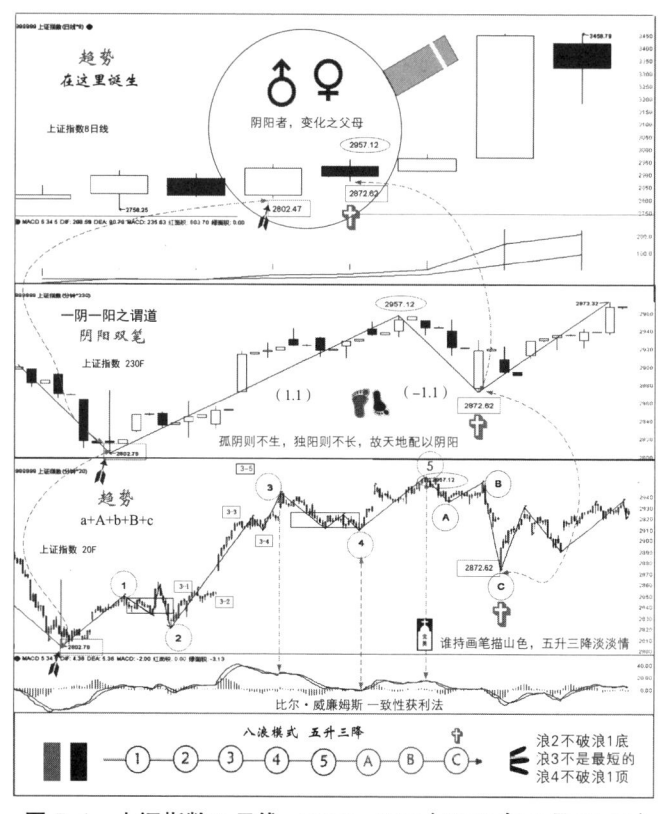

图7-1　上证指数8日线、230F、20F（2020年5月25日）

> **窥一斑知全豹**
>
> 无画不说，有画少说；
> 画中有话，话中有画。
> 主要是画，次要是话；
> 画没有错，话会有错。
> 苹果不言，下自成蹊。
> 没有一朵花，一开始就是一朵花。

泰山北斗大家说

◆ 概念和现象的统一是一个本质上无止境的过程，这种统一无论在这个场合下或是在其他一切场合下都是如此。

——笛卡儿

◆ 问题不在于告诉他一个真理，而在于教他怎样去发现真理。

——卢梭

◆ 智慧不仅仅存在于知识之中，而且还存在于运用知识的能力中。

——亚里士多德

◆ 做研究就像登山，很多人沿着一条山路爬上去，到了最高点就满足了，可我常常要试十条路，然后比较哪条山路爬得最高。

——陈景润

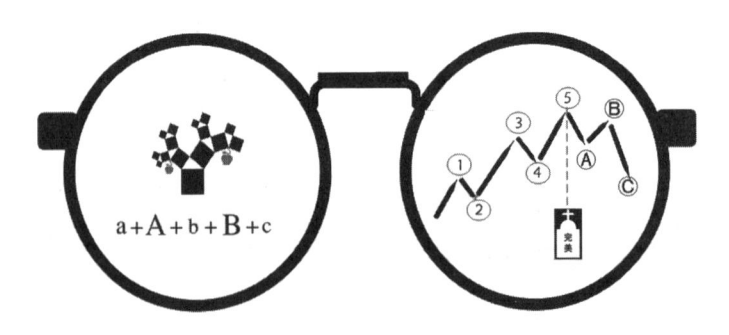

趋势与数字五浪

缠中说禅话说：趋势[①]

缠中说禅趋势：在任何级别的任何走势中，某完成的走势类型至少包含两个以上依次同向的缠中说禅走势中枢。

注意，趋势中的缠中说禅走势中枢之间必须绝对不存在重叠。

"走势终完美"，即趋势终完美，盘整终完美。

在同一趋势中，相邻两中枢的复杂程度、形态，经常有所区别。为什么？人都有提前量，而提前量，经常就是找最近的模本去抄袭，这样，等于在买卖的合力中，都加了一个提前的变量，从而造成整个结构的变化。这是一个很重要的原理，所谓不会二次踏进同一条河流，这本质上是由人的贪嗔痴疑慢造成的。

【编者按】 艾略特波浪理论：浪 2 与浪 4 交替规则。

千万别以为趋势就一定比盘整强，有些盘整的涨（跌）力度比趋势的大。

没有趋势，没有背驰，不是任何 a+A+b+B+c 中都有背驰的。当说 a+A+b+B+c 中有背驰时，首先要 a+A+b+B+c 是一个趋势，这就意味着 A、B 是同级别的中枢，否则，就只能看成是其中较大中枢的一个震荡。例如，如果 A 的级别比 B 大，就有 a+A+b+B+c=a+A+（b+B+c），a 与（b+B+c）就是围绕中枢 A 的一些小级别波动。这样，是不存在背驰的，最多就是盘整背驰。当然，对于最后一个中枢 B，背驰与盘整背驰有很多类似的地方，用多义性，可以把 b、c 当成 B 的次级波动。但多义性只是多角度，不能有了把 b、c 当成 B 的次级波动这一个角度，就忘了 a+A+b+B+c 是趋势且 A、B 级别相同的角度。多义性不是含糊性，不是怎么干怎么分都可以，这是必须不断反复强调的。其次，c 必然是次级别的，也就是说，c 至少包含对 B 的一个第三类买卖点，否则，就可以看成 B 中枢的小级别波动，完全可以用盘整背驰来处理。而 b 是有可能小于次级别的，力度最大的就是连续的缺口，也就是说，b 在级别上是不能大于 c 的。例如，如果 b 是次级别，而 c 出现连续缺口，即使 c 没完成，最终也延续成次级别，但 c 是背驰的可能性就很小了，就算是，最终也要特别留意，出现最弱走势的可能性极大。

---

① 缠中说禅.教你炒股票［M］.北京：科学技术文献出版社，2013.

还有，如果 a+A+b+B+c 是上涨趋势，c 一定要创出新高；a+A+b+B+c 是下跌趋势，c 一定要创出新低。否则，就算 c 包含 B 的第三类买卖点，也可以对围绕 B 的次级别震荡用盘整背驰的方式进行判断。对 c 的内部进行分析，由于 c 包含 B 的第三类买卖点，则 c 至少包含两个次级别中枢，否则满足不了次级别离开后回拉不重回中枢的条件。这两个中枢构成次级别趋势的关系，是最标准最常见的情况，这种情况下，就可以继续套用 a+A+b+B+c 的形式进行次级别分析以确定 c 的内部结构里次级别趋势的背驰问题，形成类似区间套的状态，这样对其后的背驰就可以更精确地进行定位了。

【编者按】缠中说禅用 a+A+b+B+c 把初中几何学，玩得风生水起。

艾略特话说：数字五浪[①]

波浪理论中的基本内在趋势是，在任何浪级的趋势中，与大一浪级趋势同向的作用以五浪方式发展。

一个八浪循环结束的时候，另一个相似的循环会接着发生，其后又跟着另一个五浪运动。这种完整的发展产生了一个比组成它的各浪大一浪级（相对规模）的五浪模式。结果是到达标示着（5）的顶点。然后，这个浪级更大的五浪模式又被相同浪级的三浪模式所调整，完成一个更大浪级的完整循环。

所有浪级的趋势总是同时运转。有时一个大浪级的第 5 浪中的中浪级的第 5 浪会在这两个浪级同时到达上边界线时结束。

波浪理论的指导方针之一是，一个五浪序列中的两个驱动浪在时间和幅度上趋向等同。如果一个驱动浪是延长浪，那么另外两个驱动浪通常就出现这种情况，而且如果第 3 浪是延长浪，这就尤为明显。

> 做一个在水中学习游泳的人
>
> 痴
>
> 象牙塔里吟定理，纸上谈兵演走势。
>
> 念念有词趋势美，手起刀落猎鲸者。
>
> 纸上得来终觉浅，绝知此事要躬行。

[①] 普莱切特，弗罗斯特.艾略特波浪理论：市场行为的关键（珍藏版）[M].陈鑫，译.北京：机械工业出版社，2015.

股事求是

市场先生　图表语言

画说

趋势与数字五浪

事实是无言的芬芳，真理在画说中绽放。

穿着最顶级的鲨鱼皮游泳衣，天天岸上练，从来不湿脚。

你还在岸上学游泳吗？请跳下水吧！

涉浅水者见鱼虾，涉深水者见蛟龙。

矮人看戏何曾见，都是随人说短长。

掀起你的盖头来，让我看看美呀美。

趋势——真的好想你，在哪里能见到你？

相关内容见图 7-2 和图 7-3。

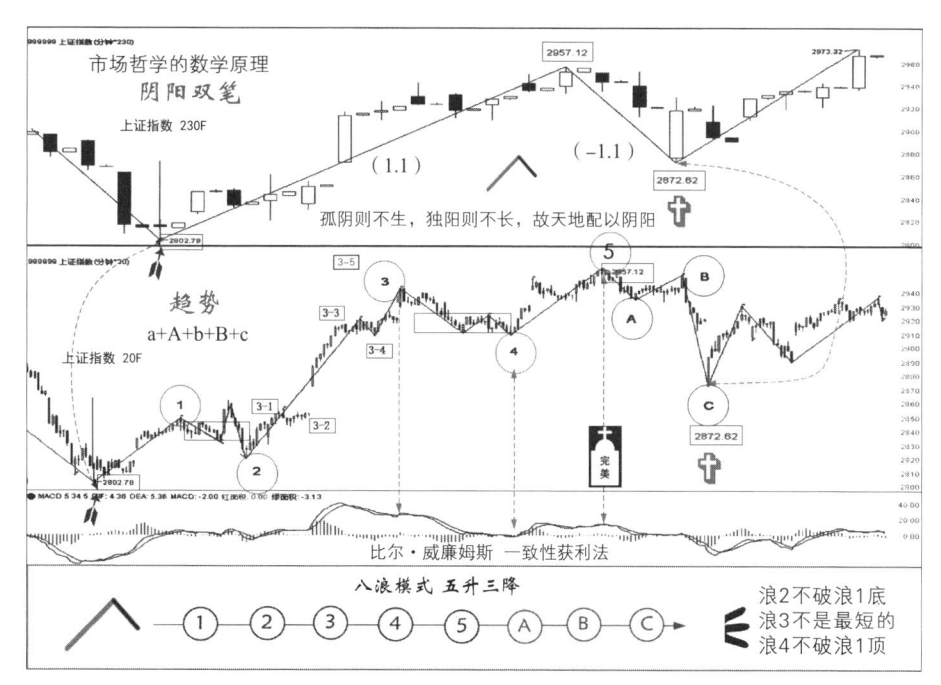

图 7-2　上证指数 230F、20F（2020 年 5 月 25 日）

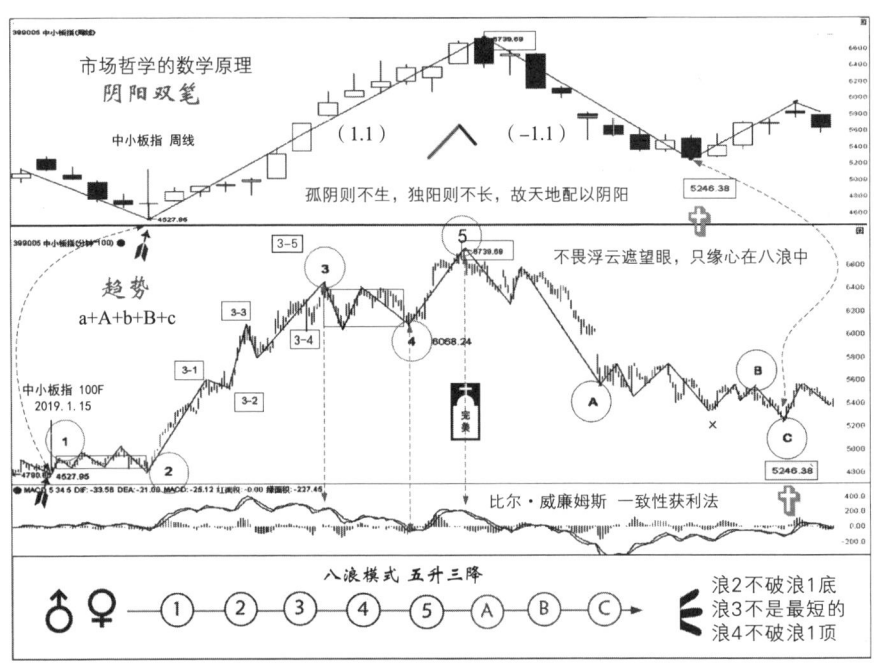

图 7-3 中小板指周线、100F（2019 年 1 月 15 日）

缠中说禅趋势与艾略特数字五浪

相关内容见图 7-4 至图 7-7。

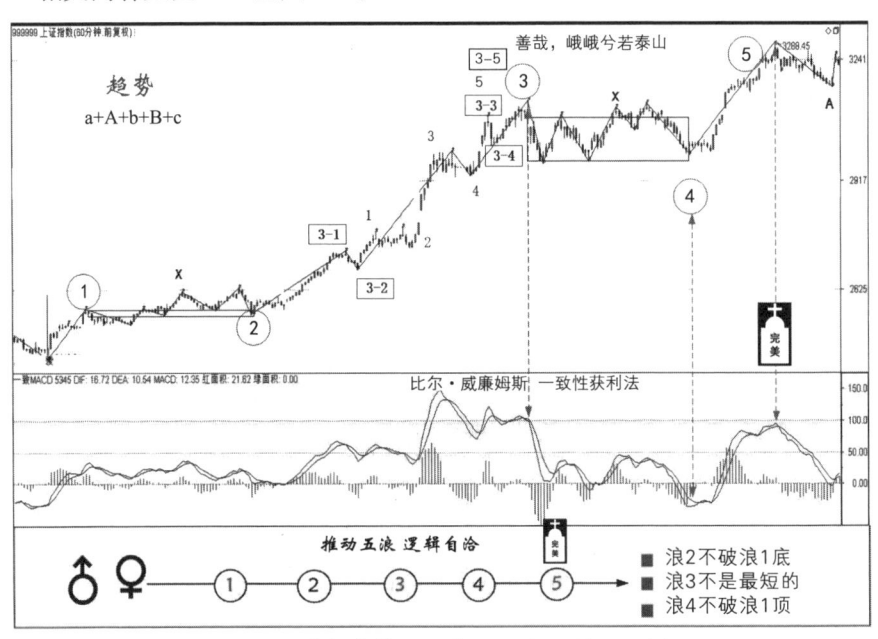

图 7-4 上证指数 60F（2019 年 2 月 14 日）

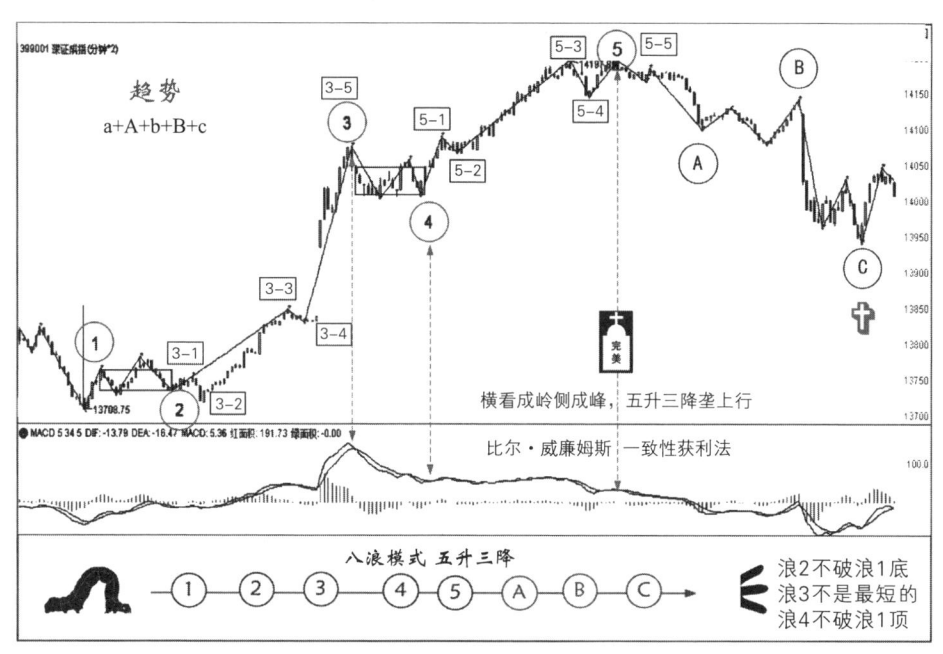

图 7-5　深证成指 2F（2020 年 11 月 6 日）

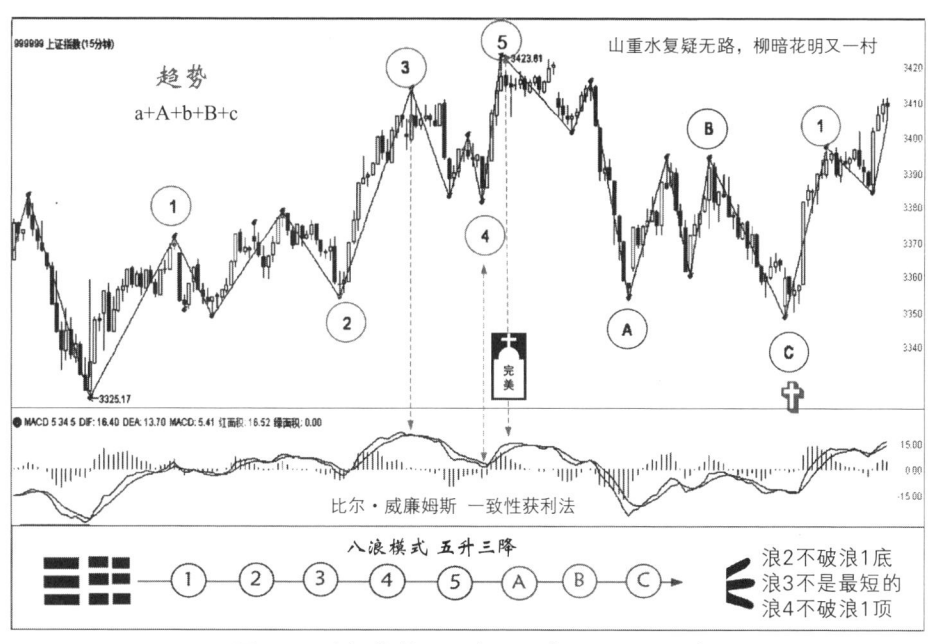

图 7-6　上证指数 15F（2020 年 12 月 11 日）

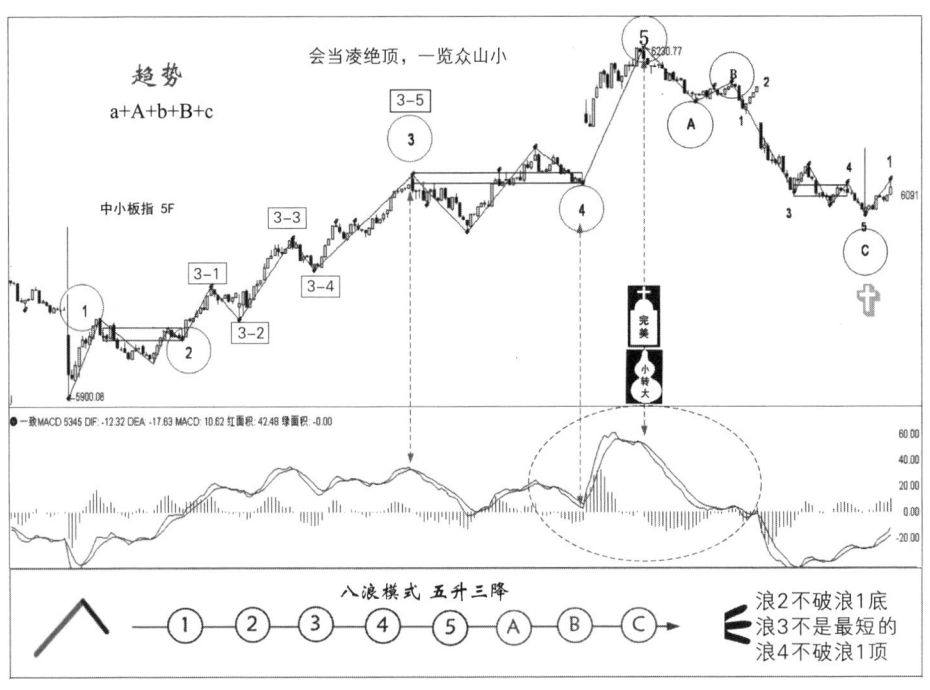

图 7-7　中小板指 5F（2019 年 10 月 10 日）

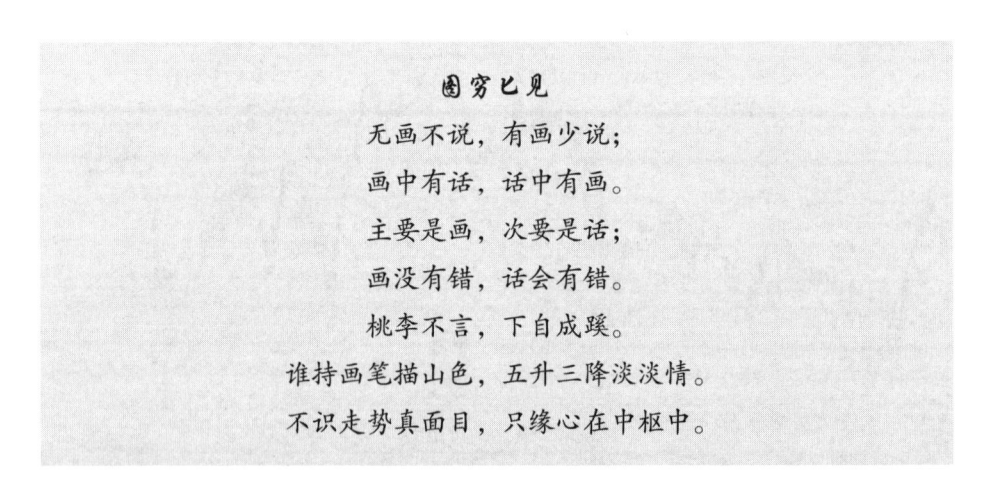

图穷匕见

无画不说，有画少说；

画中有话，话中有画。

主要是画，次要是话；

画没有错，话会有错。

桃李不言，下自成蹊。

谁持画笔描山色，五升三降淡淡情。

不识走势真面目，只缘心在中枢中。

泰山北斗大家说

◆ 凡事追本求源，人最终只能依赖自己。

——歌德

◆ 知识是宝库，但开启这个宝库的钥匙是实践。

——英托·富勒

◆ 一个人想做点事业，非得走自我的路，要开创新路子，最关键的是你会不会自我提出问题，能正确地提出问题就是迈开了创新的第一步。

——李政道

◆ 人与人之间的区别，主要是脖子以上的区别，即大脑决定一切。

——比尔·盖茨

◆ 世界上的一切事物，都是在运动和变化当中的，但是在事物的这种运动和变化中，事物的某些性质可能有相对的稳定性，在事物变化的时候它的某些性质不变，这就是变中有不变。

——陈省身

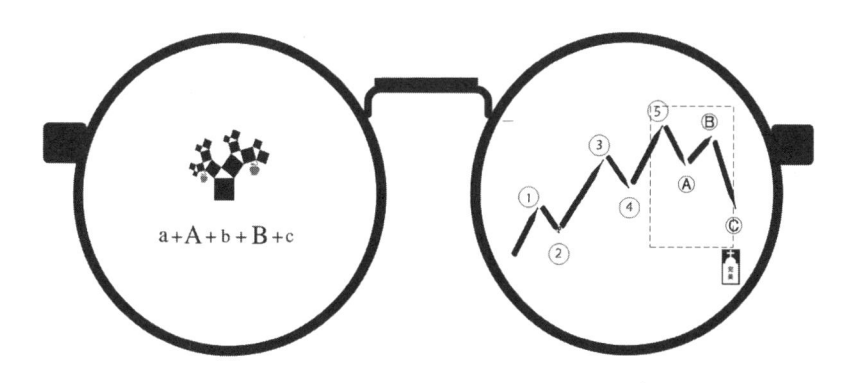

趋势与字母三浪

缠中说禅话说：趋势[1]

上涨：最近一个高点比前一个高点高，且最近一个低点比前一个低点高。
下跌：最近一个高点比前一个高点低，且最近一个低点比前一个低点低。
趋势在图形上最终都要完成。

艾略特话说：字母三浪[2]

来自更大趋势的阻力似乎要防止调整浪发展成完整的驱动浪结构。调整

---

[1] 缠中说禅.教你炒股票［M］.北京：科学技术文献出版社，2013.
[2] 普莱切特，弗罗斯特.艾略特波浪理论：市场行为的关键（珍藏版）［M］.陈鑫，译.北京：机械工业出版社，2015.

浪的变体比驱动浪的多，其在展开时，常常会以复杂形态上升或下降，所以技术上同一浪级的子浪，会因其复杂性和时间跨度，显得似乎是其他浪级的。调整浪时常要到完全形成过后才能被归入各种可识别的模式中。调整浪的终点比驱动浪的终点难预测。

A浪——在熊市的A浪期间，投资界一般确信其只是下一波上升行情前的退却。

B浪——B浪是赝品。它们通常只集中于少数股票，常常没有被其他平均指数"印证"，技术上也极少是强势，而且注定要被浪C完全回撤。

C浪——下跌C浪的摧毁性极强。在A浪和B浪中持有的种种幻想往往灰飞烟灭，因而恐惧控制了一切。

做一个在水中学习游泳的人

凝

不证自明几何学，公式定理一摞摞。
趋势背驰终完美，钢铁战士零向量。
纸上得来终觉浅，绝知此事要躬行。

股事求是

市场先生　图表语言

画说
趋势与字母三浪

事实是无言的芬芳，真理在画说中绽放。
穿着最顶级的鲨鱼皮游泳衣，天天岸上练，从来不湿脚。
你还在岸上学游泳吗？请跳下水吧！
涉浅水者见鱼虾，涉深水者见蛟龙。
矮人看戏何曾见，都是随人说短长。
掀起你的盖头来，让我看看趋势美。

趋势——真的好想你，在哪里能见到你？

相关内容见图7-8和图7-9。

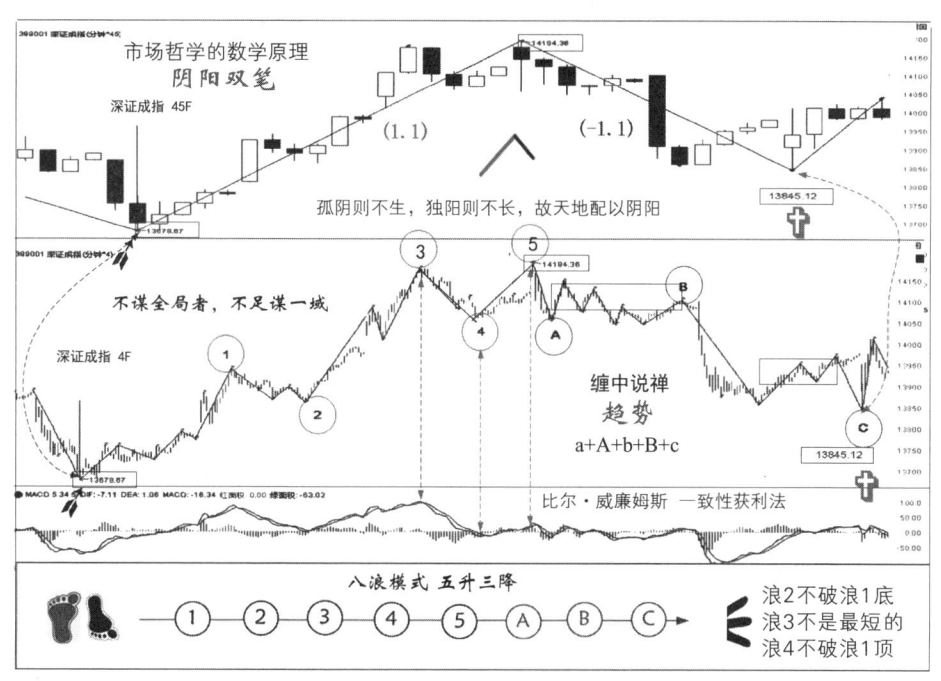

图 7-8　深证成指 45F、4F（2021 年 3 月 31 日）

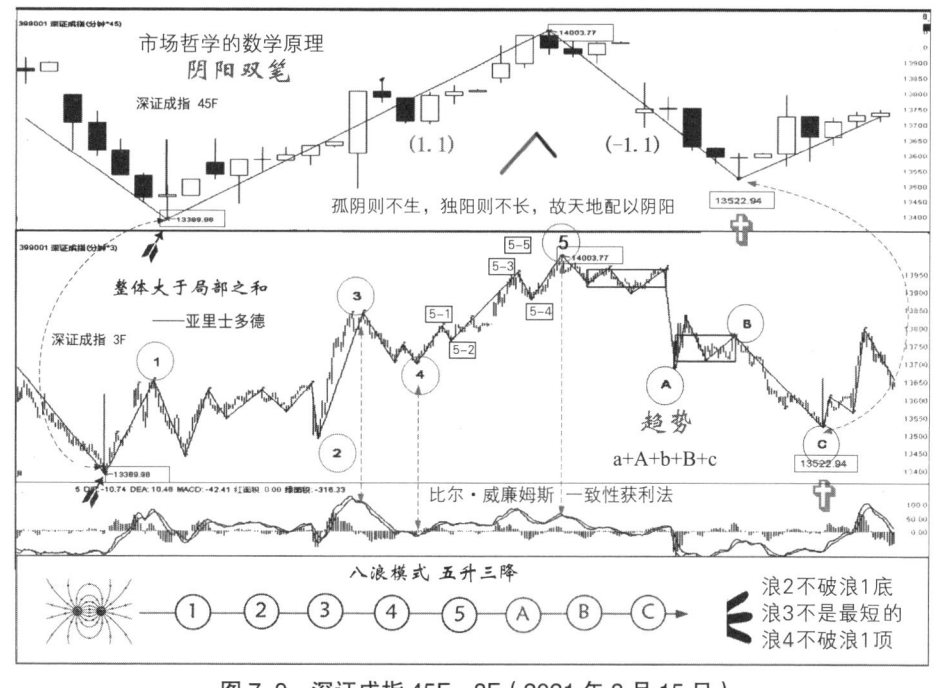

图 7-9　深证成指 45F、3F（2021 年 3 月 15 日）

缠中说禅趋势与艾略特字母三浪

相关内容见图 7-10 至图 7-13。

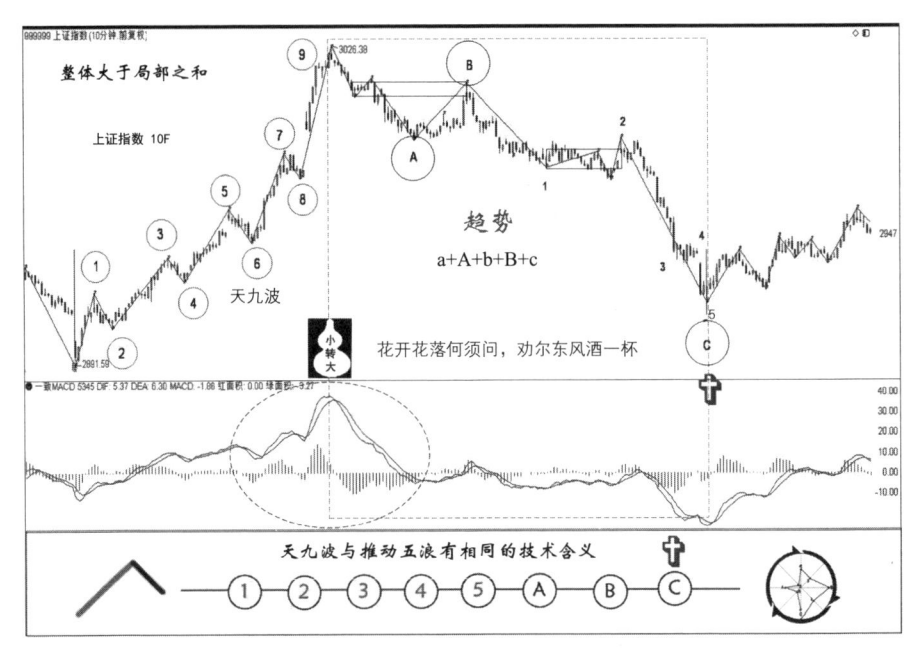

图 7-10　上证指数 10F（2019 年 10 月 10 日）

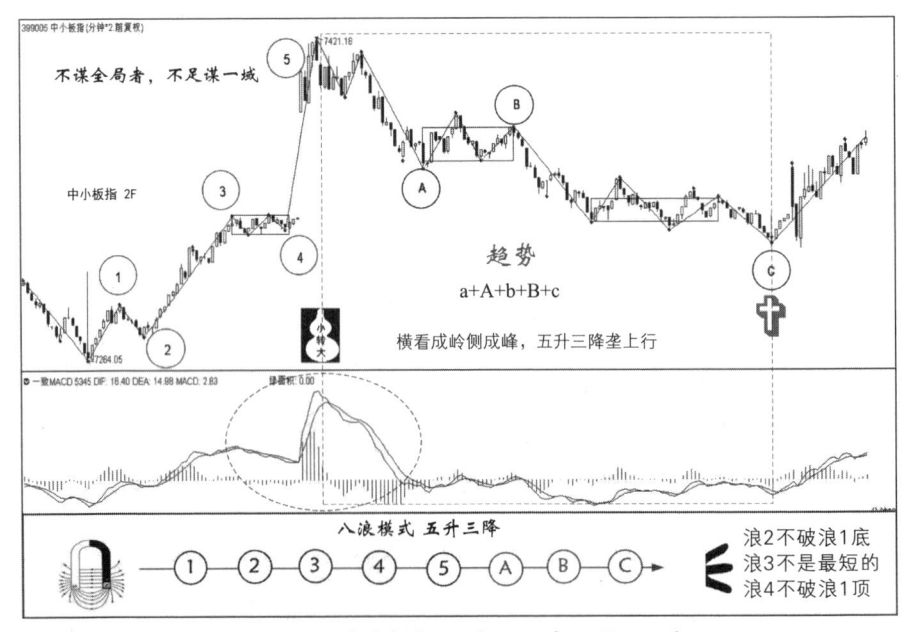

图 7-11　中小板指 2F（2020 年 6 月 5 日）

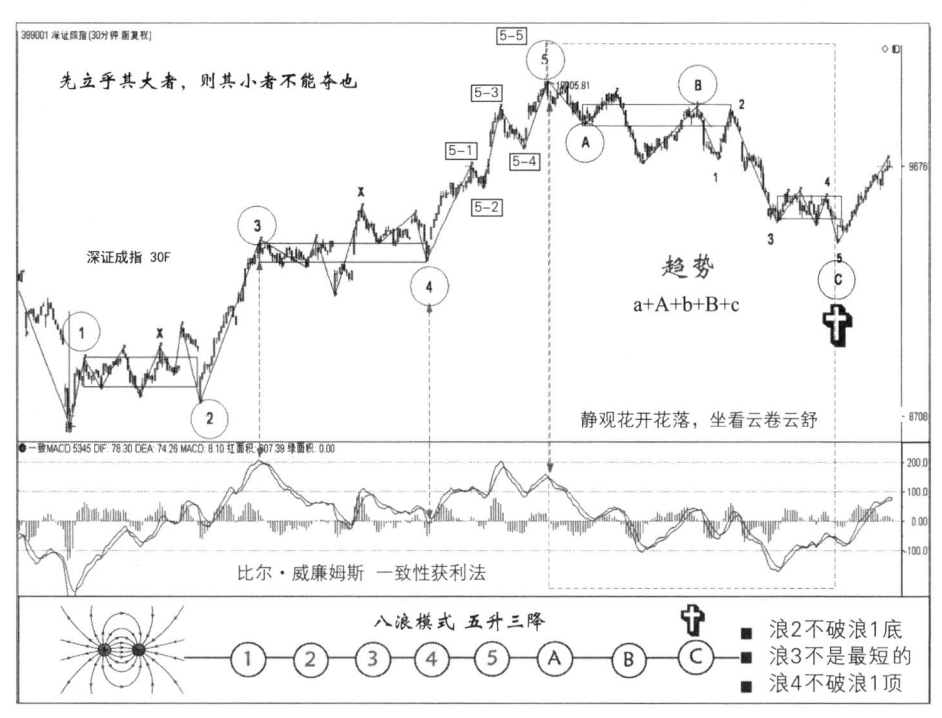

图 7-12　深证成指 30F（2019 年 8 月 6 日）

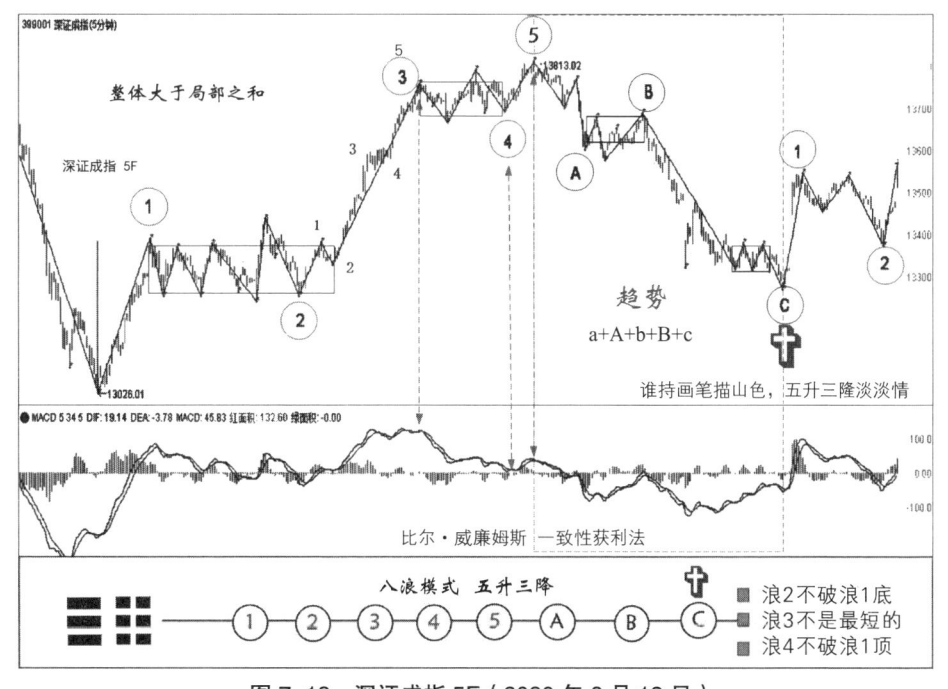

图 7-13　深证成指 5F（2020 年 8 月 12 日）

> **图穷匕见**
>
> 无画不说，有画少说；
>
> 画中有话，话中有画。
>
> 主要是画，次要是话；
>
> 画没有错，话会有错。
>
> 智者察同，愚者察异。
>
> 苹果不言，下自成蹊。
>
> 春风得意马蹄疾，一日看嗨趋势美。
>
> 不畏浮云遮望眼，只缘心在八浪中。

泰山北斗大家说

◆ 最不自然的东西也是自然。

——歌德

◆ 人的一生应该像压路机一样，每走一步都能留下深深的脚印。

——牛顿

◆ 没有风暴，船帆不过是一块破布。

——雨果

◆ 美与真是一回事，这就是说美本身必须是真的。

——黑格尔

◆ 在田地里，在实验室中，一次次地往返试验，才终于让梦想照进了现实。

——袁隆平

第 8 章 转折与八浪

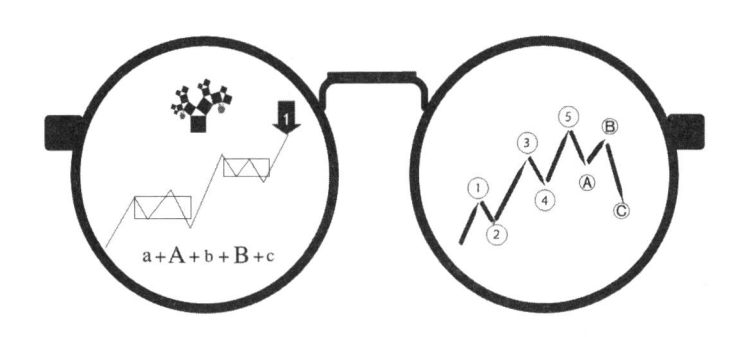

转折与八浪的相关分析

缠中说禅话说：转折的力度与级别[1]

围绕某级别中枢的震荡、延续中，不存在转折的问题，除非站在次级别走势图中，才对其进行探讨。对于上涨的转折，有两种情况：下跌与盘整；对于下跌的转折，也有两种情况：上涨与盘整。转折是有级别的，关于转折与背驰的关系，有以下定理：

背驰—转折定理：某级别趋势的背驰将导致该趋势最后一个中枢的级别扩展、该级别更大级别的盘整或该级别以上级别的反趋势。

该定理的证明有点抽象，估计大多数人没兴趣，那就用一个例子来说明，也大致知道证明的轮廓，更重要的是，这可以使各位对走势的形成有一个更深刻的认识。例如，一个5分钟背驰段的下跌，最终通过1分钟以及1分钟以下级别的精确定位，最终可以找到背驰的精确点，其后就发生反弹。注意，反弹只是一般的术语，在本 ID 的理论中，对该反弹有一个明确的界定，就是

---

[1] 缠中说禅.教你炒股票［M］.北京：科学技术文献出版社，2013.

包括三种情况：第一，该趋势最后一个中枢的级别扩展；第二，该级别更大级别的盘整；第三，该级别以上级别的反趋势。

艾略特话说：波浪理论①

在你获得了一种艾略特"触觉"后，它就会伴你终生，这就像小孩子学会了骑车以后永远不会忘记一样。此后，抓住转机变成了一种颇为平常的经历，而且真的不太难。此外，对于你在市场前进中的位置，艾略特波浪理论通过给你自信的感觉，使你对价格运动震荡本性做好心理上的准备，并使你避免再犯下普遍的分析失误，也就是永远线性地将今天的趋势预测至未来。最重要的是，波浪理论常常可以事先指出下一个市场前进或倒退阶段的相对规模。

没有艾略特波浪理论，市场活动的可能性看起来就会无穷无尽。艾略特波浪理论非常具体的规则把有效的替代方案减至最少。首选数浪是满足最多数量的波浪指导方针的那一种。

精确定位一个转折点是一件困难的事情，但波浪理论是唯一能够时常提供这种机会这样做的手段。

波浪理论是唯一一种提供了预测指导方针的分析方法。这些指导方针中有许多都很具体，让你时常可以得出精确的结果。如果实际的市场是模式化的，而且这些模式有可识别的几何形状，那么即使不考虑允许出现的变体，某种价格和时间关系也很可能会重演。实际上，经验表明它们的确重演。

在很多时候，波浪理论识别甚至预期各种方向变化的准确性几乎让人难以置信。人类群体活动的许多方面证明了波浪理论的正确性，但它在股市中的应用最流行。不管怎样，相比人的状况，股市确实比它展现在普通观察者面前的，甚至那些依靠股市谋生的人面前的意味深长得多。

---

① 普莱切特，弗罗斯特.艾略特波浪理论：市场行为的关键（珍藏版）[M].陈鑫，译.北京：机械工业出版社，2015.

普莱切特的观点[①]

最好的办法是根据浪1的内部结构来计算浪1的终点。

一个浪终结的时候就是另一浪的启动。

与较大级别波浪同向运动的波浪细分为五浪；逆大一级趋势运动的波浪细分为三浪模式或包含几个三浪模式的变体。

我们知道市场以波浪的形式连续不断地展开，并通过形态和比率相互联系在一起的。

只要能识别出当前波浪的形态，就有把握预料接下来会发生什么。

泰山北斗大家说

◆ 士虽有学，而行为本焉。

——墨子

◆ 事物本身是不变的，变的只是人的感觉！

——叔本华

◆ 真理只会越辩越明。

——苏格拉底

◆ 理论只要彻底，就能说服人。

——马克思

◆ 整天住在书斋里，只凭书本上的现成公式来研究科学问题，是一种非常危险的消遣。

——贝弗里奇

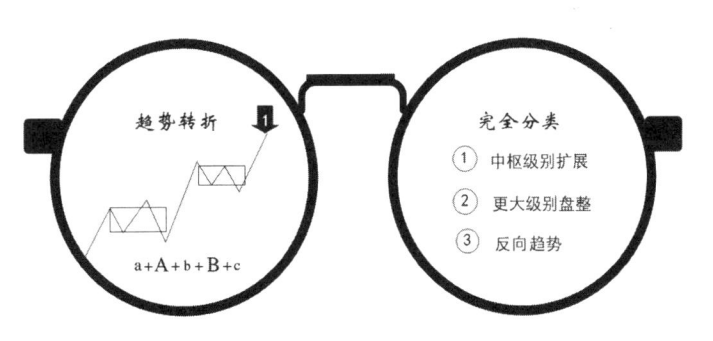

[①] 缠中说禅.教你炒股票［M］.北京：科学技术文献出版社，2013.

背驰—转折定理[1]

某级别趋势的背驰将导致该趋势最后一个中枢的级别扩展、该级别更大级别的盘整或该级别以上级别的反趋势。

> **做一个在水中学习游泳的人**
>
> **疑**
>
> 现代物理动力学，趋势背驰必转折。
> 完全分类一二三，扩展盘整反趋势。
> 纸上得来终觉浅，绝知此事要躬行。
>
> **股事求是**
>
> 市场先生　图表语言
>
> **画说**
>
> **背驰—转折定理**
>
> 事实是无言的芬芳，真理在画说中绽放。
> 穿着最顶级的鲨鱼皮游泳衣，天天岸上练，从来不湿脚。
> 你还在岸上学游泳吗？请跳下水吧！
> 涉浅水者见鱼虾，涉深水者见蛟龙。
> 矮人看戏何曾见，都是随人说短长。
> 掀起你的盖头来，让我看看转折美。

---

[1] 缠中说禅.教你炒股票[M].北京：科学技术文献出版社，2013.

该趋势最后一个中枢的级别扩展

相关内容见图 8-1 和图 8-2。

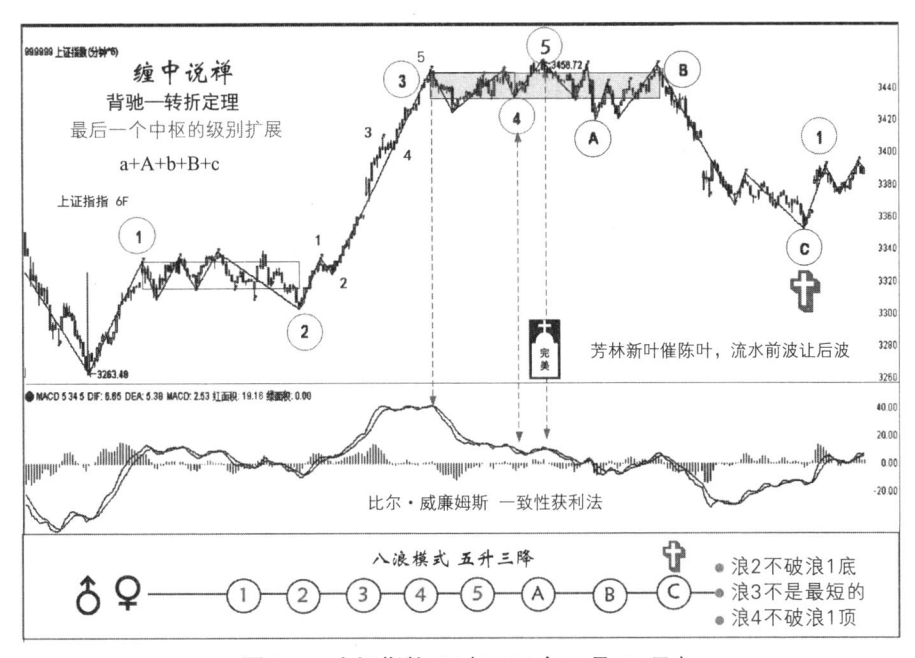

图 8-1　上证指数 6F（2020 年 8 月 12 日）

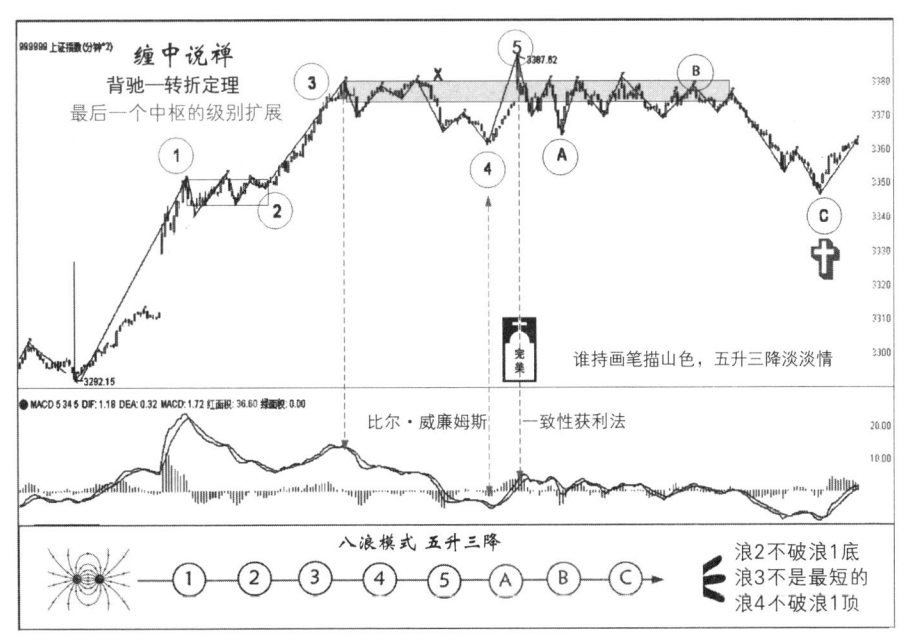

图 8-2　上证指数 2F（2020 年 11 月 6 日）

该级别更大级别的盘整

相关内容见图 8-3 至图 8-4。

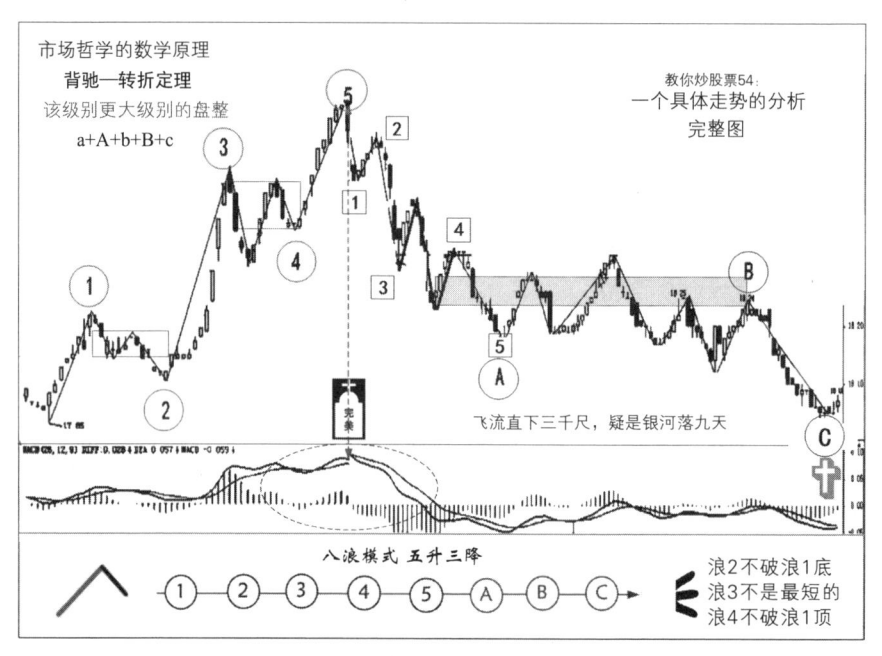

图 8-3　航天机电 1F（2007 年 5 月 18 日）

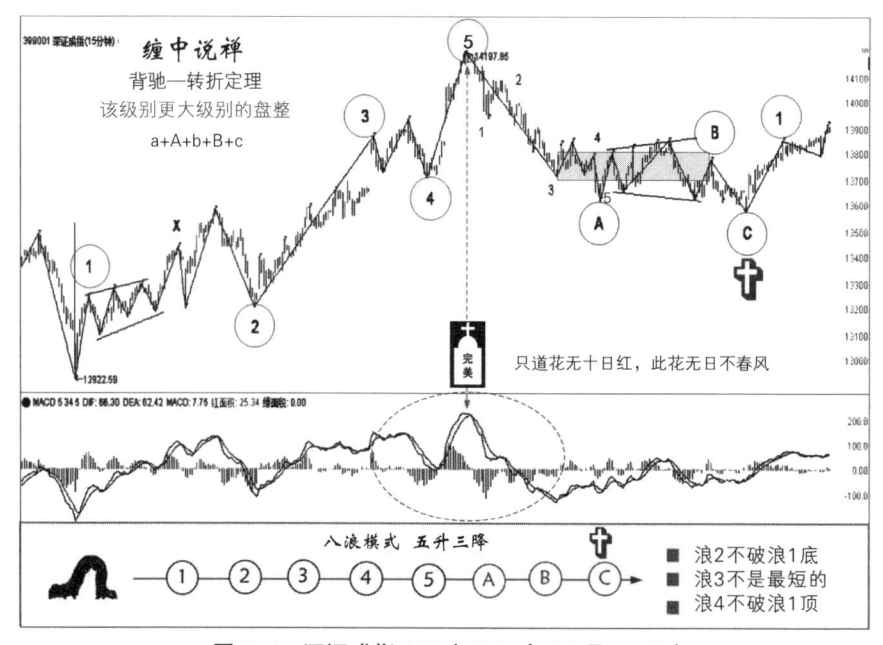

图 8-4　深证成指 15F（2020 年 10 月 26 日）

该级别以上级别的反趋势

相关内容见图 8-5 至图 8-6。

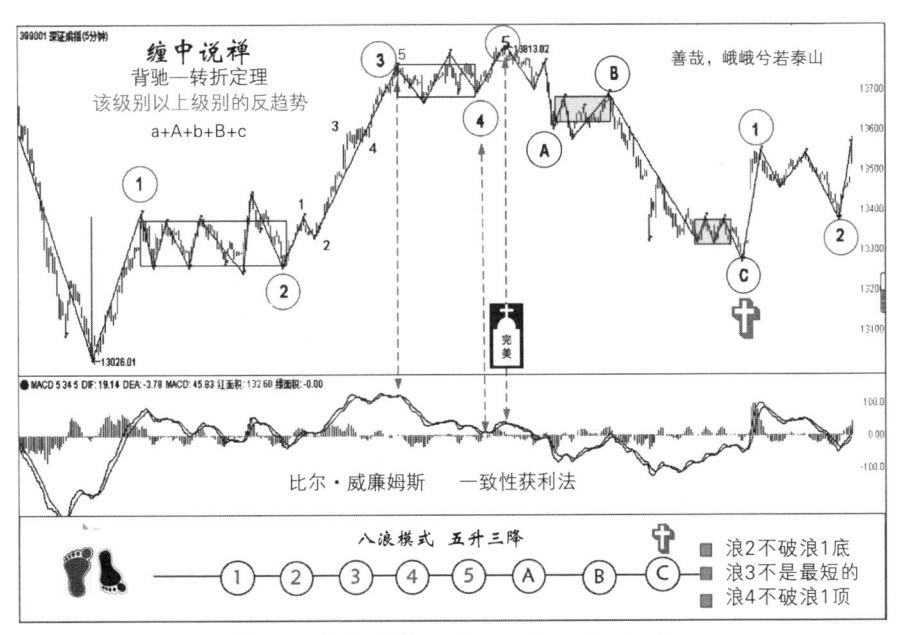

图 8-5 深证成指 5F（2020 年 8 月 12 日）

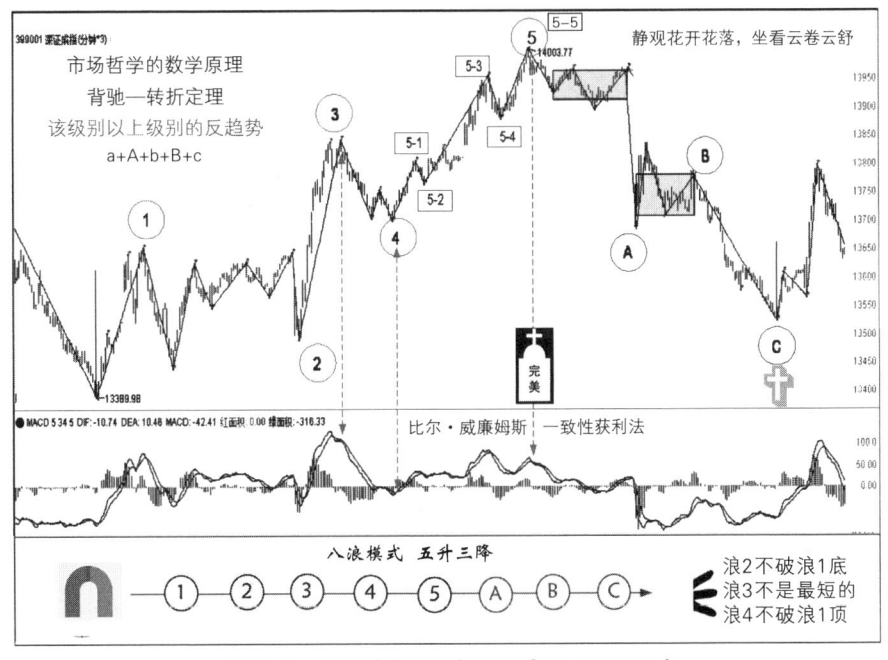

图 8-6 深证成指 3F（2021 年 3 月 15 日）

> **图穷匕见**
>
> 无画不说，有画少说；
>
> 画中有话，话中有画。
>
> 主要是画，次要是话；
>
> 画没有错，话会有错。
>
> 书山有路勤为径，学海无涯苦作舟。
>
> 操千曲而后晓声，观千剑而后识器。

泰山北斗大家说

◆ 实践是理论真假的试金石。

——培根

◆ 数学中的转折点是笛卡儿的变数。有了变数，运动进入了数学，有了变数，辩证法进入了数学。

——恩格斯

◆ 理论所不能解决的那些疑难，实践会给你解决。

——费尔巴哈

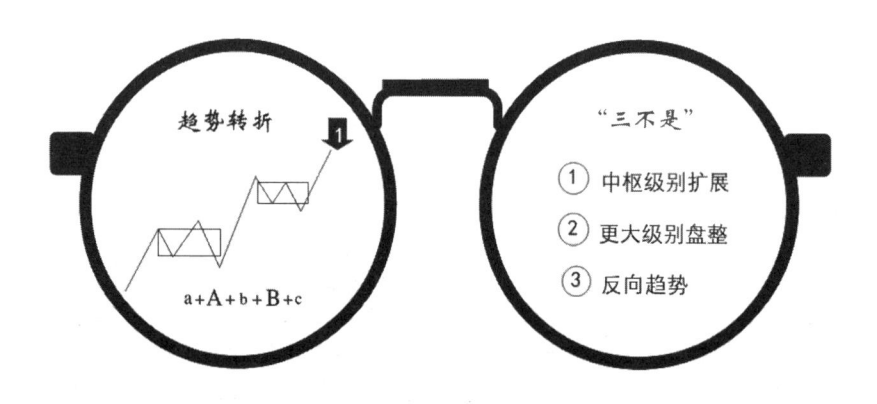

趋势转折
a+A+b+B+c

"三不是"
① 中枢级别扩展
② 更大级别盘整
③ 反向趋势

定理补丁"三不是"

缠中说禅定理补丁狗尾续貂[①]

缠中说禅背驰—转折定理：某级别趋势的背驰将导致以下结果：
（1）该趋势最后一个中枢的级别扩展；
（2）该级别更大级别的盘整；
（3）该级别以上级别的反趋势。

股事求是

我发现在实际走势图中，有许多的的确确符合缠中说禅背驰—转折定理的前提条件，而且是教科书式的趋势走势类型：a+A+b+B+c，其中 A 与 B 级别相等，趋势背驰后真是规规矩矩、一丝不苟地实现了走势终完美。从而，用铁一般的事实，有力地证明了缠中说禅背驰—转折定理的客观性、有效性、可信性。

不过，在庆幸之余还应该看到，在实际走势中也有许多的走势图出现了怪异乱象。有一些标准的趋势走势 a+A+b+B+c，当出现了趋势背驰时，其随后的走势并不像背驰—转折定理所描述的那样循规蹈矩：该趋势最后一个中枢的级别扩展，既不是该级别更大级别的盘整，也不是该级别以上级别的反趋势。

遇到这种情况时，刻舟求剑、死搬硬套毫无结果。

下面我将为背驰—转折定理打上一个小小"补丁"，把那些不按定理规定出牌的走势，即"三不是"的走势形态，作为反面教材展示出来，权当狗尾续貂。这也只是在缠中说禅原来完全分类的基础上又增加了一个小小条件，让读者在使用背驰—转折定理时，不至于"一根筋"。

> 做一个在水中学习游泳的人
>
> 慢
>
> 不证自明几何学，趋势转折三分法。

[①] 缠中说禅.教你炒股票［M］.北京：科学技术文献出版社，2013.

> 以偏概全不完全，狗尾续貂补补丁。
> 纸上得来终觉浅，绝知此事要躬行。
>
> **股事求是**
> 市场先生　图表语言
>
> **画说**
> **定理补丁"三不是"**
> 事实是无言的芬芳，真理在画说中绽放。
> 穿着最顶级的鲨鱼皮游泳衣，天天岸上练，从来不湿脚。
> 你还在岸上学游泳吗？请跳下水吧！
> 涉浅水者见鱼虾，涉深水者见蛟龙。
> 矮人看戏何曾见，都是随人说短长。
> 掀起你的盖头来，让我看看美人斑。

相关内容见图 8-7 至图 8-12。

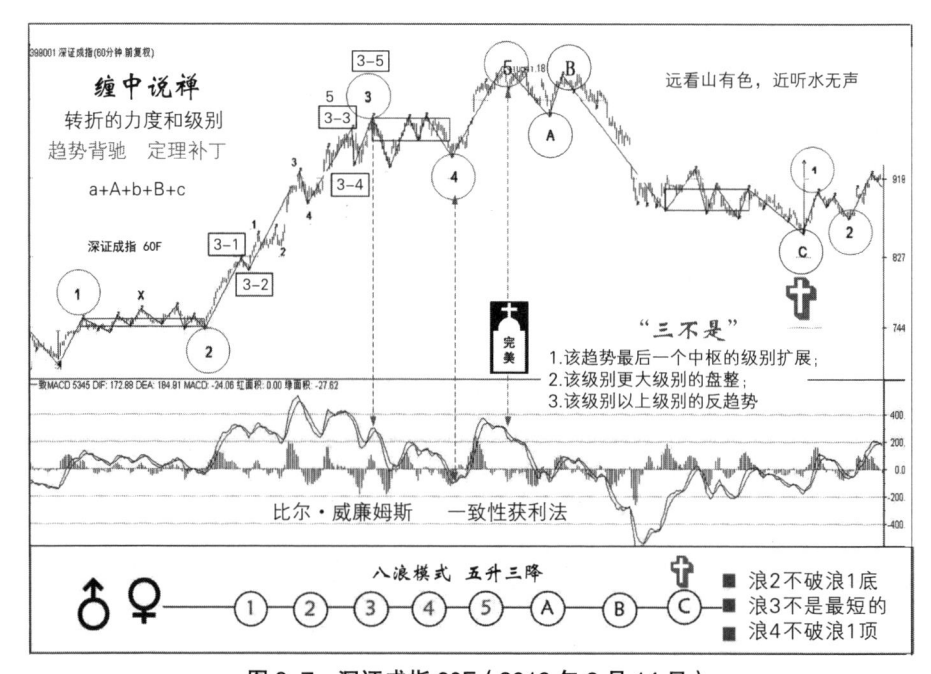

图 8-7　深证成指 60F（2019 年 2 月 14 日）

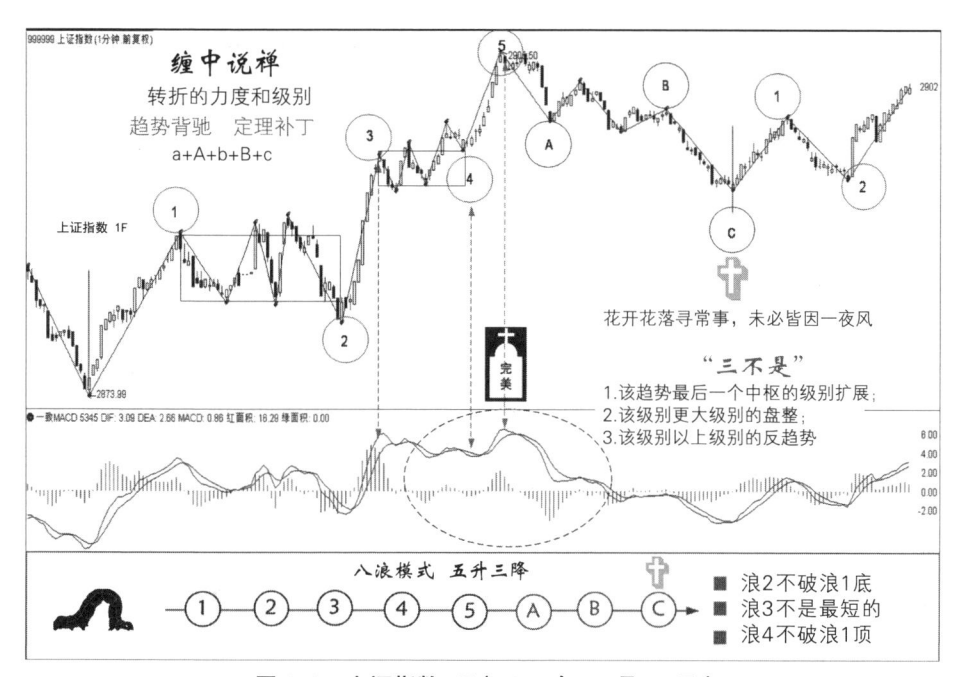

图 8-8　上证指数 1F（2019 年 11 月 22 日）

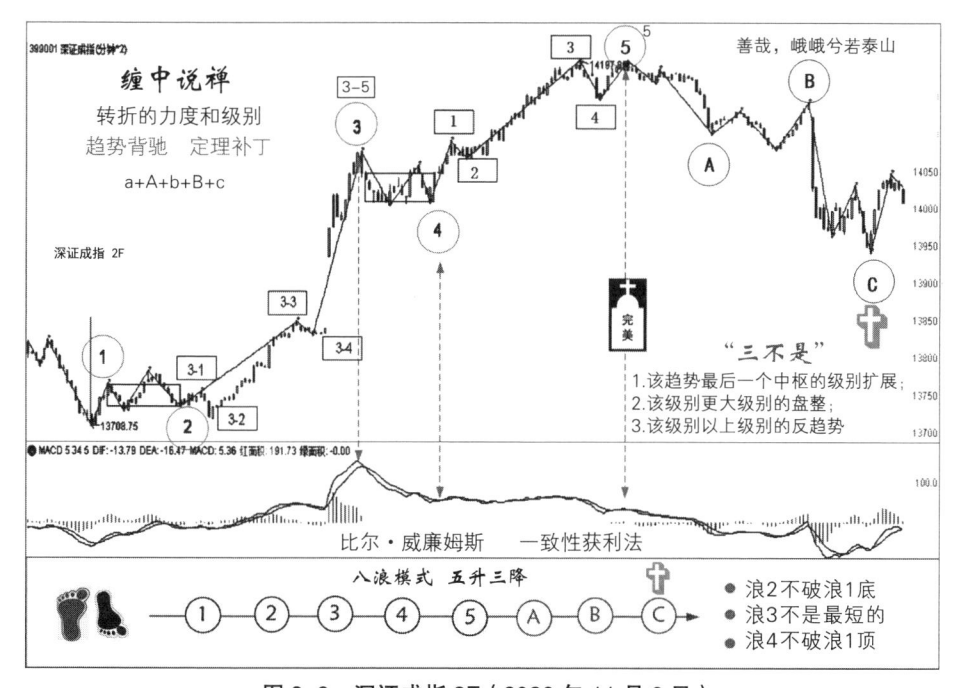

图 8-9　深证成指 2F（2020 年 11 月 6 日）

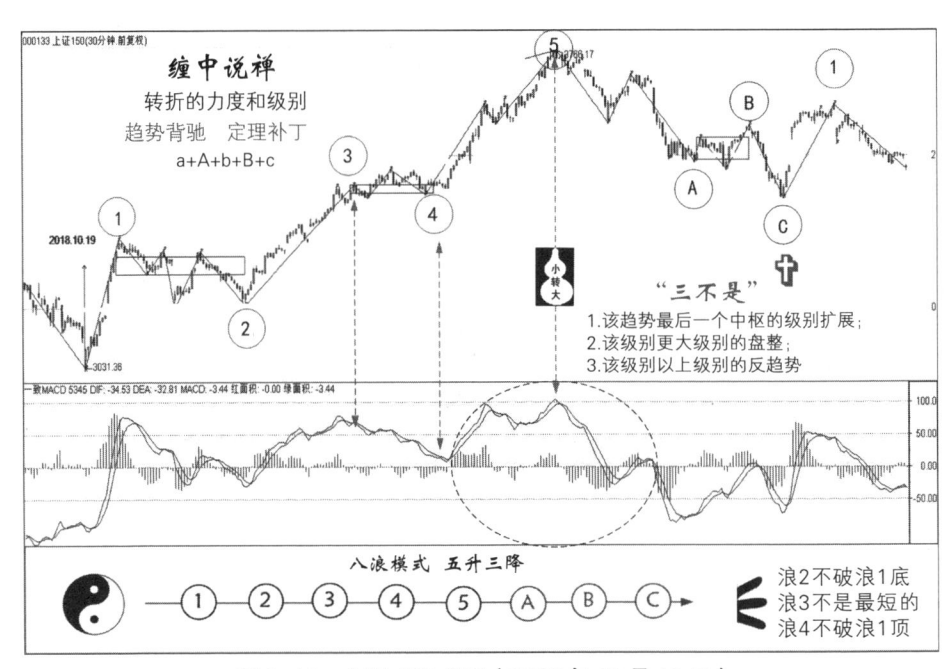

图 8-10　上证 150 30F（2018 年 10 月 19 日）

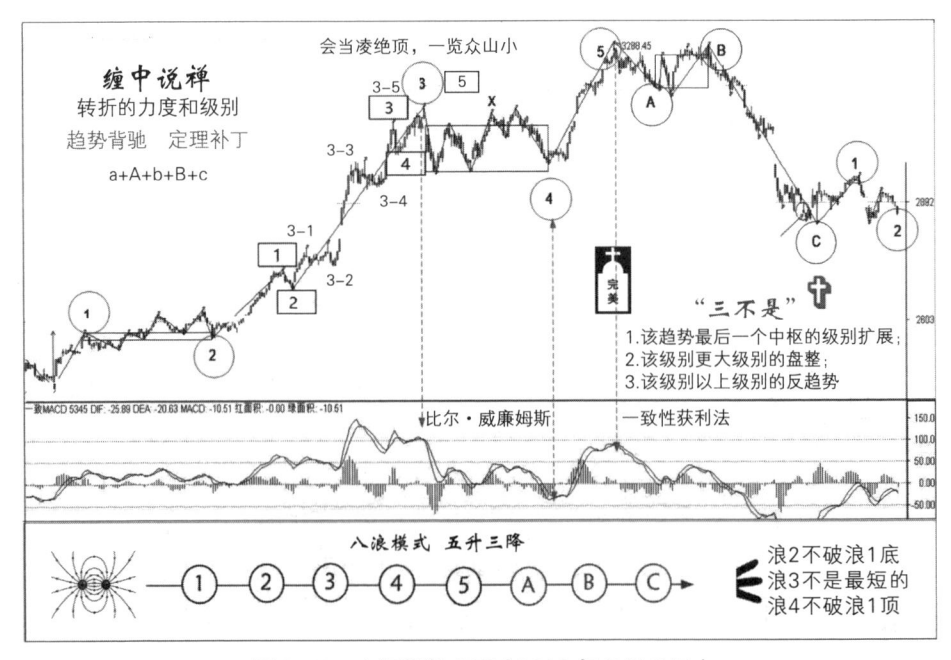

图 8-11　上证指数 60F（2019 年 5 月 9 日）

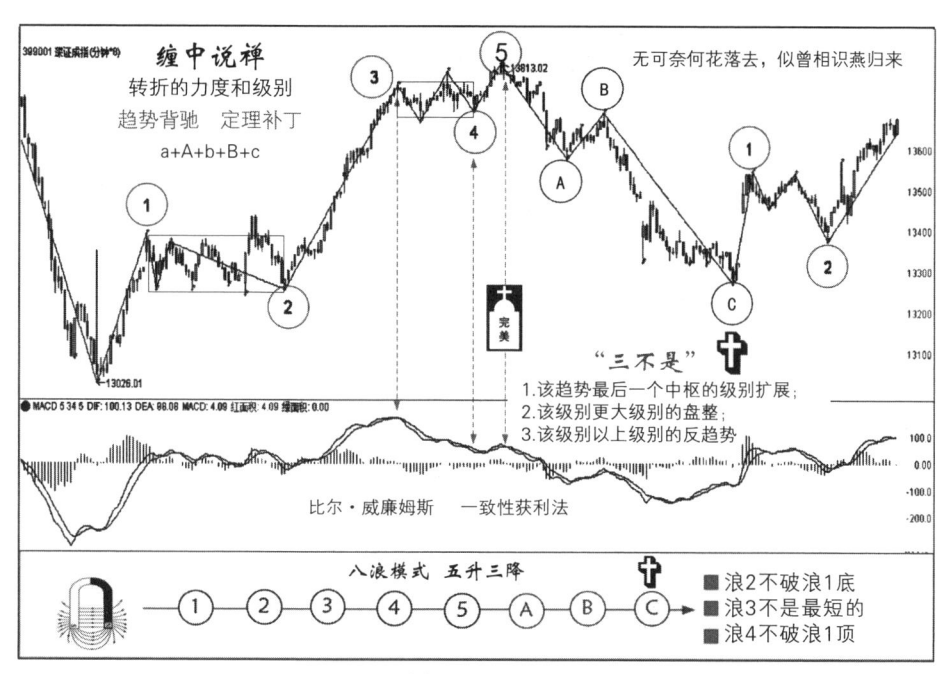

图 8-12　深证成指 8F（2020 年 8 月 12 日）

图穷匕见

无画不说，有画少说；

画中有话，话中有画。

主要是画，次要是话；

画没有错，话会有错。

谁知盘中餐，粒粒皆辛苦。

春风得意马蹄疾，一日看尽小补丁。

泰山北斗大家说

◆ 无论从哪方面学习都不如从自己所犯错误的后果中学习来得快。

——恩格斯

◆ 实验可以推翻理论，而理论永远无法推翻实验。

——丁肇中

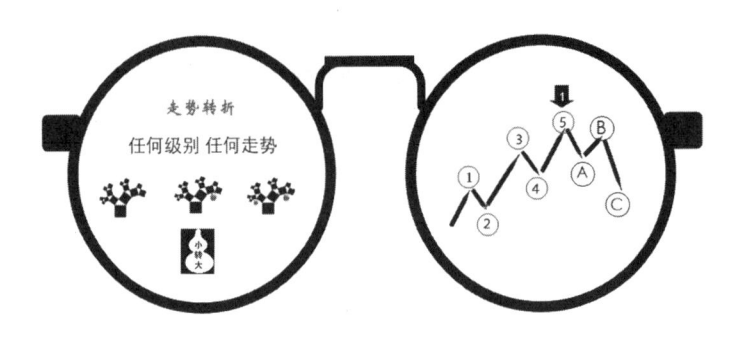

走势转折　统一法则

在缠中说禅教你炒股票第 29 课中，转折的力度与级别虽然说是几何学的范畴，却没有配上任何一张实际走势几何图。俗话说：夫耳闻之，不如目见之；目见之，不如足践之。有图才有真相，一图胜过千言万语。为了使读者理解背驰—转折定理的实质，前面章节中，使用多张实际走势图诠释了缠中说禅背驰—转折定理的要义。

正如缠中说禅所说：其理论的基础部分，在人类历史上第一次把交易市场建筑在严密的公理化体系上，就是要把市场的本来面目还原。

缠中说禅，能够发现如此重要的市场走势定理真是不简单！足以显示出其知识渊博，才高八斗，洞察秋毫。不过，背驰—转折定理中似乎还有一些细节需要进一步商榷。

必须明确指出，背驰—转折定理虽然十分重要，但它只适用一种，且仅仅是一种走势类型，即标准的趋势走势类型的情况，具体来说就是 a+A+b+B+c，并且 A=B，还有不能出现"小转大"的情况。

朋友！你说现实中的走势类型，只有一种标准的、典型的趋势走势类型吗？当然，回答是否定的。

缠中说禅如是说："如果市场都是标准的 a+A+b+B+c，A、B 的中枢级别一样，那这市场也太标准、太不好玩了。"

物之不齐，物之情也。现实走势千变万化，难以捉摸。经典的、标准的、中规中矩的趋势走势类型只是九牛一毛。即使你把背驰—转折定理背诵得滚瓜烂熟、如数家珍，在实际应用中也还是寸步难行，四面楚歌，怎么讲？因为东西南北，四面八方都是墙。

更让人费解的是，标准的趋势走势类型背驰转折后，却又出现了定理中包括不了的"三不是"走势形态,不得不修修补补,弄得一个好端端的背驰—转折定理不伦不类,百孔千疮,不成体统。

倘若一条十分重要的数学定理,没有经过严格的数学推理证明,定理的前提条件涵盖面狭小,定理的结论十分复杂,也不全面,你说这样的定理有实用的价值吗?

任何级别的任何走势,转折之后将统一为调整浪ABC。这就是"走势转折统一法则",简称ABC法则。

这一法则适应于趋势背驰、盘整背驰、小转大和没有中枢的线段类走势等。天网恢恢,疏而不漏。所有情况,将被一网打尽。

任何级别的任何走势类型:

(1)线段类走势(无中枢);

(2)盘整走势类型(盘整背驰);

(3)盘整走势类型(小转大);

(4)趋势走势类型(趋势背驰,A=B 或 A≠B);

(5)趋势走势类型(小转大);

(6)其他走势类型。

包括上述各种类型所有的走势,转折后只有一种结果,即转折之后是调整浪ABC。

走势林林总总,千姿百态,五花八门,转折之后归根结底一句话——调整浪ABC。

股事求是

市场先生　图表语言

画说

走势转折统一法则ABC

事实是无言的芬芳,真理在画说中绽放。

穿着最顶级的鲨鱼皮游泳衣,天天岸上练,从来不湿脚。

你还在岸上学游泳吗?请跳下水吧!

涉浅水者见鱼虾,涉深水者见蛟龙。

矮人看戏何曾见,都是随人说短长。

掀起你的盖头来,让我看看西施美。

相关内容见图 8-13 至图 8-18。

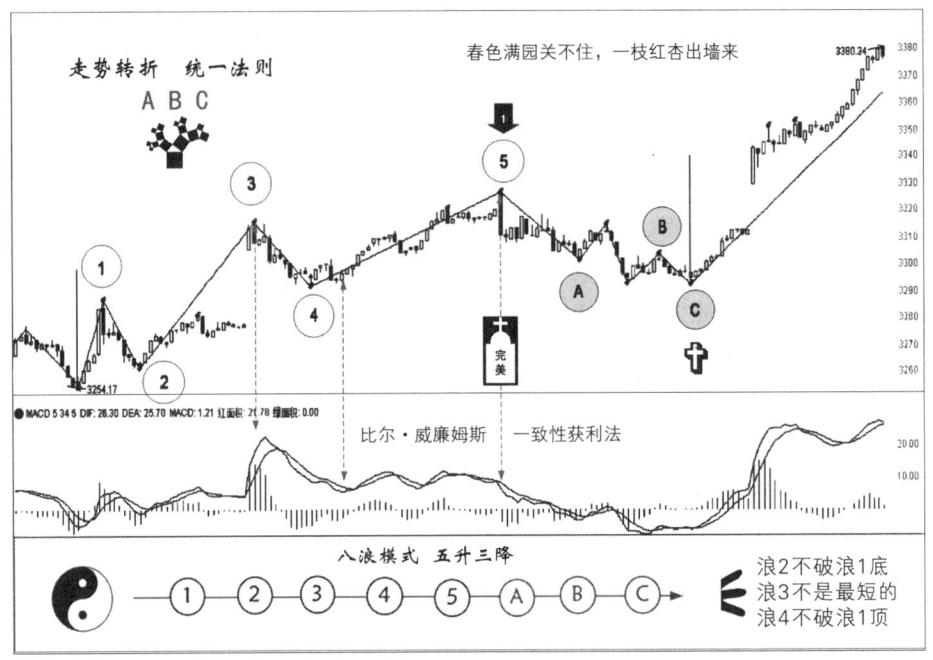

图 8-13　上证指数 5F（2020 年 11 月 4 日）

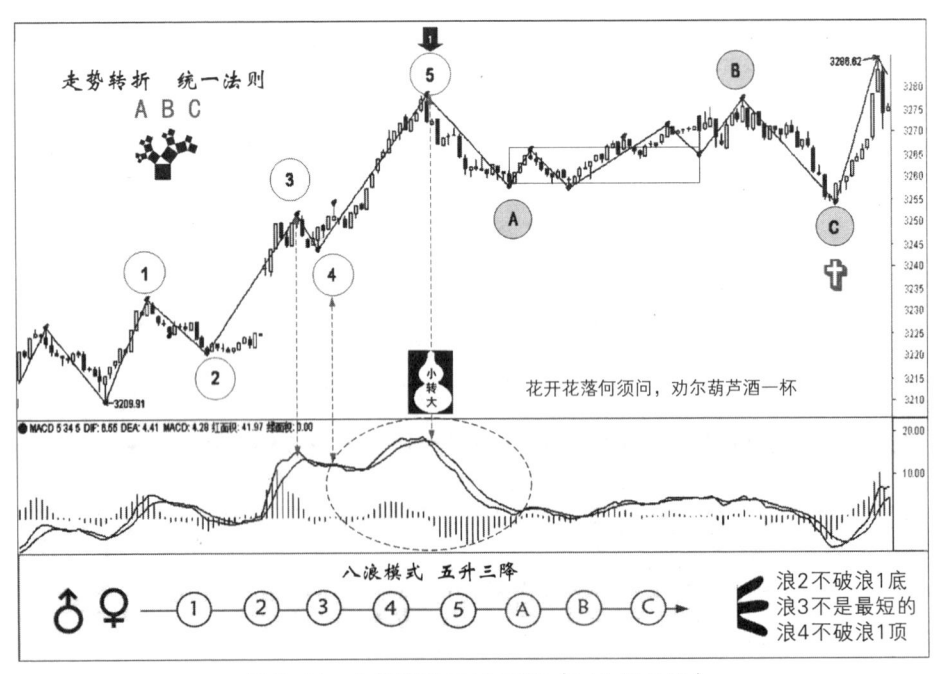

图 8-14　上证指数 3F（2020 年 11 月 2 日）

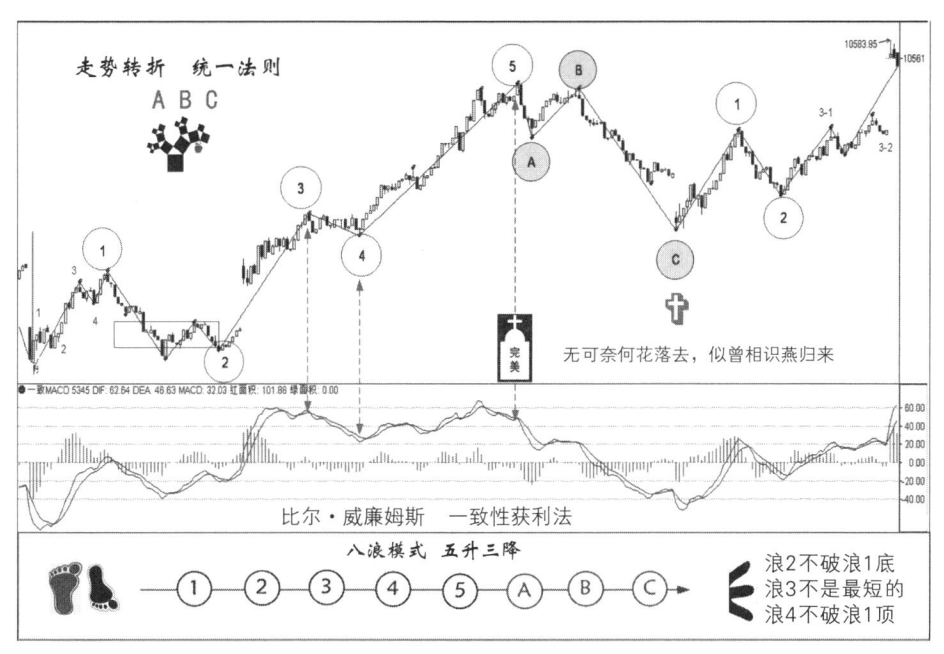

图 8-15　深证成指 4F（2020 年 4 月 13 日）

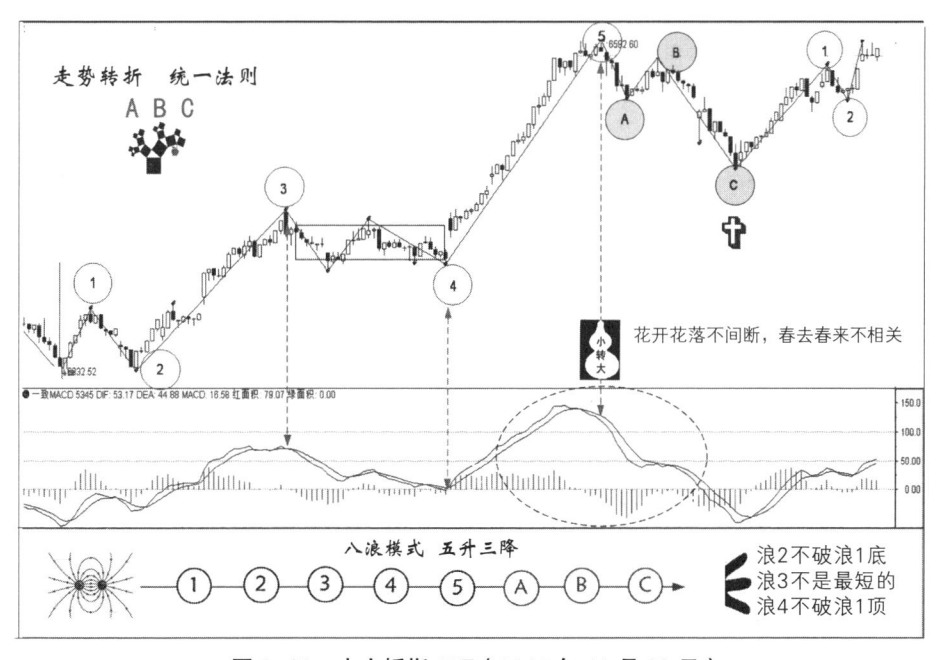

图 8-16　中小板指 30F（2019 年 11 月 29 日）

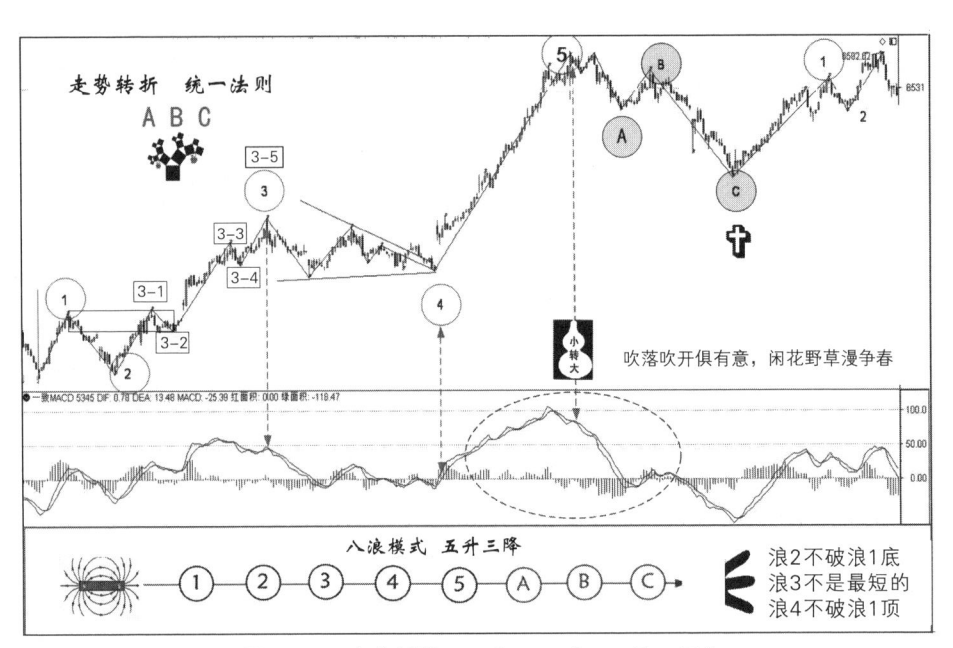

图 8-17　中小板指 15F（2019 年 12 月 2 日）

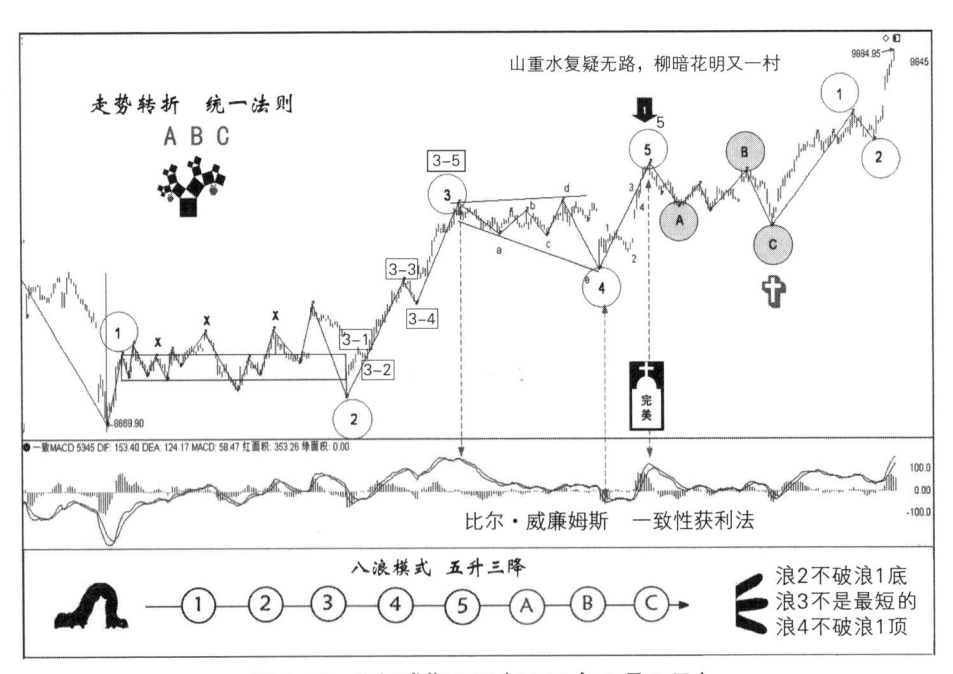

图 8-18　深证成指 15F（2019 年 8 月 8 日）

图穷匕见

无画不说，有画少说；

画中有话，话中有画。

主要是画，次要是话；

画没有错，话会有错。

不识走势真面目，只缘心在中枢中。

不畏浮云遮望眼，只缘心在八浪中。

劝诫

墙上芦苇，头重脚轻根底浅；

山间竹笋，嘴尖皮厚腹中空。

泰山北斗大家说

◆ 如果人们想要认识真理，就必须具备一个自由的头脑。

——哥白尼

◆ 没有独立思考的人，读书再多也只是两脚书橱。

——叔本华

◆ 我们不能人云亦云，这不是科学精神，科学精神最重要的就是创新。

——钱学森

◆ 灭六国者六国也，非秦也；族秦者秦也，非天下也。

——杜牧

第 9 章　小转大与八浪

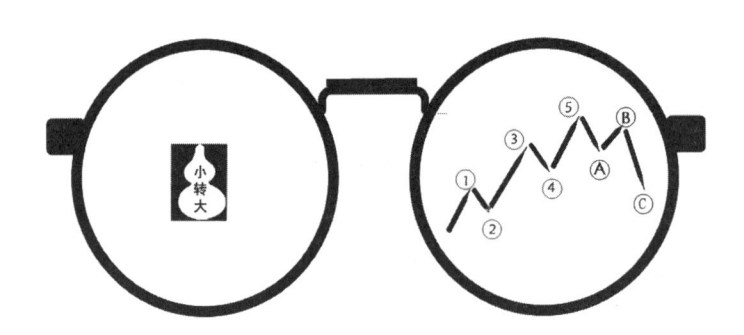

小转大与八浪

蝴蝶——昆虫王国中的西施，花枝招展，翩翩起舞，人见人爱，"蝴蝶效应"更是一个有趣的现象，爱德华·洛伦茨是"蝴蝶效应"的发现者。

1963 年，洛伦茨提出了"混沌理论"，这一理论拥有巨大的影响力，其主要含义是，在混沌系统中，初始条件的微小变化，可能造成后续长期而巨大的连锁反应。此理论最为人所知的论述之一是"蝴蝶效应"：一只蝴蝶在巴西轻拍翅膀，会使更多蝴蝶跟着一起振翅，最后，将有数千万只的蝴蝶都跟着那只蝴蝶一同挥动翅膀，结果可能导致一个月后在美国得克萨斯州发生一场龙卷风。所谓"差之毫厘，谬以千里"正是此现象的最佳批注。

国人常言道：千里之堤，溃于蚁穴；小不忍，则乱大谋。在缠中说禅的理论中也有"蝴蝶效应"，那就是小转大现象。

缠中说禅话说：小转大[①]

转折必然由背驰导致，但背驰导致的转折并不一定是同一级别的。如果市场的转折与背驰都与这在级别上有一一对应关系，那这市场也太没意思、

[①] 缠中说禅. 教你炒股票 [M]. 北京：科学技术文献出版社，2013.

太刻板了，而这种小级别背驰逐步积累后导致大级别转折出现的可能，使得市场充满当下的生机。

对"背驰级别等于当下的走势级别"这最一般的情况的分析，应该是很好把握了，唯一可能出现困难的，就是"背驰级别小于当下的走势级别"这种情况，也就是所谓小级别转折引发大级别转折，对于这种情况，还要进行进一步的分析。向上30分钟级别的a+A+b+B+c，如果c是一个1分钟级别的背驰，最终引发下跌拉回B里，这时候，c里究竟发生了什么事情？

首先，c至少要包含一个5分钟的中枢，否则，中枢B就不可能完成，因为这样不可能形成一个第三类的买点。其次，不妨假设c'是c中最后一个5分钟的中枢，显然，这个1分钟的顶背驰，只能出现在c'之后，而这个顶背驰必然使得走势被拉回c'里，也就是说，整个运动，都可以看成围绕c'的一个震荡，而这个震荡要出现大的向下变动，显然要出现c'的第三类卖点，因此，对于那些小级别背驰后能在最后一个次级别中枢正常震荡的，都不可能转化成大级别的转折，这个结论很重要，所以可以归纳成以下定理：

缠中说禅小背驰—大转折定理[1]

小级别顶背驰引发大级别趋势向下的必要条件是该级别走势的最后一个次级别中枢出现第三类卖点；小级别底背驰引发大级别趋势向上的必要条件是该级别走势的最后一个次级别中枢出现第三类买点。

注意，关于这种情况，只有必要条件，而没有充分条件，也就是说不能有一个充分的判断使得一旦出现某种情况，就必然导致大级别趋势的转折。小级别顶背驰后，最后一个次级别中枢出现第三类卖点并不一定就必然导致大级别的转折，在上面的例子里，并不必然导致走势一定回到最后的该级别中枢B里。

显然，这个定理比起"背驰级别等于当下的走势级别"必然回到最后一个该级别中枢的情况要弱一点，但这是很正常的，因为这种情况毕竟少见而且要复杂得多。因此，在具体的操作中，必须有更复杂的程序来对付这种情况。而对于"背驰级别等于当下的走势级别"，如果你刚好以该级别为操作级别，只要在顶背驰出现时直接全部卖出就可以。

对于"背驰级别小于当下的走势级别"的情况，为了简单起见，不妨还

---

[1] 缠中说禅.教你炒股票［M］.北京：科学技术文献出版社，2013.

使用上面的例子。

对于一个按 30 分钟级别操作的投资者来说，一个 5 分钟的回调必然在其承受的范围之内，否则可以把操作的级别调到 5 分钟。那么，对于一个 30 分钟的走势类型，一个小于 30 分钟级别的顶背驰，必然首先至少要导致一个 5 分钟级别的向下走势，如果这个向下走势并没有回到构成最后一个 30 分钟中枢的第三类买点那个 5 分钟向下走势类型的高点，那么这个向下走势就没必要理睬，因为走势在可接受的范围内。当然，在最强的走势下，这个 5 分钟的向下走势，甚至不会接触到包含最后一个 30 分钟中枢第三类买点那 5 分钟向上走势类型的最后一个 5 分钟中枢，这种情况就更无须理睬了。如果那向下的 5 分钟走势跌破构成最后一个 30 分钟中枢的第三类买点那个 5 分钟回试的 5 分钟走势类型的高点，那么，任何的向上回抽都必须先离开。

这种小级别背驰最终转化成大级别转折的情况，最值得注意的是，出现在趋势走势的冲顶或赶底之中，这种情况一般都会引发大级别的转折。

艾略特话说：波浪理论[①]

股票市场的本质说明，它不是对时事随机的、无形的大量反映，而是一种对人类前进的有形结构的精确记录。

浪 3 常常是驱动浪的三个作用浪（浪 1、浪 3 和浪 5）中最长的，永远不会是最短的一浪。只要浪 3 经历了比浪 1 或浪 5 更大百分比的运动，这个规则就成立。

因为股票市场是世界上最好的大众心理反射器，所以它产生的数据是对人的社会心理状态和趋势的最佳记录。人们对生产企业估价波动的记录，证明了前进与倒退的各种特定模式。波浪理论说的是，人类的前进以"三步前进，两步倒退"的方式进行，这是一种受自然界青睐的形态。

> 做一个在水中学习游泳的人
>
> 凝
>
> 象牙塔里吟定理，白纸一张演走势。

[①] 普莱切特，弗罗斯特.艾略特波浪理论：市场行为的关键（珍藏版）[M].陈鑫，译.北京：机械工业出版社，2015.

第9章 小转大与八浪

动力学中小转大，小级别里三卖见。
纸上得来终觉浅，绝知此事要躬行。

股事求是

市场先生　图表语言

画说

小转大与八浪

事实是无言的芬芳，真理在画说中绽放。
穿着最顶级的鲨鱼皮游泳衣，天天岸上练，从来不湿脚。
你还在岸上学游泳吗？请跳下水吧！
涉浅水者见鱼虾，涉深水者见蛟龙。
矮人看戏何曾见，都是随人说短长。
掀起你的盖头来，让我细看小转大。

相关内容见图 9-1。

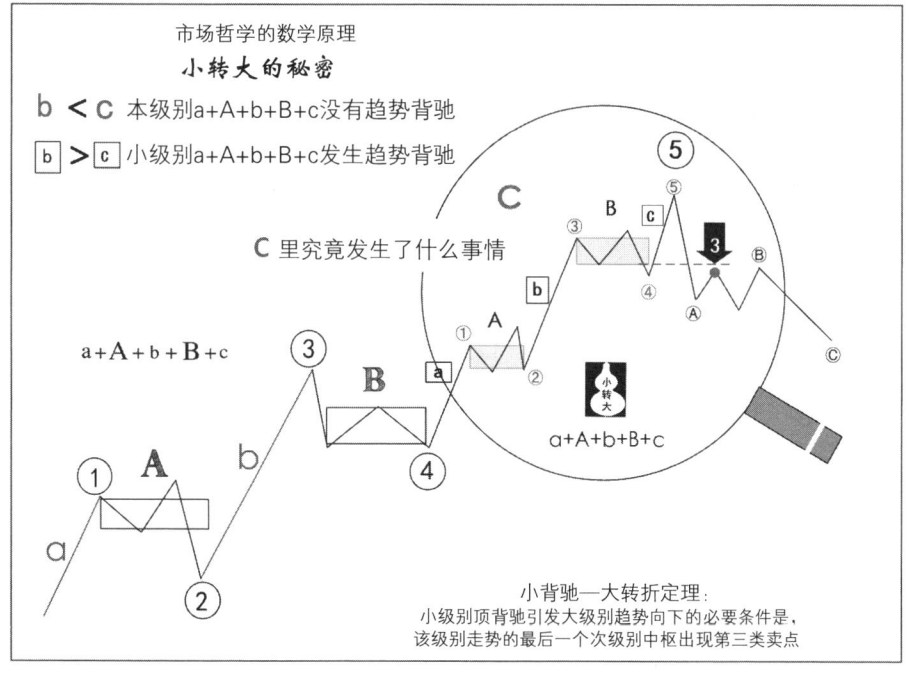

图 9-1　小转大的秘密原理图

小背驰—大转折定理：
小级别顶背驰引发大级别趋势向下的必要条件是，该级别走势的最后一个次级别中枢出现第三类卖点

小转大的秘密——小 c 里究竟发生了什么事情?

相关内容见图 9-2 和图 9-3。

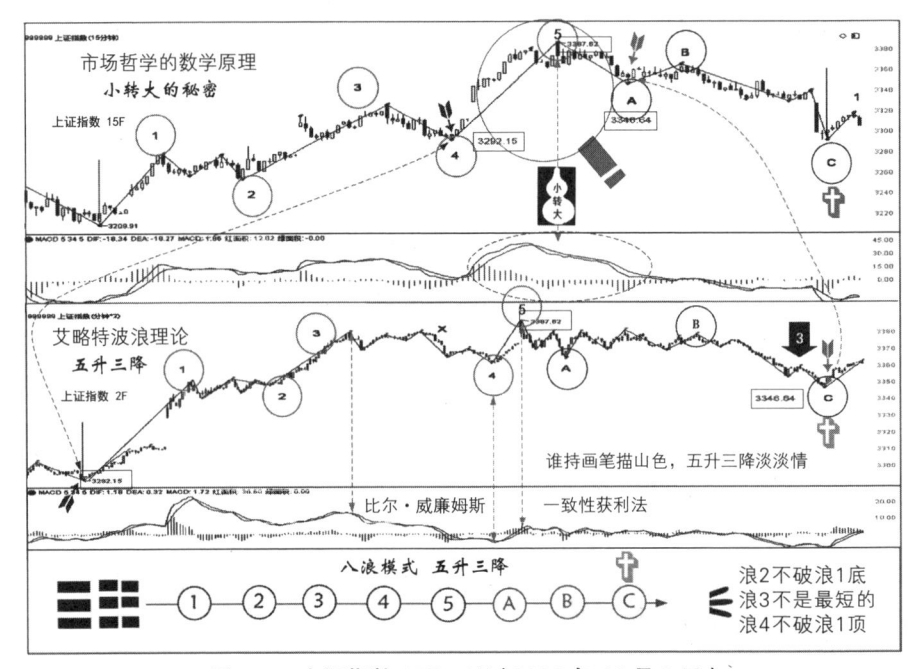

图 9-2　上证指数 15F、2F（2020 年 11 月 2 日）

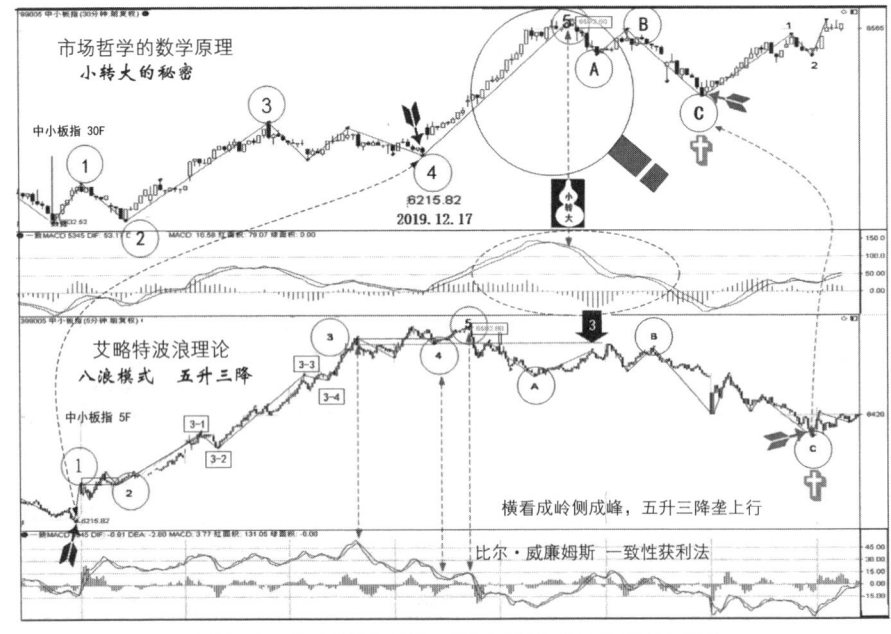

图 9-3　中小板指 30F、5F（2019 年 11 月 29 日）

小转大——俯拾即是信手拈来

相关内容见图 9-4 至图 9-8。

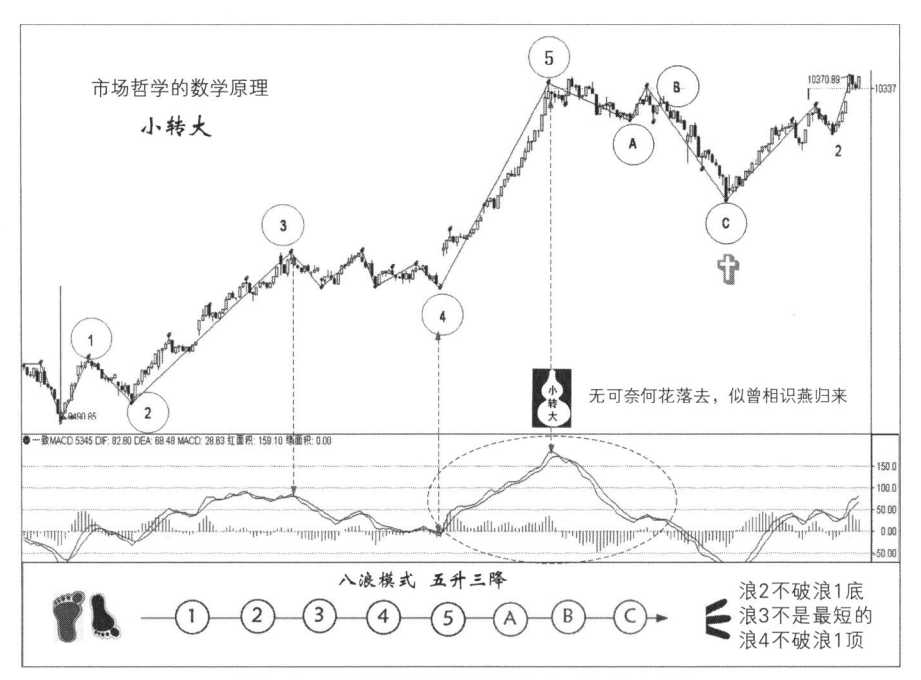

图 9-4　深证成指 20F（2019 年 12 月 4 日）

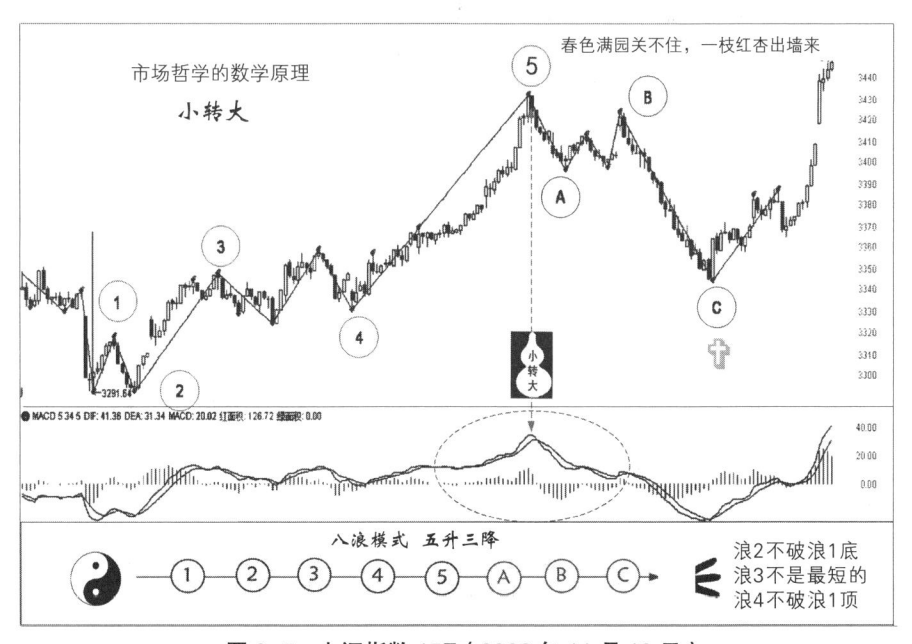

图 9-5　上证指数 15F（2020 年 11 月 13 日）

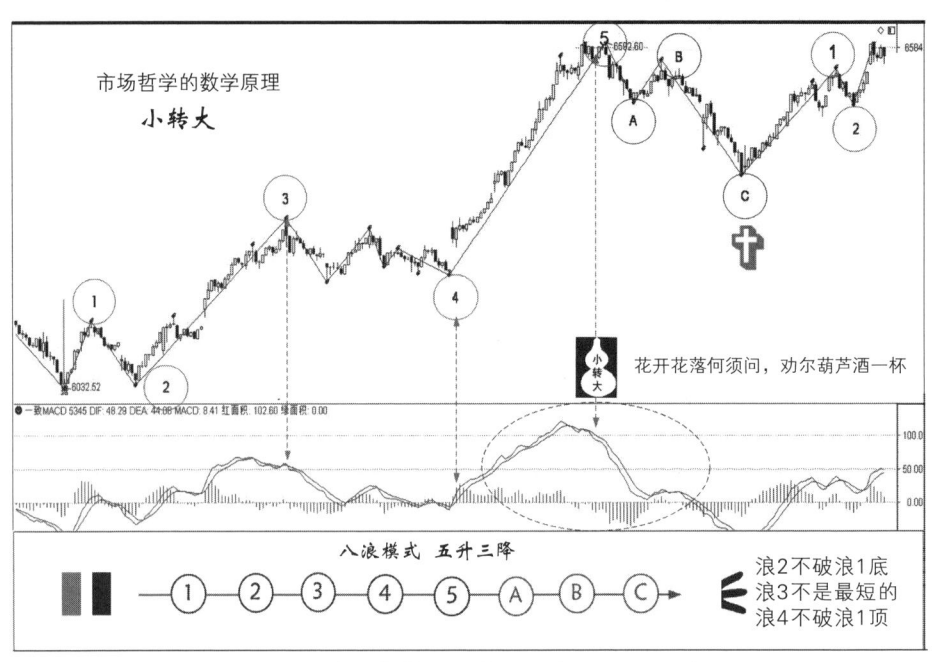

图 9-6　中小板指 20F（2019 年 12 月 4 日）

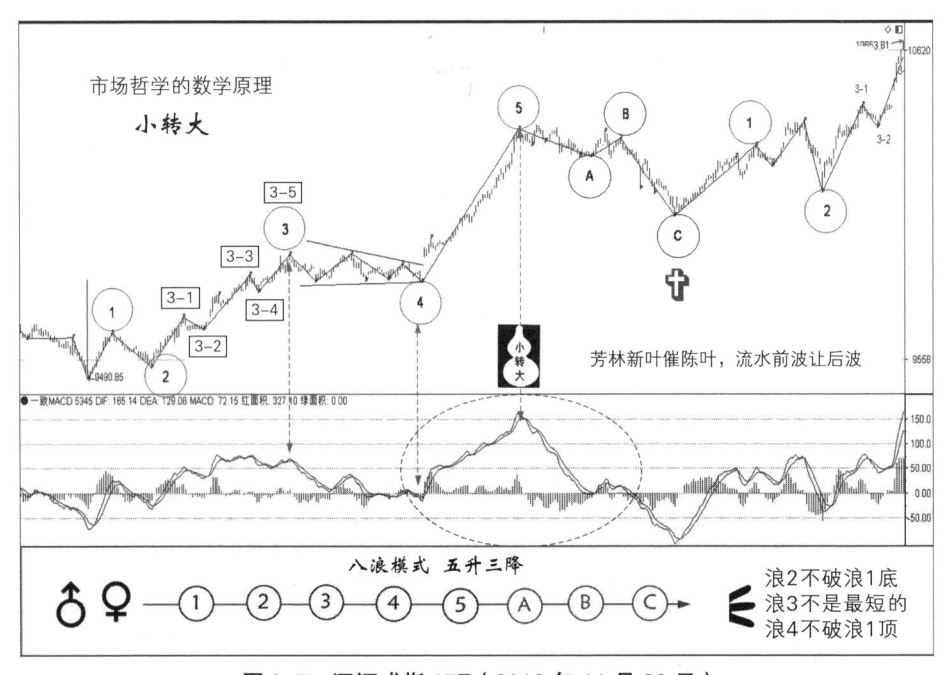

图 9-7　深证成指 15F（2019 年 11 月 29 日）

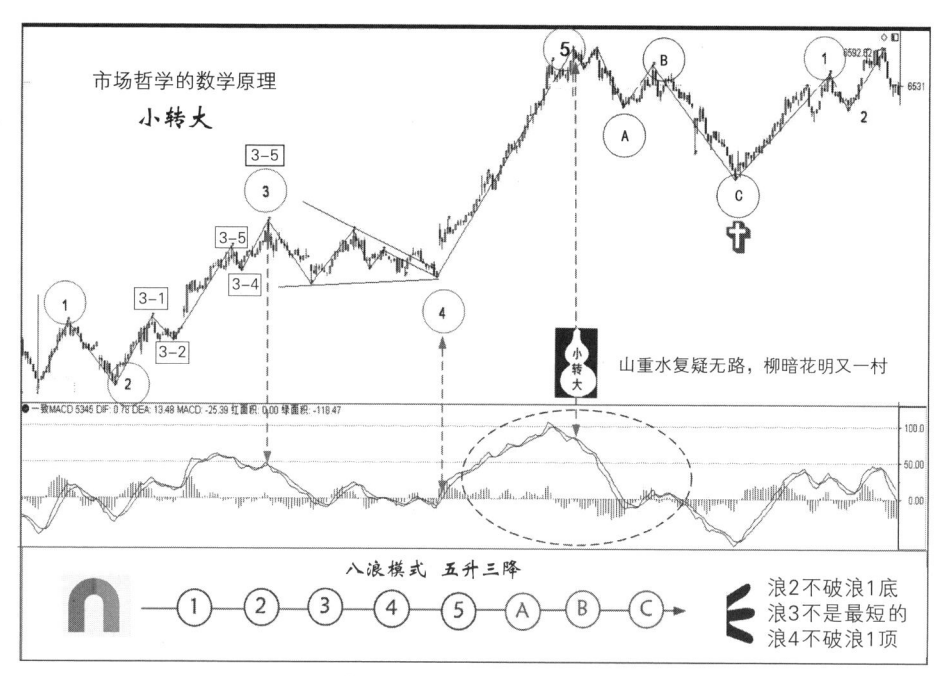

图 9-8　中小板指 15F（2019 年 12 月 2 日）

图穷匕见

无画不说，有画少说；

画中有话，话中有画。

主要是画，次要是话；

画没有错，话会有错。

春风得意马蹄疾，一日看嗨小转大。

花开花落何须问，劝尔葫芦酒一杯。

实践感言

蛇固无足，子安能为之足。

小转大乃画蛇添足也！

【编者按】小转大，对于艾略特波浪理论来说就是子虚乌有、天方夜谭。

波浪理论 1：第 3 大浪中的第 5 中浪的第 5 小浪的第 5 细浪一旦完成，不论背驰与否，小转大与否，一定、绝对、必然、肯定转折。

波浪理论2：第5大浪的第5中浪的第5小浪的第5细浪一旦完成，不论背驰与否，小转大与否，一定、绝对、必然、肯定转折。

因此，波浪理论如是说：小转大，莫须有，可休矣！

泰山北斗大家说

◆ 最初偏离真理毫厘，到头来就会谬之千里。

——亚里士多德

◆ 独立思考能力，对于从事科学研究或其他任何工作，都是十分必要的。在历史上，任何科学上的重大发明创造，都是由于发明者充分发挥了这种独创精神。

——华罗庚

第 10 章　买卖点与八浪

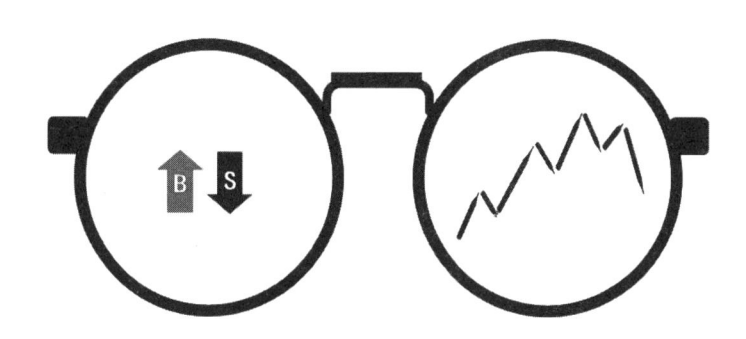

买卖点与八浪的相关分析

缠中说禅话说：买点卖点[①]

缠中说禅买卖点完备性定理：市场必然产生盈利的买卖点，只有第一类、第二类、第三类买卖点。

第一类买点：某级别下跌趋势中，一个次级别走势类型向下跌破最后一个缠中说禅走势中枢后形成的背驰点。

第二类买点：某级别中，一类买点的次级别上涨结束后再次下跌的那个次级别走势的结束点。

第三类买点：某级别上涨趋势中，一个次级别走势类型向上离开缠中说禅走势中枢，然后以一个次级别走势类型回抽，其低点不跌破中枢上边缘的中枢破坏点。

第一类卖点：某级别上涨趋势中，一个次级别走势类型向上突破最后一个缠中说禅走势中枢后形成的背驰点。

第二类卖点：某级别中，第一类卖点的次级别下跌结束后再次上涨的那

[①] 缠中说禅. 教你炒股票［M］. 北京：科学技术文献出版社，2013.

个次级别走势的结束点。

第三类卖点：某级别下跌趋势中，一个次级别走势类型向下离开缠中说禅走势中枢，然后以一个次级别走势类型回抽，其高点不升破中枢下边缘的中枢破坏点。

【编者按】股海里的海市蜃楼。

艾略特话说：波浪理论[①]

最常见的驱动浪是推动浪。在推动浪中，浪4没有进入浪1的区域。这个规则对所有无杠杆作用的"现货"市场都有效。在期货市场，由于其极大的杠杆效应，可以产生在现货市场中不会出现的短期价格极端。但即便如此，重叠现象通常也限于日价格波动和日内价格波动，而且这样的情形也极少见。此外，推动浪中的作用子浪（1、3和5）本身也是驱动浪，而且子浪3明确会是一个推动浪。

一旦明显的浪3证实无法接受，就应当用某种可接受的方法重新标示。事实上，这意味着延长了的浪3在形成之中。养成标示第3浪延长的早期阶段的习惯，不要迟疑。正如你会从"波浪个性"的讨论中理解的那样，这样做证明是很值得的。这可能是本书中唯一最有用的推动浪的实际计数指导。

> **做一个在水中学习游泳的人**
>
> **痴**
>
> 象牙塔里吟定理，纸上谈兵演走势。
> 振振有词买卖点，财务自由百分百。
> 纸上得来终觉浅，绝知此事要躬行。
>
> **股事求是**
>
> 市场先生　图表语言

[①] 普莱切特，弗罗斯特.艾略特波浪理论：市场行为的关键（珍藏版）[M].陈鑫，译.北京：机械工业出版社，2015.

画说
买卖点与八浪

事实是无言的芬芳,真理在画说中绽放。

穿着最顶级的鲨鱼皮游泳衣,天天岸上练,从来不湿脚。

你还在岸上学游泳吗?请跳下水吧!

涉浅水者见鱼虾,涉深水者见蛟龙。

矮人看戏何曾见,都是随人说短长。

掀起你的盖头来,让我看看红樱桃。

相关内容见图 10-1 至图 10-6。

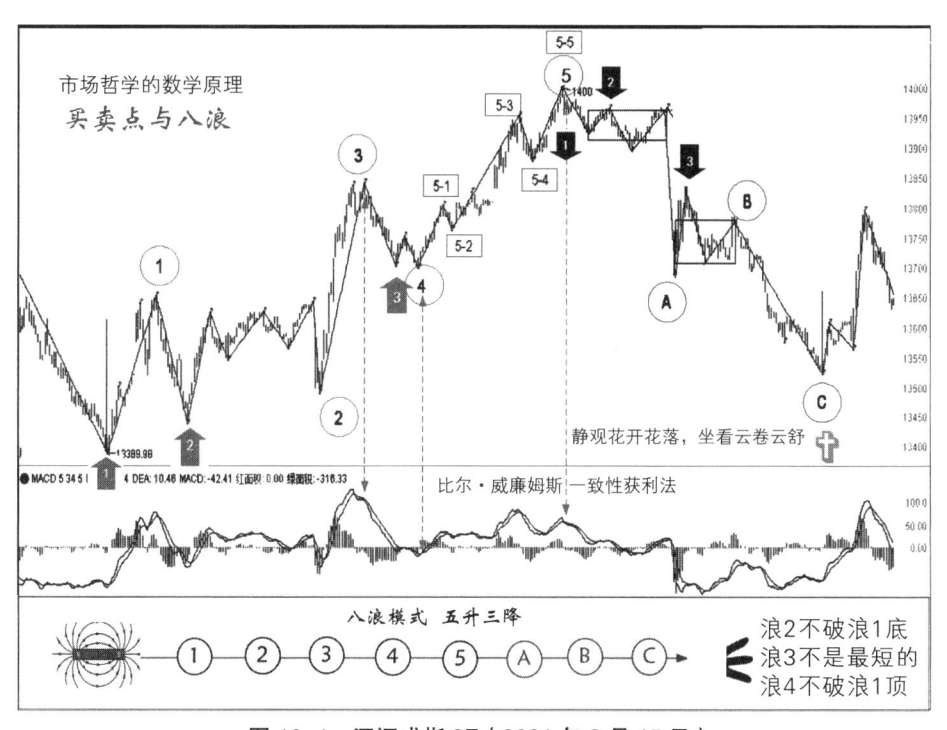

图 10-1　深证成指 3F（2021 年 3 月 15 日）

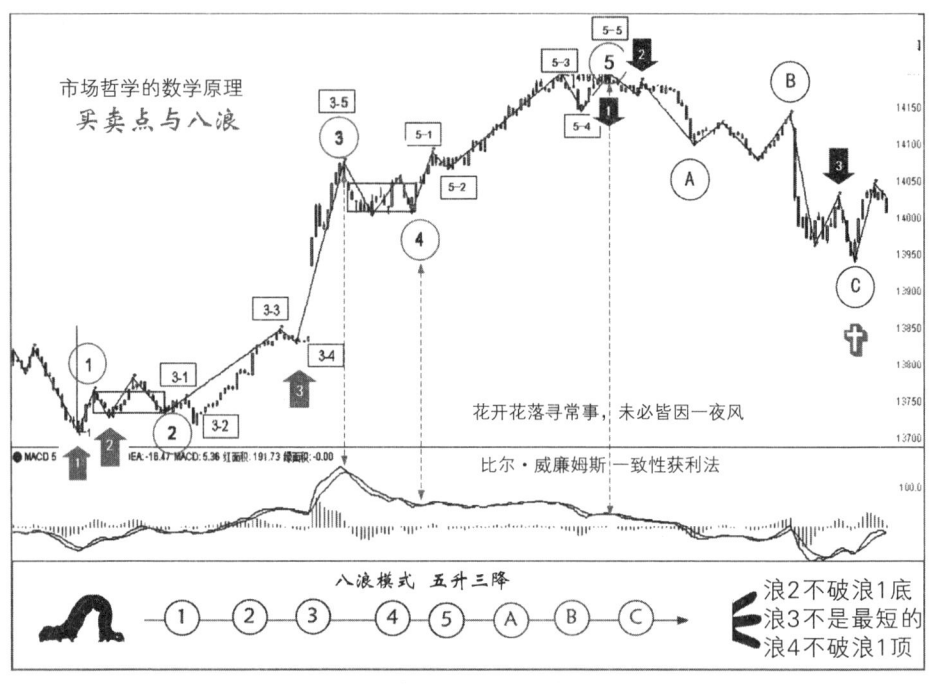

图 10-2　深证成指 2F（2020 年 11 月 6 日）

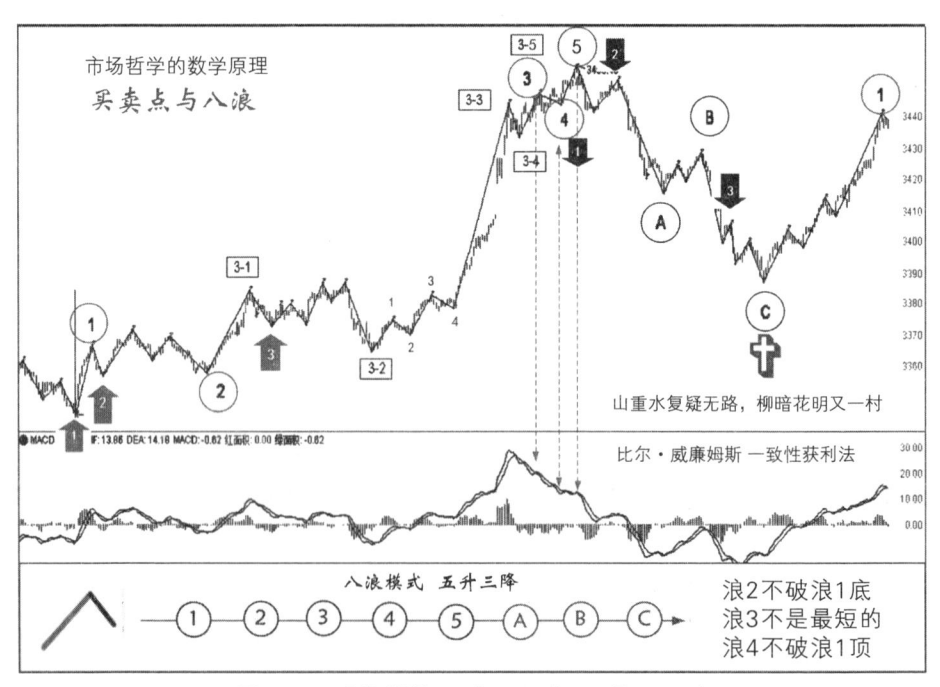

图 10-3　上证指数 2F（2020 年 11 月 26 日）

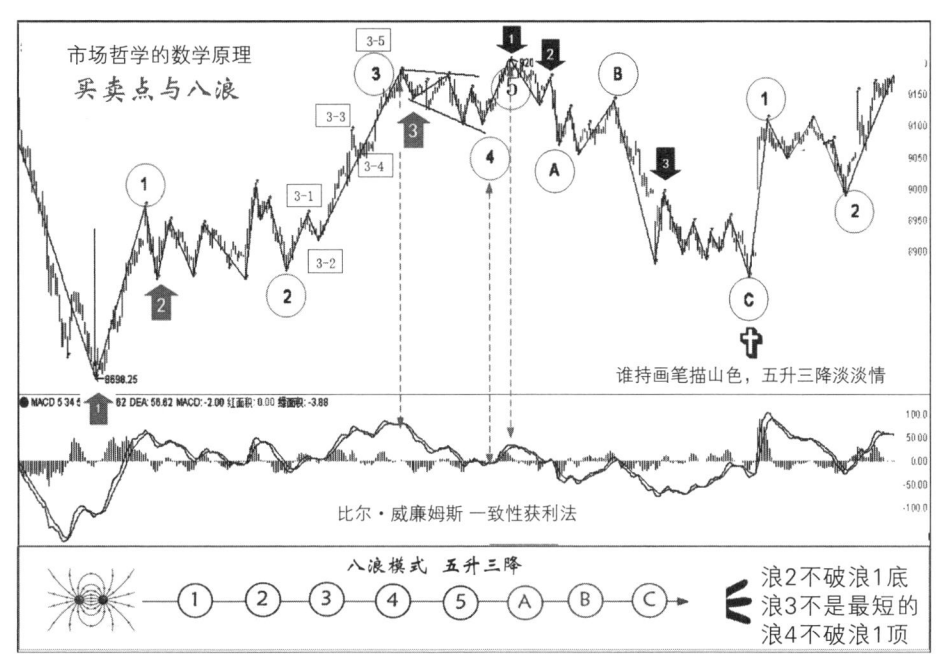

图 10-4　中小板指 5F（2020 年 8 月 12 日）

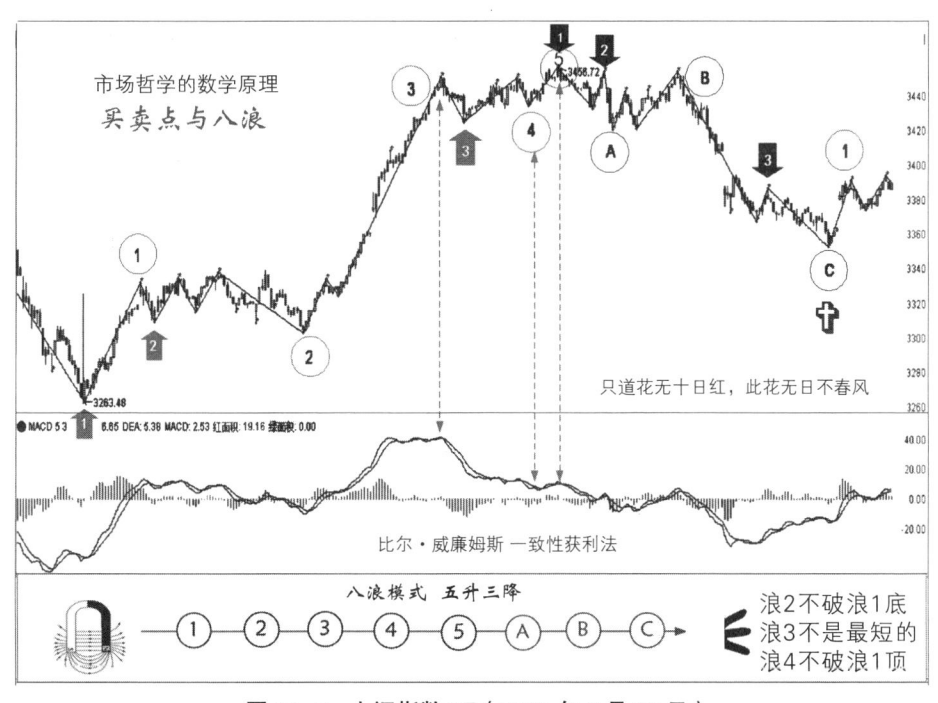

图 10-5　上证指数 6F（2020 年 8 月 12 日）

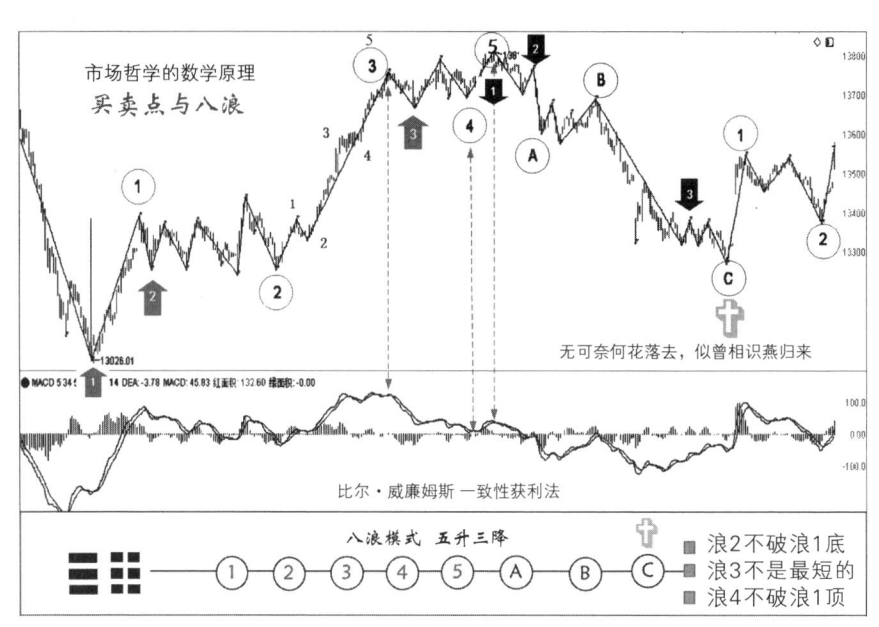

图 10-6　深证成指 5F（2020 年 8 月 12 日）

图穷匕见

无画不说，有画少说；

画中有话，话中有画。

主要是画，次要是话；

画没有错，话会有错。

苹果不言，下自成蹊。

谁持画笔描山色，买点卖点别样情。

不畏浮云遮望眼，财务自由八浪中。

实践感悟

盈利不争先，争的是滔滔不绝，盆满钵满。

什么是最远的？知道和做到两者之间的距离，是世界上最远的。

泰山北斗大家说

◆ 耐心等待，风车从不跑去找风。

——斯克利维斯

◆ 科学就是整理事实,以便从中得出普遍的规律和结论。

——达尔文

◆ 凡是在理论上正确的,在实践上也必定有效。

——康德

◆ 真正的科学不知道同情,也不知道厌恶,它的唯一目的就是真理。

——格罗夫

◆ 人是靠思想站立起来的。

——黑格尔

◆ 我要用自己的眼睛去看这个世界。

——伽利略

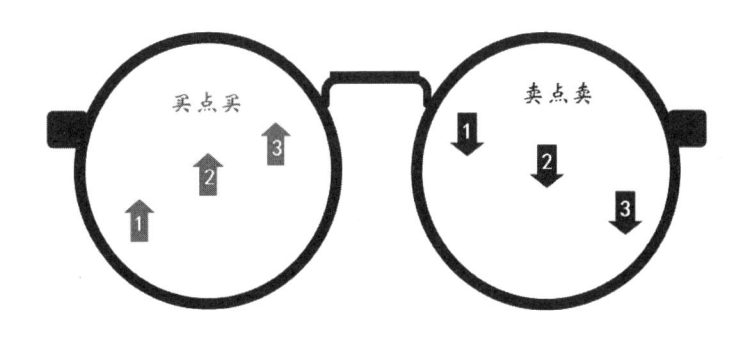

第一类买点

缠中说禅话说:第一类买点

市场产生盈利的买卖点,只有第一类、第二类、第三类买卖点。

第一类、第二类、第三类买点,归根结底都可以归到第一类买点上,只是级别不同。

第一类买点,就是该级别的背驰点,这足以应付最大多数的情况,但有一种情况是不可以的,就是前面反复强调的小级别转大级别的情况。为什么?因为当小级别背驰时,会触及该级别的第一类买点,所以就无须操作。对于这种情况,就需要第二类买点来补充。所以,在出现第一类买点的情况下,第一类买点是最佳的,第二类买点只是一个补充;但在小级别转大级别的情况下,第二类买点就是最佳的,因为在这种情况下,不存在该级别的第一类买点。

【编者按】一个美丽的传说。

普莱切特的观点

金融市场几乎总是按照一种模式运行，即按照艾略特波浪发展。

与大一级波浪同向的运动是五浪结构，而逆大一级趋势的运动是三浪结构。从这一点，你就能分辨出潜在的趋势，从而能做出相应的投资。

实际上，主宰金融市场的不是交易合约，而是参与市场的投资者。

波浪的识别是一件很视觉化的事情。应多看走势图，先从长期走势图开始，然后逐步转移到更短期时间框架的走势图上。要研判波浪，你必须深入到更低一级浪的细节里面去。在周线图上的一根直线到了15分钟图上完全又是另一回事。

虽然数浪可能经常会数出好几种结果，但是对波浪理论规则和指南的客观运用大多数情况下只会出现一个清晰的优选数浪方案。当然，市场会告诉你，你的研判是否正确。

做一个在水中学习游泳的人

贪

象牙塔里吟定理，纸上谈兵演走势。
背驰段的背驰段，手起刀落一买点。
纸上得来终觉浅，绝知此事要躬行。

股事求是

市场先生　图表语言

画说

第一类买点

事实是无言的芬芳，真理在画说中绽放。
穿着最顶级的鲨鱼皮游泳衣，天天岸上练，从来不湿脚。
你还在岸上学游泳吗？请跳下水吧！
涉浅水者见鱼虾，涉深水者见蛟龙。
矮人看戏何曾见，都是随人说短长。
掀起你的盖头来，让我看看一买点。

第 10 章 买卖点与八浪

相关内容见图 10-7 至图 10-12。

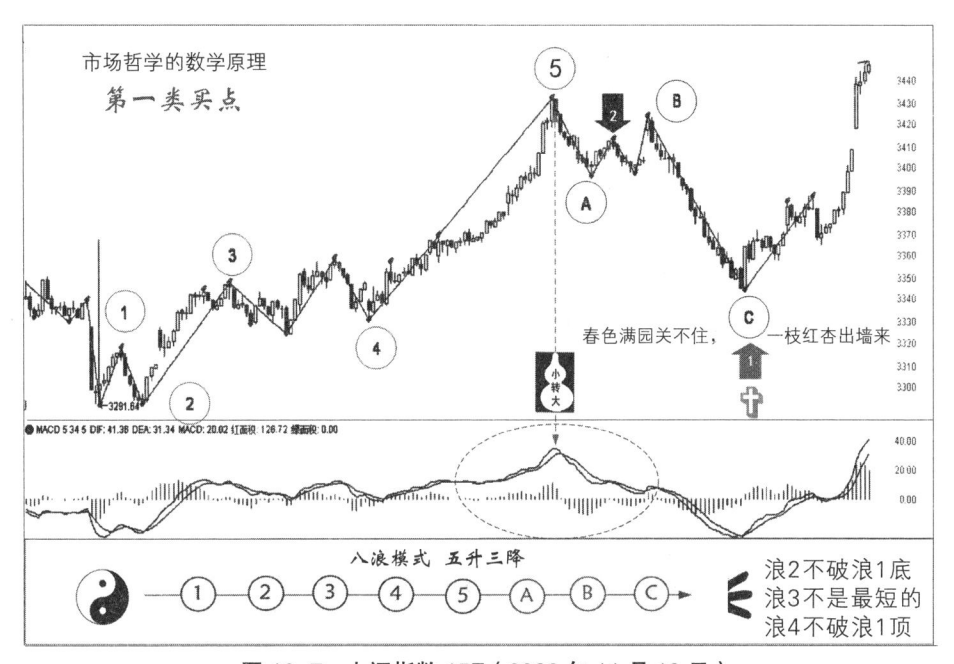

图 10-7 上证指数 15F（2020 年 11 月 13 日）

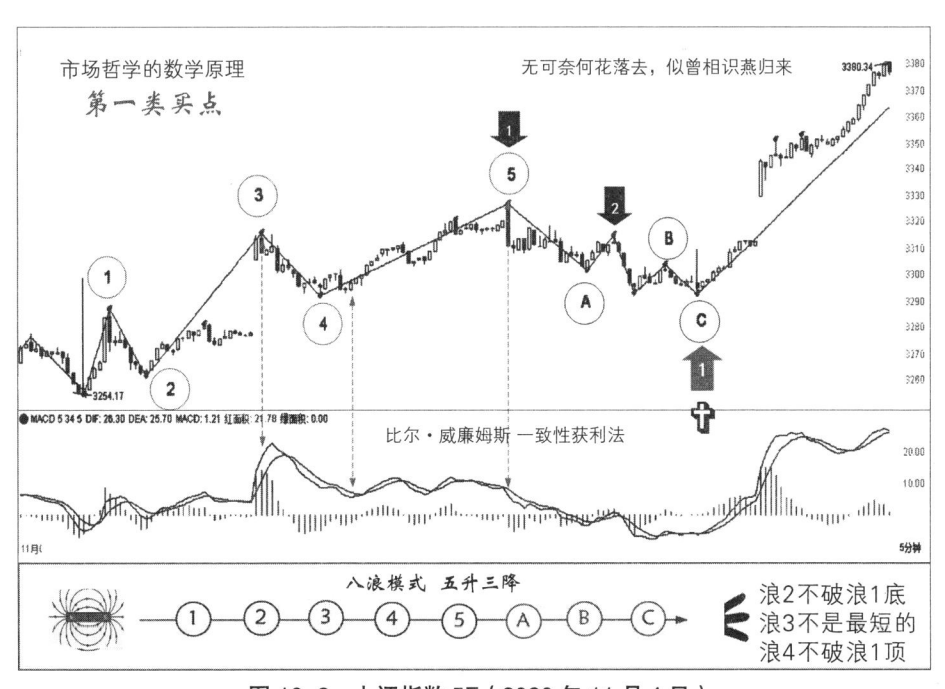

图 10-8 上证指数 5F（2020 年 11 月 4 日）

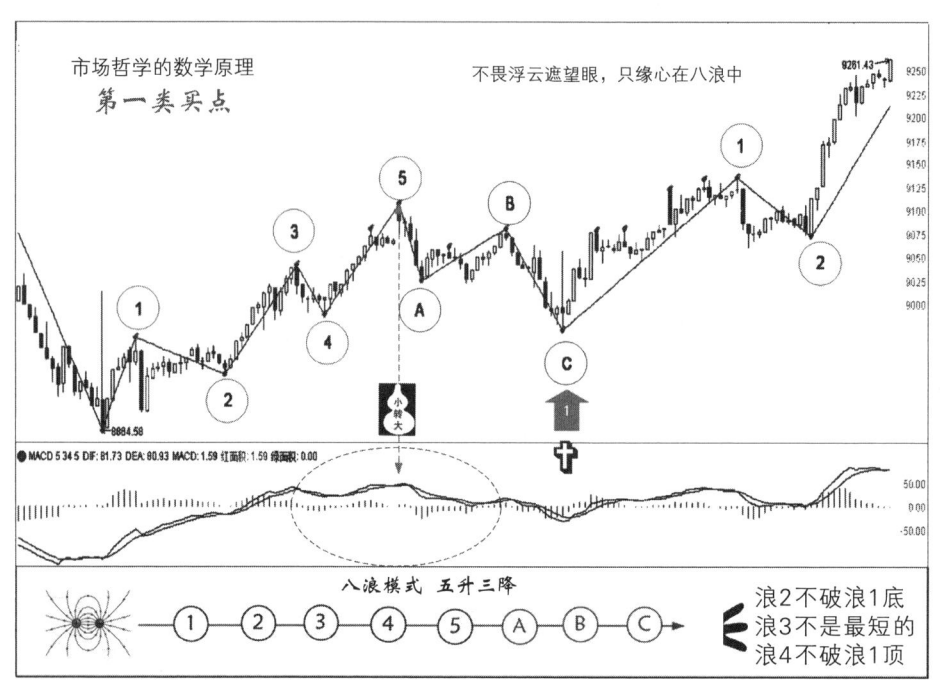

图 10-9　中小板指 10F（2020 年 12 月 11 日）

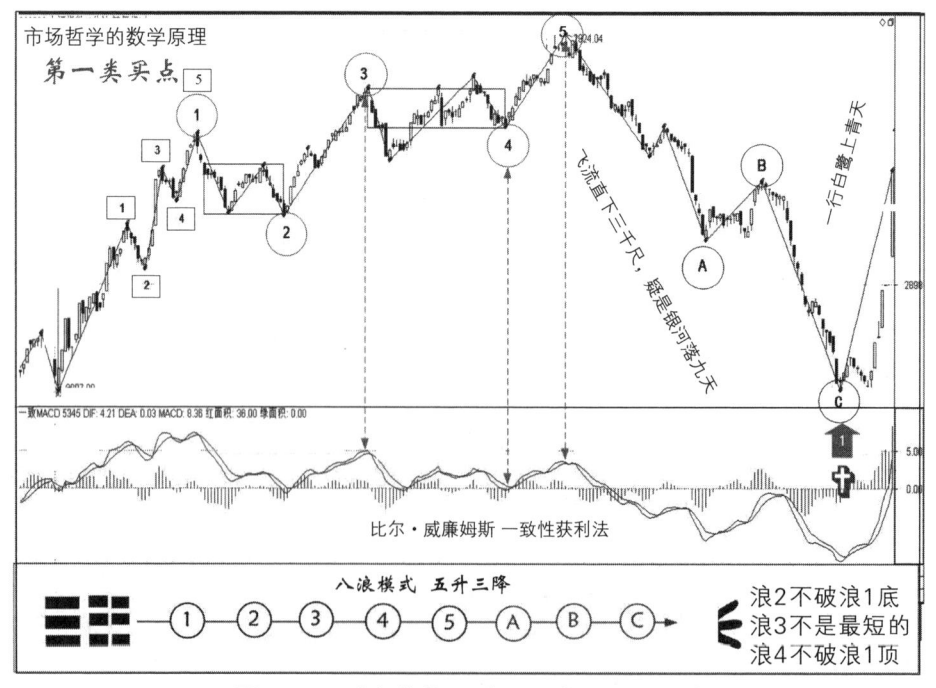

图 10-10　上证指数 1F（2019 年 5 月 28 日）

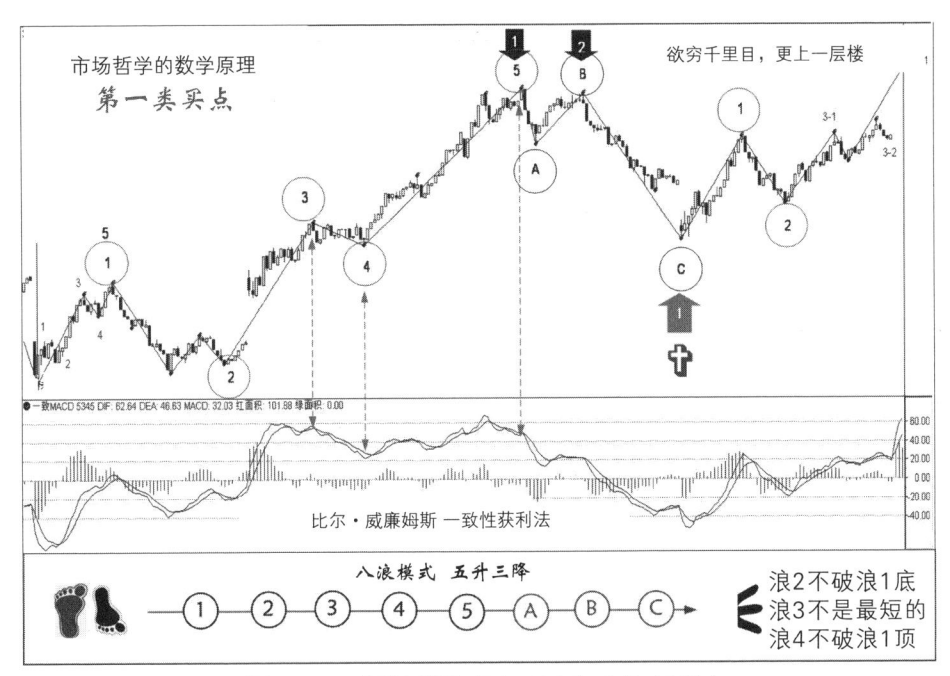

图 10-11　深证成指 4F（2020 年 4 月 13 日）

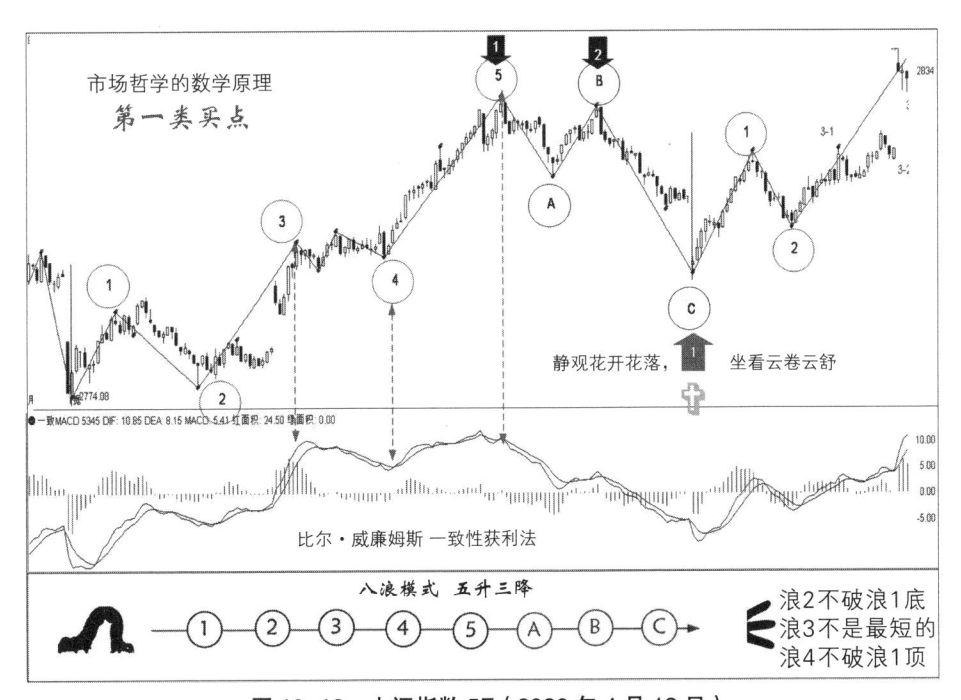

图 10-12　上证指数 5F（2020 年 4 月 13 日）

图穷匕见

无画不说，有画少说；

画中有话，话中有画。

主要是画，次要是话；

画没有错，话会有错。

苹果不言，下自成蹊。

操千曲而后晓声，观千剑而后识器。

春风得意马蹄疾，一日看嗨红一买。

泰山北斗大家说

◆ 错误本身是达到真理的一个必然环节，由于错误真理才会被发现。

——黑格尔

◆ 观察、实验、分析是科学工作常用的方式。

——李四光

◆ 眼睛说话的雄辩和真实，胜过于言语。

——塔克曼

◆ 尽信书，则不如无书。

——孟子

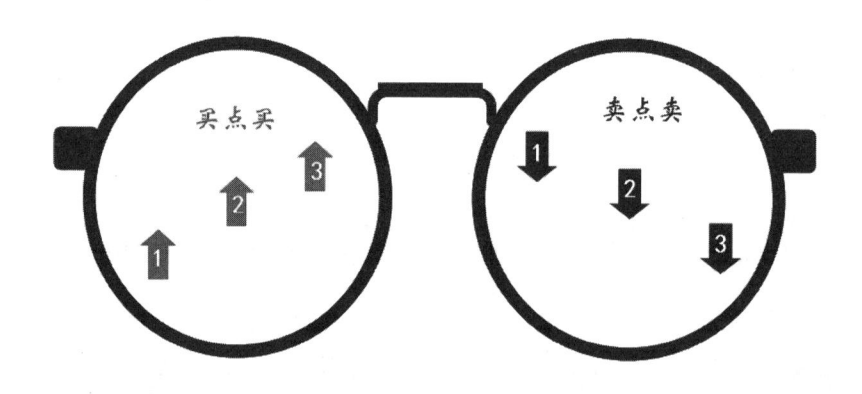

第二类买点

缠中说禅话说：第二类买点

第二类买点：某级别中，第一类买点的次级别上涨结束后再次下跌的那个次级别走势的结束点。

第二类买点是和第一类买点紧密相连的，因为出现第一类买点后，必然只会出现盘整与上涨的走势类型，而第一类买点出现后的第二段次级别走势低点就构成第二类买点，根据走势必完美的原则，其后必然有第三段向上的次级别走势出现，因此该买点也是绝对安全的。

第二类买点，站在中枢形成的角度，其意义就是必然要形成更大级别的中枢，因为后面至少还有一段次级别且必然与前两段有重叠。

【编者按】鼠目寸光："后面至少还有一段次级别，且必然与前两段有重叠。"

第二类买点跌破第一类买点，也就是第二类买点比第一类买点低，这是完全可以的，这里一般都构成盘整背驰。[1]

【言人人殊】波浪理论的三铁律之一：浪2不破浪1底。

普莱切特的观点

波浪理论的应用是一门客观的学科。如果你不顾事实而凭自己的期望或者灵感来研判，市场将会给予你惩罚。

将60分钟走势图打印出来，然后在上面标示波浪，在不同级别的价格形态上实践操作会帮助你更轻易地识别波浪形态。

你必须首先判决比例是否足够相称协调，然后才能说这个波浪已经完成了。

不要只是在脑海里想象，一定要把波浪实际地标示出来。你可以在电脑上用画图工具标示出来，也可以把价格走势图打印出来再手工进行标示，总之，要将符号实际地标示到走势图上去。这样的实践操作效果与光看不做是完全不一样的。

---

[1] 缠中说禅. 教你炒股票 [M]. 北京：科学技术文献出版社，2013.

艾略特波浪理论为鉴别市场未来走势的可能性提供了很好的工具。

大部分波浪的转折点都会呈现多种符合规则和指南的波浪研判。这里的技巧是要选出一个最有可能的研判方案，并评定这种可能性的强度。当这些因素都同时考虑后，一个清晰的优选方案便会浮现出来，对它的可能性强度也能做到心中有数。

投资和交易的区别，在微级趋势上投机被称为"交易"，而在主要趋势上投机被称为"投资"。

做一个在水中学习游泳的人

痴

象牙塔里吟定理，纸上谈兵演走势。
念念有词二买点，次级一买面首选。
纸上得来终觉浅，绝知此事要躬行。

股事求是

市场先生　图表语言

画说

第二类买点

事实是无言的芬芳，真理在画说中绽放。
穿着最顶级的鲨鱼皮游泳衣，天天岸上练，从来不湿脚。
你还在岸上学游泳吗？请跳下水吧！
涉浅水者见鱼虾，涉深水者见蛟龙。
矮人看戏何曾见，都是随人说短长。
掀起你的盖头来，让我看看二买点。

相关内容见图10-13至图10-18。

第 10 章　买卖点与八浪

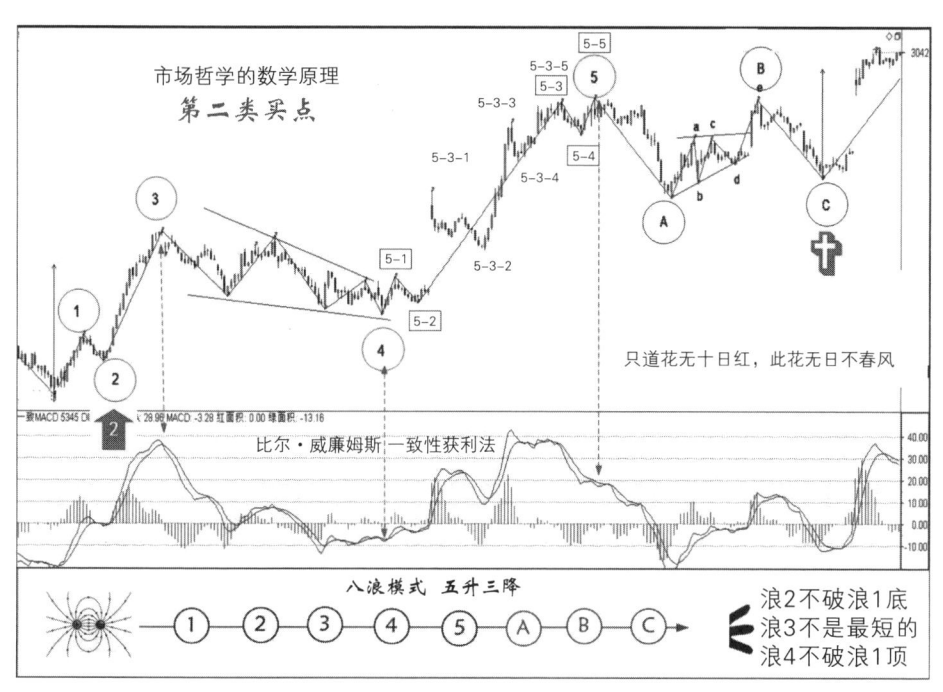

图 10-13　上证指数 15F（2019 年 6 月 10 日）

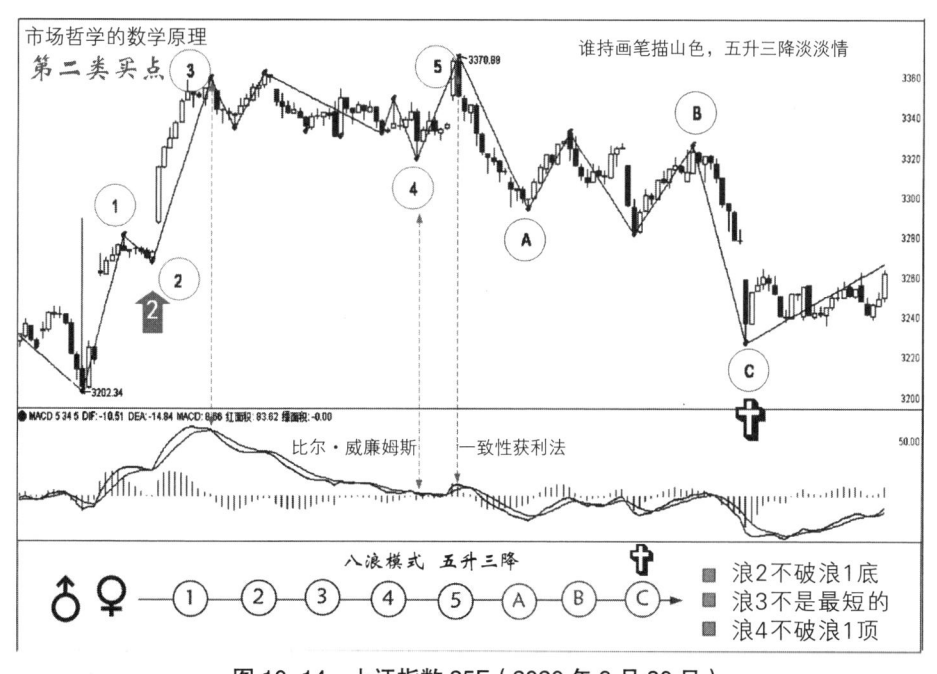

图 10-14　上证指数 25F（2020 年 9 月 30 日）

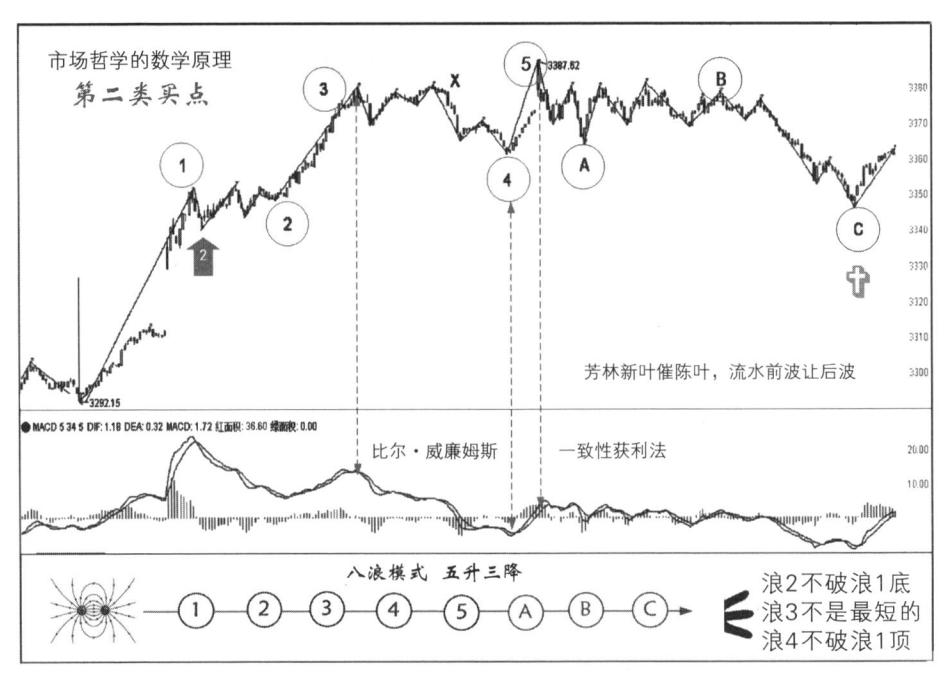

图 10-15　上证指数 2F（2020 年 11 月 6 日）

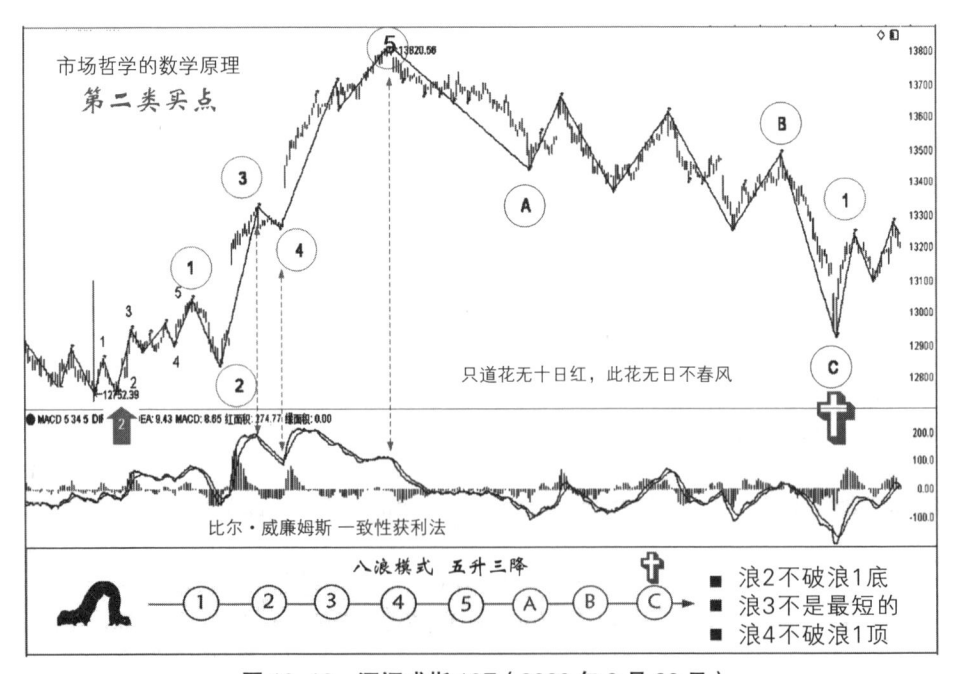

图 10-16　深证成指 10F（2020 年 9 月 28 日）

第 10 章 买卖点与八浪

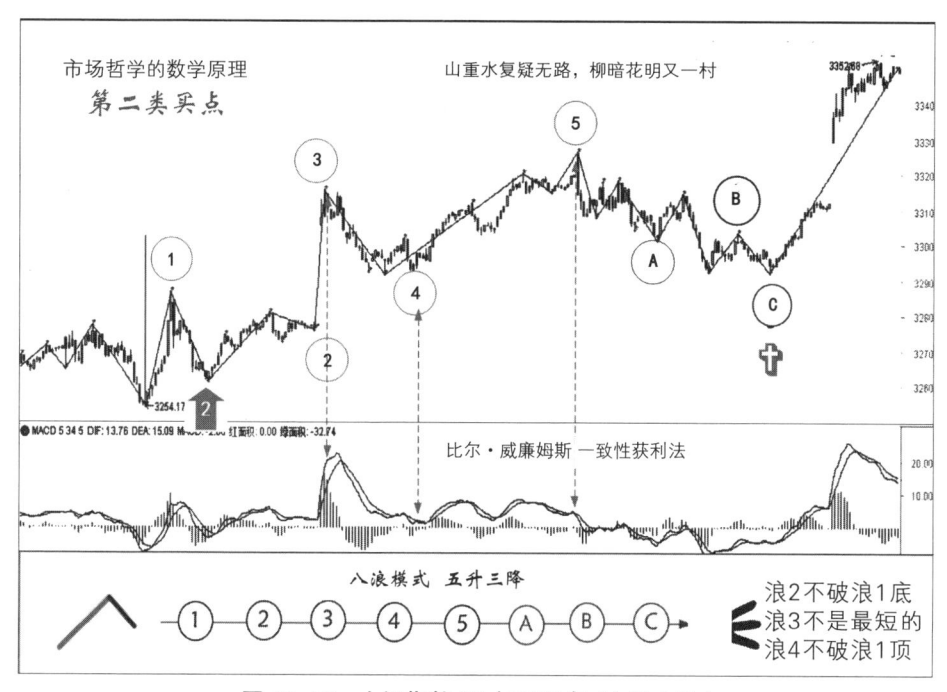

图 10-17 上证指数 3F（2020 年 11 月 4 日）

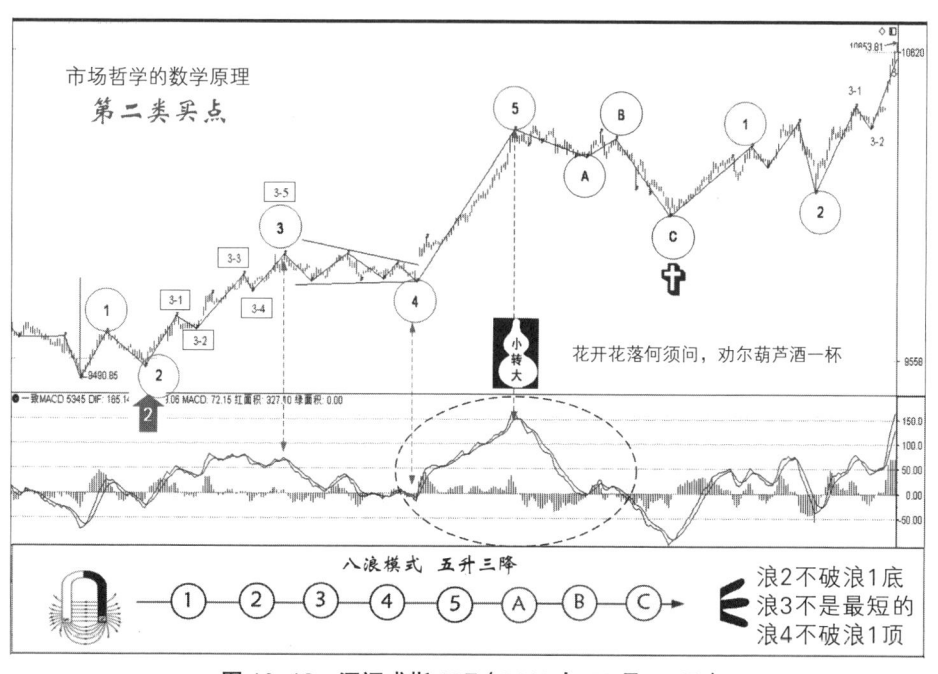

图 10-18 深证成指 15F（2019 年 11 月 29 日）

> **图穷匕见**
>
> 无画不说，有画少说；
> 画中有话，话中有画。
> 主要是画，次要是话；
> 画没有错，话会有错。
> 苹果不言，下自成蹊。
> 操千曲而后晓声，观千剑而后识器。
> 春风得意马蹄疾，一日看嗨二买花。

泰山北斗大家说

◆ 理论脱离实践是最大的不幸。

——达·芬奇

◆ 实践，是个伟大的揭发者，它暴露一切欺人和自欺。

——车尔尼雪夫斯基

◆ 很少人是用自己的眼睛去看，和用自己的心去感觉的。

——爱因斯坦

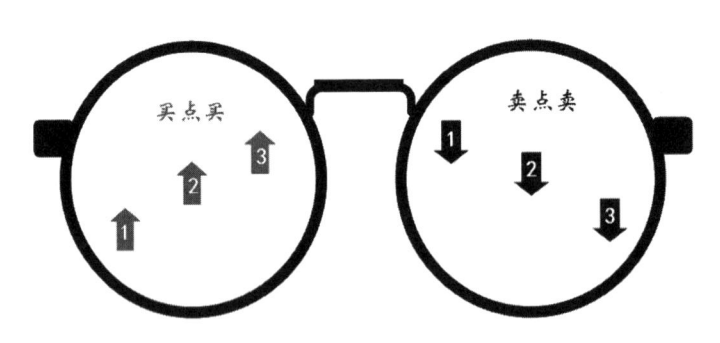

第三类买点

缠中说禅话说：第三类买点

第三类买点：某级别上涨趋势中，一个次级别走势类型向上离开缠中说禅走势中枢，然后以一个次级别走势类型回抽，其低点不跌破中枢上边缘的中枢破坏点。大跌，就把眼睛放大，去找会形成第三类买点的股票，这才是股票操作真正的节奏与思维。

对于第三类买点，其意义就是对付中枢结束的，一个级别的中枢结束，无非面对两种情况，转成更大的中枢或上涨直到形成新的该级别中枢。第三类买点就是告诉大家什么时候发生这种事情的，而在第二类、第三类买点之间，都是中枢震荡，这时候，是不会有该级别的买点的，因此，如果参与其中，用的都是低级别的买点。

中枢震荡，最终一定以某级别的第三类买点结束。

第一类买点就是背驰点，第三类买点就是中枢破坏点，这都是很清楚的。

普莱切特的观点

对于日内短线交易来说，你至少要先识别出中浪和小浪以便承接，然后便可以随心所欲地交易。在用波浪理论进行日内短线交易之前，也许你需要先在大一级趋势的走势图里花一番大力气。

通过艰苦的分析研究才能得到合理正确的研判。最糟糕的研判者把该理论当作一门艺术，仅凭自己的冲动和不充分的理解"绘画"波浪。

从实际应用的角度来讲，波浪理论是活的，它允许形式的变化。事实上，波浪理论允许无限的变化，但又受限于一个基本形式。

> **做一个在水中学习游泳的人**
>
> **疑**
>
> 象牙塔里吟定理，白纸一张演走势。
> 中枢破坏三买点，当机立断回车键。
> 纸上得来终觉浅，绝知此事要躬行。
>
> **股事求是**
>
> 市场先生　图表语言

画说
第三类买点

事实是无言的芬芳，真理在画说中绽放。

穿着最顶级的鲨鱼皮游泳衣，天天岸上练，从来不湿脚。

你还在岸上学游泳吗？请跳下水吧！

涉浅水者见鱼虾，涉深水者见蛟龙。

矮人看戏何曾见，都是随人说短长。

掀起你的盖头来，让我亲亲三买点。

相关内容见图 10-19 至图 10-24。

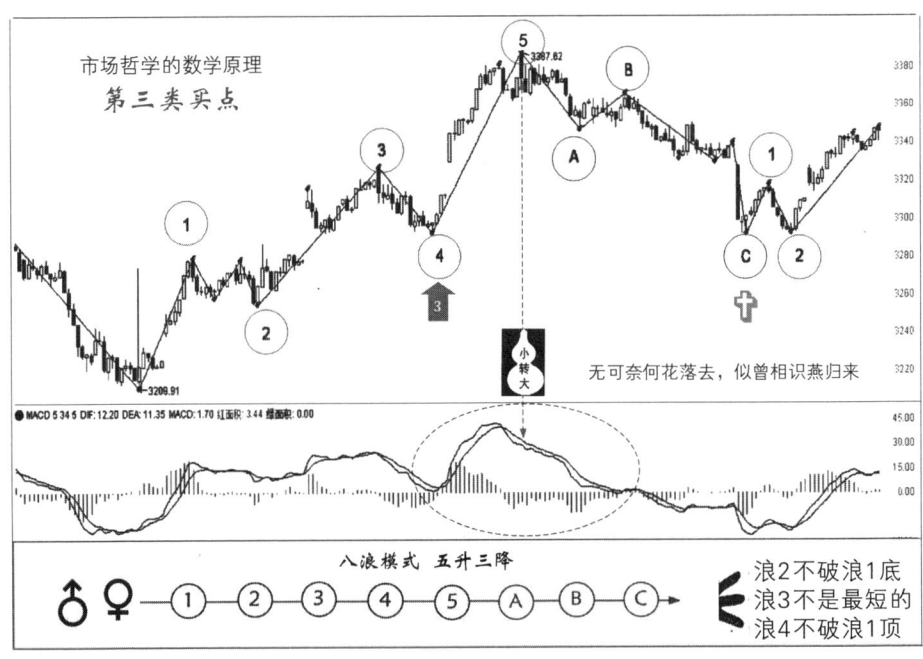

图 10-19　上证指数 15F（2020 年 11 月 2 日）

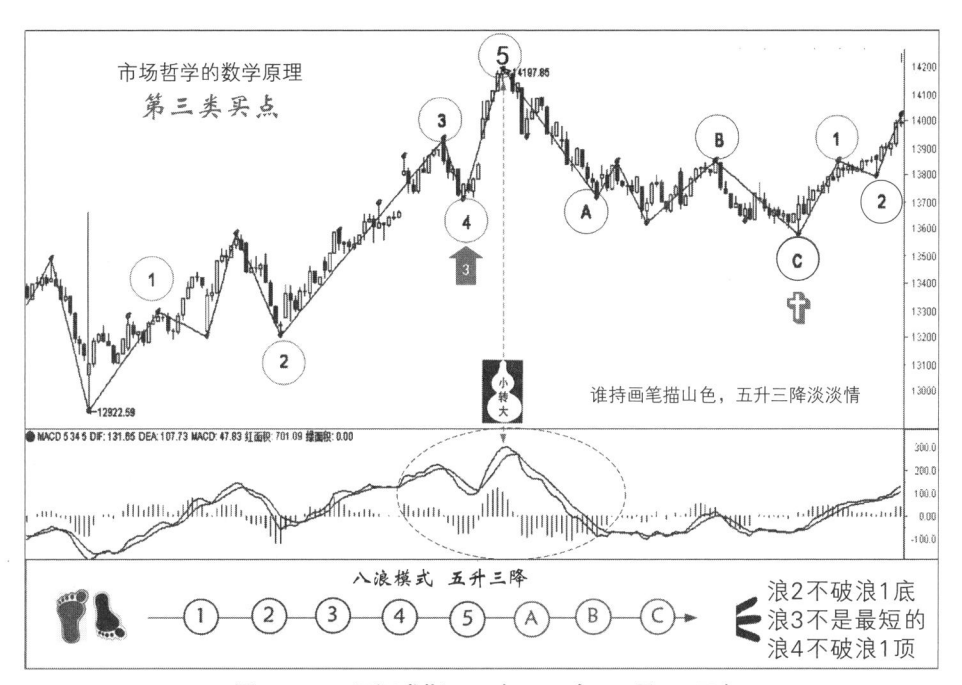

图 10-20　深证成指 30F（2020 年 10 月 26 日）

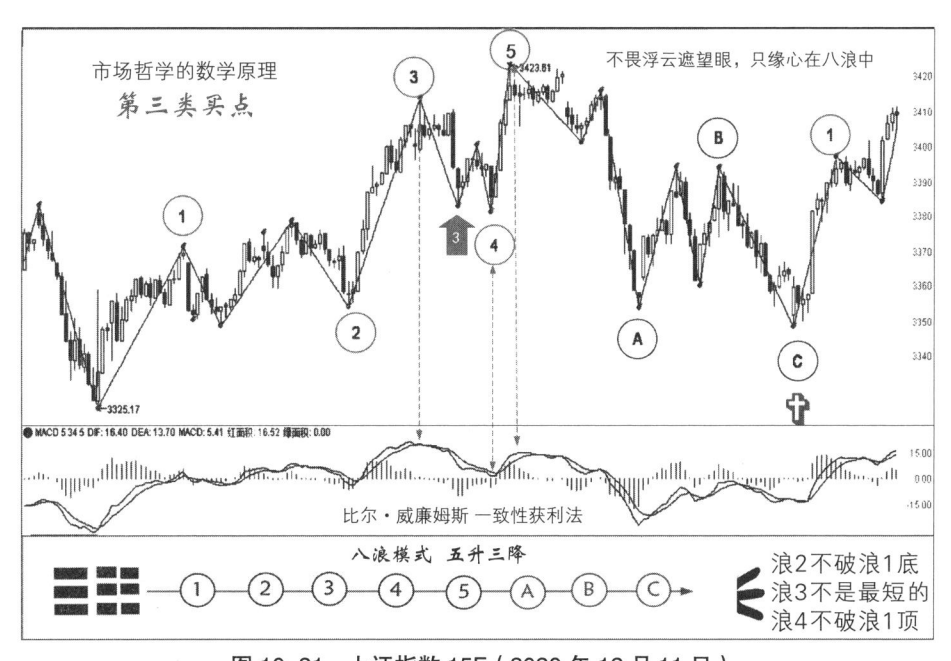

图 10-21　上证指数 15F（2020 年 12 月 11 日）

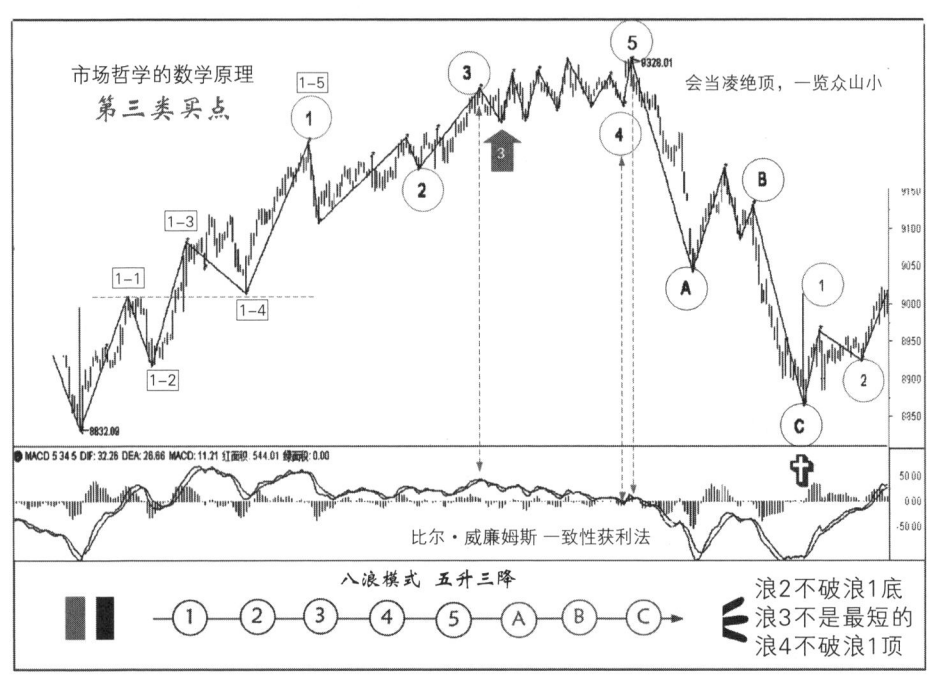

图 10-22　中小板指 10F（2020 年 10 月 11 日）

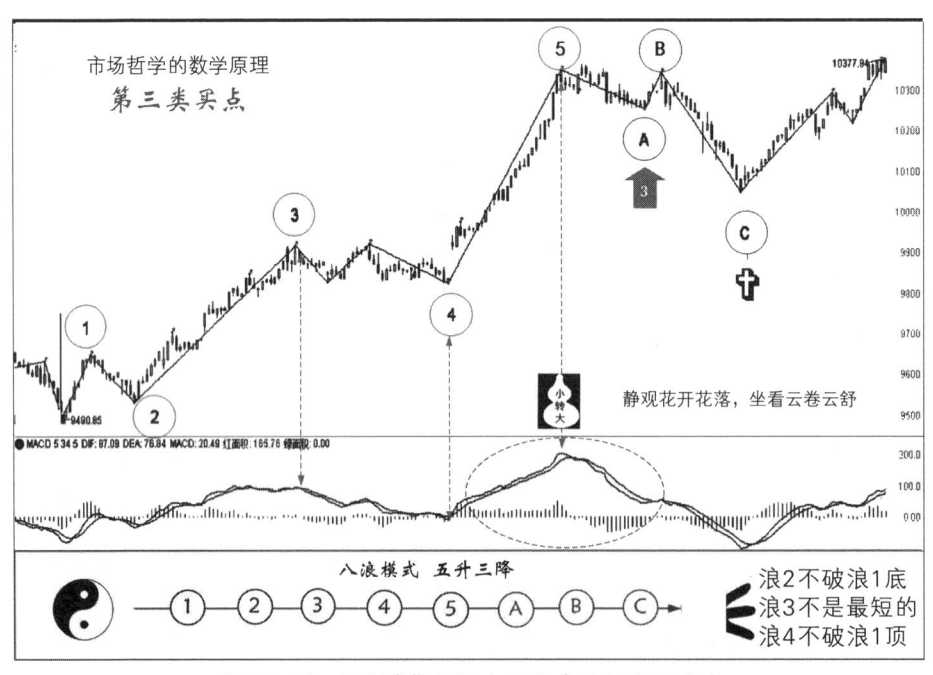

图 10-23　深证成指 25F（2019 年 11 月 29 日）

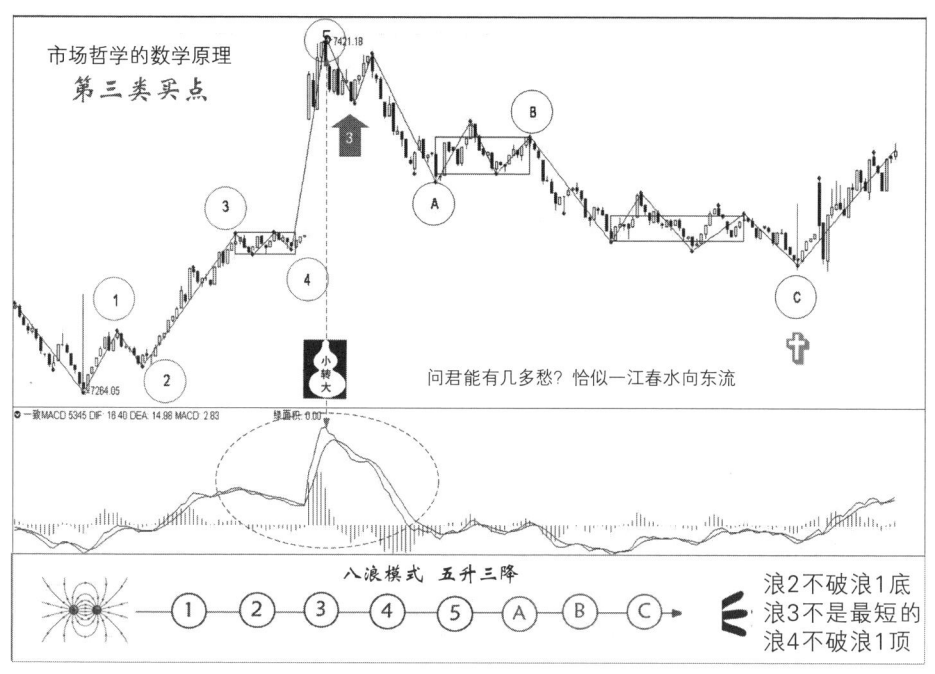

图 10-24　中小板指 2F（2020 年 6 月 5 日）

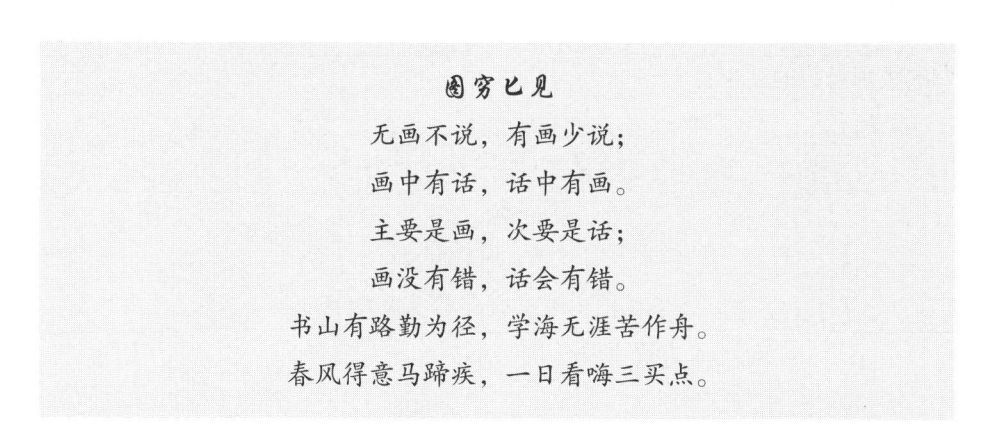

图穷匕见

无画不说，有画少说；

画中有话，话中有画。

主要是画，次要是话；

画没有错，话会有错。

书山有路勤为径，学海无涯苦作舟。

春风得意马蹄疾，一日看嗨三买点。

泰山北斗大家说

◆ 你要知道科学方法的实质，不要去听一个科学家对你说些什么，而要仔细看他在做些什么。

——爱因斯坦

◆ 科学是老老实实的学问，搞科学研究工作就要采取老老实实、实事求是的态度，不能有半点虚假浮夸。不知就不知，不懂就不懂，不懂的不要装懂，而且还要追下去，不懂，不懂在什么地方；懂，懂在什么地方。老老实实的态度，首先就是要扎扎实实地打好基础。

——华罗庚

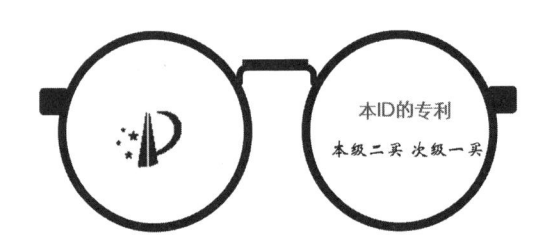

本ID的专利[①]

缠中说禅买点定律：大级别的第二类买点由次一级别相应走势的第一类买点构成。（该定律是有专利的，发明权一定要明确，这一点必须明确。）

例如，周线上的第二类买点由日线上相应走势的第一类买点构成。有了这个缠中说禅买点定律，所有的买点都可以归结到第一类买点上。

第二类买点：某级别中，第一类买点的次级别上涨结束后再次下跌的那个次级别走势的结束点。

> **做一个在水中学习游泳的人**
>
> **疑**
>
> 象牙塔里吟定理，一张白纸演走势。
> 缠中说禅专利权，非你莫属本ID。
> 纸上得来终觉浅，绝知此事要躬行。
>
> **股事求是**
>
> 市场先生　图表语言
>
> **画说**
>
> **本ID的专利**
>
> 事实是无言的芬芳，真理在画说中绽放。

---

① 缠中说禅. 教你炒股票［M］. 北京：科学技术文献出版社，2013.

第 10 章 买卖点与八浪

> 穿着最顶级的鲨鱼皮游泳衣，天天岸上练，从来不湿脚。
> 你还在岸上学游泳吗？请跳下水吧！
> 涉浅水者见鱼虾，涉深水者见蛟龙。
> 矮人看戏何曾见，都是随人说短长。
> 掀起你的盖头来，让我看看绝世美。

相关内容见图 10-25 至图 10-30。

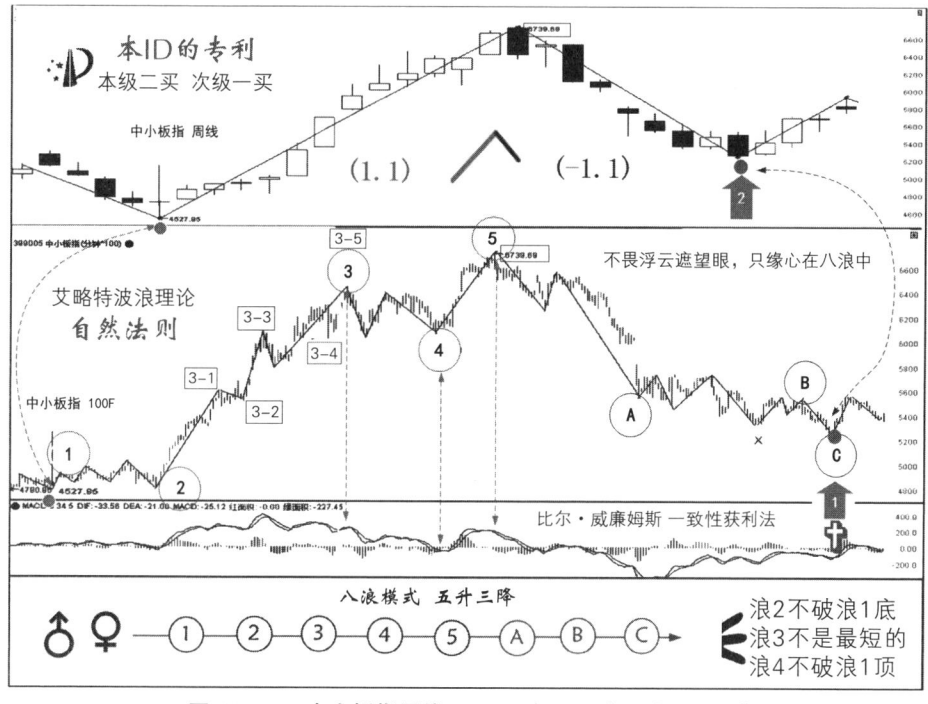

图 10-25　中小板指周线、100F（2019 年 1 月 15 日）

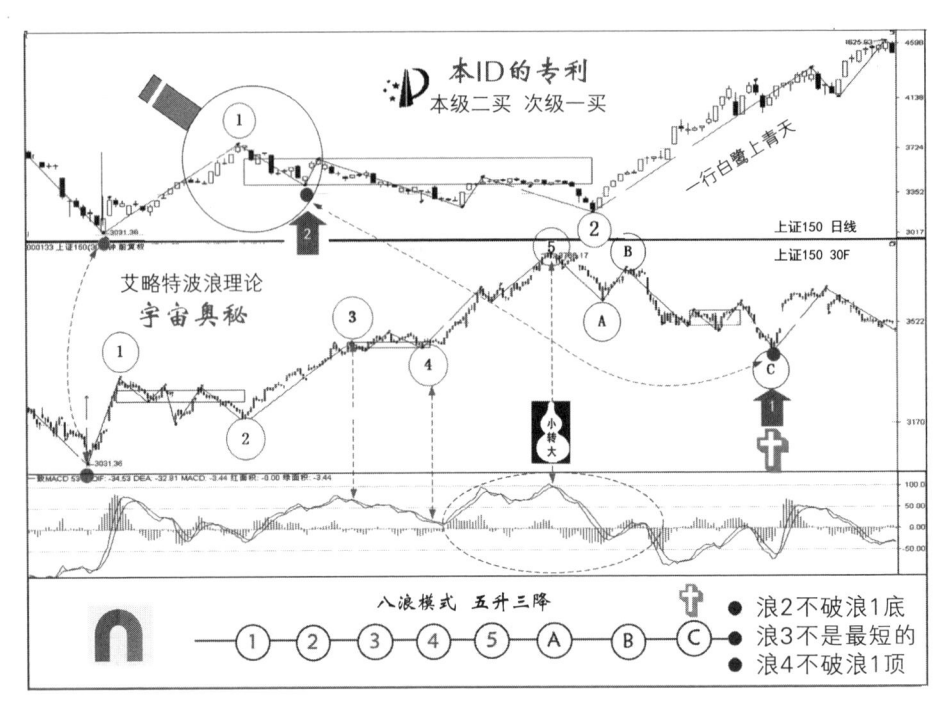

图 10-26　上证 150 日线、30F（2018 年 10 月 19 日）

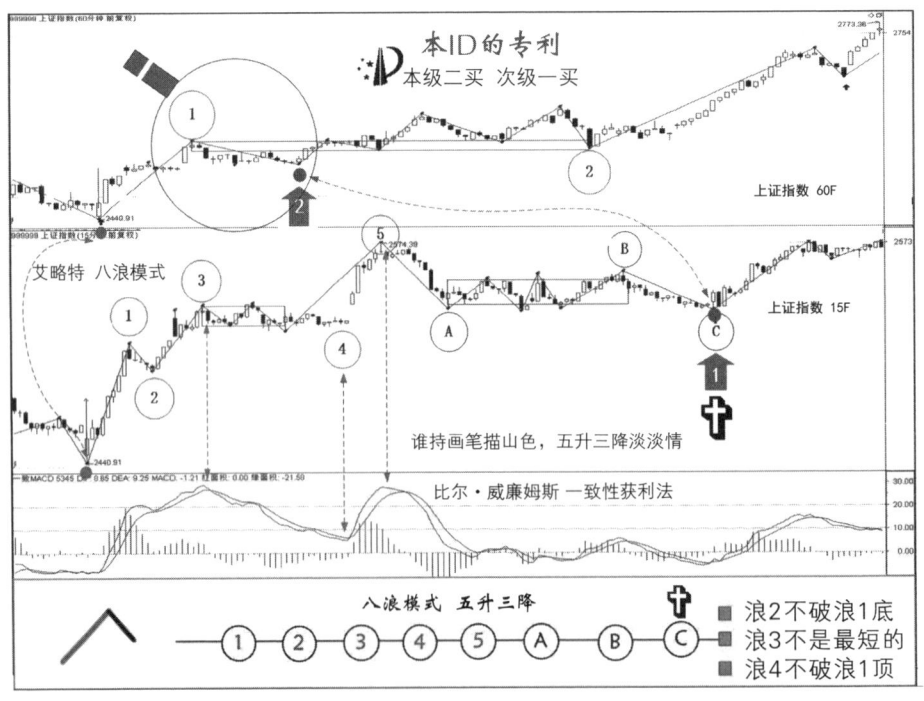

图 10-27　上证指数 60F、15F（2019 年 1 月 4 日）

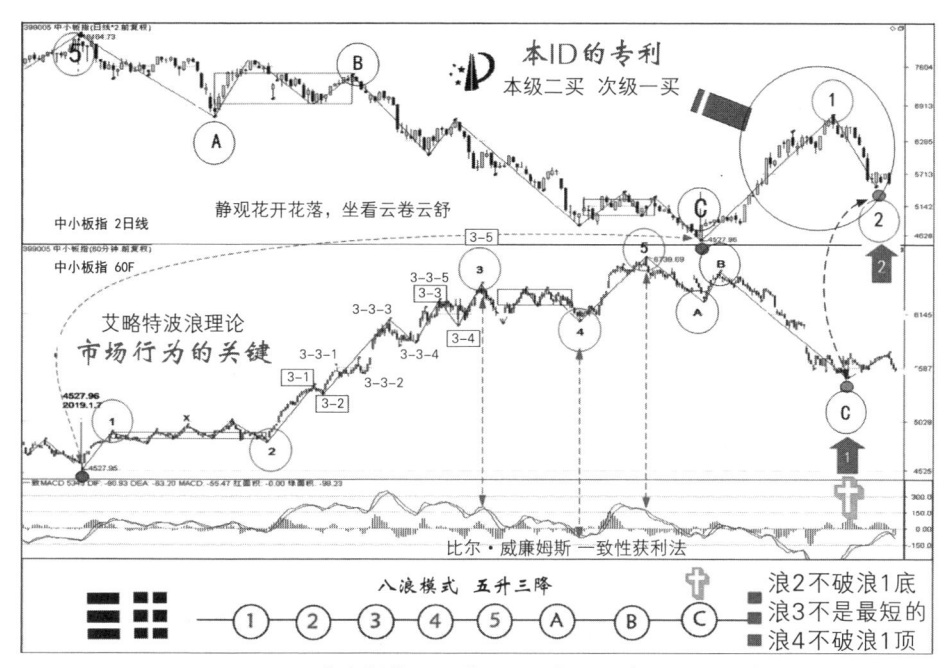

图 10-28　中小板指 2 日线、60F（2019 年 1 月 5 日）

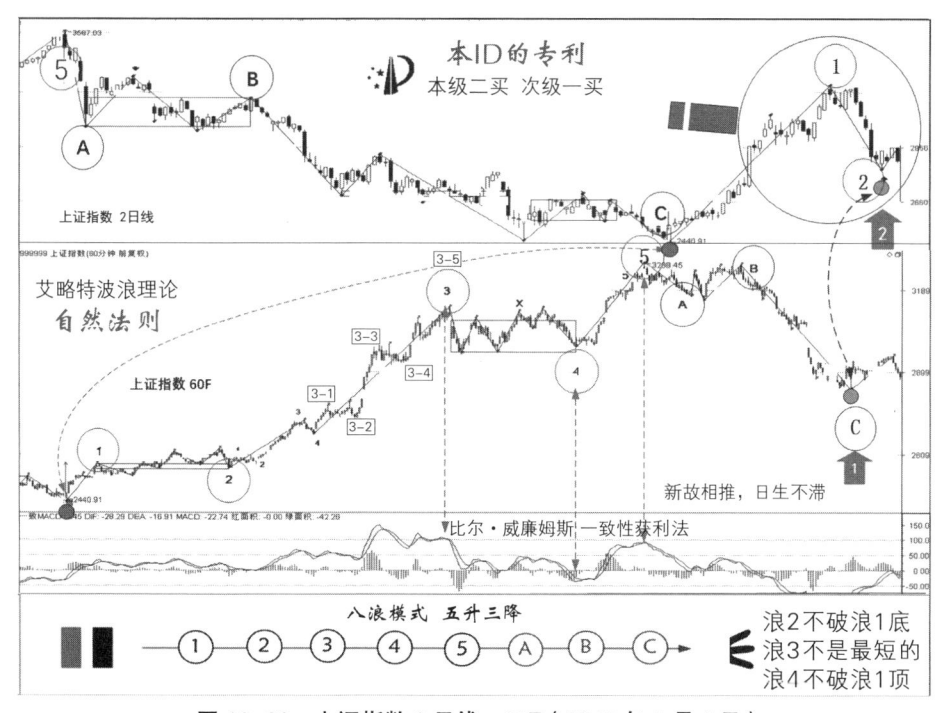

图 10-29　上证指数 2 日线、60F（2019 年 1 月 4 日）

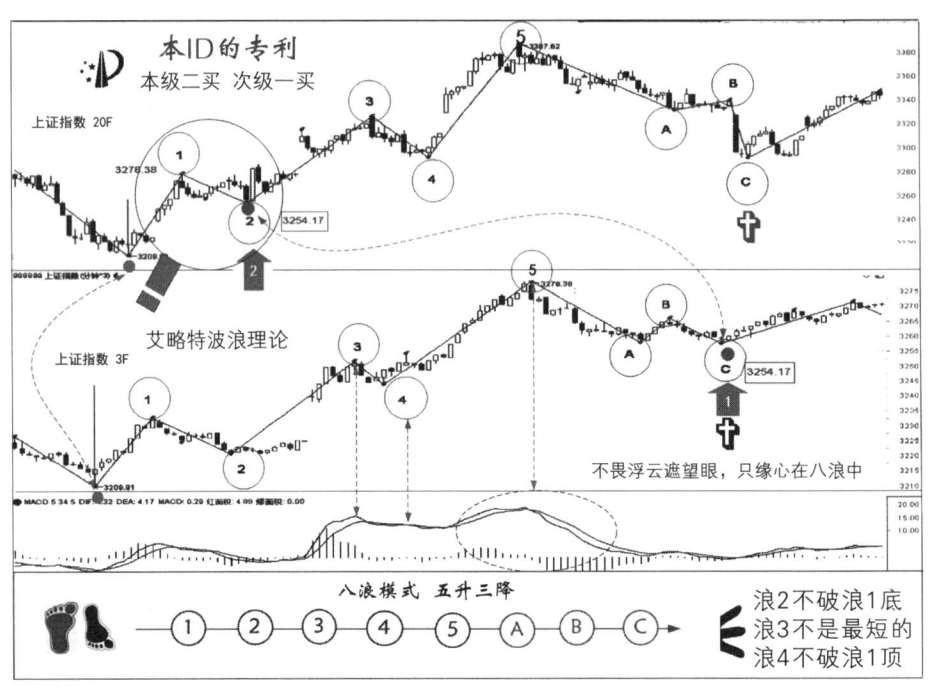

图 10-30　上证指数 20F、3F（2020 年 11 月 2 日）

图穷匕见

无画不说，有画少说；

画中有话，话中有画。

主要是画，次要是话；

画没有错，话会有错。

尽小者大，慎微者著。

谁持画笔描山色，五升三降淡淡情。

春风得意马蹄疾，一日看嗨花中花。

画龙点睛

缠中说禅"阴阳双笔"，在小级别上表现为艾略特八浪结构。

泰山北斗大家说

◆ 魔鬼在细节。

——密斯·凡·德罗

◆ 科学研究要勇于探究，勇于创新，这个是关键。搞科研，应该尊重权威但不能迷信权威，应该多读书但不能迷信书本。科研的本质是创新，假如不尊重权威、不读书，创新就失去了基础；假如迷信权威、迷信书本，创新就没有了空间。

——袁隆平

◆ 我们读书时，是别人在代替我们思想，我们只不过重复他的思想活动的过程而已，犹如儿童启蒙习字时，用笔按照教师以铅笔所写的笔画依样画葫芦一般。我们的思想活动在读书时被免除了一大部分。

——叔本华

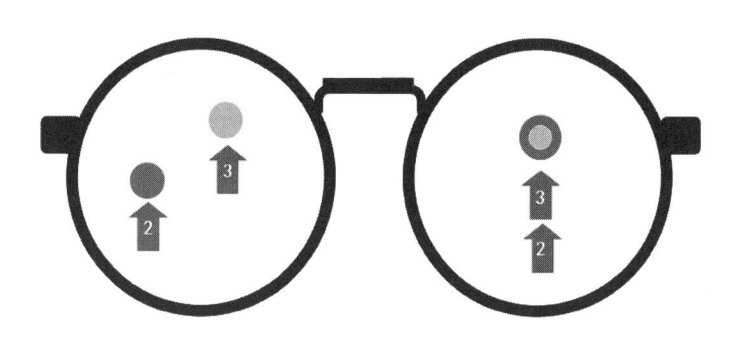

二买三买重合

缠中说禅话说：二买三买重合

显然，第一类买点与第二类买点是前后出现的，不可能产生重合，而第一类买点与第三类买点，一个在中枢之下、一个在中枢之上，也不可能产生重合。只有第二类买点与第三类买点是可能产生重合的，这种情况就是：在第一类买点出现后，一个次级别的走势凌厉地直接上破前面下跌的最后一个中枢，然后在其上产生一个次级别的回抽不触及该中枢，这时候，就会出现第二类买点与第三类买点重合的情况，也只有在这种情况下才会出现两者的重合。当然，在理论上没有任何必然的理由确定第二类、第三类买点重合后一定不会只构成一个更大级别的中枢扩张，但实际上，一旦出现这种情况，一个大级别的上涨往往就会出现。

一旦第二类、第三类买点同时出现，往往后面的力度值得关注。

普莱切特的观点

你必须通过波浪理论的规则将走势的不可能性剔除掉，剩下的便是看似头痛的可能性研判清单了。此时，每个可能性研判必须再通过波浪指南进行适当的分析，包括交替、通道、斐波那契比率关系、波浪的相对规模、基于波浪形态的典型目标价位分析、交易量以及广泛性等。

大多数人说交易就是买进和卖出，而投资是买进和持有。

> **做一个在水中学习游泳的人**
>
> **慢**
>
> 象牙塔里吟定理，纸上谈兵演走势。
> 念念有词二三重，手起刀落零向量。
> 纸上得来终觉浅，绝知此事要躬行。
>
> **股事求是**
>
> 市场先生　图表语言
>
> **画说**
> **二买三买重合**
>
> 事实是无言的芬芳，真理在画说中绽放。
> 穿着最顶级的鲨鱼皮游泳衣，天天岸上练，从来不湿脚。
> 你还在岸上学游泳吗？请跳下水吧！
> 涉浅水者见鱼虾，涉深水者见蛟龙。
> 矮人看戏何曾见，都是随人说短长。
> 掀起你的盖头来，让我看看双重眉。

相关内容见图 10-31 至图 10-36。

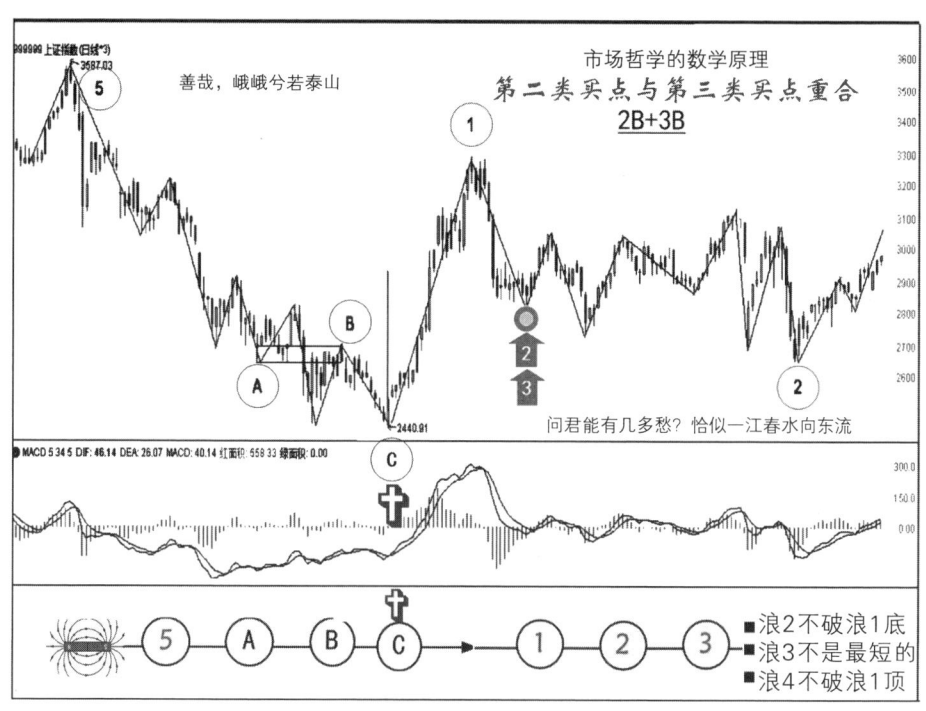

图 10-31　上证指数 3 日线（2019 年 1 月 8 日）

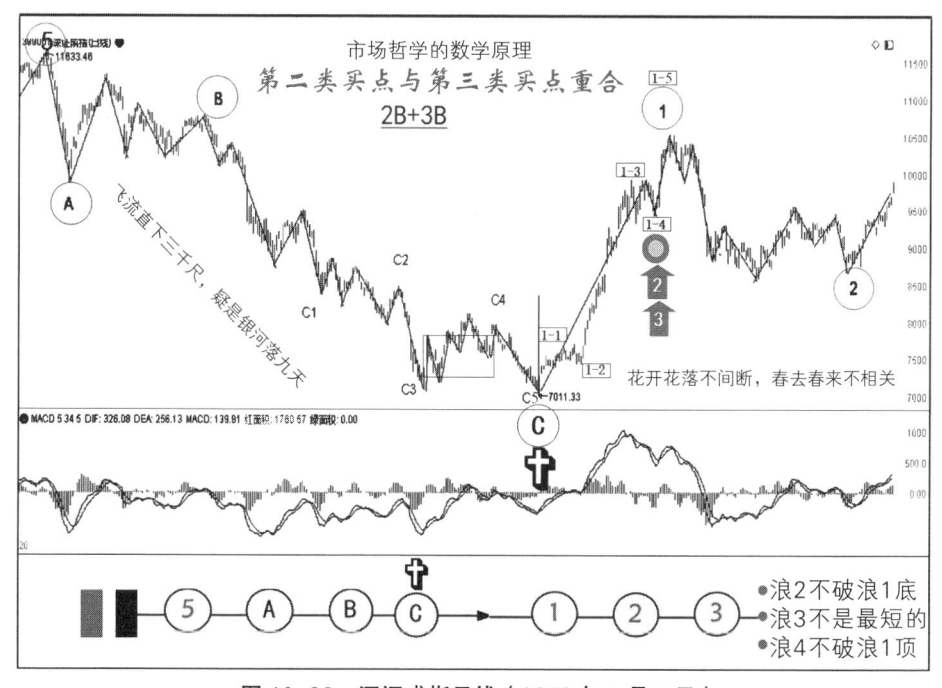

图 10-32　深证成指日线（2019 年 1 月 8 日）

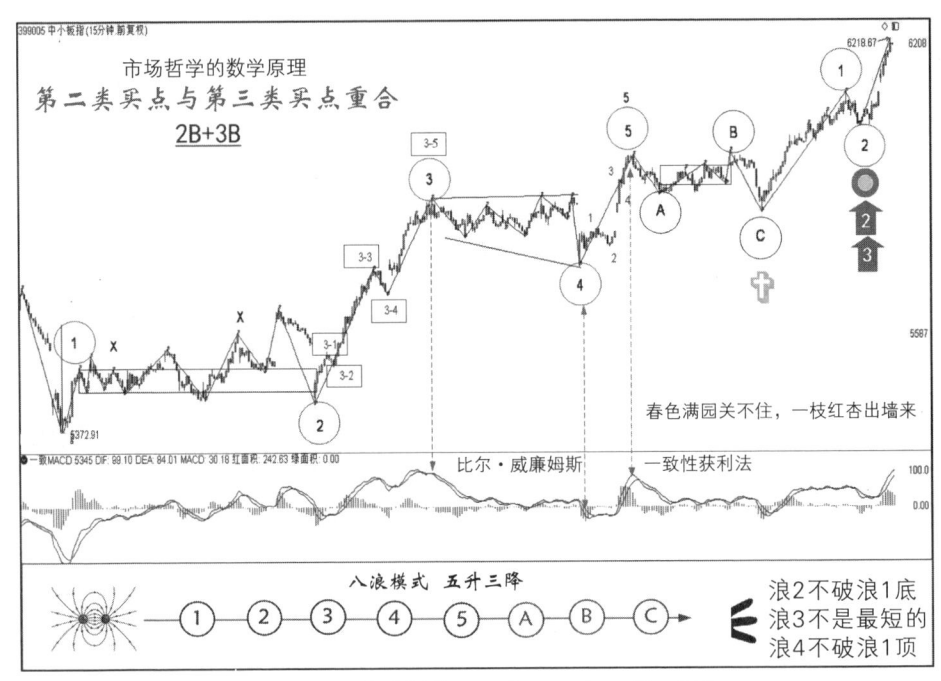

图 10-33　中小板指 15F（2019 年 8 月 8 日）

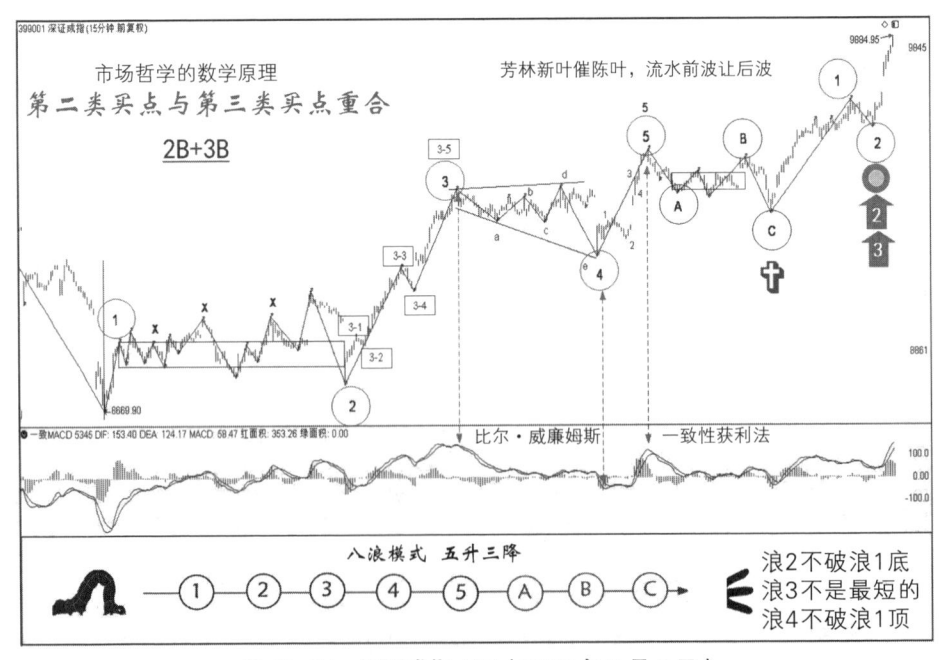

图 10-34　深证成指 15F（2019 年 8 月 8 日）

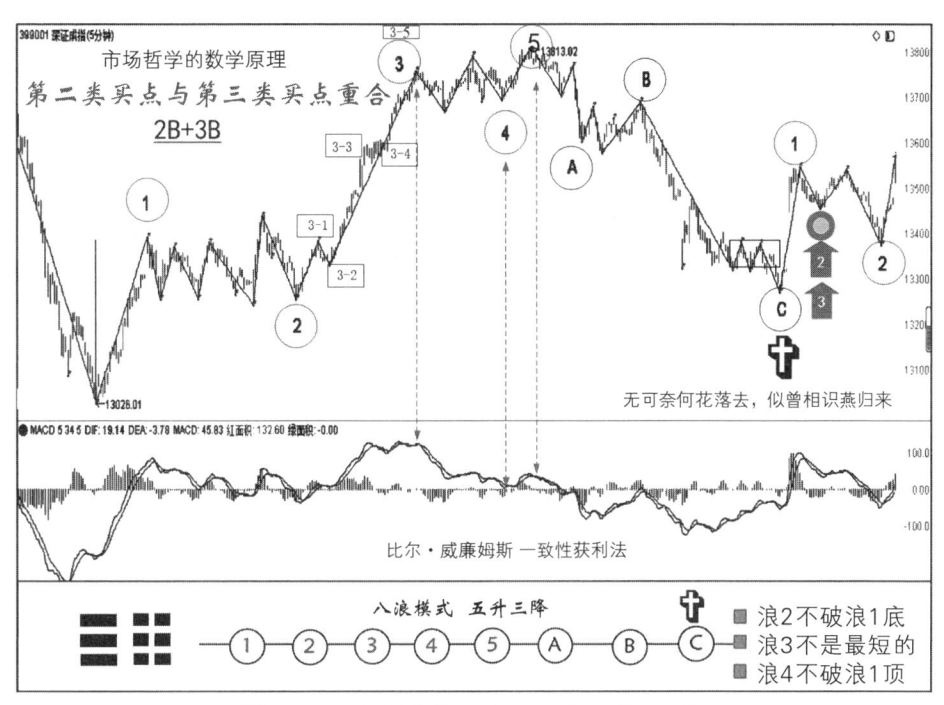

图 10-35 深证成指 5F（2020 年 8 月 12 日）

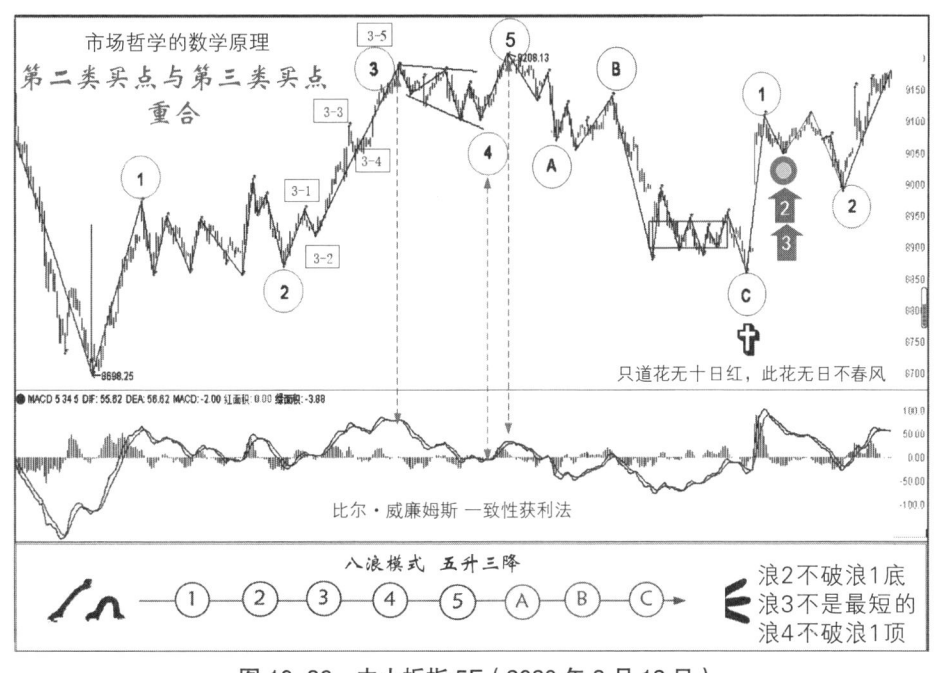

图 10-36 中小板指 5F（2020 年 8 月 12 日）

图穷匕见

无画不说，有画少说；

画中有话，话中有画。

主要是画，次要是话；

画没有错，话会有错。

苹果不言，下自成蹊。

问渠那得清如许？为有源头活水来。

春风得意马蹄疾，一日看嗨二三重。

泰山北斗大家说

◆ 实践不仅具有普遍的资格，而且具有绝对现实的资格。

——黑格尔

◆ 无论鸟的翅膀是多么完美，如果不凭借着空气，它是永远不会飞翔高空的，事实就是科学家的空气。

——巴甫洛夫

◆ 我们一生有很多东西需要坚守，如果浮躁了，就难以看清事物的本来面目。有些事情，我们也要勇于放弃，必要的放弃，是另一种意义上的坚守。

——苏格拉底

小转大 无一卖

缠中说禅话说：小转大 无一卖

小转大没有第一类卖点，有第二类卖点。

第一类卖点，就是该级别的背驰点，这足以应付大多数的情况，但有一种情况是不可以的，就是前面反复强调的小级别转大级别的情况。为什么？因为当小级别背驰时，并触及该级别的第一类卖点，所以就无须操作。对于这种情况，就需要第二类卖点来补充。该卖点，不是专门针对这种小转大情况的，一般来说，高点一次级别向下后一次级别向上，如果不创新高或盘整背驰，都构成第二类卖点。所以，在有第一类卖点的情况下，第一类卖点是最佳的，第二类只是一个补充；但在小级别转大级别的情况下，第二类卖点就是最佳的，因为在这种情况下，不存在该级别的第一类卖点。

【编者按】吉尔伯特法则：真正的危险，是没有人告诉你危险。

普莱切特的观点

对于市场而言，你想获得更多的信息，就让波浪去说话。

规则的应用需要大量的实践和冷静的头脑。

使用艾略特理论获胜的概率高于使用别的方法，并且，那是判断其价值的唯一合理的基础。

波浪理论仅仅对市场交易范畴的人类群体行为进行研究。但是在你决定市场时机的背后，还是应该有好的理由给予支撑。

做一个在水中学习游泳的人

凝

不证自明几何学，公式定理一摞摞。

动力学中小转大，没有一卖二卖佳。

纸上得来终觉浅，绝知此事要躬行。

股事求是

市场先生 图表语言

画说

小转大　无一卖

事实是无言的芬芳，真理在画说中绽放。

穿着最顶级的鲨鱼皮游泳衣，天天岸上练，从来不湿脚。

你还在岸上学游泳吗？请跳下水吧！

涉浅水者见鱼虾，涉深水者见蛟龙。

矮人看戏何曾见，都是随人说短长。

掀起你的盖头来，让我看看二卖佳。

相关内容见图 10-37 至图 10-42。

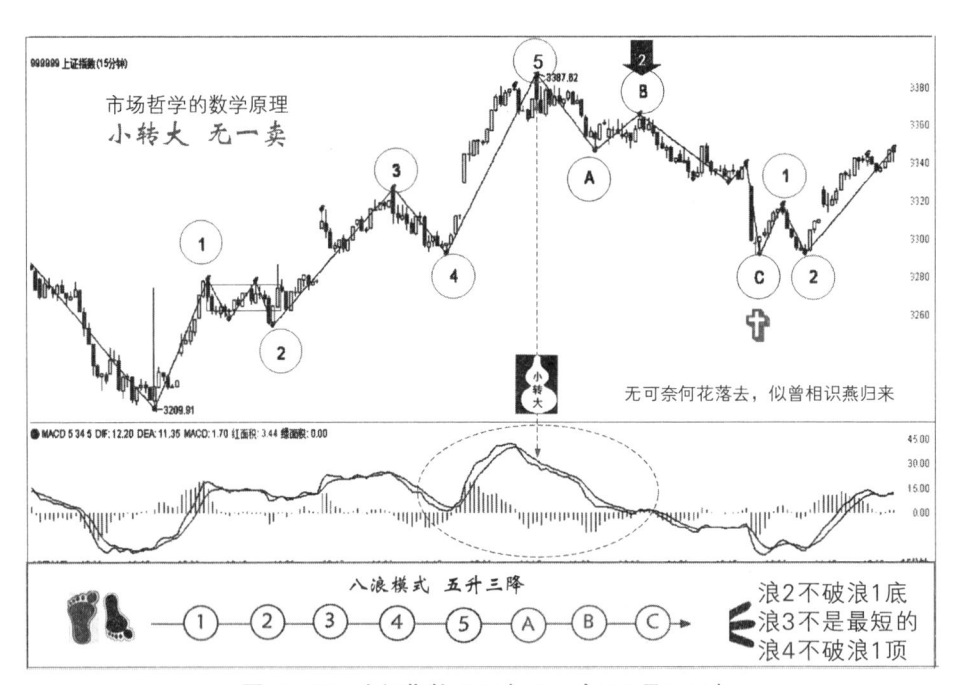

图 10-37　上证指数 15F（2020 年 11 月 2 日）

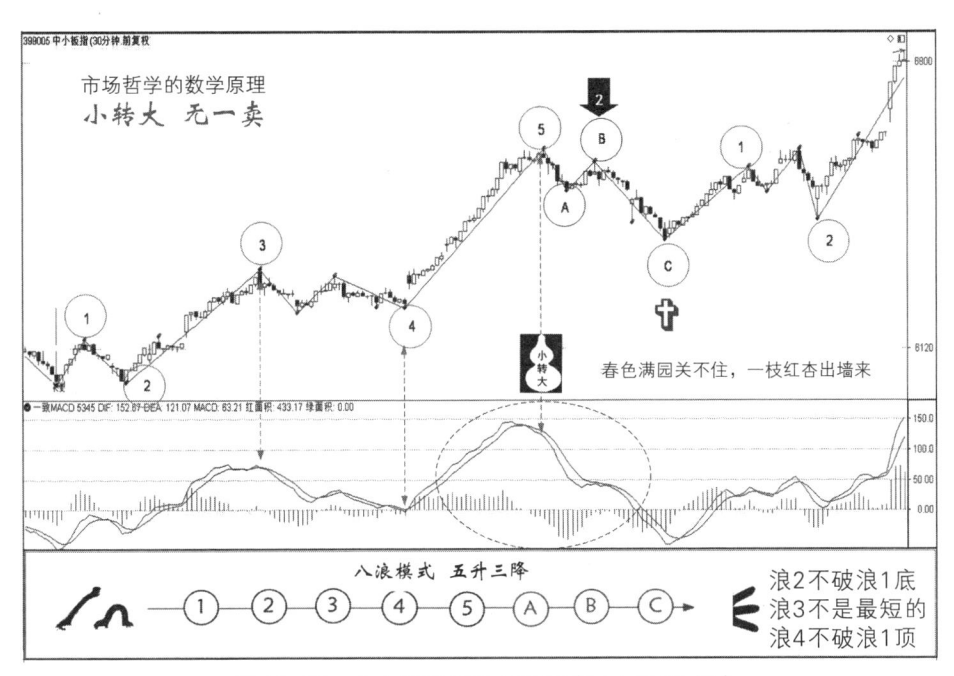

图 10-38　中小板指 30F（2019 年 11 月 29 日）

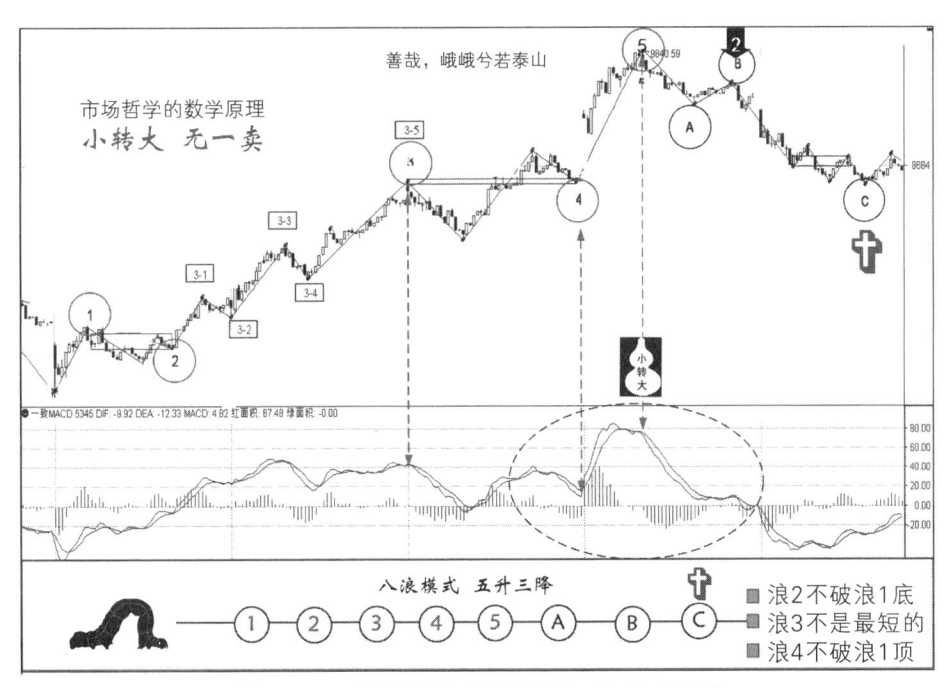

图 10-39　深证成指 5F（2019 年 10 月 15 日）

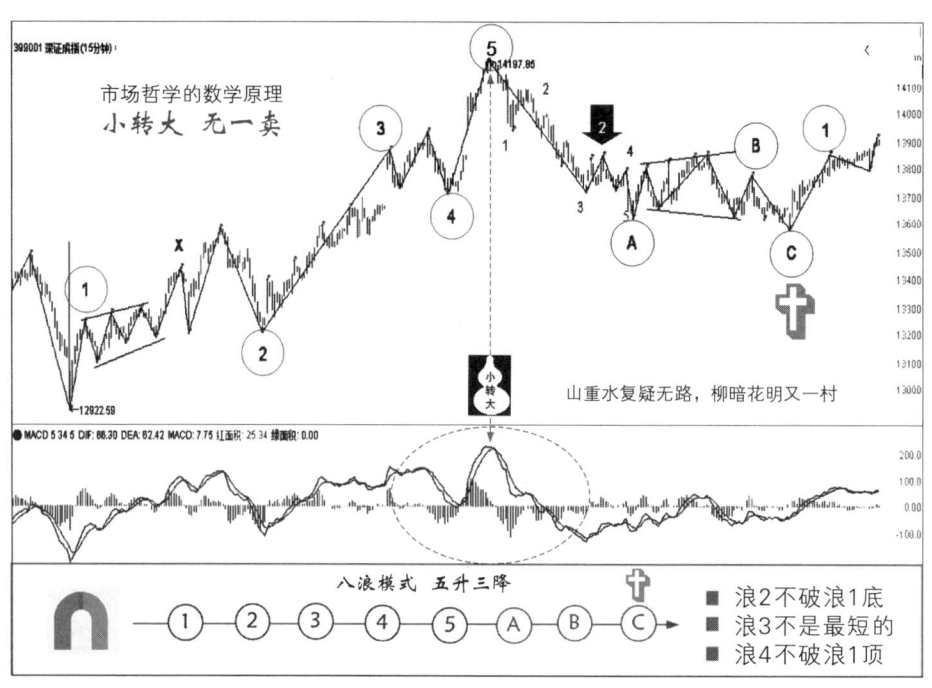

图 10-40　深证成指 15F（2020 年 10 月 26 日）

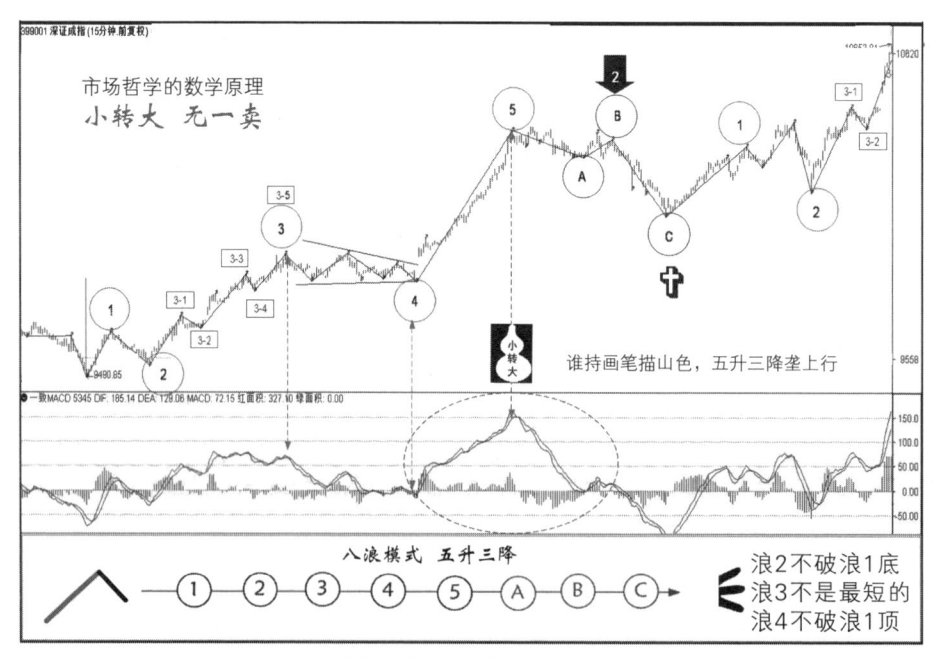

图 10-41　深证成指 15F（2019 年 11 月 29 日）

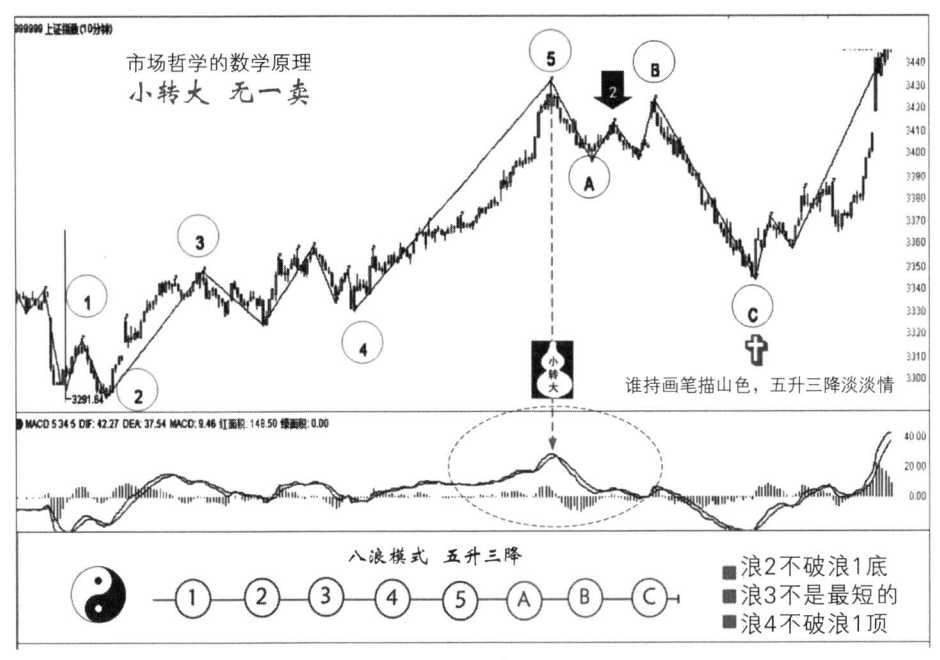

图 10-42　上证指数 10F（2020 年 11 月 13 日）

图穷匕见

无画不说，有画少说；

画中有话，话中有画。

主要是画，次要是话；

画没有错，话会有错。

宝剑锋从磨砺出，梅花香自苦寒来。

业精于勤荒于嬉，行成于思毁于随。

言人人殊兼听则明

缠中说禅：波浪理论是先验论，理论上头头是道，一用起来错漏百出。

波浪理论视角：缠中说禅小转大是画蛇添足，多此一举。

泰山北斗大家说

◆ 逆境是人类获得知识的最高学府，难题是人们取得智慧之门。

——苏格拉底

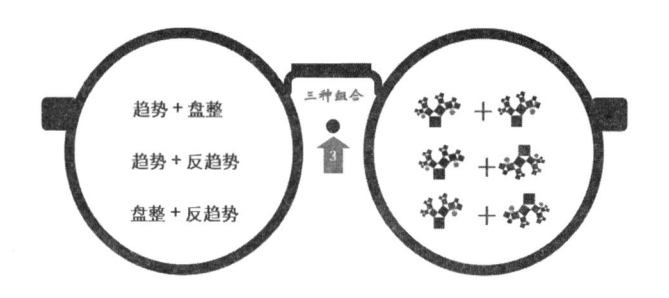

三买 三种组合

缠中说禅话说：第三类买点的次级别走势

第三类买点定理：一个次级别走势类型向上离开缠中说禅走势中枢，然后以一个次级别走势类型回试，其低点不跌破 ZG，则构成了第三类买点。

某级别"缠中说禅走势中枢"的破坏，当且仅当一个次级别走势离开该"缠中说禅走势中枢"后，其后的次级别回抽走势不重新回到该"缠中说禅走势中枢"内。在定理中的两个次级别走势的组合只有三种：趋势 + 盘整、趋势 + 反趋势、盘整 + 反趋势。

上涨趋势代表从上方突破的情况。而站在实用的角度，最有力的破坏就是趋势 + 盘整。例如在上涨中，如果一个次级别走势向上突破后以一个盘整走势进行整理回抽，那其后的上涨往往比较有力，特别这种突破是在底部区间。这种情况太常见了，其理论依据就在这里。

普莱切特的观点

市场趣味无穷。只有长期观察，你才能悟出其中一些门路。

只要你搞懂艾略特波浪理论，就常常可以预测任何市场未来的可能走势，而且通常八九不离十。

波浪理论之所以发展起来，是因为它反映了人的潜意识思维模式而不是理性思维模式。人们总会在市场上升的时候幻想世界繁荣的景象，而在市场下降的时候感受到毁灭。群众的推动会产生趋势与极端。

做一个在水中学习游泳的人

贪

象牙塔里吟定理，纸上谈兵演走势。

三买次级三组合，穷尽变化不预测。
纸上得来终觉浅，绝知此事要躬行。

股事求是
市场先生　图表语言

画说
第三类买点的次级别走势
趋势＋盘整
趋势＋反趋势
盘整＋反趋势

事实是无言的芬芳，真理在画说中绽放。
穿着最顶级的鲨鱼皮游泳衣，天天岸上练，从来不湿脚。
你还在岸上学游泳吗？请跳下水吧！
涉浅水者见鱼虾，涉深水者见蛟龙。
矮人看戏何曾见，都是随人说短长。
掀起你的盖头来，让我看看啥花样。

三种组合之一：趋势＋盘整

相关内容见图 10-43 至图 10-49。

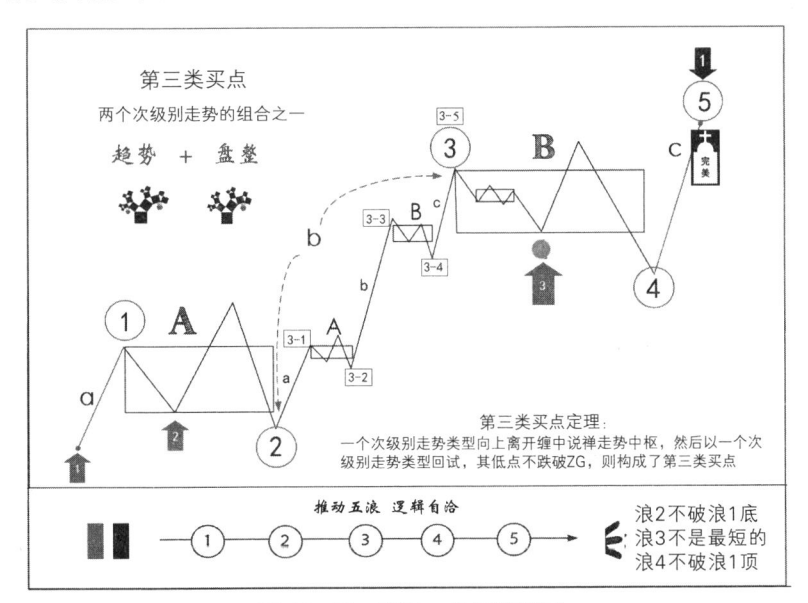

图 10-43　趋势＋盘整原理图

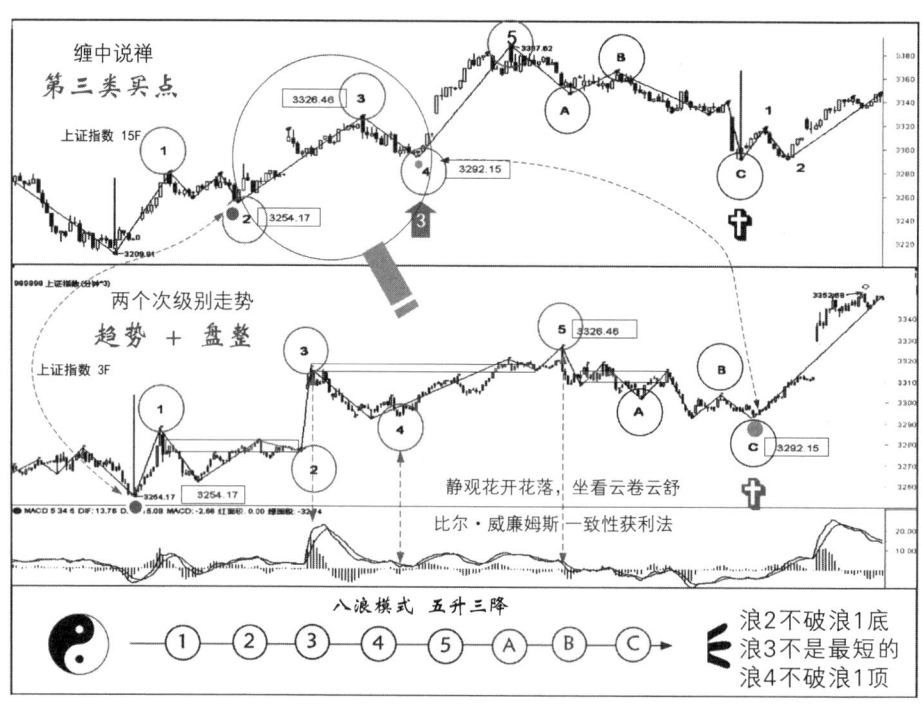

图 10-44　上证指数 15F、3F（2020 年 11 月 2 日）

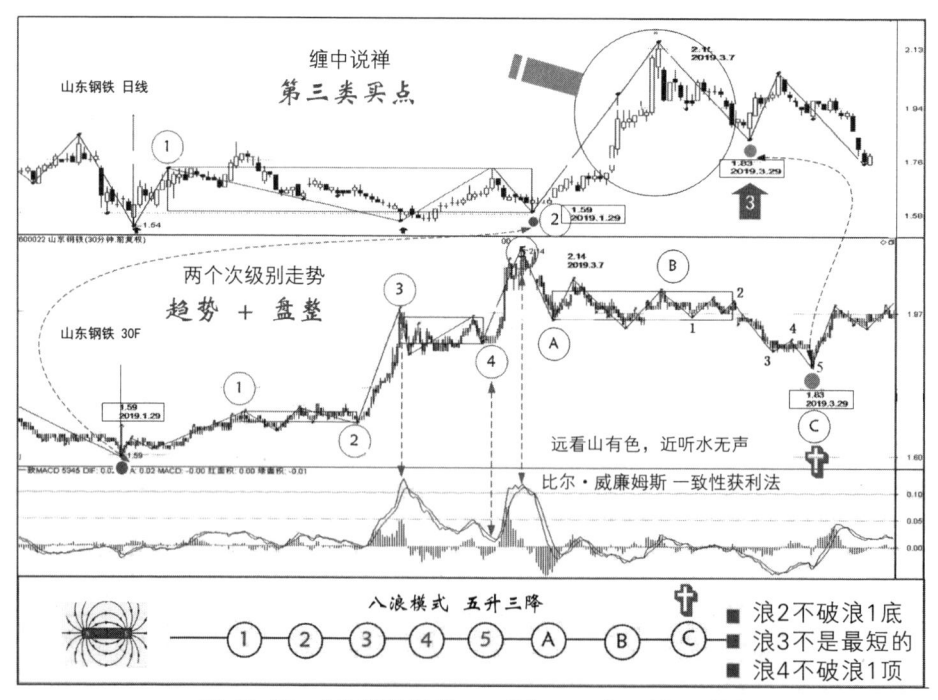

图 10-45　山东钢铁日线、30F（2019 年 1 月 29 日）

三种组合之二：趋势 + 反趋势

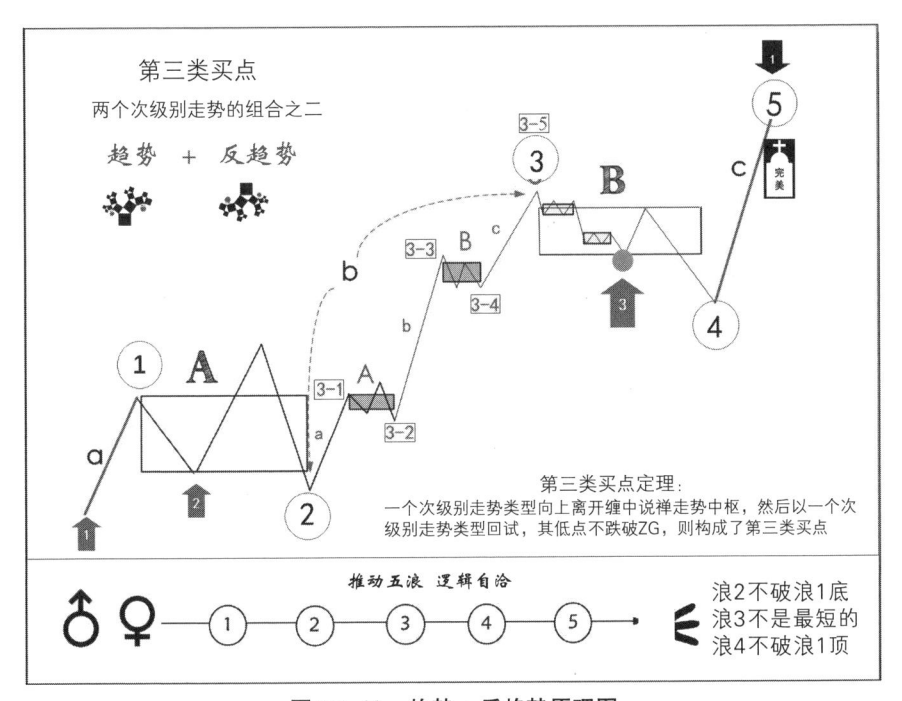

图 10-46　趋势 + 反趋势原理图

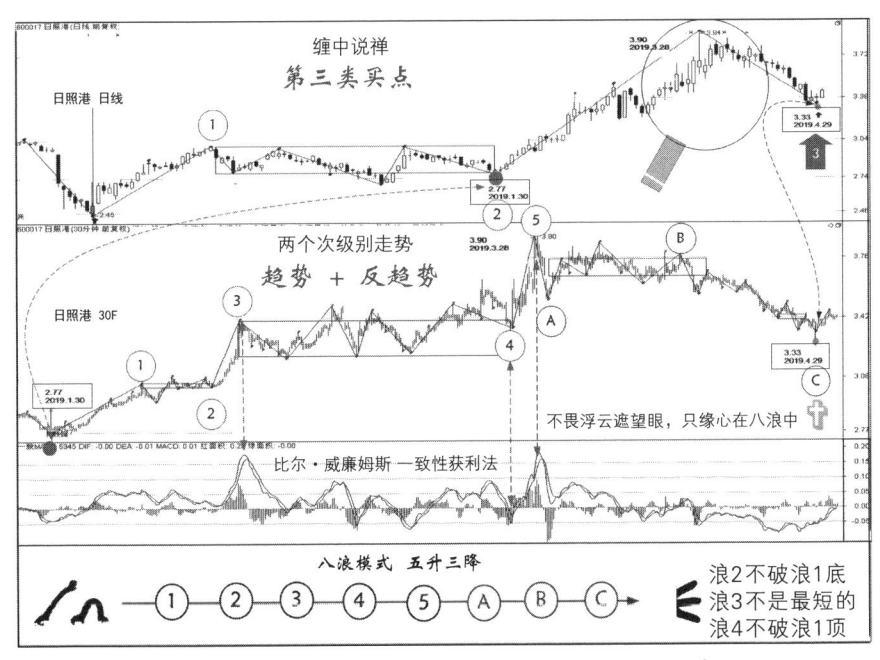

图 10-47　日照港日线、30F（2019 年 1 月 30 日）

三种组合之三：盘整 + 反趋势

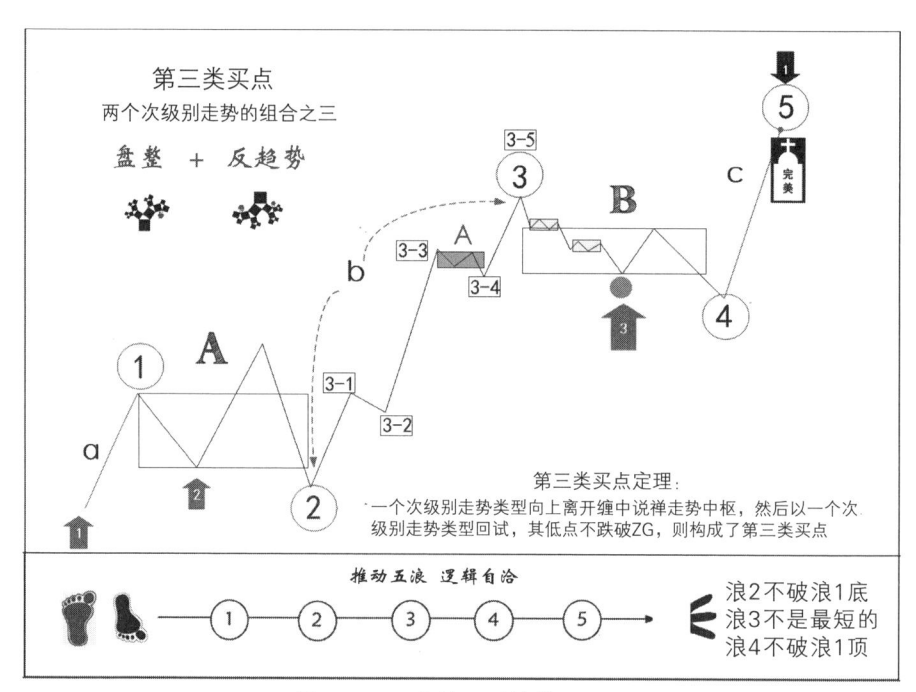

图 10-48　盘整 + 反趋势原理图

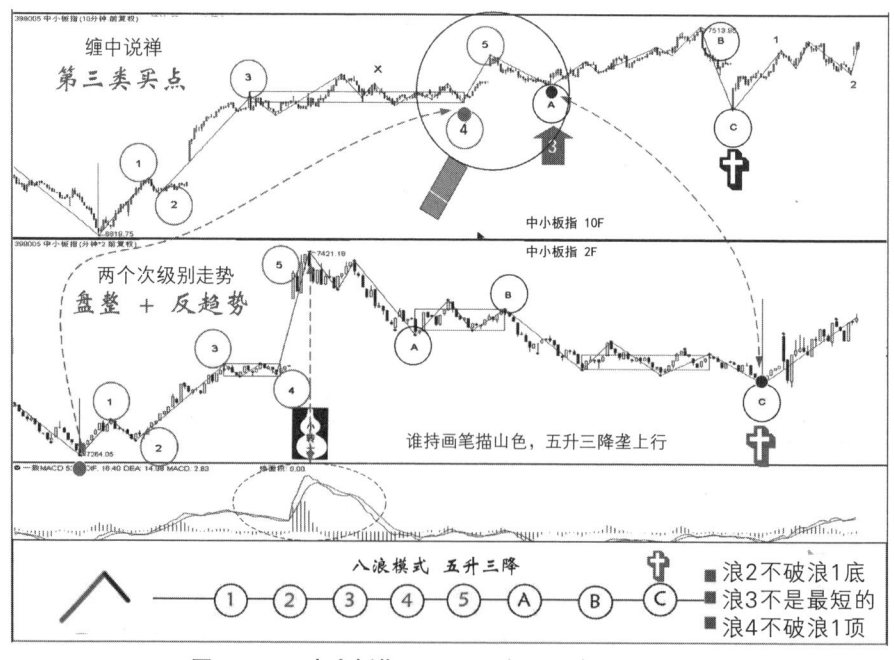

图 10-49　中小板指 10F、2F（2020 年 6 月 5 日）

图穷匕见

无画不说，有画少说；

画中有话，话中有画。

主要是画，次要是话；

画没有错，话会有错。

宝剑锋从磨砺出，梅花香自苦寒来。

不畏浮云遮望眼，只缘心在八浪中。

股事求是

缠中说禅第三类买点中的两个次级别走势的组合只有三种：

趋势＋盘整、趋势＋反趋势、盘整＋反趋势。

在市场先生的图表语言中，细心观察的读者应该发现如下逻辑关系：

趋势＋盘整＝八浪模式五升三降

趋势＋反趋势＝八浪模式五升三降

盘整＋反趋势＝八浪模式五升三降

换言之，不管第三类买点的次级别走势的具体组合是多么丰富多彩、变化多端，总而言之，言而总之，一言以蔽之：缠中说禅的"阴阳双笔"，在小级别走势中就是艾略特八浪结构。

上述图例中，作为参照系的笛卡儿横轴坐标，清清楚楚，明明白白，告诉我们：

不管次级别走势具体形态如何变化，趋势也好，盘整也罢，变来变去，缠进缠出，脱掉马甲，就是艾略特八浪模式五升三降，万变不离其宗，如此而已。

尽管缠中说禅对波浪理论总是嗤之以鼻，但又耿耿于怀；而实际上，缠中说禅和艾略特波浪理论之间没有楚河汉界，它们也只是貌离神合，还时不时地眉来眼去，暗送秋波。

泰山北斗大家说

◆ 人们还往往把真理和错误混在一起去教人，而坚持的却是错误。

——歌德

◆ 使我们摔跤的往往是我们的朋友。

——雨果

第 11 章 买点买卖点卖

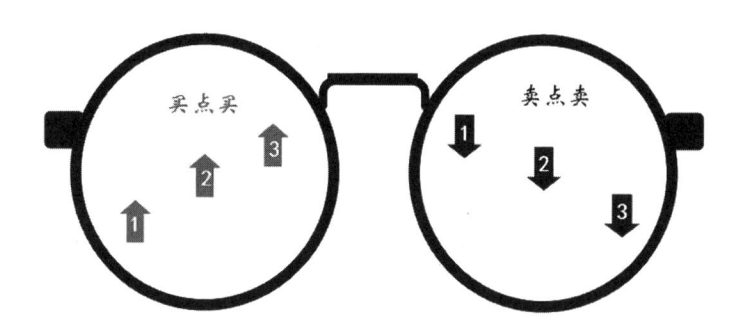

面对在任何特定时候出现的种种可能，客观运用波浪理论规则和指导方针的合格分析人士通常应当同时考虑可能性列表和概率顺序。这种顺序通常可以明确说明。但是，不要以为概率顺序的确定等同于出现某个特定结果的确定。只有在极少数情况下，你能确切知道市场将会如何运行。你必须理解而且接受，即使可以对一种相当具体的事件得出很高概率的手段，有时也会出错。

知道艾略特规则不允许的东西，你就能够推断剩下的必定是市场适当的前景，而无论用其他方法看起来有多不可能。然而，这种排除的思考方法可以提炼出艾略特理论的精华，这种思考妙趣横生。我们真诚地鼓励你做出尝试。

> **做一个在水中学习游泳的人**
>
> **贪**
>
> 不证自明几何学，目无全牛合关节。
>
> 买之前戏买点买，卖之高潮卖点抛。
>
> 纸上得来终觉浅，绝知此事要躬行。

> **股事求是**
>
> 市场先生　图表语言
>
> **画说**
>
> **买点买卖点卖**
>
> 事实是无言的芬芳，真理在画说中绽放。
>
> 穿着最顶级的鲨鱼皮游泳衣，天天岸上练，从来不湿脚。
>
> 你还在岸上学游泳吗？请跳下水吧！
>
> 涉浅水者见鱼虾，涉深水者见蛟龙。
>
> 矮人看戏何曾见，都是随人说短长。
>
> 掀起你的盖头来，让我看看买卖点。

相关内容见图 11-1 至图 11-6。

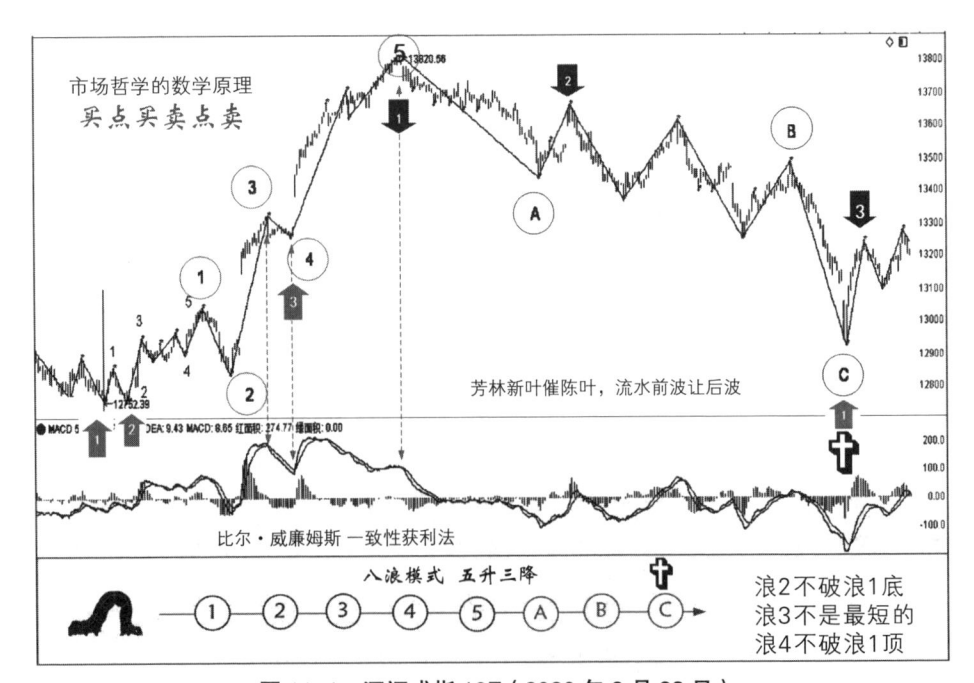

图 11-1　深证成指 10F（2020 年 9 月 28 日）

第 11 章　买点买卖点卖

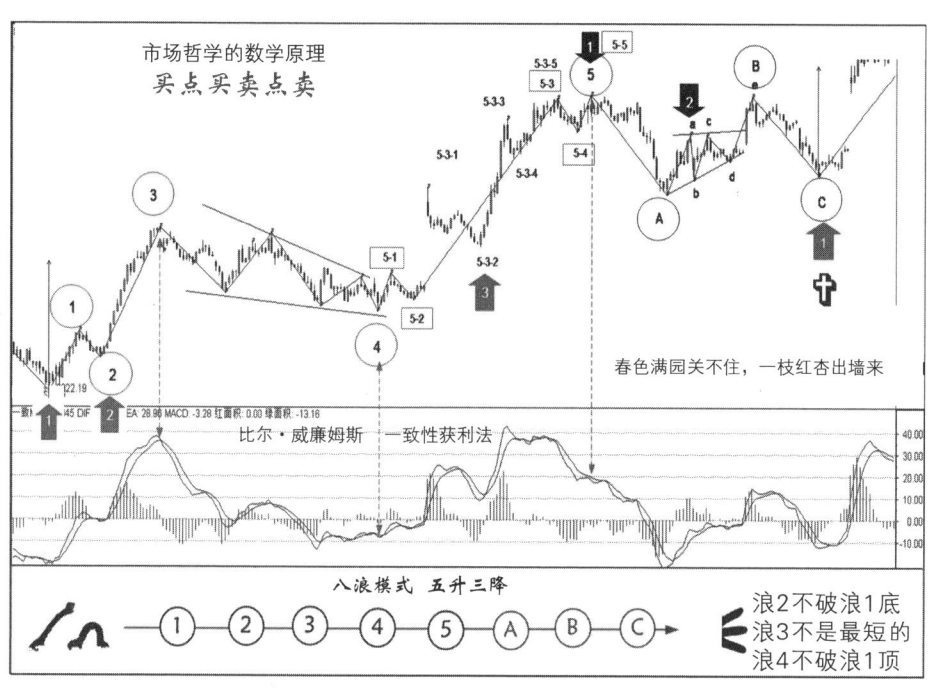

图 11-2　上证指数 15F（2019 年 6 月 10 日）

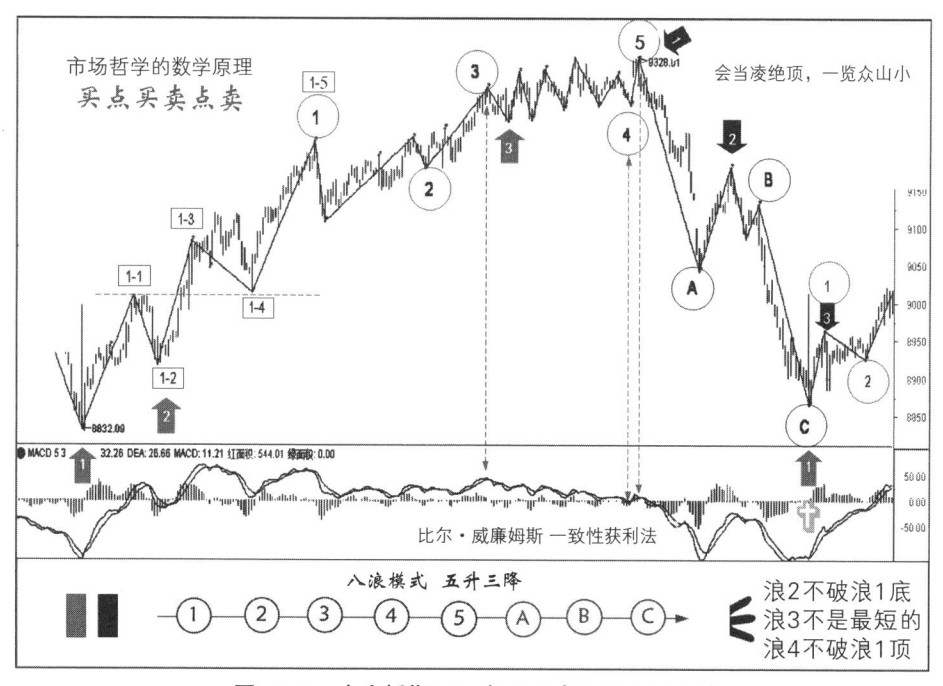

图 11-3　中小板指 10F（2020 年 10 月 11 日）

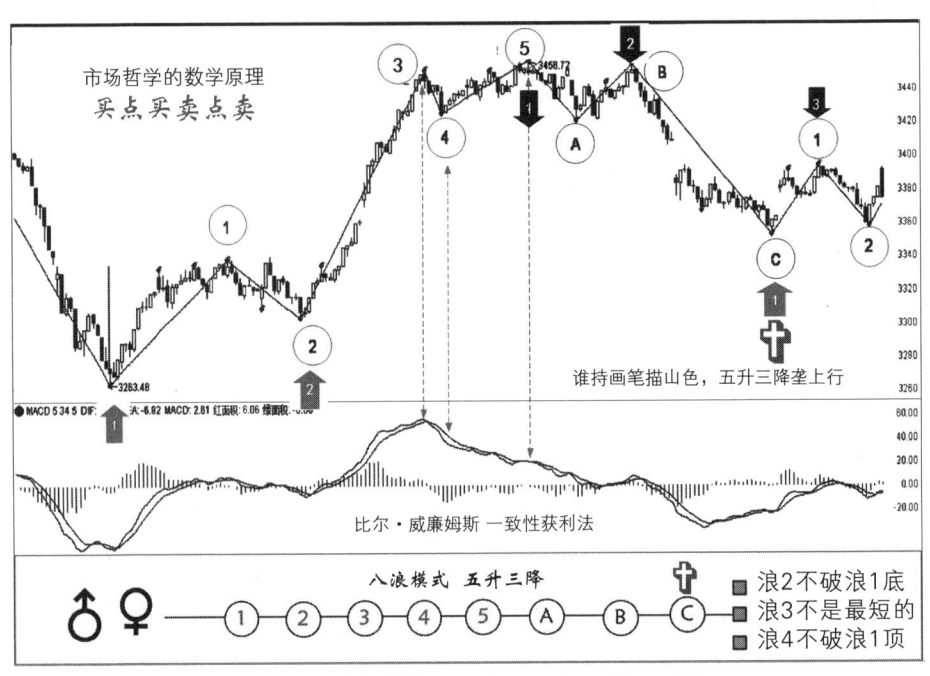

图 11-4　上证指数 10F（2020 年 8 月 12 日）

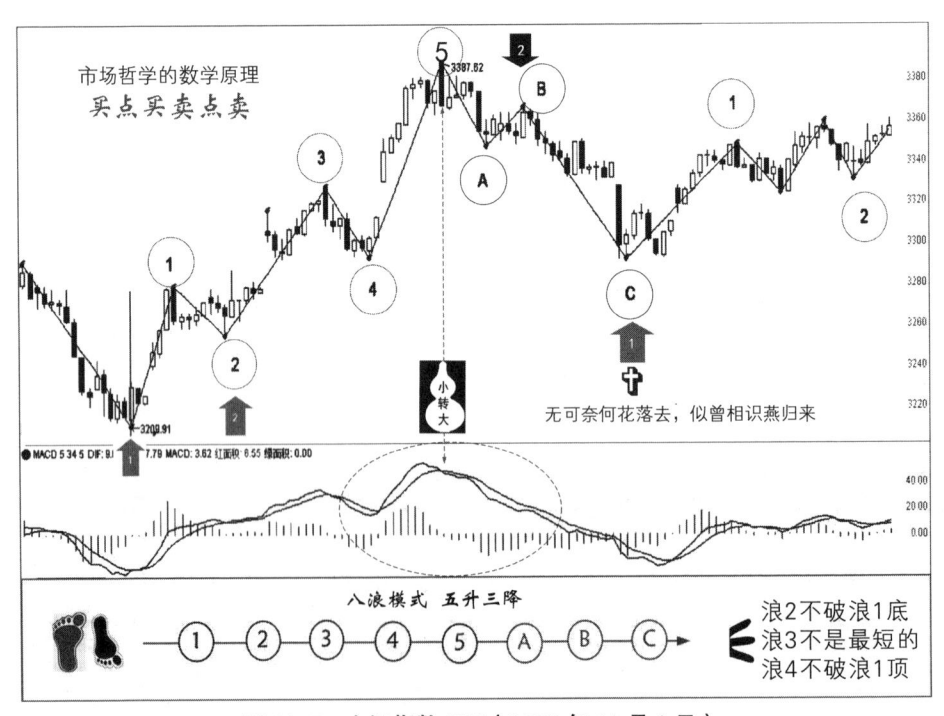

图 11-5　上证指数 30F（2020 年 11 月 2 日）

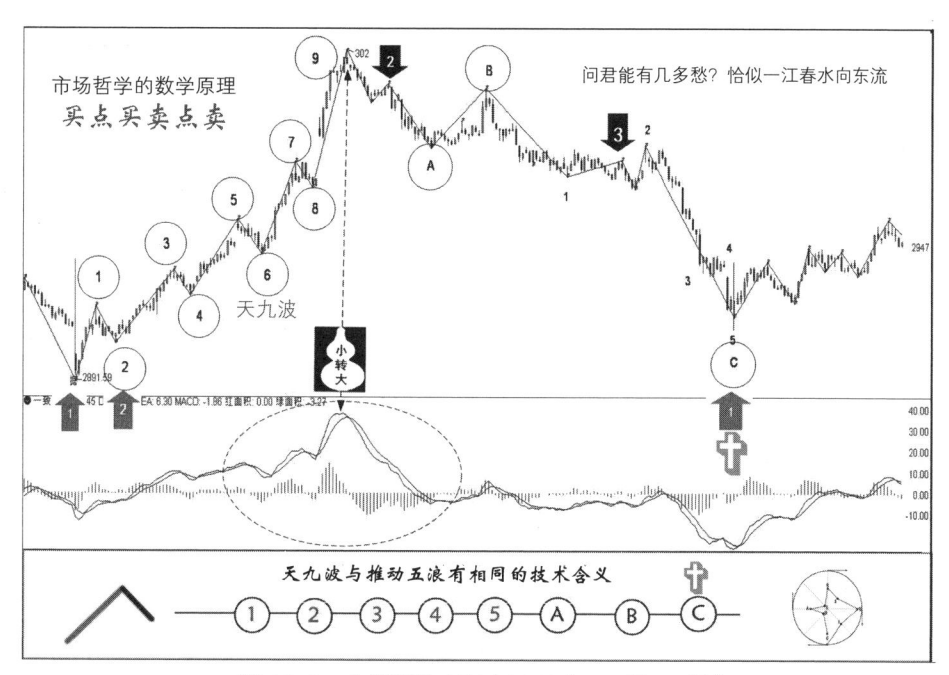

图 11-6　上证指数 10F（2019 年 10 月 10 日）

图穷匕见

无画不说，有画少说；

画中有话，话中有画。

主要是画，次要是话；

画没有错，话会有错。

春风得意马蹄疾，一日看嗨买卖点。

问君能有几多愁？恰似一江春水向东流。

泰山北斗大家说

◆ 凡是我没有明确地认识到的东西，我绝不把它当成真的加以接受。

——笛卡儿

◆ 不加思考地滥读或无休止地读书，所读过的东西无法刻骨铭心，其大部分终将消失殆尽。

——叔本华

第 12 章 走势终完美

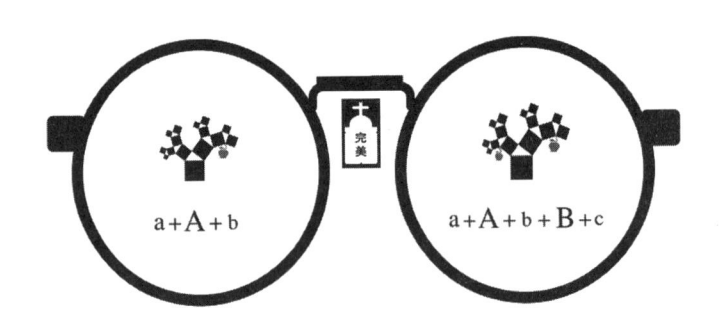

缠中说禅话说：走势终完美[①]

缠中说禅技术分析基本原理一：任何级别的任何走势类型终要完成。后面用一句更简练的话，就是"走势终完美"。"所有级别的走势都能分解成趋势与盘整"是"不患"的，是无位次的，而"走势类型终要完成"的"走势终完美"以"所有级别的走势都能分解成趋势与盘整"的无位次而位次之，而"患"之。"走势终完美"，而走势"不患"的可以分解成趋势与盘整，换言之，"趋势终完美，盘整也终完美"。

本 ID 理论的关键不是什么中枢、走势类型，而是走势必完美，这才是本 ID 理论的核心。有了走势必完美，就可以把一切关于走势的理论包含其中，所以本 ID 的理论可以包含所有其他理论并指出其不足的地方，原因就在于本 ID 的理论解决了最根本的理论问题：唯一分解。

> 做一个在水中学习游泳的人
>
> 疑
>
> 象牙塔里吟定理，纸上谈兵演走势。

---

① 缠中说禅. 教你炒股票 [M]. 北京：科学技术文献出版社，2013.

第 12 章 走势终完美

生住坏灭终完美，手起刀落零向量。
纸上得来终觉浅，绝知此事要躬行。

股事求是

市场先生　图表语言

画说

走势终完美

事实是无言的芬芳，真理在画说中绽放。
穿着最顶级的鲨鱼皮游泳衣，天天岸上练，从来不湿脚。
你还在岸上学游泳吗？请跳下水吧！
涉浅水者见鱼虾，涉深水者见蛟龙。
矮人看戏何曾见，都是随人说短长。
掀起你的盖头来，让我看够终完美。

相关内容见图 12-1 至图 12-6。

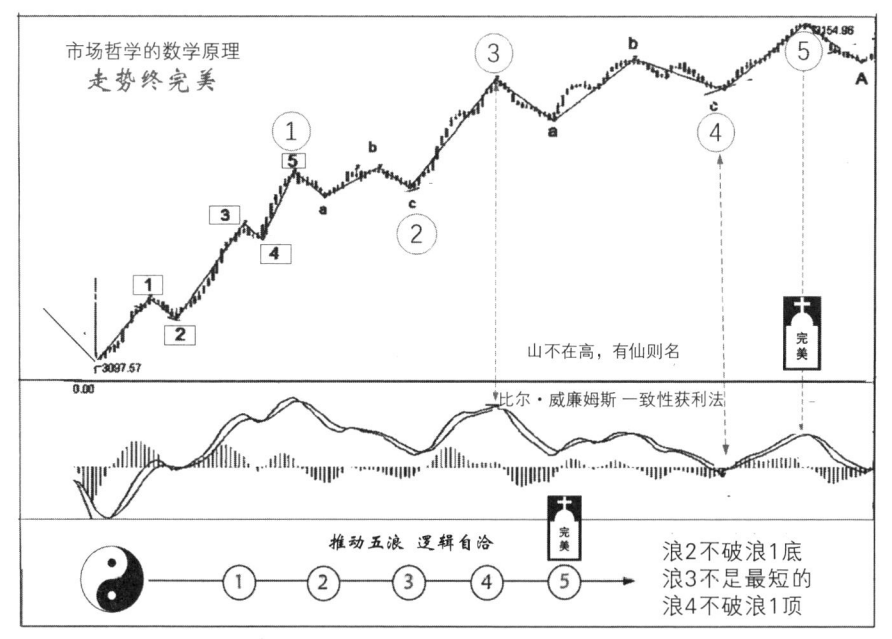

图 12-1　上证指数 1F（2017 年 4 月 27 日）

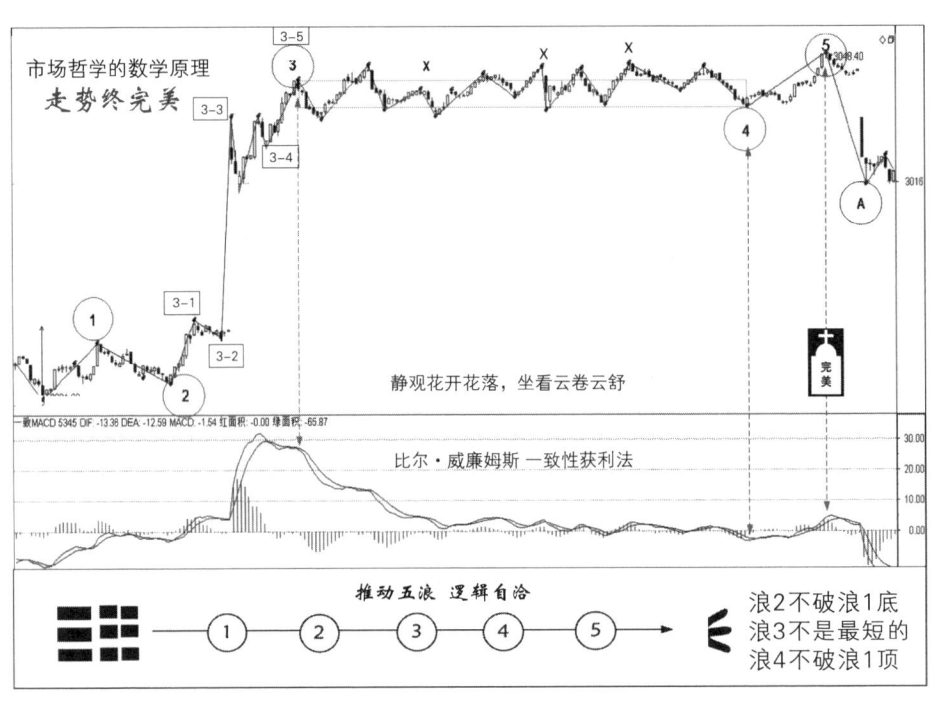

图 12-2　上证指数 3F（2019 年 7 月 1 日）

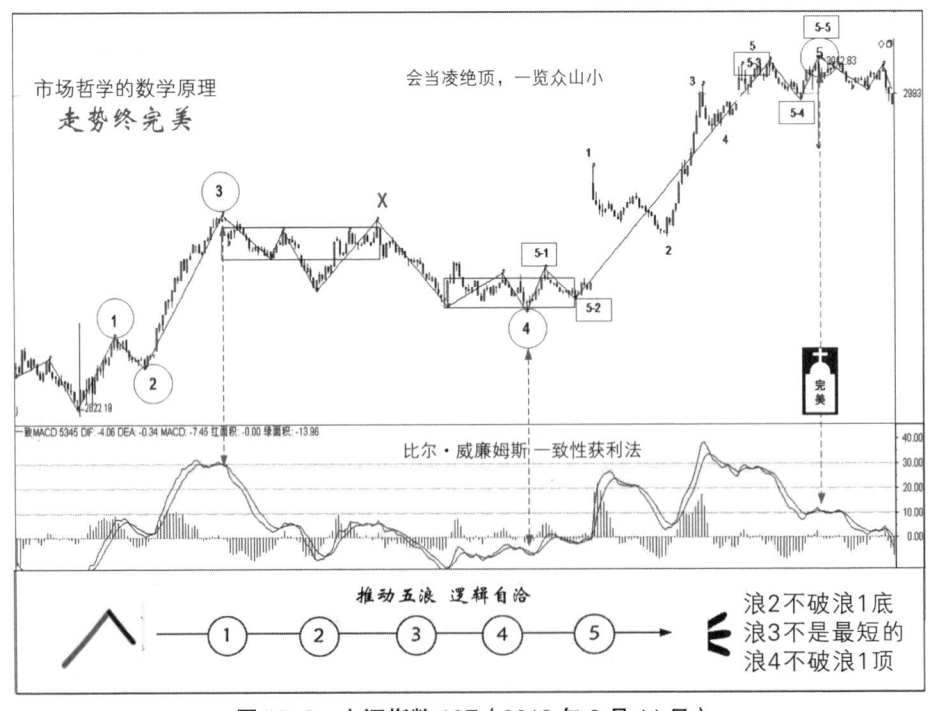

图 12-3　上证指数 10F（2019 年 6 月 11 日）

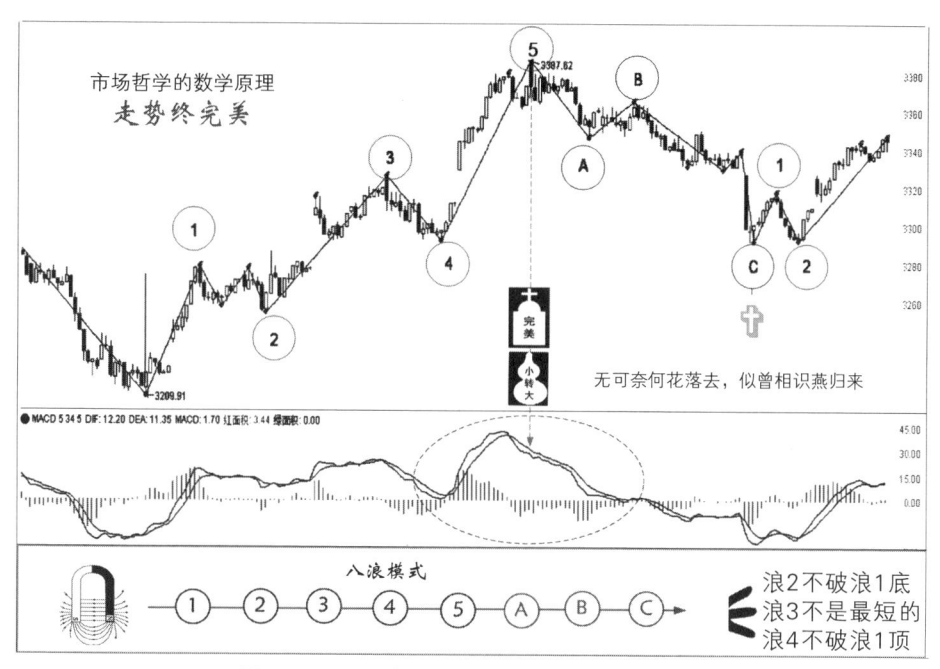

图 12-4　上证指数 15F（2020 年 11 月 2 日）

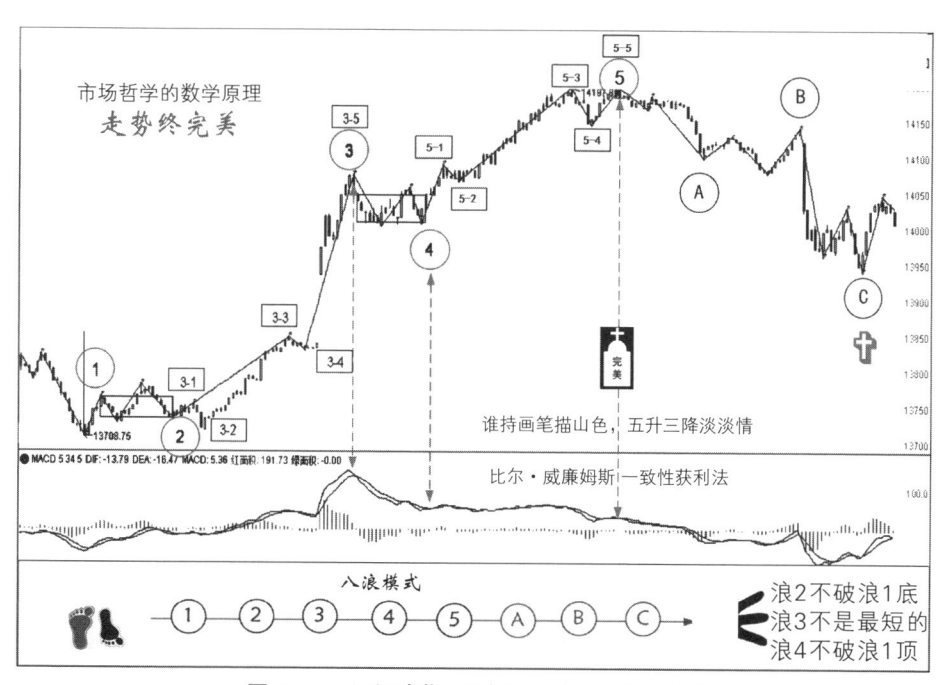

图 12-5　深证成指 2F（2020 年 11 月 6 日）

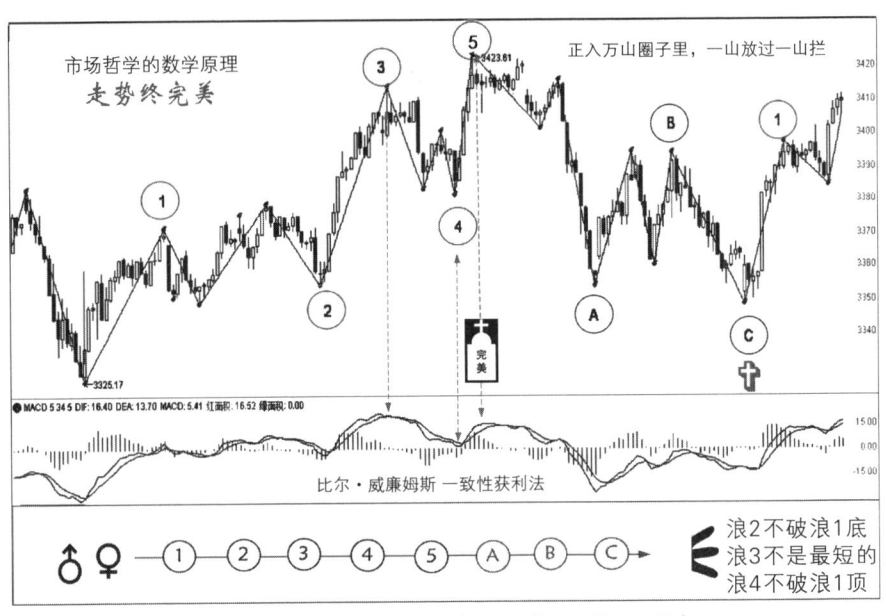

图 12-6　上证指数 15F（2020 年 12 月 11 日）

图穷匕见

无画不说，有画少说；
画中有话，话中有画。
主要是画，次要是话；
画没有错，话会有错。
春风得意马蹄疾，一日看嗨终完美。
世间无限丹青手，一片伤心画不成。

【编者按】 孙子曰：兵者，诡道也。故能而示之不能，用而示之不用，近而示之远，远而示之近。利而诱之，乱而取之，实而备之，强而避之，怒而挠之，卑而骄之，佚而劳之，亲而离之，攻其无备，出其不意。此兵家之胜，不可先传也。

泰山北斗大家说

◆ 万物就在存在之轮上循环往复，万物方生，万物方死，万物消灭了，万物又新生了。

——尼采

第 13 章　树不能长到天上

缠中说禅话说：苹果和苹果树

《自然哲学的数学原理》的作者牛顿因苹果激发出灵感，而《市场哲学的数学原理》的作者缠中说禅对苹果也情有独钟。在《教你炒股票108课》中，本ID把中枢比作苹果，把走势类型比作苹果树，盘整走势类型是只有一个苹果的苹果树，而趋势走势类型是有两个以上苹果的苹果树。

【编者按】请教，不结苹果的苹果树，会不会长得更高？因为，它把更多的能量都用来长个了！

苹果树不能长到天上

亚里士多德说：三段论是一种论证，其中只要确定某些论断，某些异于它们的东西，便可以从如此确定的论断中推出。

苏格拉底有一个赫赫有名的三段论。

大前提：所有的人都是要死的。

小前提：苏格拉底是人。

结论：所以苏格拉底是要死的。

苏格拉底的三段论可以归纳如下：

三段论推理是演绎推理中的一种简单推理判断方式，它包含：

大前提：一个一般性的原则。

小前提：一个附属于大前提的特殊化陈述。

结论：由此引申出的特殊化陈述，符合一般性原则的结论。

这就是著名的苏格拉底三段论。

这里，我们来一个鹦鹉学舌、东施效颦、狗尾续貂。

德国有一句谚语说：幸好有大自然的关照，树木才没有长到天那么高。

投资界的传奇人物彼得·林奇也说：树不能长到天上。世界上任何事物很少有直线式发展的，事物发展总是有进有退、有快有慢。有些事物可能在开始时进展很快，然后却放慢了节奏；有些事物可能在开始时慢慢变化，然后突然急转而下。

事物的盛衰和涨落是基本的规律，经济、企业、市场同样如此。任何一家上市公司，它的发展都是有一定的瓶颈的，不可能无限发展，更不可能永远高速发展。

借用彼得·林奇的话（树不能长到天上），我们也来一次三段论演绎推理：

大前提：树不能长到天上。

小前提：苹果树是树。

结论：所以苹果树不能长到天上。

推论：

（1）零个苹果的苹果树（无中枢）不能长到天上。

（2）一个苹果的苹果树（盘整）不能长到天上。

（3）两个以上苹果的苹果树（趋势）不能长到天上。当然，无穷个苹果的苹果树，也不能长到天上！

麦肯锡——结构化思维

我们找到了深度思考的土壤，还得拥有一套开垦土壤的工具，即拥有一套深度思考的方法。

埃及的金字塔闻名遐迩，虽然没有亲眼见过金字塔，但不应该不知道金字塔原理吧！

说到结构化思维，就不得不说《金字塔原理》这本书，该书对结构化思维做了基础的解读，有四个基本规则。

- 结论先行：每次思考都只有一个中心思想。
- 以上统下：每一层次的思想必须是对其下一层次思想的概括总结。
- 归类分组：同组的思想观点必须是属于同一逻辑范畴的。
- 逻辑递进：每组的思想观点必须按照逻辑顺序排列。

基本结构：结论先行、以上统下、归类分组、逻辑递进。

先后次序：先重要后次要、先总结后具体、先框架后细节、先结论后原因、先结果后过程、先论点后论据。

【编者按】本书中的"金字塔系统图"（见图0-1），就是金字塔原理的具体应用。

在麦肯锡金字塔原理中，巴巴拉·明托（Barbara Minto）提出了MECE（相互独立、完全穷尽）原则。

这是麦肯锡的第一个女咨询顾问巴巴拉·明托，在金字塔原理中提出的一个很重要的原则。

所谓不遗漏、不重叠是指，将某个整体（不论是客观存在的，还是概念性的）划分为不同的部分时，必须保证划分后的各部分符合以下要求：

（1）各部分之间相互独立。

（2）所有部分完全穷尽。

MECE是麦肯锡思维过程的一条基本准则。"相互独立"意味着问题的细分是在同一维度上并有明确区分，是不可重叠的；"完全穷尽"则意味着全面、周密。

【编者按】缠中说禅——完全分类。

学以致用

苹果树的完全分类

应用MECE原则，把苹果树做以下分类：

（1）零个苹果的苹果树。

（2）一个苹果的苹果树。

（3）两个苹果的苹果树。

（4）三个苹果的苹果树。

（5）四个苹果的苹果树。

（6）五个苹果的苹果树。

（7）六个苹果的苹果树。

（8）N个苹果的苹果树。

苹果树的高度

没有规矩，不成方圆，还需要定义苹果树的高度。通常认为一棵树的高度是从树根到树梢的垂直距离：

- 缠中说禅：从第一买点到第一卖点。

在标准趋势走势类型 a+A+b+B+c 式子中，从进中枢段 a 的起始点，到出中枢段 c 的结束点的距离，视为苹果树的高度。

- 波浪理论：从第 1 浪的起始点，到第 5 浪的终结点的距离，视为苹果树的高度。

做一个在水中学习游泳的人

痴

象牙塔里吟定理，白纸一张演走势。

念念有词苹果树，枝繁叶茂吻白云。

纸上得来终觉浅，绝知此事要躬行。

股事求是

市场先生　图表语言

画说

苹果树不能长到天上

事实是无言的芬芳，真理在画说中绽放。

穿着最顶级的鲨鱼皮游泳衣，天天岸上练，从来不湿脚。

你还在岸上学游泳吗？请跳下水吧！

涉浅水者见鱼虾，涉深水者见蛟龙。

矮人看戏何曾见，都是随人说短长。

掀起你的盖头来，让我看看苹果脸。

相关内容见图 13-1。

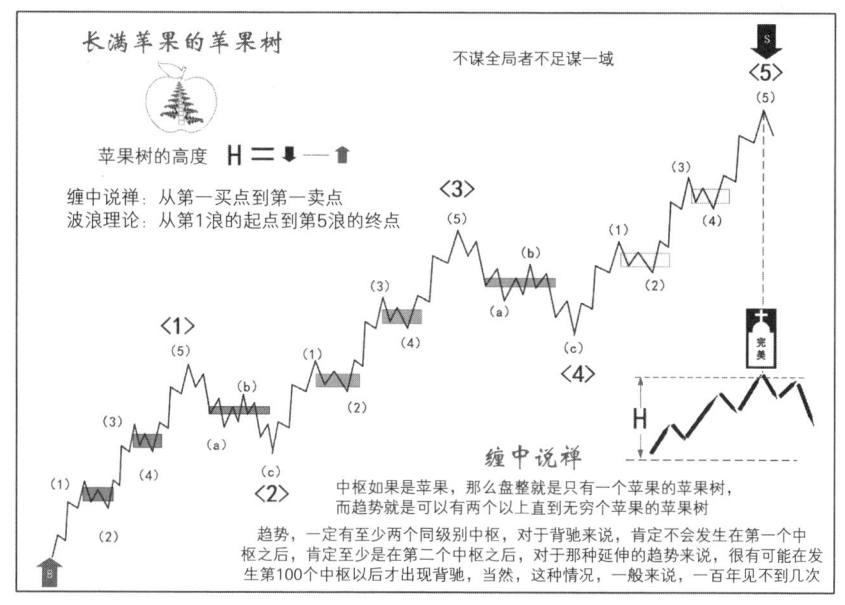

图 13-1 长满苹果的苹果树原理图

零个苹果的苹果树

相关内容见图 13-2 和图 13-3。

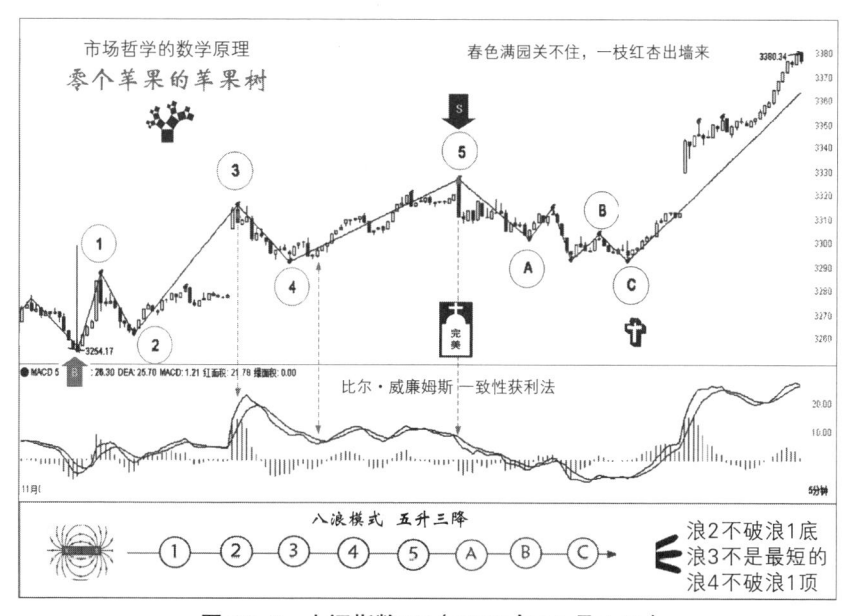

图 13-2 上证指数 5F（2020 年 11 月 4 日）

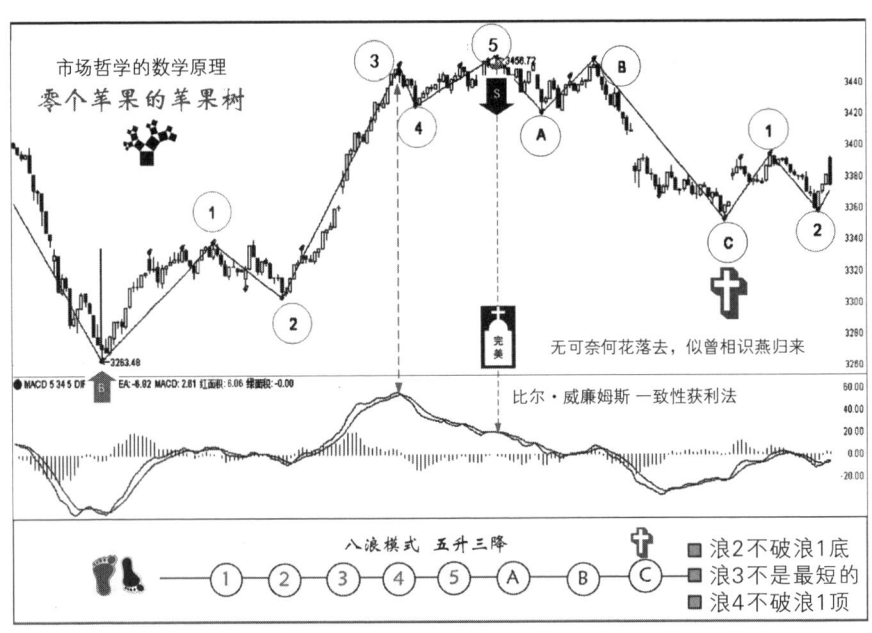

图 13-3　上证指数 10F（2020 年 8 月 12 日）

一个苹果的苹果树

相关内容见图 13-4 和图 13-5。

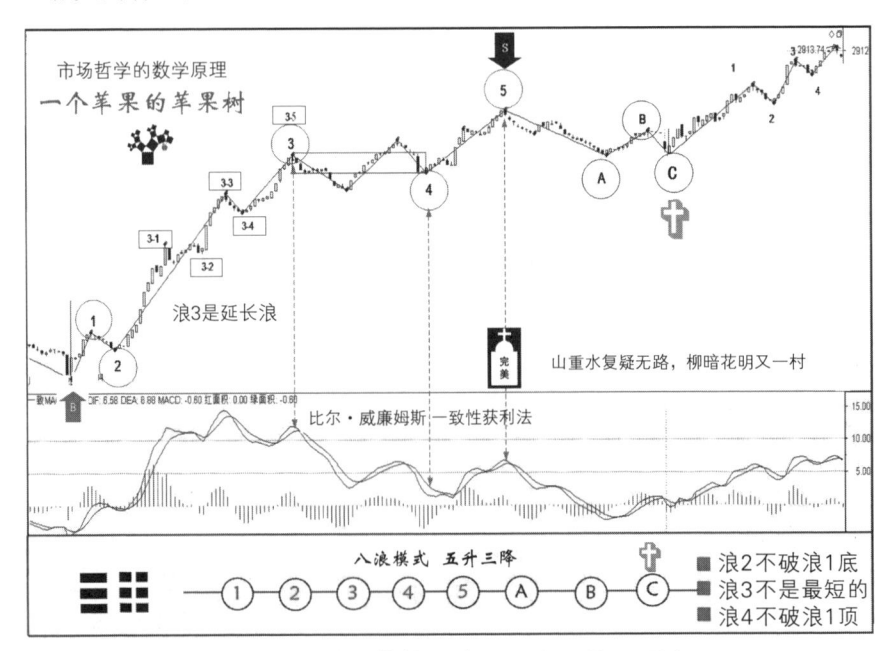

图 13-4　上证指数 1F（2019 年 5 月 27 日）

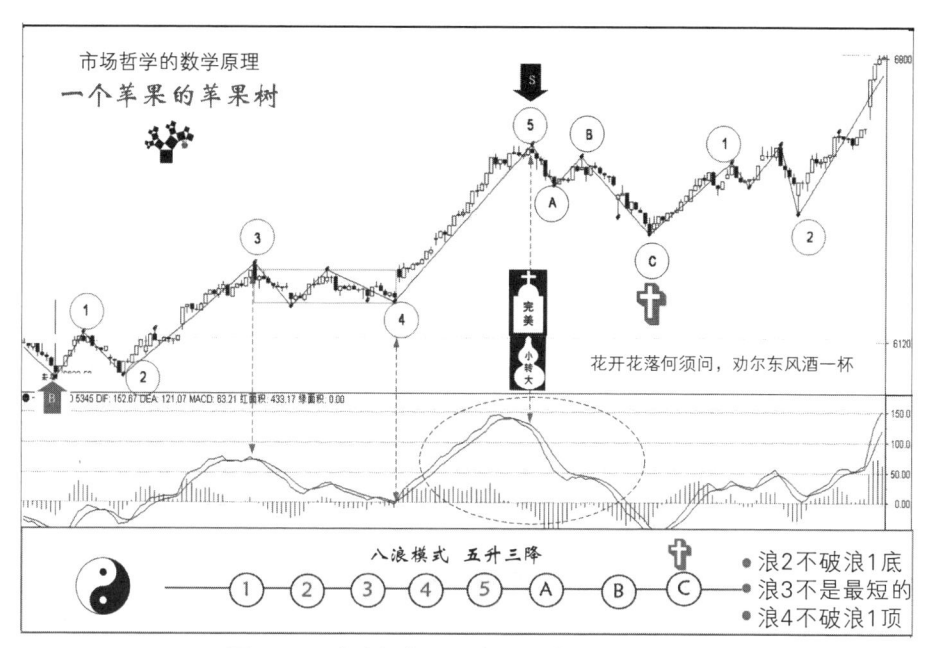

图 13-5 中小板指 30F（2019 年 11 月 29 日）

两个苹果的苹果树

相关内容见图 13-6 和图 13-7。

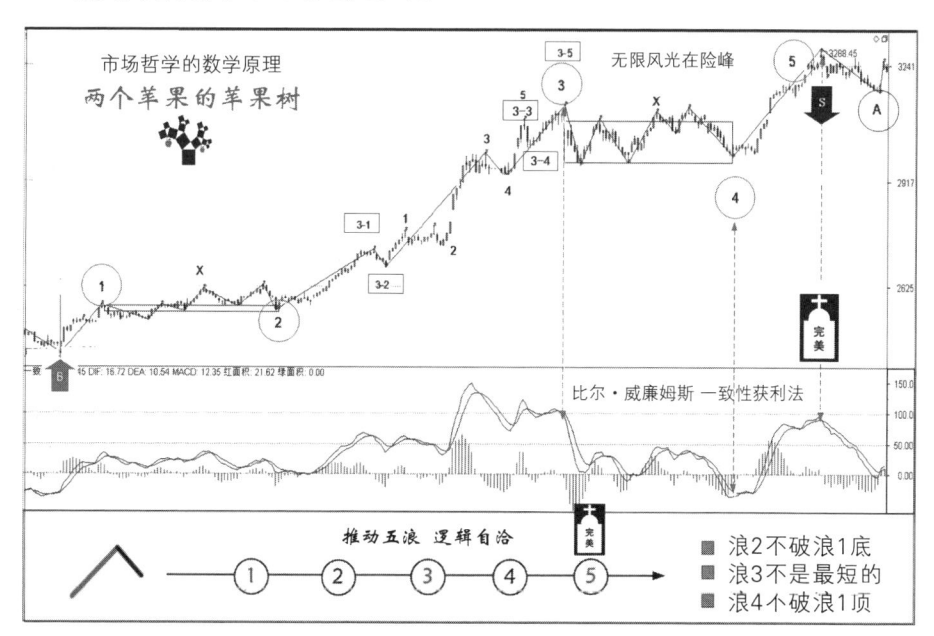

图 13-6 上证指数 60F（2019 年 2 月 14 日）

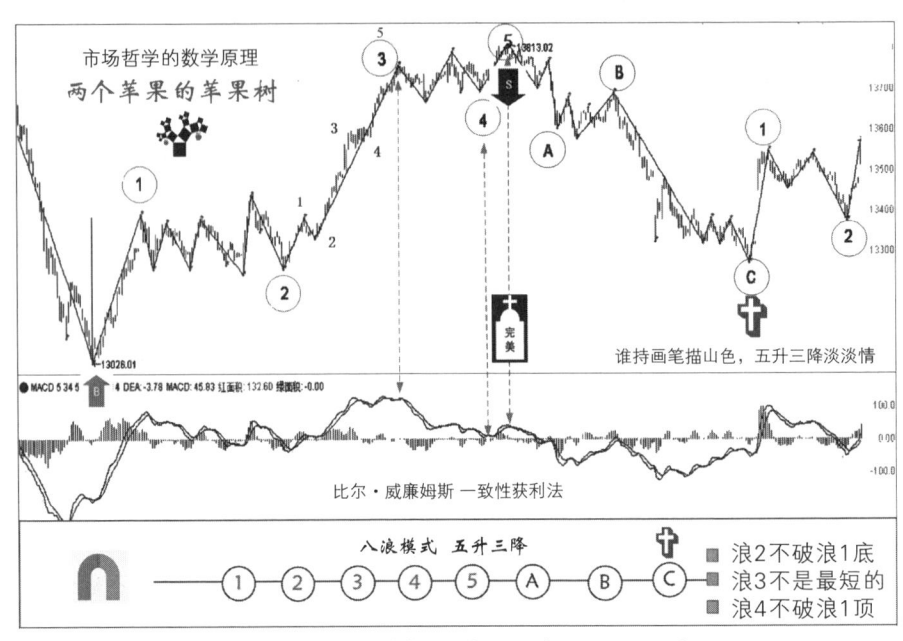

图 13-7 深证成指 5F（2020 年 8 月 12 日）

三个苹果的苹果树

相关内容见图 13-8 和图 13-9。

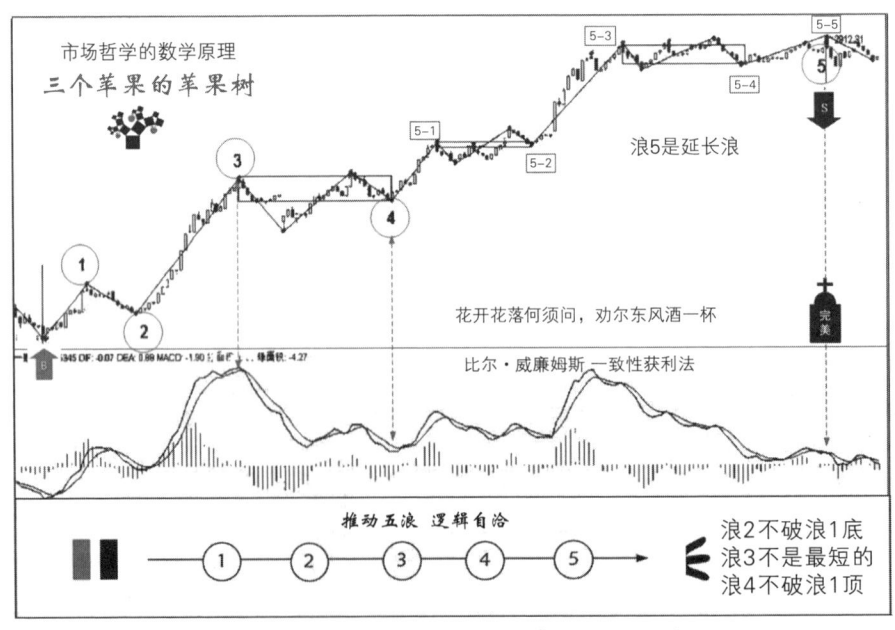

图 13-8 上证指数 4F（2018 年 7 月 25 日）

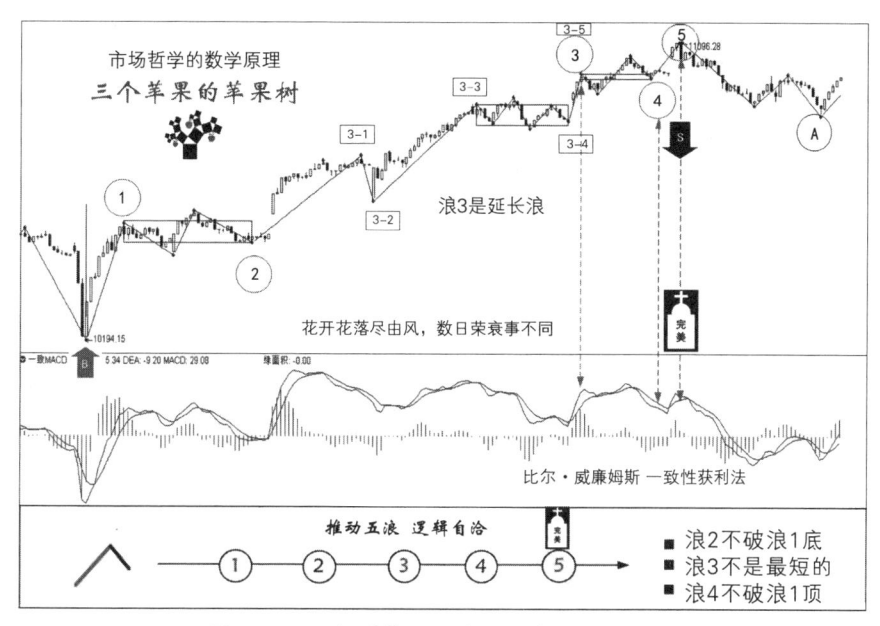

图 13-9　深证成指 10F（2020 年 4 月 28 日）

四个苹果的苹果树

相关内容见图 13-10 和图 13-11。

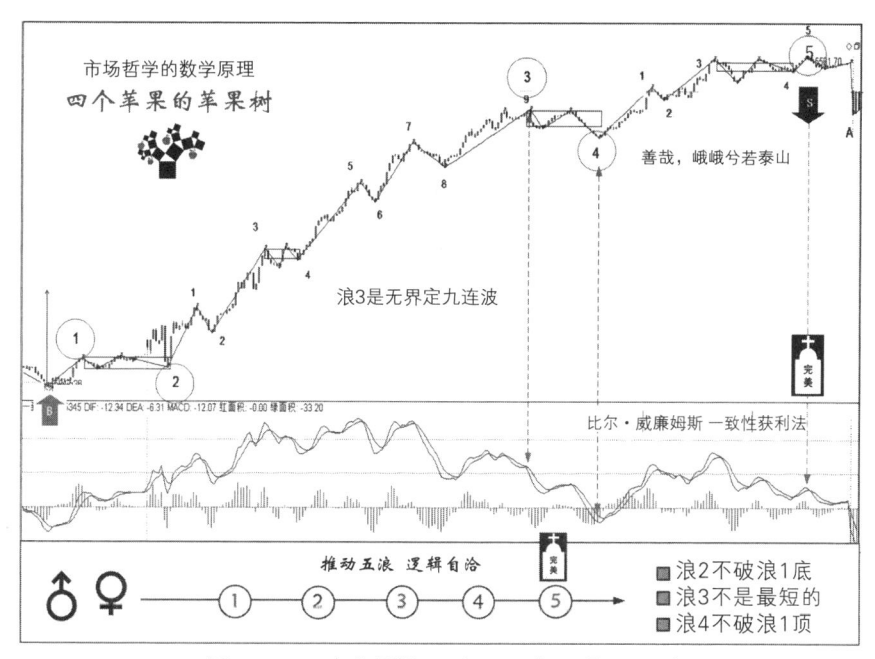

图 13-10　中小板指 1F（2019 年 6 月 11 日）

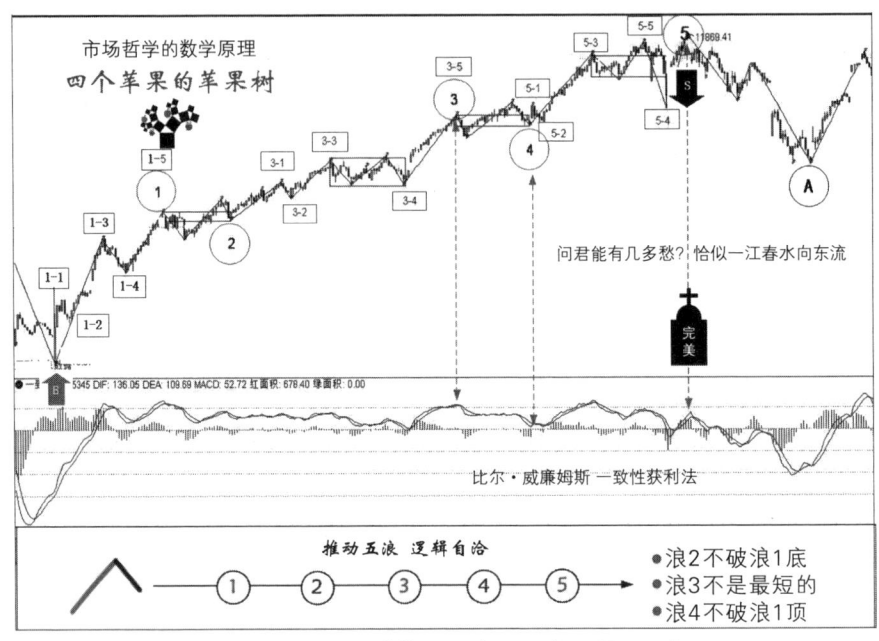

图 13-11 深证成指 15F（2020 年 2 月 5 日）

五个苹果的苹果树

相关内容见图 13-12 和图 13-13。

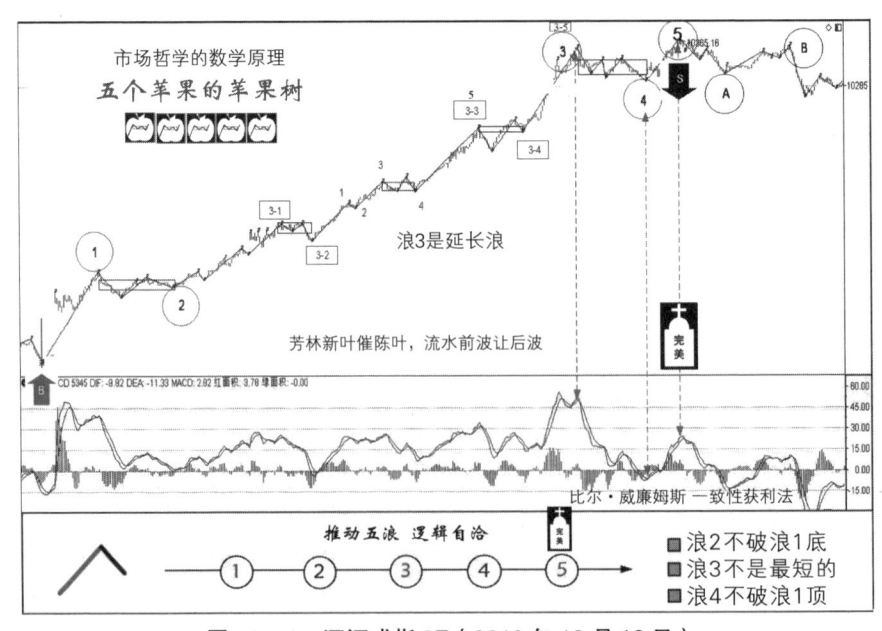

图 13-12 深证成指 2F（2019 年 12 月 16 日）

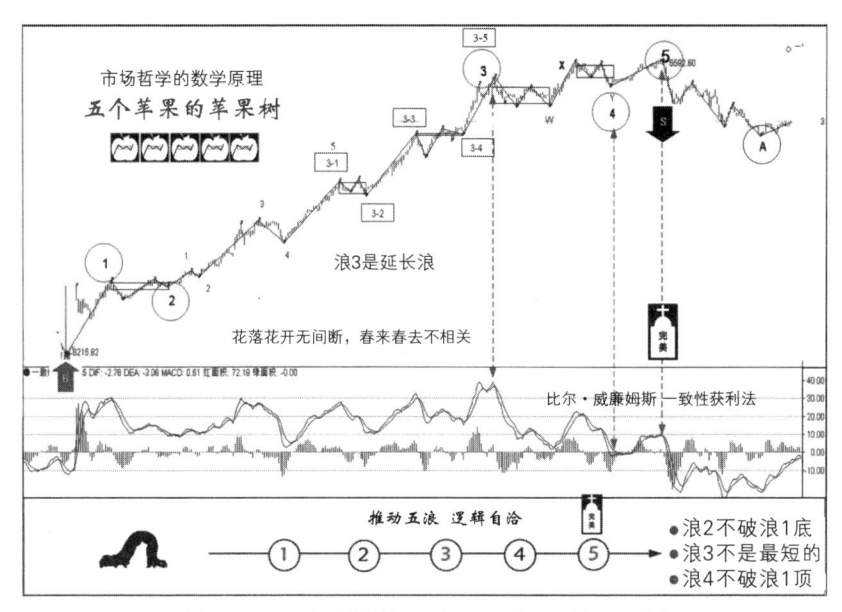

图 13-13　中小板指 3F（2019 年 12 月 17 日）

六个苹果的苹果树

相关内容见图 13-14 和图 13-15。

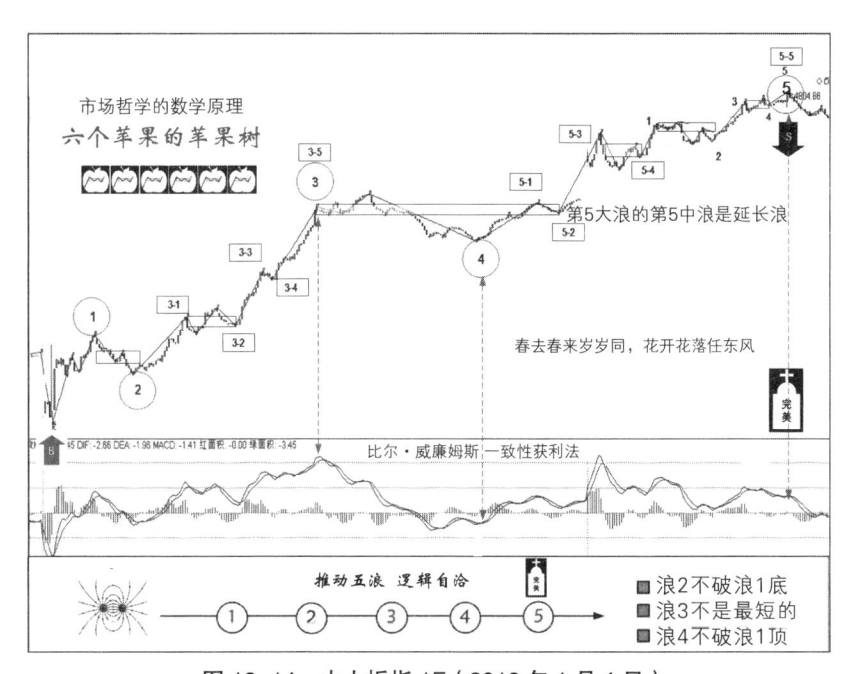

图 13-14　中小板指 1F（2019 年 1 月 4 日）

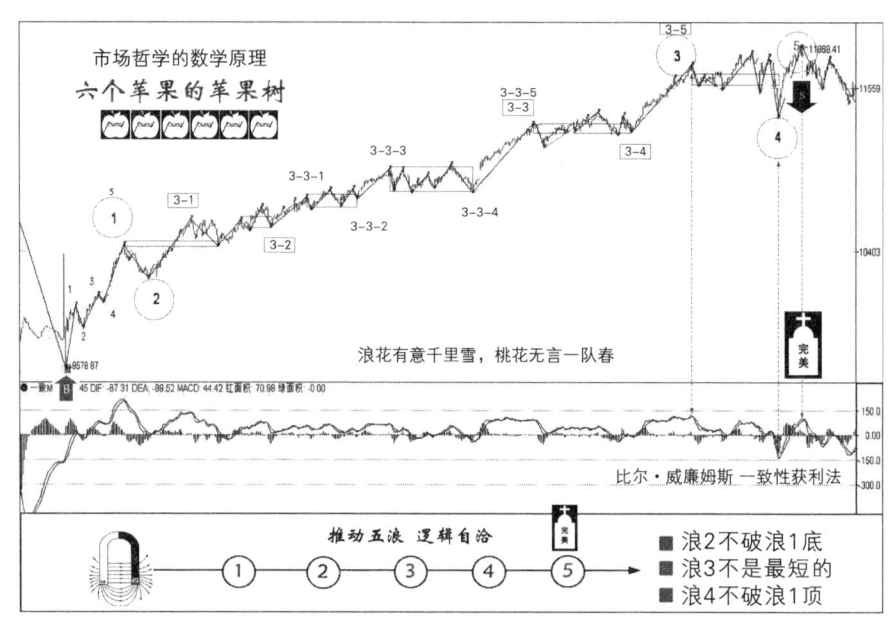

图 13-15　深证成指 7F（2020 年 2 月 6 日）

N 个苹果的苹果树

相关内容见图 13-16。

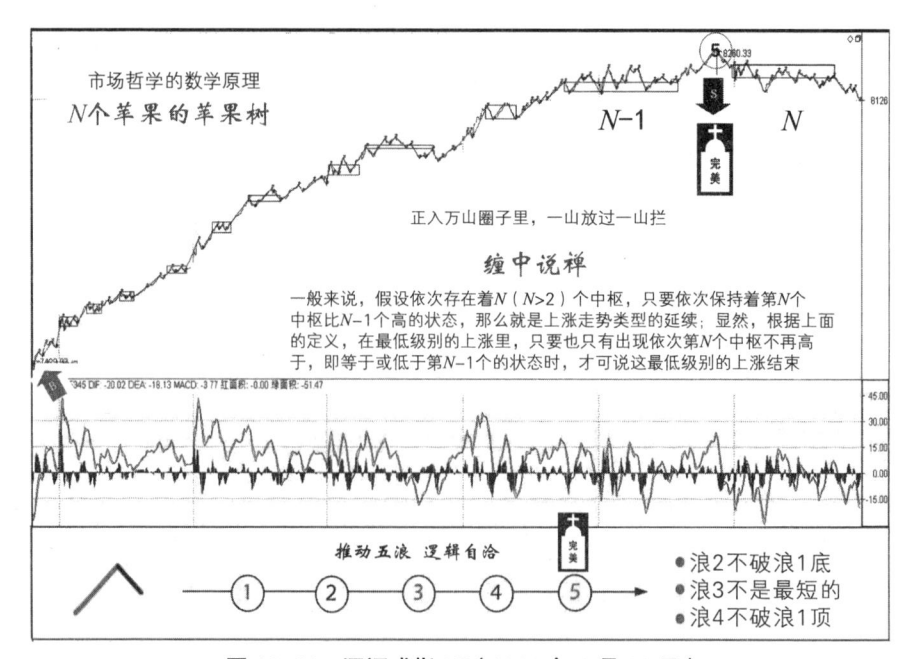

图 13-16　深证成指 1F（2019 年 1 月 29 日）

> **图穷匕见**
>
> 无画不说,有画少说;
> 画中有话,话中有画。
> 主要是画,次要是话;
> 画没有错,话会有错。

一棵树可以说是把一段舒缓的时间节律,"翻译"成了空间形态的分形结构。

你找到最好的一个苹果了没有?

苏格拉底是古希腊著名的哲学家。

有一次,苏格拉底带着几个学生去果林摘苹果,他让每个学生找一个自己认为最大最好的苹果,要求是不能选择两次,也不能走回头路。

但当学生们走出果林时,他们都请求苏格拉底让自己再选择一次,有些人是开始时就找到了,但以为还有更好的,就未摘,但后面却失望了;有些人却恰好相反,他们先摘了自己认为最好的苹果,后来却发现了更好的,所以留下了遗憾……

但苏格拉底却坚决不同意,他说:孩子们,这就是人生,人生就是一次次无法重复的选择。

读者们、学友们!让我们洗耳恭听缠中说禅是如何找到最后一个苹果的。

最后一个苹果!最后一个中枢!最后一个缠绕!最后一个吻!

次级别的、次级别的、次级别的背驰点,你找到了没有?

背驰段的、背驰段的、背驰段后的第一卖点,你找到了没有?

缠中说禅如是说 [①]

在某个阶段,你可能会有这样一种感觉,自己如同站在层层叠叠的连绵走势中,而当下的趋向,仿佛照亮着层层叠叠的走势。那时候,你往往可以忘记中枢之类的概念,所有的中枢,按照各自的级别,仿佛都变成大小不同

---

① 缠中说禅. 教你炒股票 [M]. 北京:科学技术文献出版社,2013.

的迷宫关口，真正的路只有一条，而你的心当下直观地感应着。说实在的，当有了这种清晰的市场直觉时，才算找到预测市场的门口了。那时候，预测市场就如同看一首诗，如果还从语法等角度去分析，就如同还从中枢等角度去分析一样，而真正的有感觉的读者，是不会计较于字句的纠缠的，整体的走势当下就直观呈现了，一首诗就如同一个自足的世界，你当下就全部拥有了。市场上的直观感受，其实也是一样的。那最细微的苗头一出来，当下就领悟了，这才算是对市场走势这伟大诗篇的较为合格的"阅读"。

看行情的走势，就如同听一朵花的开放，见一朵花的美丽，嗅一朵花的芬芳，一切都在当下灿烂。

【编者按】燕雀安知鸿鹄之志哉！

实践感悟

树不能长到天上，树能长到的地方，肯定不是天！

目前，"无穷个苹果的苹果树"尚未发现。如果有，这棵树能不能够长到天上？那时候，就……

泰山北斗大家说

◆ 世界上没有两片完全相同的树叶。

——莱布尼茨

◆ 真正的哲学家应当像蜜蜂一样，从花园里采集原料和花粉，消化这些原料，然后酿成香甜的蜜。

——培根

◆ 有时候，爱情就像是树上的一个苹果，当你无意中散步到树下的时候，它可能一下子就掉下来砸在你的头上。

——牛顿

第 14 章　八浪终完成

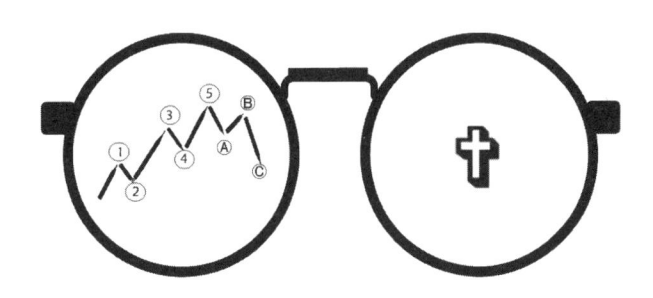

艾略特话说：波浪理论[①]

正确的总体外形常常是正确计数其内部波浪的指导。

正确的总体外形并不一定在所有浪级的趋势中同时显现。解决方案是专注于最清晰的浪级。如果小时走势图含混不清，那就去看日走势图和周走势图。反过来说，如果周走势图提供了太多的可能性，那就注意短期的市场运动，直至问题明朗。

对于市场未来可能的走势，波浪理论的思路是一种首先限定可能性，然后按相对可能性排序的手段。

大多数推动浪包含艾略特所称的延长浪。延长浪是被扩大的细分浪拉长了的推动浪。绝大多数推动浪的三个作用子浪中包含一个，也仅包含一个延长浪。在许多时候，延长浪的各个细分浪与大一浪级推动浪的其他四浪有着几乎相同的幅度和持续时间，对于这个波浪序列艾略特体系给出了规模相似的九个浪，而不是通常数出的"五浪"。在一个九浪序列中，有时很难区分哪一浪延长了。不过这没有多大关系，因为在艾略特体系中，九浪计数和五浪计数有着相同的技术意义。

[①]　普莱切特，弗罗斯特.艾略特波浪理论：市场行为的关键（珍藏版）[M].陈鑫，译.北京：机械工业出版社，2015.

缠中说禅话说：波浪理论[①]

市场是有规律的，但市场的规律并不是显而易见的，需要严格的分析才能找到。

请把以前学过的一切技术分析方法先放下，因为本ID所说的和所有曾有的技术分析方法的根本思路都不同。一般的技术分析方法，或者用各种指标，或者用什么胡诌的波段、波浪，甚至江恩、神经网络等，其都是从一些神秘的先验前提出发。例如波浪理论里的推动浪五波、调整浪三波之类的废话，似是而非，实战中毫无用处，特别对于个股来说，更是没用。至于什么江恩理论，还有什么周期理论、神经网络之类，都是把一些或然的东西当成必然，理论上头头是道，一用起来就错漏百出。

如果真明白了本ID理论，就会发现，其他技术分析里所说的现象，都能在本ID理论中得到解释，而且还可以给出其成立的相应界限。

有人可能要说，这怎么有点像波浪理论，这有什么奇怪的，本ID理论可以严格地推导出波浪理论的所有结论，而且还可以指出该理论的所有不足，波浪理论和本ID理论一点可比性都没有。不仅是波浪理论，所有关于股市的理论，只要是关系到走势图的，本ID理论都可以严格推论，因为本ID理论是关于走势图最基础的理论，谁都逃不掉。

根据本ID的形态学，例如K线理论、波浪理论之类，都可以从本ID的形态学中严格推出，而且，本ID还可以指出它们的缺陷以及原因。这个工作是必须干的，彻底穷源的其中一个方面，就是要包罗万象。

注意，有人可能会发现，本ID理论中的有些结论，似乎和其他理论有类似的地方，这恰好证明了本ID理论的涵盖面广泛。例如，本ID理论可以解释波浪理论里一切的细节以及不足之处，但反过来不可能，因为本ID理论更广阔，波浪理论不过是一个有着巨大缺陷的不成熟理论。

> **做一个在大海中学习冲浪的人**
>
> **浪**
>
> 横看成岭侧成峰，五升三降道之动。
> 峰谷交错亘规律，八浪形态终完成。
> 纸上得来终觉浅，绝知此事要躬行。

---

① 缠中说禅.教你炒股票［M］.北京：科学技术文献出版社，2013.

第14章 八浪终完成

股事求是

市场先生　图表语言

画说
八浪终完成

事实是无言的芬芳，真理在画说中绽放。

穿着最顶级的鲨鱼皮游泳衣，天天岸上练，从来不湿脚。

你还在岸上学冲浪吗？请跳下水吧！

涉浅水者见鱼虾，涉深水者见蛟龙。

奔向蓝色的大海！去聆听海浪的歌声，涛声依旧，八浪在向你招手！

矮人看戏何曾见，都是随人说短长。

掀起你的盖头来，让我看看波浪卷。

相关内容见图 14-1 至图 14-6。

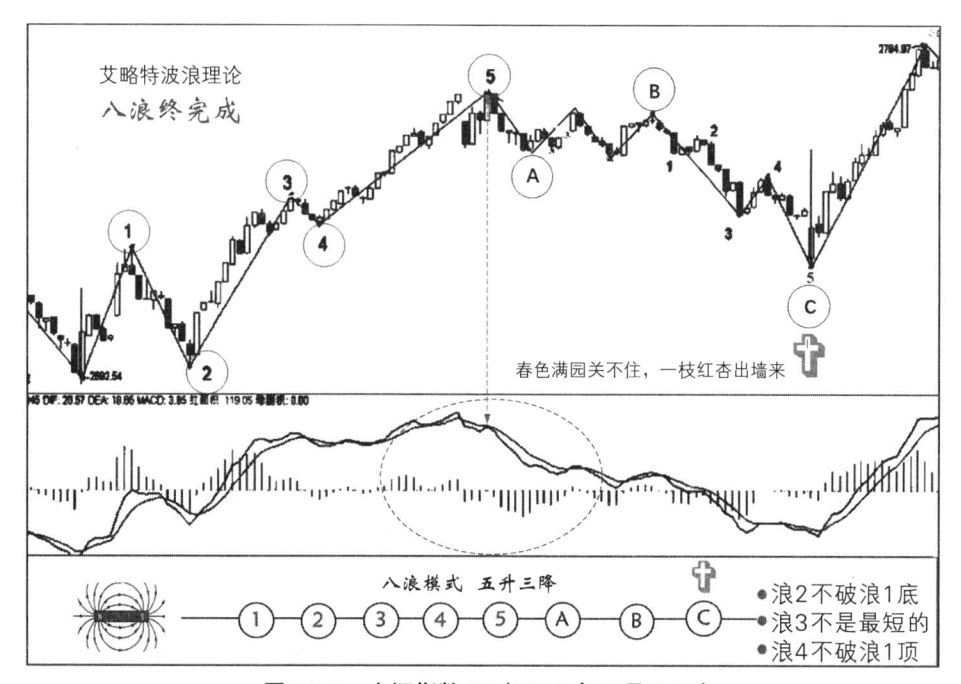

图 14-1　上证指数 5F（2018 年 8 月 8 日）

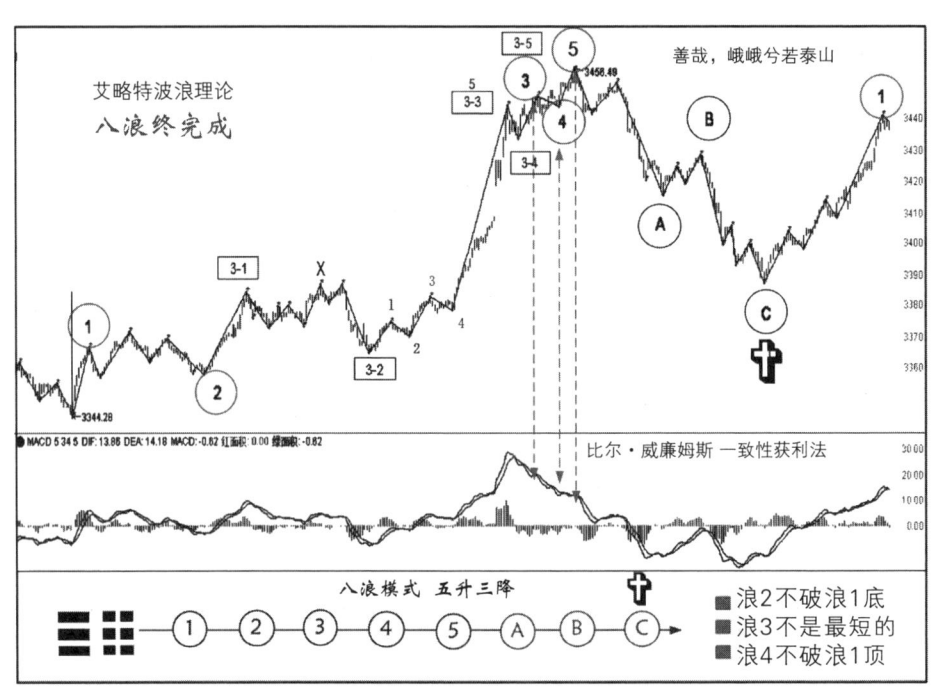

图 14-2　上证指数 2F（2020 年 11 月 26 日）

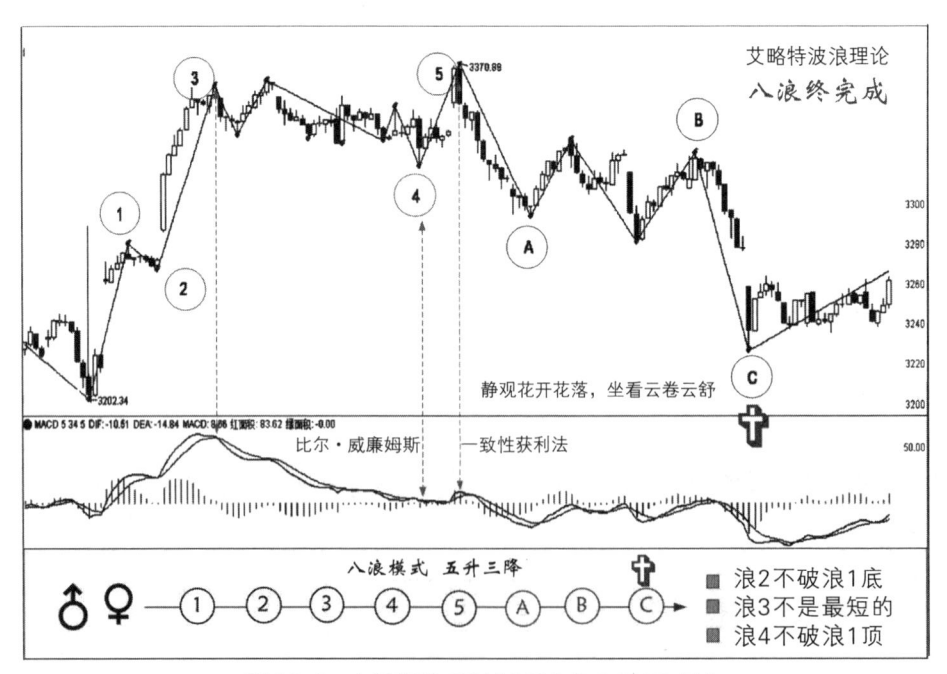

图 14-3　上证指数 25F（2020 年 8 月 30 日）

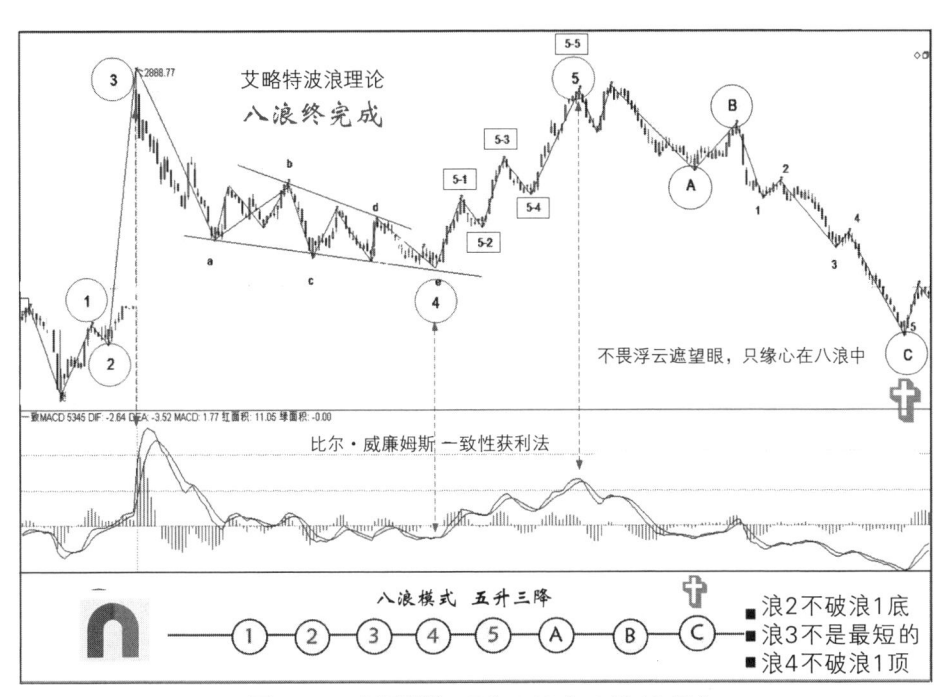

图 14-4　上证指数 1F（2019 年 6 月 13 日）

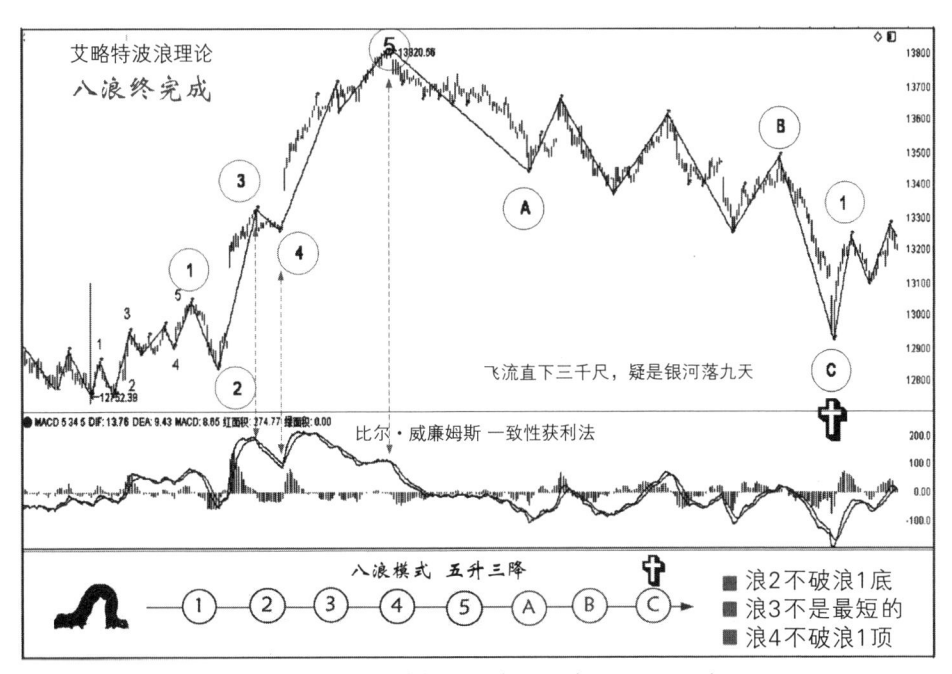

图 14-5　深证成指 10F（2020 年 9 月 28 日）

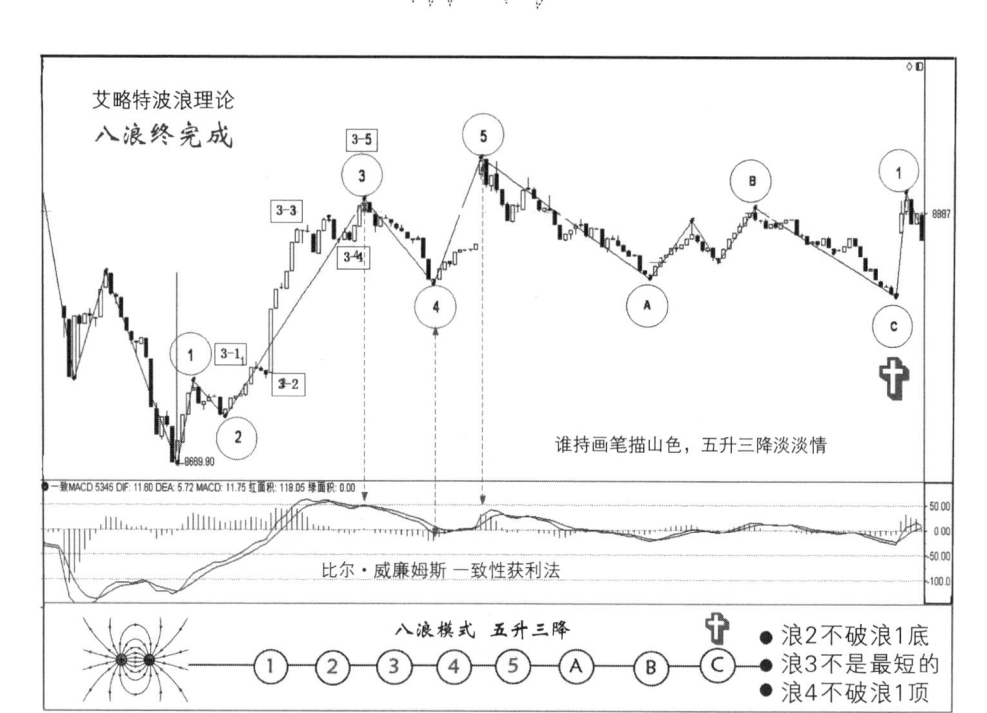

图 14-6　深证成指 3F（2019 年 8 月 6 日）

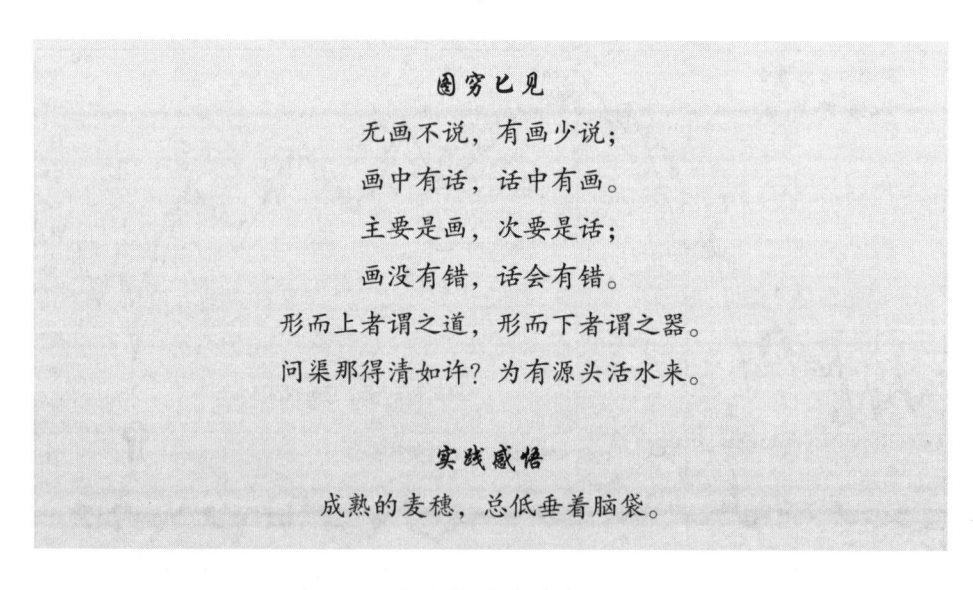

图穷匕见

无画不说，有画少说；

画中有话，话中有画。

主要是画，次要是话；

画没有错，话会有错。

形而上者谓之道，形而下者谓之器。

问渠那得清如许？为有源头活水来。

实战感悟

成熟的麦穗，总低垂着脑袋。

泰山北斗大家说

◆ 尊重人不应该胜于尊重真理。

——柏拉图

◆ 即使上帝也无法改变过去。

——亚里士多德

◆ 真理就具备这样的力量，你越是想要攻击它，你的攻击就愈加充实和证明了它。

——伽利略

◆ 反对的意见在两方面对于我都有益，一方面是使我知道自己的错误，另一方面是多数人看到的比一个人看到的更明白。

——笛卡儿

第 15 章 八浪向北航行

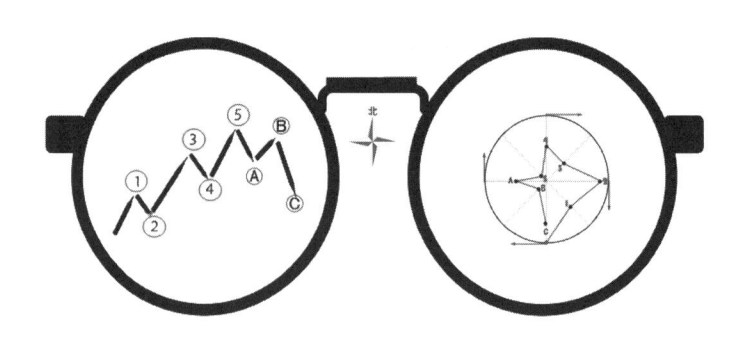

艾略特话说：波浪理论[①]

最初八浪循环结束的时候，一个相似的循环会接着发生，这个循环后面又跟着另一个五浪运动。然后，这个浪级更大的五浪模式又被相同浪级的三浪模式所调整，完成一个更大浪级的完整循环。

推动浪导致了股市的前进，调整浪与股市的前进不同步。

尽管投资策略必须永远配合最有效的数浪，但各种替代的研判知识在对突发事件做出调整时会极为有用，这将突发事件置于眼界中，并适应了不断变化的市场框架，这个很重要。波浪构造的严格规则在将无尽的可能性缩入相对较小的范围时意义重大，而各种模式的灵活性又否定了现在无论市场怎么走都是"不可能的"的叫喊。

投资者每一笔交易完成后，都会影响其他投资者的行为，最终也会影响自己。这种反馈循环受制于人的社会本性，于是就产生了各种形态。因为各种形态在重复，所以它们就有了预测的价值。

---

① 普莱切特，弗罗斯特.艾略特波浪理论：市场行为的关键（珍藏版）[M].陈鑫，译.北京：机械工业出版社，2015.

普莱切特话说：波浪理论

波浪理论是最纯正的技术分析方式，一旦你掌握了艾略特波浪，你就能预测市场面临的任何可能性，以及这种可能性何时发生。

艾略特波浪理论为鉴别市场未来走势的可能性提供了很好的工具。

做一个在大海中学习冲浪的人

市场是波浪理论的鉴赏家，让我们一起走进艾略特波浪理论的殿堂！

如果说道氏理论告诉人们何谓大海，那么波浪理论指导你如何在大海中冲浪。

奔向蓝色的大海吧！听，涛声依旧，波浪在向你招手！

市场先生两只看不见的脚，踩出的一排排阴阳蜡烛图脚印，实"画"实说在告诉人们：进无止境，向北航行！

股事求是

市场先生　图表语言

画说

八浪　向北航行

事实是无言的芬芳，真理在画说中绽放。

穿着最顶级的鲨鱼皮游泳衣，天天岸上练，从来不湿脚。

你还在岸上学习冲浪吗？请跳下水吧！

到中流击水，浪遏飞舟！

涉浅水者见鱼虾，涉深水者见蛟龙。

矮人看戏何曾见，都是随人说短长。

掀起你的盖头来，让我看看浪里浪。

相关内容见图 15-1 和图 15-2。

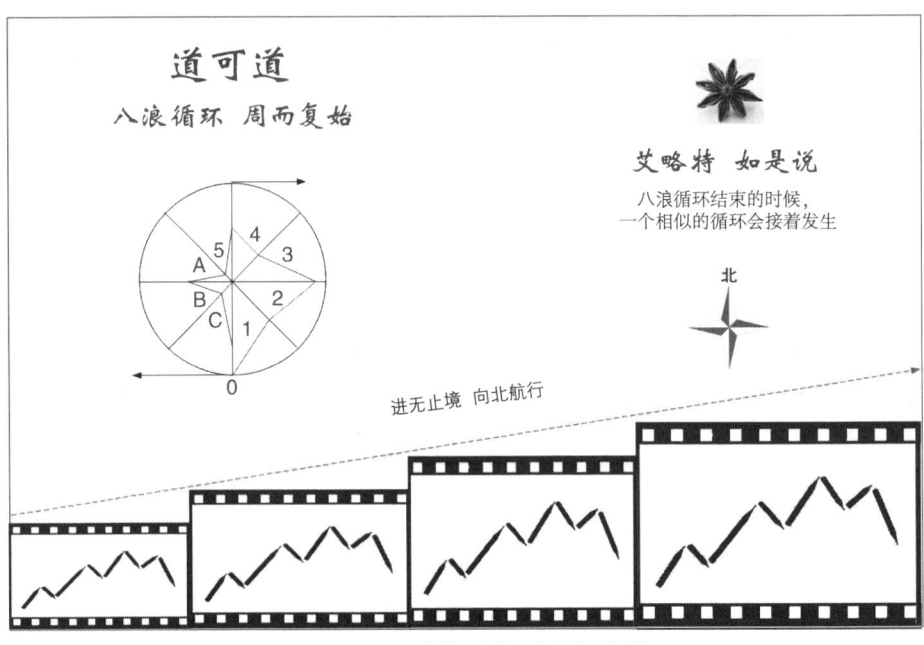

图 15-1　八浪循环周而复始概念图

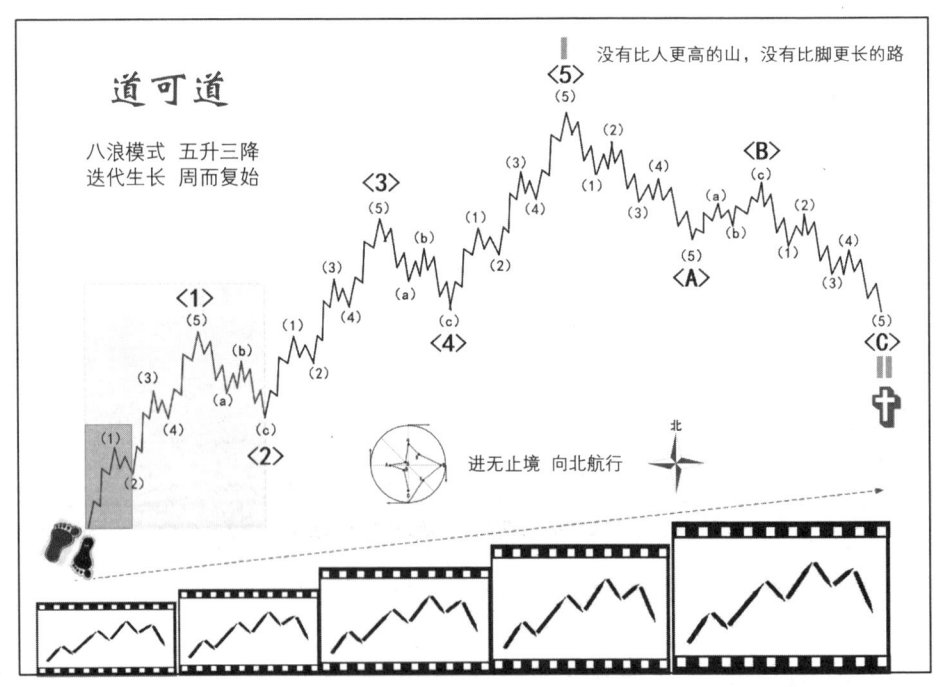

图 15-2　八浪模式五升三降原理图

波浪模式 8+0

相关内容见图 15-3。

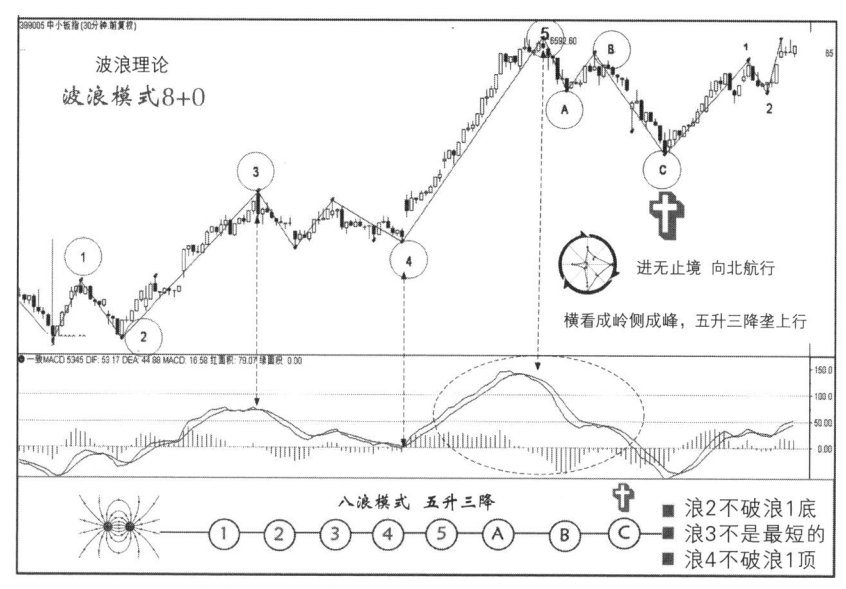

图 15-3 中小板指 30F（2019 年 11 月 29 日）

波浪模式 8+1

相关内容见图 15-4。

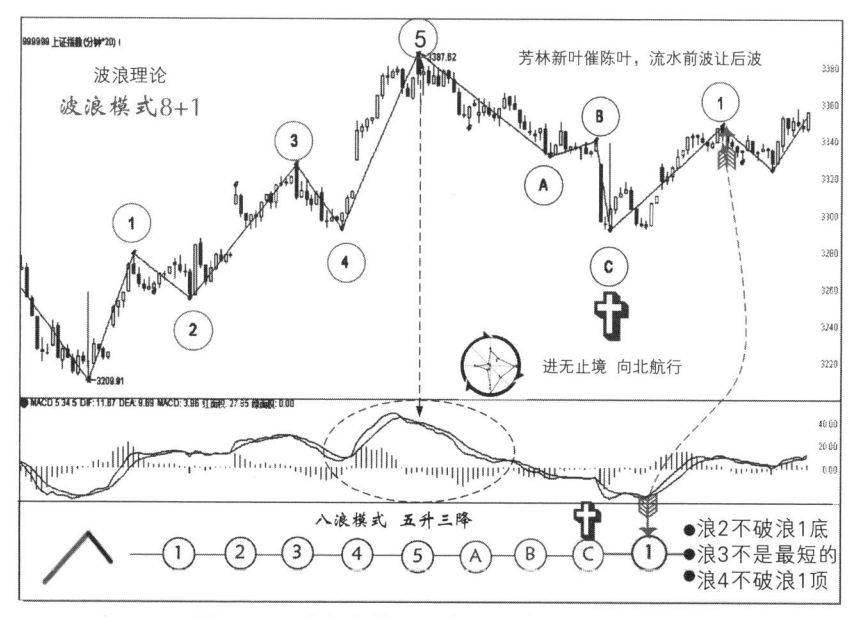

图 15-4 上证指数 20F（2020 年 11 月 2 日）

波浪模式 8+2

相关内容见图 15-5。

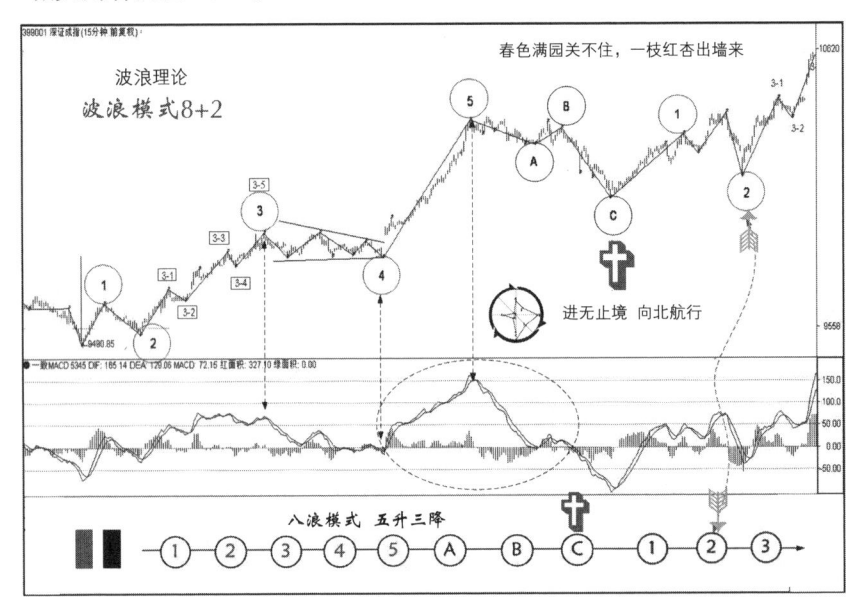

图 15-5　深证成指 15F（2019 年 11 月 29 日）

波浪模式 8+3

相关内容见图 15-6。

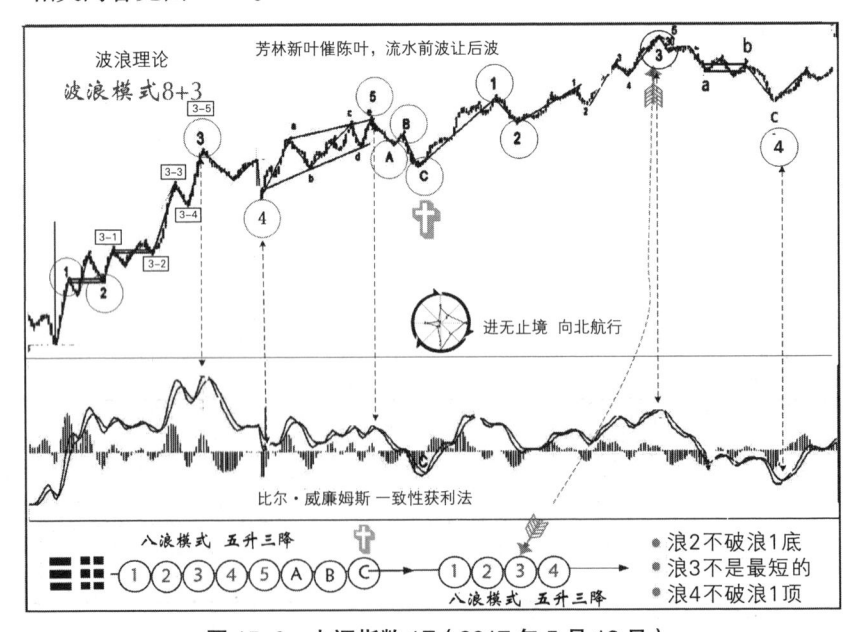

图 15-6　上证指数 1F（2017 年 5 月 12 日）

波浪模式 8+5

相关内容见图 15-7。

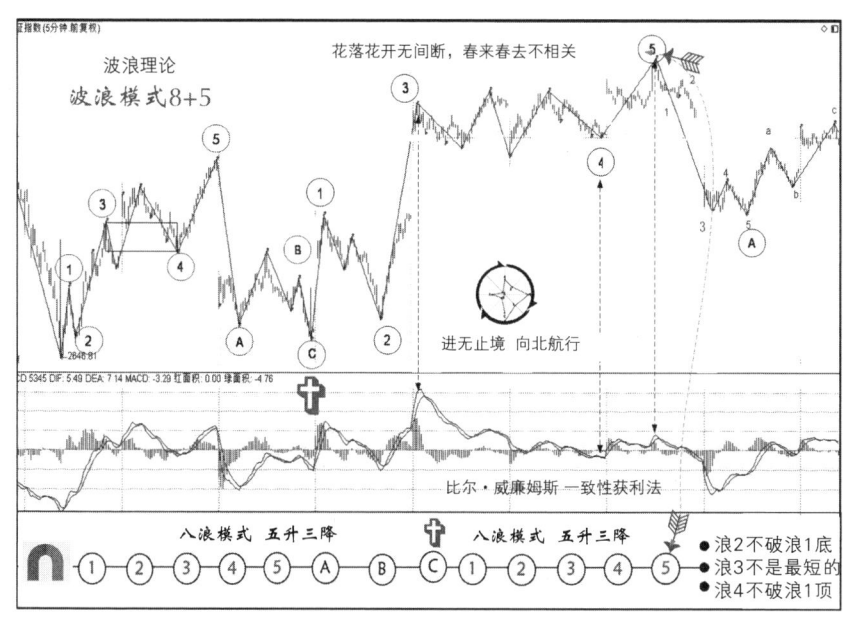

图 15-7　上证指数 5F（2020 年 3 月 19 日）

波浪模式 8+8

相关内容见图 15-8。

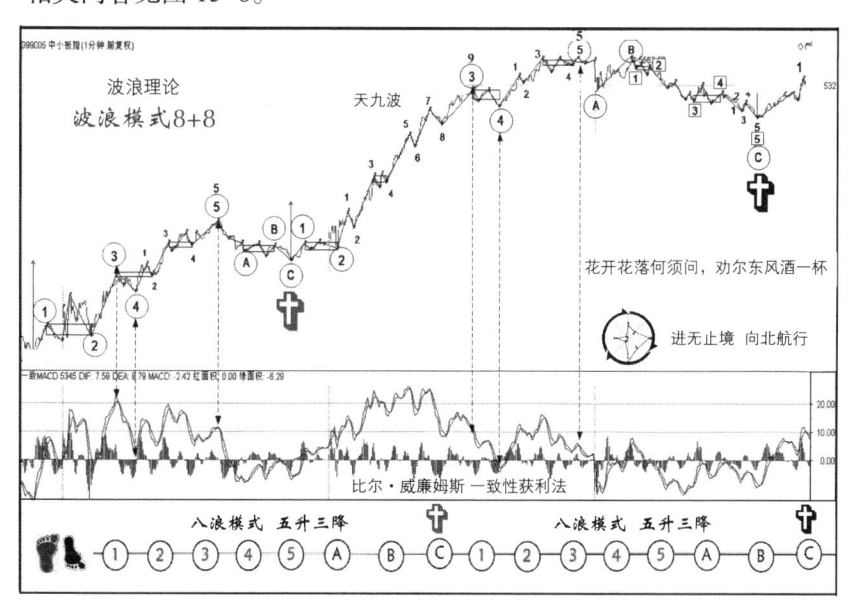

图 15-8　中小板指 1F（2019 年 6 月 6 日）

波浪模式 8+8+2

相关内容见图 15-9。

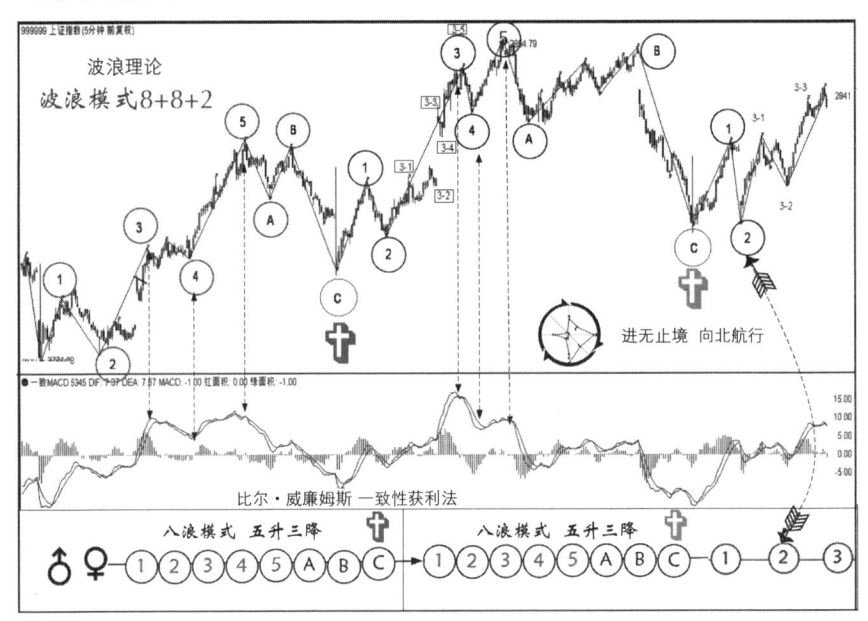

图 15-9　上证指数 5F（2020 年 4 月 13 日）

波浪模式 8+8+5

相关内容见图 15-10。

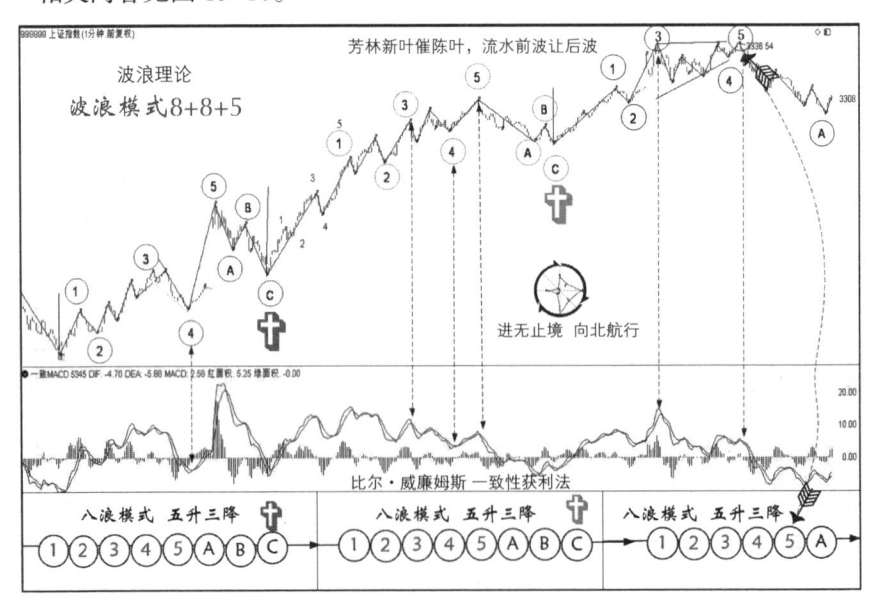

图 15-10　上证指数 1F（2020 年 7 月 17 日）

波浪模式 8+8+8

相关内容见图 15-11。

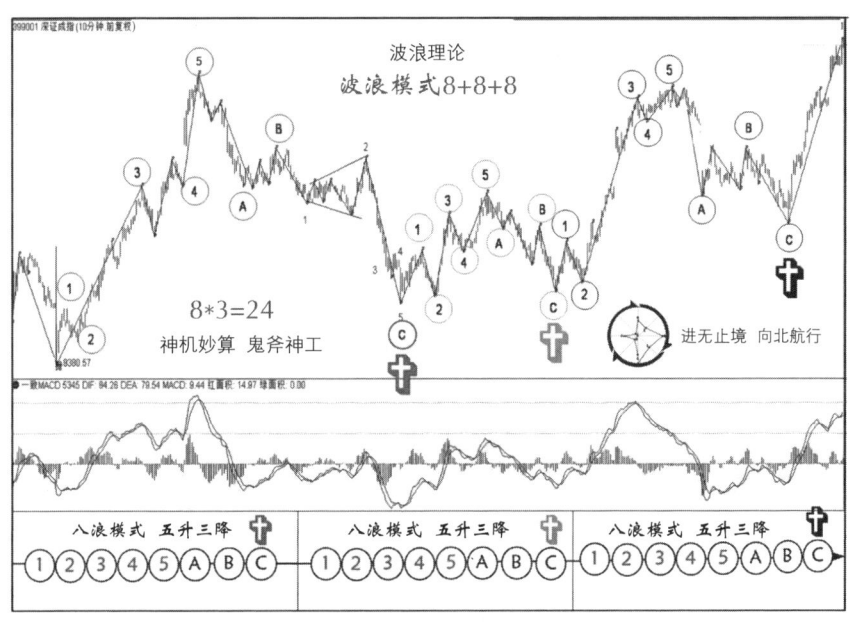

图 15-11　深证成指 10F（2019 年 10 月 10 日）

波浪模式 8+8+8+5+A

相关内容见图 15-12。

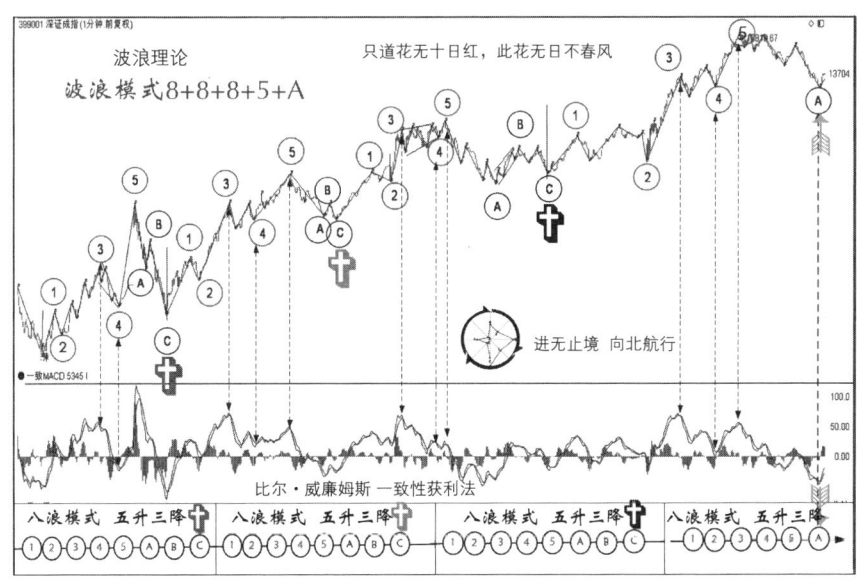

图 15-12　深证成指 1F（2020 年 7 月 17 日）

图穷匕见

无画不说，有画少说；

画中有话，话中有画。

主要是画，次要是话；

画没有错，话会有错。

不畏浮云遮望眼，只缘心在八浪中。

春风得意马蹄疾，一日看嗨波浪行。

实践感悟

风的后边还是风，云的后边还是云；

山的后边还是山，浪的后边还是浪。

波浪理论根植于实践，又是离实践一尺的飞翔。

学习之窗

　　走势是客观的，而用什么理论去分析这走势却是主观的，因人而异。同一张走势图，缠中说禅和波浪理论给出了截然不同的解释。看图说话，因为市场先生已经实"画"实说告诉人们了哪一个是真理！读者朋友肯定也有了自己正确的见解，你懂得。

　　认识事物的过程是艰苦的，废寝忘食，夜不能寐。知道了最终的结果也是一种享受，幸福无以言表。

泰山北斗大家说

◆ 疯子带盲人走路，这就是这个时代的病态。

——莎士比亚

第 16 章 走势与 MACD

走势与 MACD 的相关分析

指数平滑异同移动平均线 MACD

杰拉尔德·阿佩尔（Gerald Appel），或许未必有人认识，但是关于 MACD 指标，可以说人尽皆知，阿佩尔就是该指标的发明人。他于 1979 年发明了 MACD 指标，因该指标简单以及灵活实用，迅速成为交易者心中最受欢迎的技术指标，甚至被称为"指标之王"。

Moving Average Convergence Divergence（四个词的意思分别为移动、平均、聚合、发散）简称 MACD。MACD 指标 DIF 是短期移动平均线和长期移动平均线之差，因此 DIF 的上下运动就是反映两均线的聚合背离情况，这也就是 MACD 原名的本义，因此 MACD 指标又叫聚合背离移动平均线。

MACD 是从双移动平均线发展而来的，由快的移动平均线减去慢的移动平均线，其意义和双移动平均线基本相同，但阅读起来更方便。当 MACD 以大角度变化时，表示快的移动平均线和慢的移动平均线的差距非常迅速地拉开，代表了一个市场大趋势的转变。当 MACD 从负数转向正数时，是买的信号；当 MACD 从正数转向负数时，是卖的信号。

缠中说禅话说：动力学、MACD、防狼术 [1]

本 ID 的理论，本质上分为三部分，一是形态学，二是动力学，三是两者的结合。

详细说说 MACD 对背驰的辅助判断这样一种不绝对精确，但比较方便，容

---

[1] 缠中说禅. 教你炒股票 [M]. 北京：科学技术文献出版社，2013.

易理解的方法，它对那些还没把握中枢基本分析的人，是有帮助的。也就是说，如果你一时真搞不懂中枢的问题，那就用这个方法，也足以应付一般的情况了。

用 MACD 判断背驰，首先要有两段同向的趋势。同向趋势之间一定有一个盘整或反向趋势连接，把这三段分别称为 A、B、C。显然，B 的中枢级别比 A、C 里的中枢级别都要大，否则 A、B、C 就连成一个大的趋势或大的中枢了。A 之前，一定是和 B 同级别或更大级别的一个中枢，而且不可能是一个和 A 逆向的趋势，否则这三段就会在一个大的中枢里了。

必须说明的是，由于 MACD 本身的局限性，要精确地判断背驰与盘整背驰，还是要从中枢本身出发，但利用 MACD，一般人理解和把握简单点，而这已经足够好了。光用 MACD 辅助判断，即使你对中枢不太清楚，只要能分清楚 A、B、C 三段，其准确率也应该在 90% 以上。而配合上中枢，那就是 100%，因为这可以用纯数学的逻辑推理证明。

【编者按】真心实意希望能看到"纯数学逻辑推理证明"，很遗憾，那是……MACD 当一个辅助系统，还是很有用的。MACD 的灵敏度和参数有关，一般都取用 12、26、9 为参数，这对付一般的走势就可以了。

动力学，是属于物理范畴的，但站在更高的层次上看物理，物理的本质就是几何。同理，本 ID 理论里的动力学部分，本质上也是几何，但需要把价格充分有效市场里的非完全绝对趋同交易作为前提转化为某些几何结构，然后构造出理论的证明来。

缠中说禅 MACD 定律：第一类买点都是在 0 轴之下背驰形成的，第二类买点都是第一次上 0 轴后回抽确认形成的。卖点的情况就反过来。

学屠龙术前先学好防狼术吧，这防狼术，其实在上面的内容都有提及，这里再次加以总结。看好了，就一个最简单 MACD 指标，0 轴分为多空主导，也就是说，一旦 MACD 指标陷入 0 轴之下，那么对应时间单位的走势就进入空头主导阶段，而这是必须远离的。回避所有 MACD 黄白线在 0 轴下面的市场或股票，这就是最基本的防狼术。

泰山北斗大家说

◆ 欧几里得几何学如同初恋般美好。

——罗素

◆ 不懂几何者勿入。

——柏拉图

◆ 最足以显示一个人的性格的,莫过于他所嘲笑的是什么东西了。

——歌德

◆ 骄傲是无知的产物。

——苏格拉底

◆ 谦虚是一种难能可贵的品德和美好的境界,它与伟大永远是近邻,可以帮助你走向成功。

——丁肇中

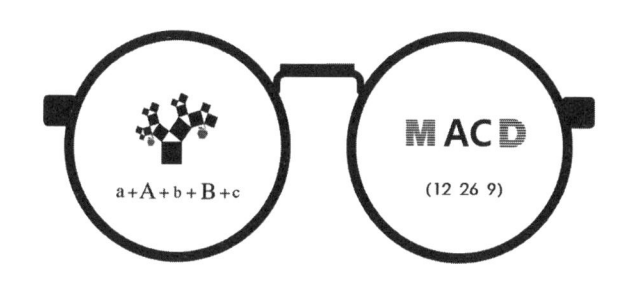

趋势与 MACD

缠中说禅话说:趋势与 MACD

缠中说禅从 2006 年开始的"教你炒股票"系列文章中,就把技术指标 MACD 作为动力学部分最重要的技术工具,它是支撑缠中说禅理论大厦的半壁江山。

一般来说,一个标准的两个中枢上涨,在 MACD 上会表现出这样的形态:第一段,MACD 的黄白线从 0 轴下穿上来,在 0 轴上方停留的同时,形成相应的第一个中枢,同时形成第二类买点。其后突破该中枢,MACD 的黄白线也快速拉起,这往往是上涨最有力度的一段。一切的走势延伸等,以及 MACD 绕来绕去的所谓指标钝化都经常出现在这一段,这一段一般在一个次级别的背驰中结束。然后进入第二个中枢的形成过程,同时,MACD 的黄白线会逐步回到 0 轴附近。最后,开始继续突破第二个中枢,MACD 的黄白线以及柱子都再次重复前面的过程,但这次,黄白线不能创新高,或者柱子覆盖的面积不能继续扩大,或者伸长的高度不能突破新高,出现背驰,结束了两个中枢的上涨过程。明白这个道理，大多数股票的前生后世，一大早就可以知道了。

【编者按】不测而测："明白这个道理，大多数股票的前生后世，一大早就可以知道了。"

趋势，一定有至少两个同级别中枢。对于背驰来说，肯定发生在至少是第二个中枢之后。第二个中枢后就产生背驰的情况，一般占了绝大多数。

对于 a+A+b+B+c，背驰的大概意思就是 c 的调整力度比 b 的小了。那么，站在 B 这个中枢的角度，不妨先假设 b+B+c 是一个向上的过程，那么 b 可以看成向下离开中枢 B，而 c 可以看成向上离开中枢 B。所谓顶背驰，就是最后这个中枢，向上离开比向下离开要弱，而中枢有这样的特性，就是对无论向上或向下离开的，都有相同的回拉作用，既然向上离开比向下离开要弱，而向下离开都能拉回中枢，那向上的离开当然也能拉回中枢里。对于 b+B+c 向上的走势来说，这就构成顶背驰；而对于 b+B+c 向下的走势，就构成底背驰。对于盘整背驰，这种分析也一样有效。其实，站在中枢的角度，盘整背驰与背驰，本质上是一样的，只是力度、级别以及发生的中枢位置不同而已。

当说到 a+A+b+B+c 中有背驰时，首先要 a+A+b+B+c 是一个趋势。其次，c 必然是次级别的，即 c 至少包含对 B 的一个第三类买卖点，如果 a+A+b+B+c 是上涨，c 一定要创出新高；如果 a+A+b+B+c 是下跌，c 一定要创出新低。

问题的关键是，MACD 只是力度比较的辅助。因此，先定好比较哪两段走势，然后再去选择，看是 1 分钟的还是 30 分钟的更适宜辅助判断。

市场的基本形态就是以中枢、级别为基础的趋势与盘整。而背驰的级别一定不小于转折的级别。

对于背驰与盘整背驰来说，前者是有最基本意义的；而后者，只是基于前者相应的力度分析方法而进行的一个推广用法，主要用在与中枢震荡相关的力度比较中。

一个背驰出现后，无论是盘整背驰还是真正的背驰，理论只能保证其回拉到原来的中枢里，这是正确的思维方式。

【编者按】缠中说禅："远离聪明，机械操作。"

> 做一个在水中学习游泳的人
>
> 痴
>
> 象牙塔里吟定理，白纸一张演走势。

第 16 章 走势与 MACD

振振有词趋势背，力度对比终完美。

纸上得来终觉浅，绝知此事要躬行。

股事求是

市场先生　图表语言

画说

趋势与 MACD

事实是无言的芬芳，真理在画说中绽放。

穿着最顶级的鲨鱼皮游泳衣，天天岸上练，从来不湿脚。

你还在岸上学游泳吗？请跳下水吧！

涉浅水者见鱼虾，涉深水者见蛟龙。

矮人看戏何曾见，都是随人说短长。

掀起你的盖头来，让我看看趋势背。

相关内容见图 16-1 至图 16-7。

市场哲学的数学原理
a+A+b+B+c 与 MACD (12 26 9)

- 最后，开始继续突破第二个中枢，MACD的黄白线以及柱子都再次重复前面的过程，但这次，黄白线不能创新高，或者柱子覆盖的面积不能继续扩大，或者伸长的高度不能突破新高，出现背驰，这就结束了两个中枢的上涨过程
- 然后进入第二个中枢的形成过程中，同时MACD的黄白线会逐步回到0轴附近
- 其后突破该中枢，MACD的黄白线也快速拉起，这往往是上涨最有力度的一段，一切的走势延展等，以及MACD绕来绕去的所谓指标钝化都经常出现在这一段，这段一般在一个次级别的背驰中结束
- 就是第一段，MACD的黄白线从0轴下面穿上来，在0轴上方停留的同时，形成相应的第一个中枢，同时形成第二类买点

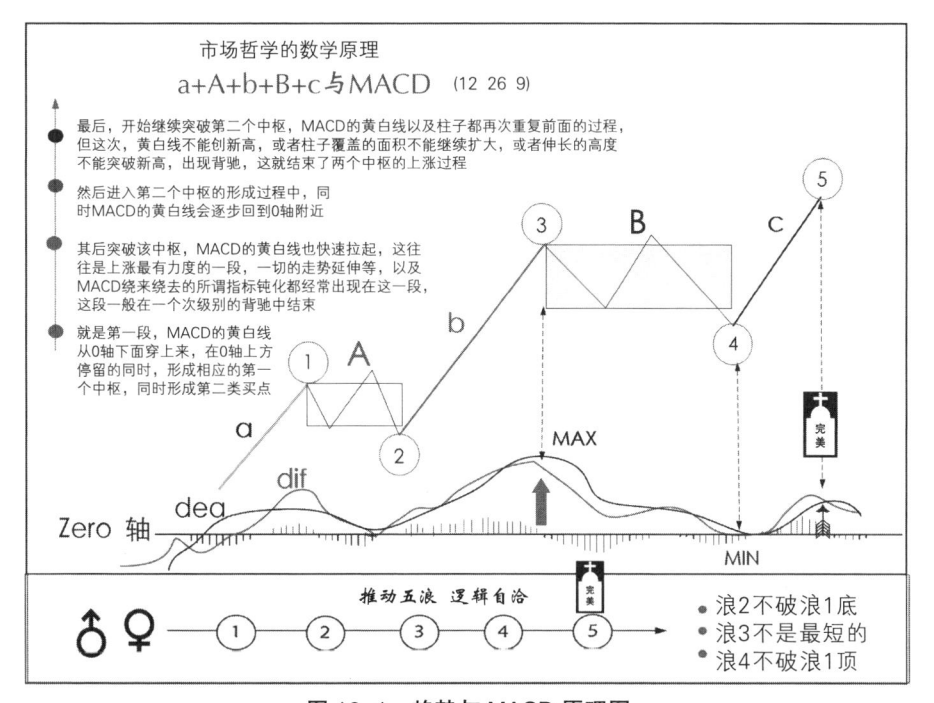

推动五浪　逻辑自洽

- 浪2不破浪1底
- 浪3不是最短的
- 浪4不破浪1顶

图 16-1　趋势与 MACD 原理图

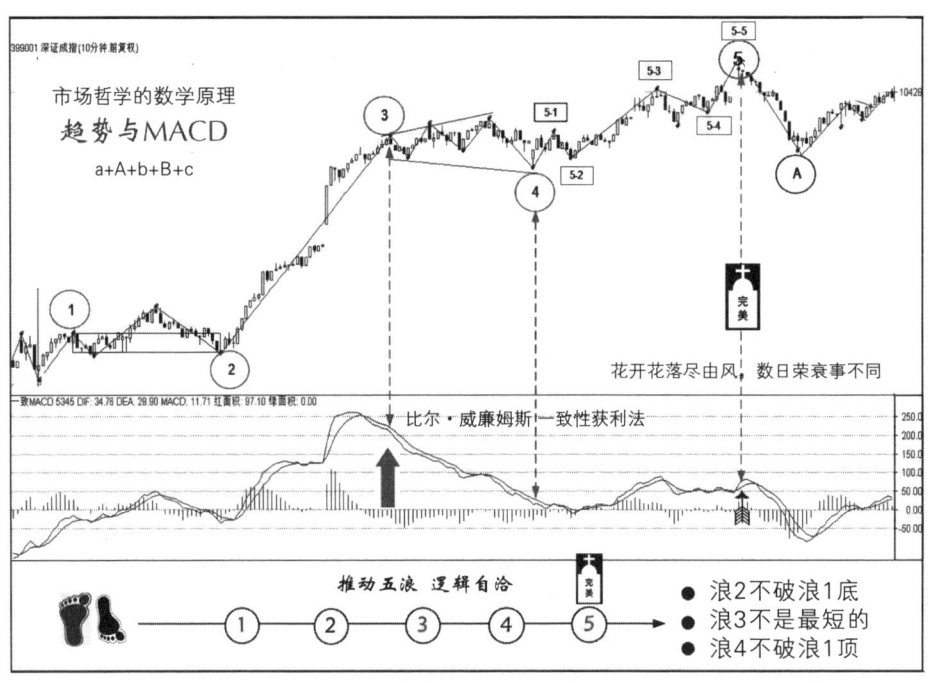

图 16-2　深证成指 10F（2019 年 4 月 8 日）

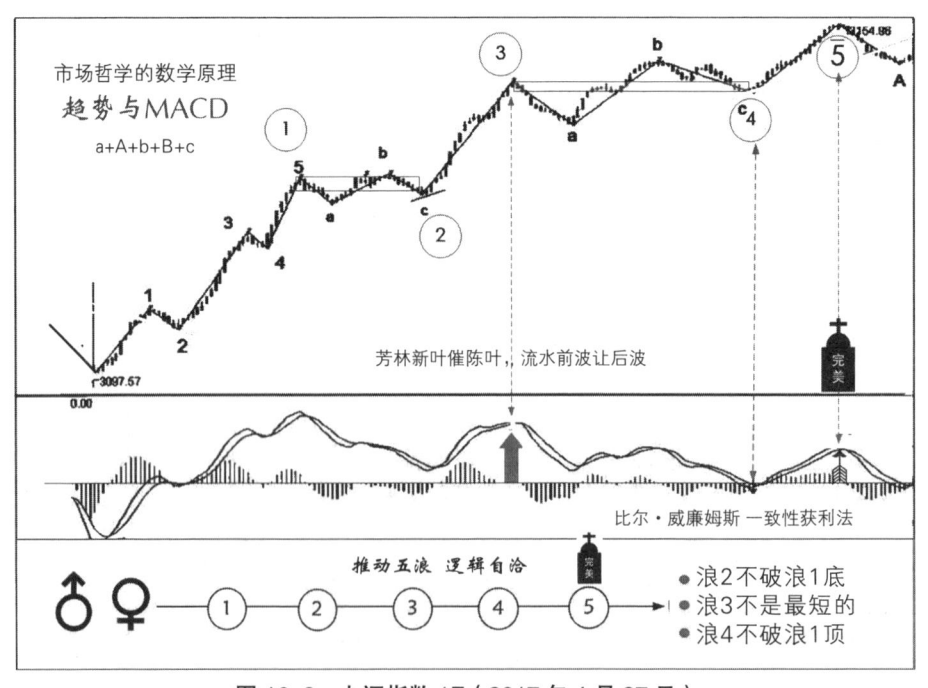

图 16-3　上证指数 1F（2017 年 4 月 27 日）

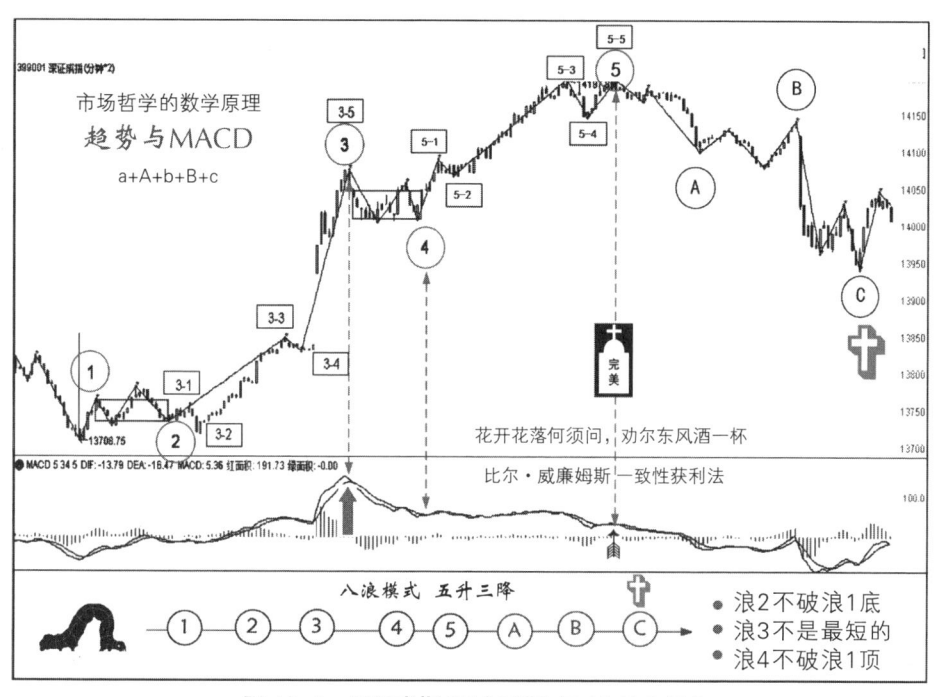

图 16-4　深证成指 2F（2020 年 11 月 6 日）

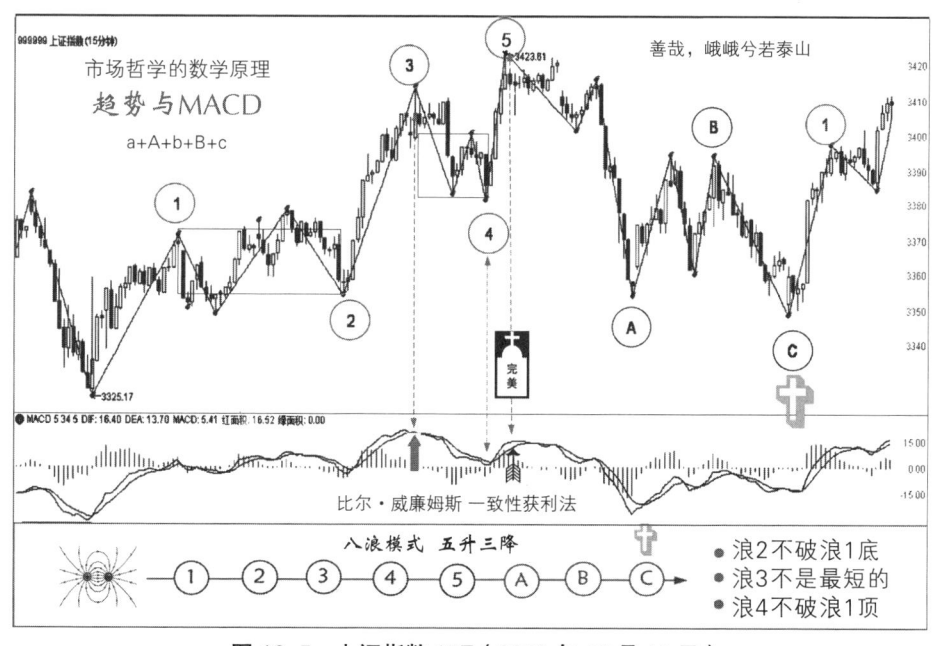

图 16-5　上证指数 15F（2020 年 12 月 11 日）

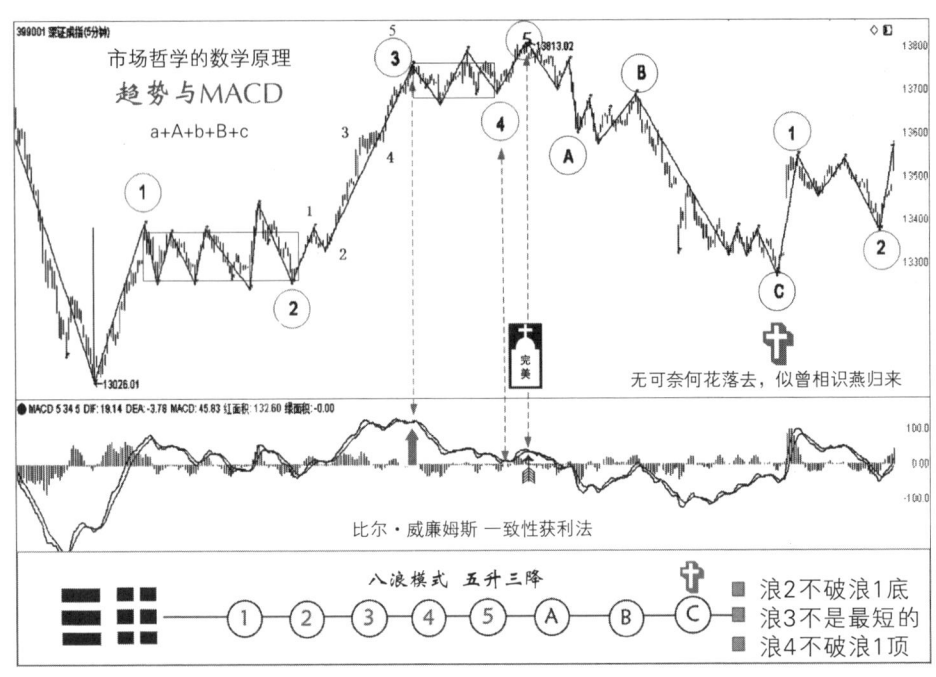

图 16-6　深证成指 5F（2020 年 8 月 12 日）

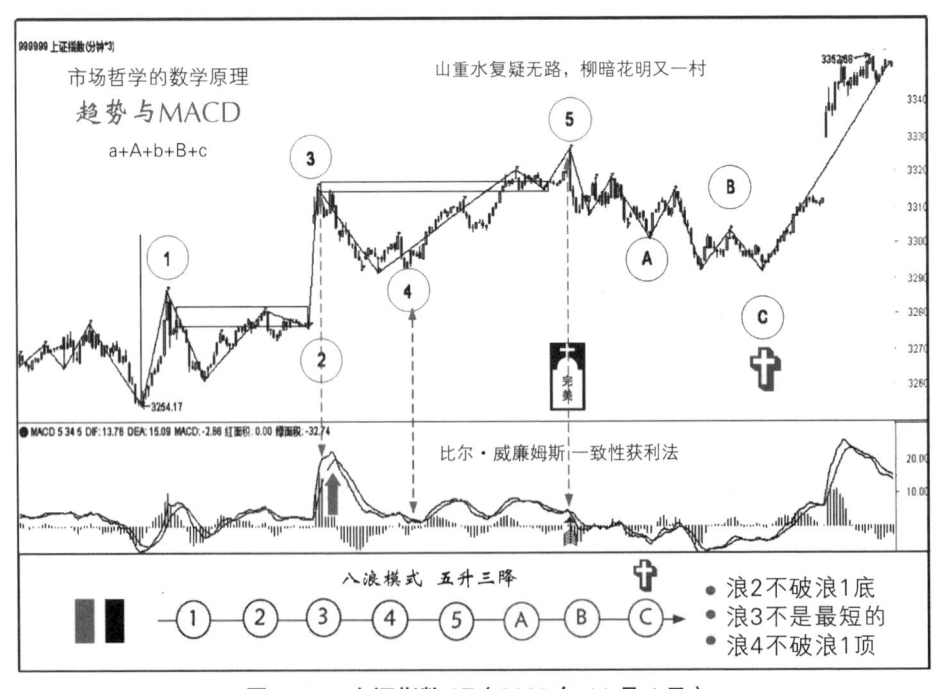

图 16-7　上证指数 3F（2020 年 11 月 4 日）

> **图穷匕见**
>
> 无画不说，有画少说；
>
> 画中有话，话中有画。
>
> 主要是画，次要是话；
>
> 画没有错，话会有错。
>
> 学而不思则罔，思而不学则殆。
>
> 春风得意马蹄疾，一日看嗨趋势美。
>
> **出乎尔者，反乎尔者**
>
> **缠中说禅如是说** [①]
>
> 要比较力度，发现背驰，首先要搞清楚是哪两段比较，其实，只要是围绕一个中枢的两段走势都可以比较。

在 a+A+b+B+c 中，c 并不是天经地义一定要有的，就像 a 也不是天经地义一定要有的一样。

在最极端的情况下，a 和 c 并不是必然存在的，而 b 完全可以是一个跳空缺口，这样，整个走势就可以简化为两个孤零零的中枢。把这种看法推广到所有的走势，其实就是由一些级别大小不同的中枢组成的，把这些看成不同的星球，在当下位置上的星球对当下位置产生向上的力，当下位置下的产生向下的力。

【编者按】自话自说，自言自语，自导自演，自拉自唱，自卖自夸，自问自答！你知道"埃舍尔楼梯"吗？你上过吗？我现在就有上"埃舍尔楼梯"那种感觉：永远在向上，永远在原地！

> **联想**
>
> **西方流传的一首民谣**
>
> 醉了一个农夫，丢了一颗铁钉；
>
> 丢了一颗铁钉，少安一只马掌；

[①] 缠中说禅. 教你炒股票 [M]. 北京：科学技术文献出版社，2013.

> 少了一只马掌，跛了一匹战马；
> 跛了一匹战马，摔坏一位将军；
> 死了一个将军，输了一场战争；
> 输了一场战争，亡了一个国家！

学友问：在趋势 a+A+b+B+c 中，c 可以不存在！只有"孤零零的中枢"，这时候谁和谁比较呀！如何是好？真不知所措。丢了一颗铁钉，亡了一个国家！丢了一个 c，亡了一个……

泰山北斗大家说

◆ 正确的结果，是从大量错误中得出来的；没有大量错误作台阶，也就登不上最后正确结果的高座。

——钱学森

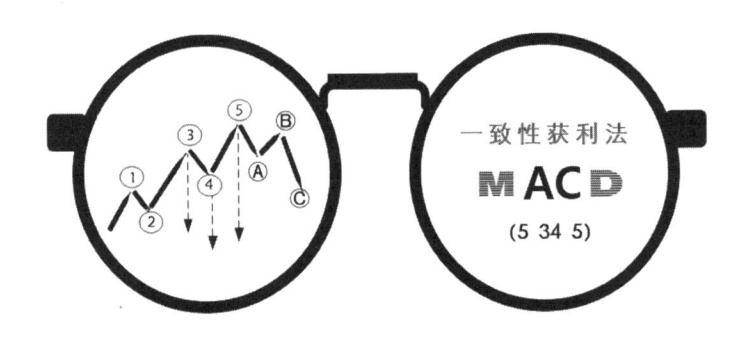

八浪与 MACD

一致性获利法

《证券混沌操作法》的作者比尔·威廉姆斯，长期研究艾略特波浪理论，他根据波浪理论的根本结构与 MACD 的关系，总结出一套很实用的一致性获利法。

一致性获利的意思是将诸多的量化指标技术，统一形成一套专业且唯一的参考指标，根据唯一量化指标的判断技术来获利。

一致性获利法中的MACD（5/34/5）具有三项主要功能：

（1）判断第三波的峰位。

（2）判断第四波的终点，或第四波结束的最低条件以及满足。

（3）判断趋势的结束与第五波的顶部。

判断第三波的峰位

在五个波浪的序列中，MFI平均值与MACD的峰位都会出现在第三波的顶部。如果我们将5/34的震荡指标绘制为柱状图的格式，很容易判断峰位出现于何处。因为所有的震荡指标都是落后指标，所以第三波的峰位（最高价或最低价）将会位于第一波与第五波之间，而且发生在震荡指标的峰位之前。

在峰位出现后，我们发现震荡指标的柱状图立即下降至信号线的下侧。信息线是5/34震荡指标的五期移动平均。在这种情况发生之后，必须留意多头头寸：动能已经丧失。如果拥有多头头寸，你可以选择在第三波的运行过程中继续持有；或先获利了结，并等待震荡指标显示第三波结束的最低条件已经符合，再进场交易第五波。

判断第四波的终点

在第三波结束后，震荡指标会随着第三波折返而拉回。柱状图将向下跌破信号线，显示此时并不是建立新多头头寸的适当时机。在这里，我们将提出一项非常重要的考量。虽然5/34/5 MACD是判断艾略特波浪的精确指标，但你首先必须了解这项指标的运作方式。它必然衡量的是某一级数的艾略特波浪。于是引出一个问题：它衡量的是哪一级数的艾略特波浪？我们的研究显示，就最精确的衡量而言，所考虑的波浪序列应该有100~140支的条形图。如果波浪序列的条形图少于100支，则MACD衡量的是级数较高的艾略特波浪。如果波浪序列的条形图多于140支，则MACD衡量的是级数较低的艾略特波浪。

唯有当你在适当的时间结构下观察波浪序列（包含100~140支条形图）时，才可以判定第三波结束的条件是否已经满足；换言之，震荡指标是否穿越零线。务必留意，当震荡指标在第三波的峰位之后穿越零线时，这代表第四波结束的最低条件已经满足。除非震荡指标穿越零线，否则第四波不算结束，此时交易第五波仍显过早。

为了更精确判断第四波终点的位置，你可以分析其中的 a–b–c 波浪序列或三角形的修正走势。

我们也可以从另一个角度衡量第三波的终点：将斐波那契系数运用在时间上。首先，衡量第一波终点与第三波终点之间的时间距离，以此时间距离分别乘以两个斐波那契比率——1.38与1.62——并以这两个乘积界定一段"目标时间距离"。

其次，从第二波的终点起算，第四波的终点通常会落于此"目标时间距离"内。综合上述考虑，你可以在时间上与价格上精确地估计第四波的终点。然后，你可以建立一个风险头寸以交易第五波。

判断趋势的结束与第五波的顶部

第四波结束而进入第五波后，我们可以开始估计五波浪序列的目标终点。首先，衡量第一波起点至第三波终点之间的价格距离，以此价格距离分别乘以100%和62%，并以这两个乘积界定一段"目标价格距离"。其次，从第四波的终点起算，第五波的终点通常会落于此"目标价格距离"内。最后，将上述估计方程式运用在第五波中的五波浪序列中，并计算第五大波中第五小波的目标区域。如此可以缩小我们估计的价格目标区域。请留意，如果价格与震荡指标在第三波峰位与第五波峰位之间出现背离，这代表五波浪序列已经结束。

在这里，我们首先必须决定 5/34 震荡指标柱状图与信号线之间的相对位置（信号线是 5/34 震荡指标的五期简单移动平均），然后仅顺着当时的动能方向来交易。这是一种非常敏感而精确的过滤器，它可以衡量动能的变化。如果柱状图低于信号线，我们仅做空头交易。如果柱状图高于信号线，我们只做多头交易。

我们还必须留意一个小细节，以增进波浪计数上的精确性。我们采用适当的走势图（含 100~140 支条形图）时，如果发生背离的现象而 MACD 并未折返至零线，代表它是一个较高级数第三波中的第五小波峰位。在 MACD 折返后（但未触及零线），又恢复原先走势，并造成背离的现象，这代表是第三大波中的第五小波，它也是第三大波的峰位。这是艾略特专家们常犯的错误：将第三大波中第五小波的峰位，视为第五大波的结束。由于这种错误，他们将建立相反方向的新头寸，而当真正的第五大波出现时，将使他们止损出场。

当行情完成第三大波中的第五小波时，MACD 会折返至零线，这代表第四大波结束的最低条件已经满足。第四大波经常会结束于第三大波中第四小波的终点附近。如果这点的位置大致符合斐波那契的折返比率，则此目标的可靠性将更高。

缠中说禅话说：混沌操作法与波浪理论

所有关于股市的理论，只要是关系到走势图的，本 ID 理论都可以严格推论，因为本 ID 理论是关于走势图最基础的理论，谁都逃不掉。

【编者按】龙战于野，其血玄黄。本节将实际演绎缠中说禅是如何猎杀一致性获利法的。

做一个在水中学习游泳的人

格物致知

纸上得来终觉浅，绝知此事要躬行。

股事求是

市场先生　图表语言

画说

一致性获利法

事实是无言的芬芳，真理在画说中绽放。

穿着最顶级的鲨鱼皮游泳衣，天天岸上练，从来不湿脚。

你还在岸上学游泳吗？请跳下水吧！

涉浅水者见鱼虾，涉深水者见蛟龙。

矮人看戏何曾见，都是随人说短长。

掀起你的盖头来，让我看懂获利法。

相关内容见图 16-8 至图 16-14。

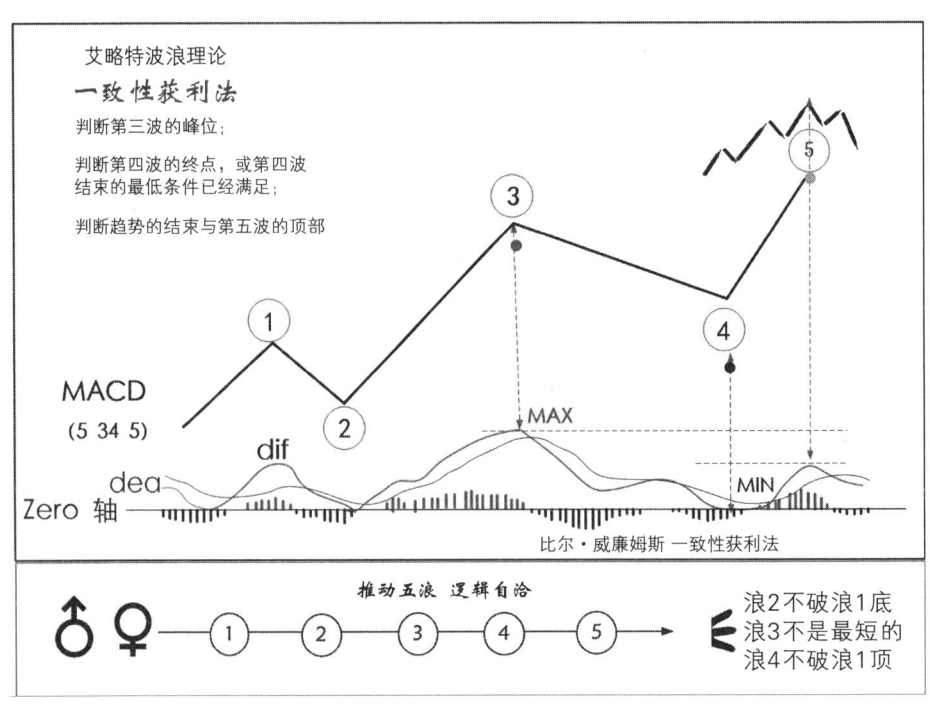

图 16-8　一致性获利法原理图

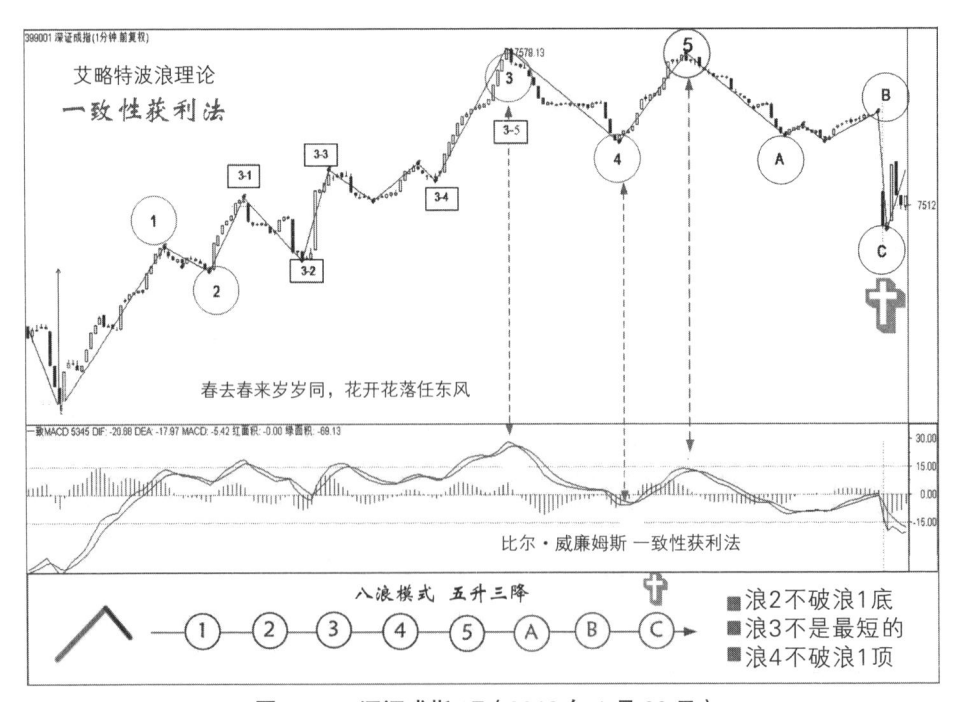

图 16-9　深证成指 1F（2019 年 1 月 29 日）

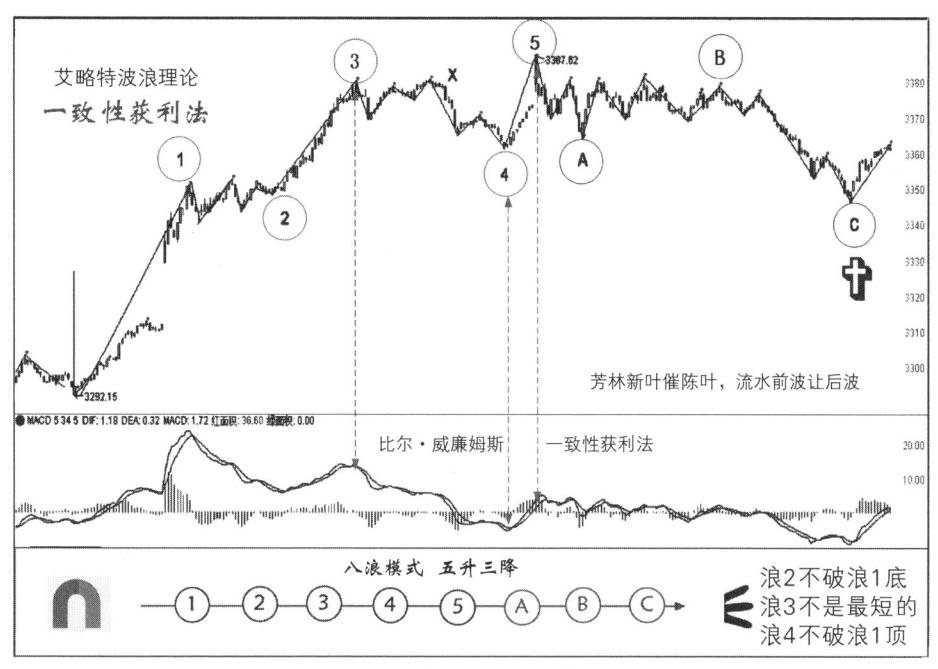

图 16-10　上证指数 2F（2020 年 11 月 6 日）

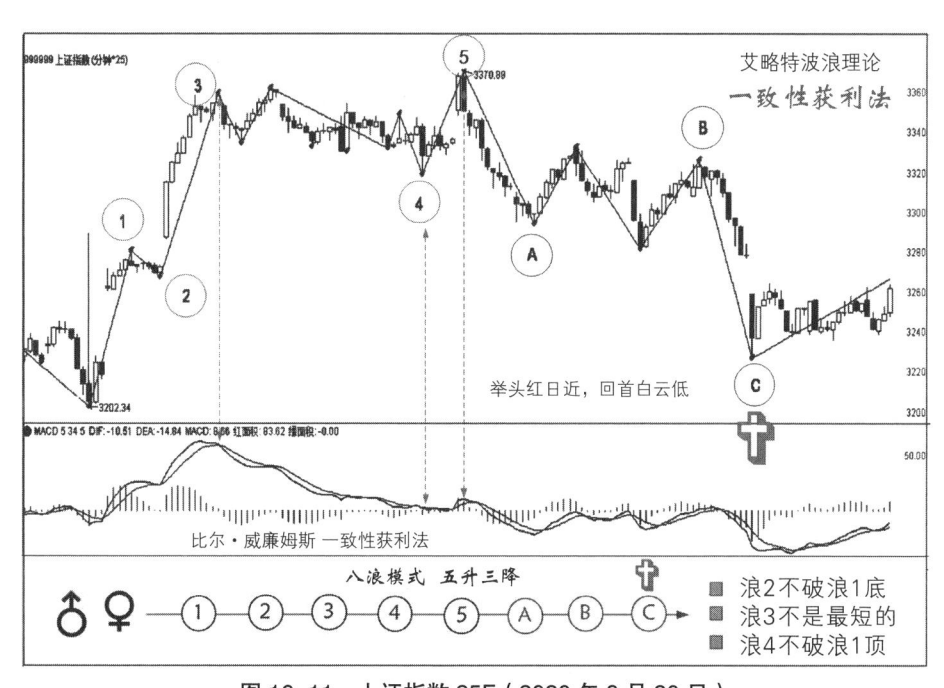

图 16-11　上证指数 25F（2020 年 8 月 30 日）

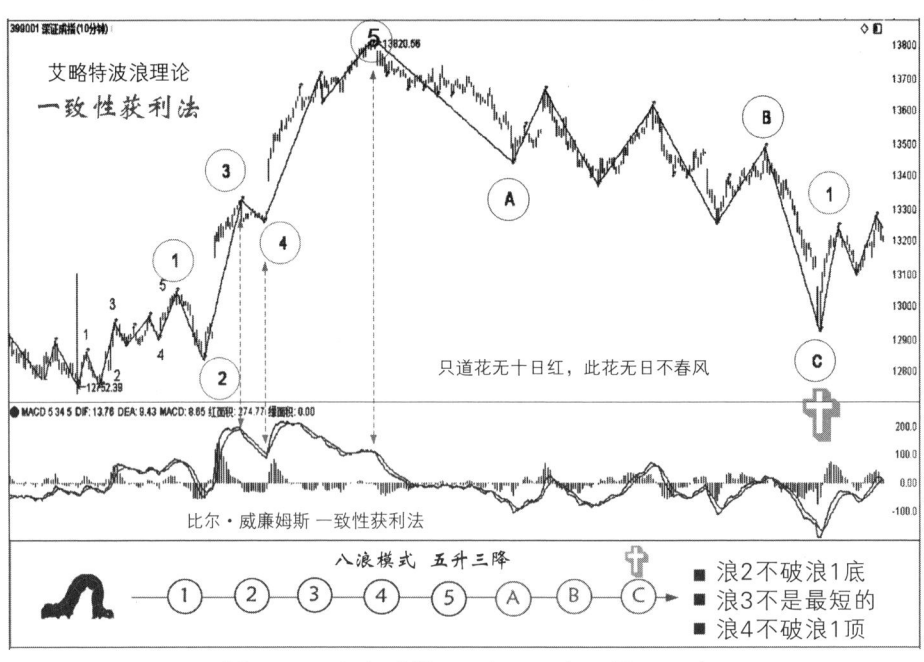

图 16-12　深证成指 10F（2020 年 9 月 28 日）

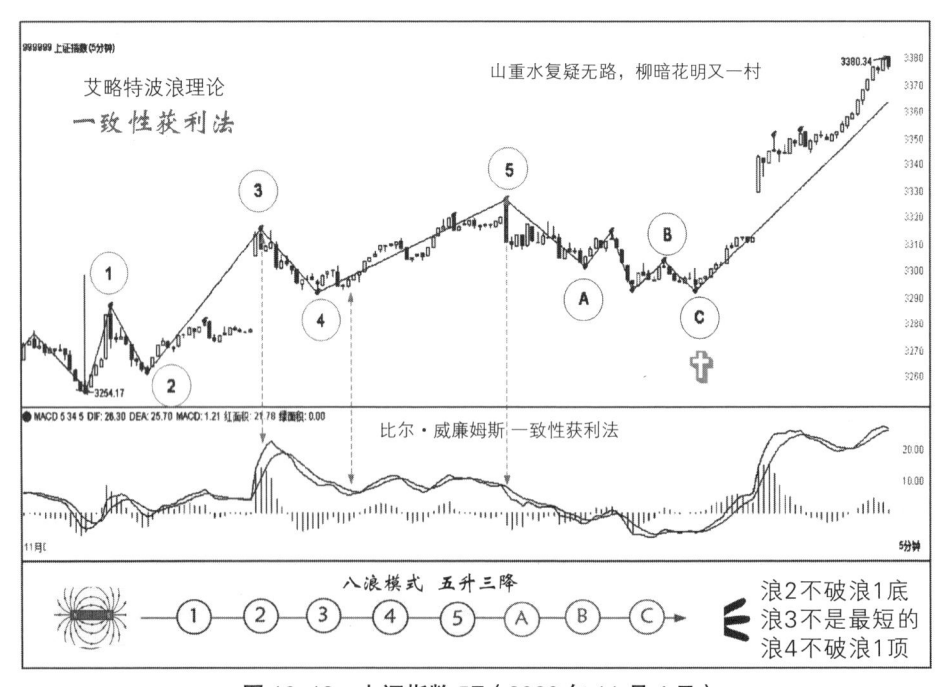

图 16-13　上证指数 5F（2020 年 11 月 4 日）

第 16 章 走势与 MACD

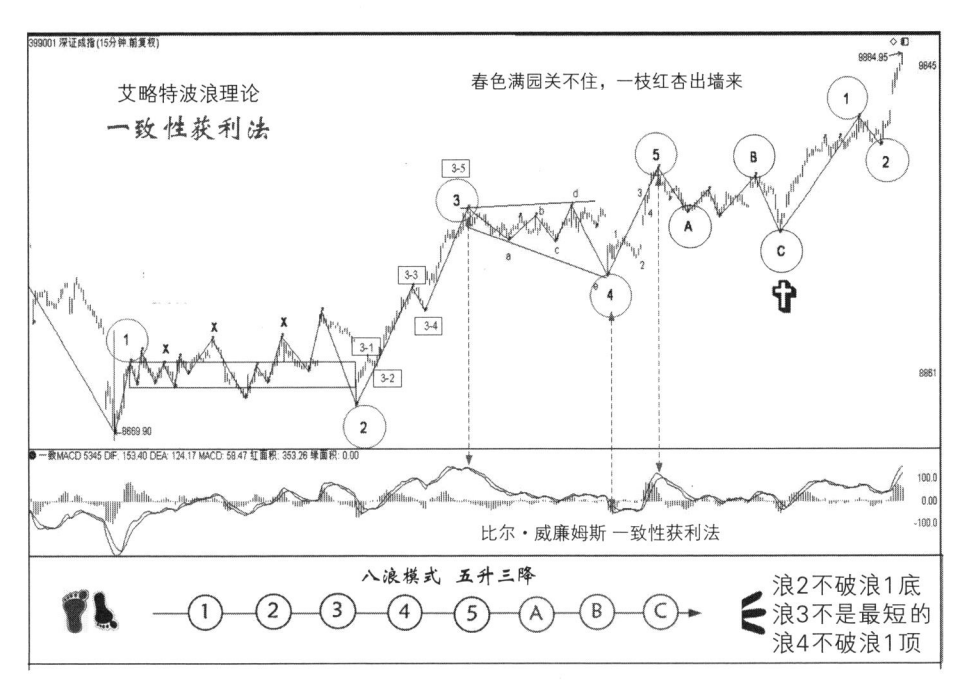

图 16-14 深证成指 15F（2019 年 8 月 8 日）

图穷匕见

无画不说，有画少说；

画中有话，话中有画。

主要是画，次要是话；

画没有错，话会有错。

智者察同，愚者察异。

他山之石，可以攻玉。

业精于勤荒于嬉，行成于思毁于随。

谁持画笔描山色，五升三降一致性。

实战感悟

波浪理论与一致性获利法搭配使用是和和美美，锦上添花，如虎添翼。但是，上帝没有保证它是百分百绝对管用的，还要具体问题具体分析。

泰山北斗大家说

◆ 要想知道他们真正的看法,一定要看他们的实际行动,不能光听他们说的话。

———笛卡儿

◆ 弟子不必不如师,师不必贤于弟子,闻道有先后,术业有专攻,如是而已。

———韩愈

延长浪与MACD

艾略特话说:波浪理论中的延长浪[①]

延长浪是被扩大的细分浪拉长了的推动浪。

波浪理论的指导方针之一是,一个五浪序列中的两个驱动浪在时间和幅度上趋向等同。延长浪通常只在一个作用子浪中出现。比如,如果第1浪和第3浪的长度大致相同,那么第5浪就可能延长。如果第3浪延长了,那么第5浪就与第1浪类似。

注意,推动浪总共有五个浪,如果有延长浪,总数就会达到九或十三个浪,依此类推;而调整浪总共有三个浪,如果有联合型调整浪,总数就会达到七或十一个浪,依此类推。

一般而言,浪3常常是驱动浪的三个作用浪(浪1、浪3和浪5)中最长的,而且也永远不是最短的一浪。

一致性获利法——在波浪理论延长浪中的应用

推动浪总共有五个浪,如果有延长浪,总数就会达到九或十三个浪。

(1)当浪3出现延长时,浪3可以表示为:浪3-1、浪3-2、浪3-3、浪3-4、浪3-5。一般情况下,它们同样适用比尔·威廉姆斯的一致性获利法。

这时,比尔·威廉姆斯的一致性获利法,会被二次重复应用。

(2)当浪5出现延长时,浪5可以表示为:浪5-1、浪5-2、浪5-3、浪5-4、浪5-5。一般情况下,它们同样适用比尔·威廉姆斯的一致性获利法。

---

① 普莱切特,弗罗斯特.艾略特波浪理论:市场行为的关键(珍藏版)[M].陈鑫,译.北京:机械工业出版社,2015.

这时候，比尔·威廉姆斯的一致性获利法，会被二次重复应用。

为了更详细地讨论在波浪理论延长浪中，如何具体使用比尔·威廉姆斯的一致性获利法，以下将分为两个小节，详细阐述浪3延长和浪5延长时，一致性获利法的双重应用问题。

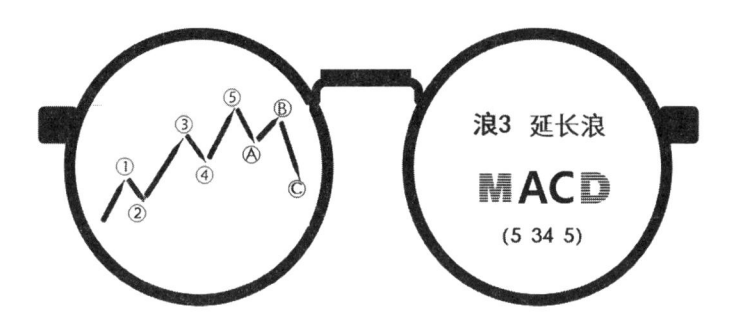

一致性获利法——在浪3延长浪中的双重应用

首先，在延长的数字三浪，即浪3-1、浪3-2、浪3-3、浪3-4、浪3-5中，可以对浪3-3、浪3-4、浪3-5使用比尔·威廉姆斯的一致性获利法。

然后，在基本的数字浪，即浪1、浪2、浪3、浪4、浪5中，可以再对浪3、浪4、浪5使用比尔·威廉姆斯的一致性获利法。

格物致知

纸上得来终觉浅，绝知此事要躬行。

股事求是

市场先生　图表语言

画说

浪3延长浪与一致性获利法

事实是无言的芬芳，真理在画说中绽放。

穿着最顶级的鲨鱼皮游泳衣，天天岸上练，从来不湿脚。

你还在岸上学游泳吗？请跳下水吧！

涉浅水者见鱼虾，涉深水者见蛟龙。

矮人看戏何曾见，都是随人说短长。

掀起你的盖头来，让我看看延长浪。

相关内容见图 16-15 至图 16-21。

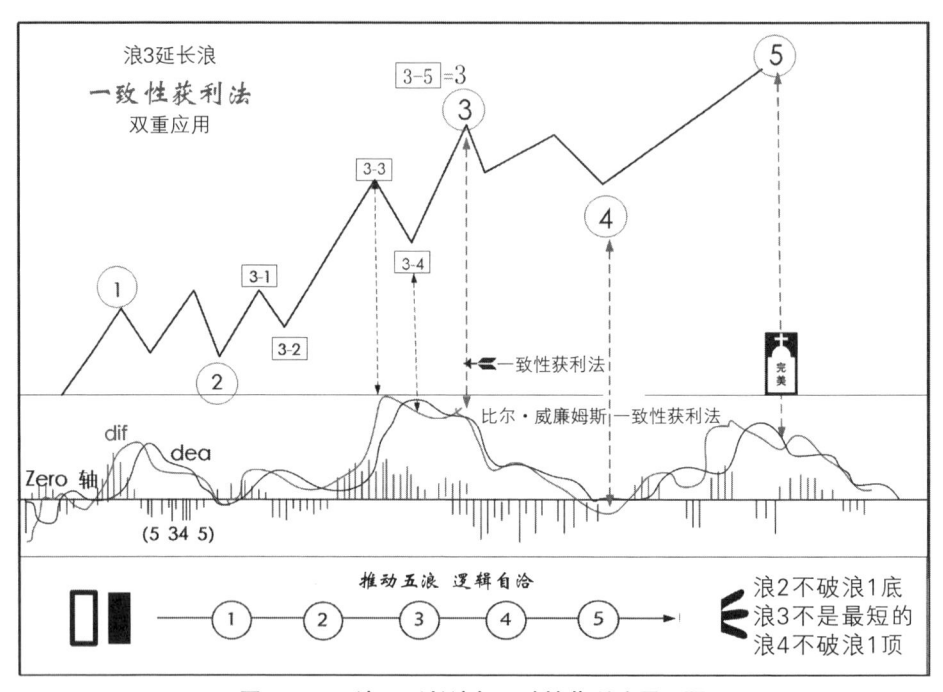

图 16-15　浪 3 延长浪与一致性获利法原理图

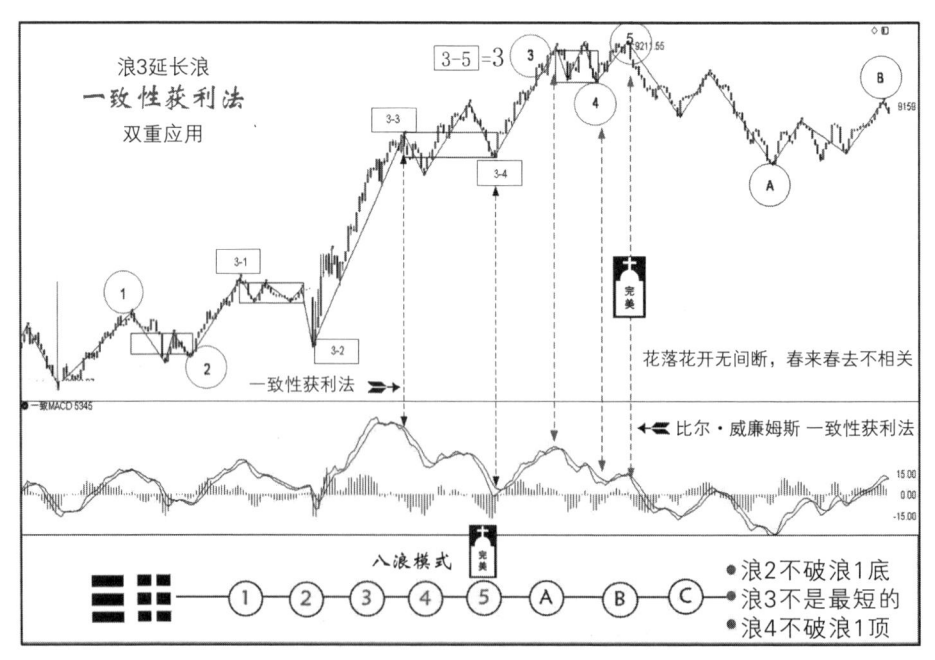

图 16-16　中小板 1F（2020 年 7 月 21 日）

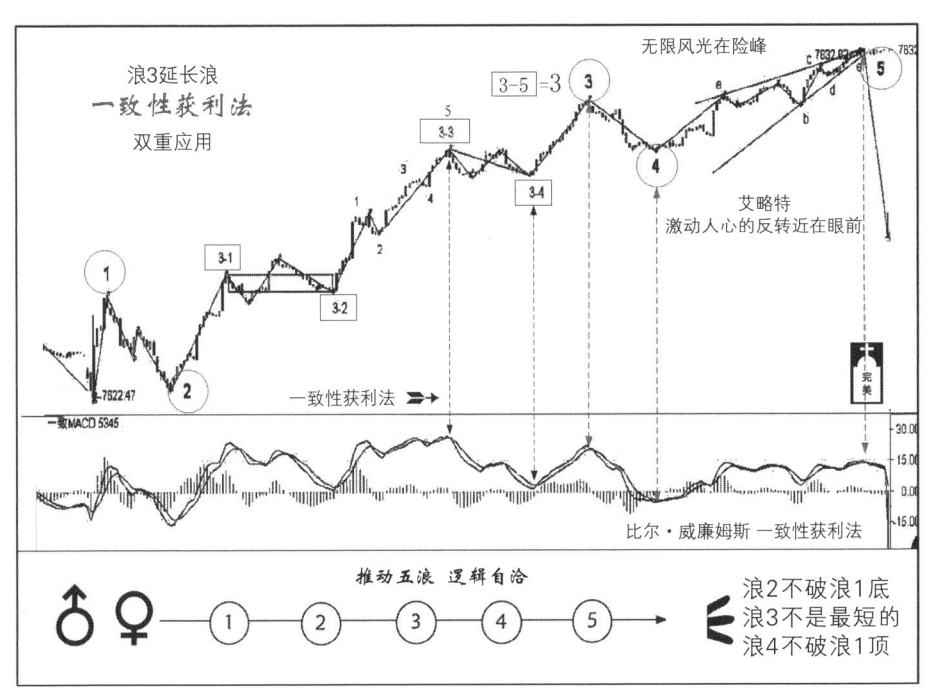

图 16-17　深证成指 1F（2018 年 11 月 12 日）

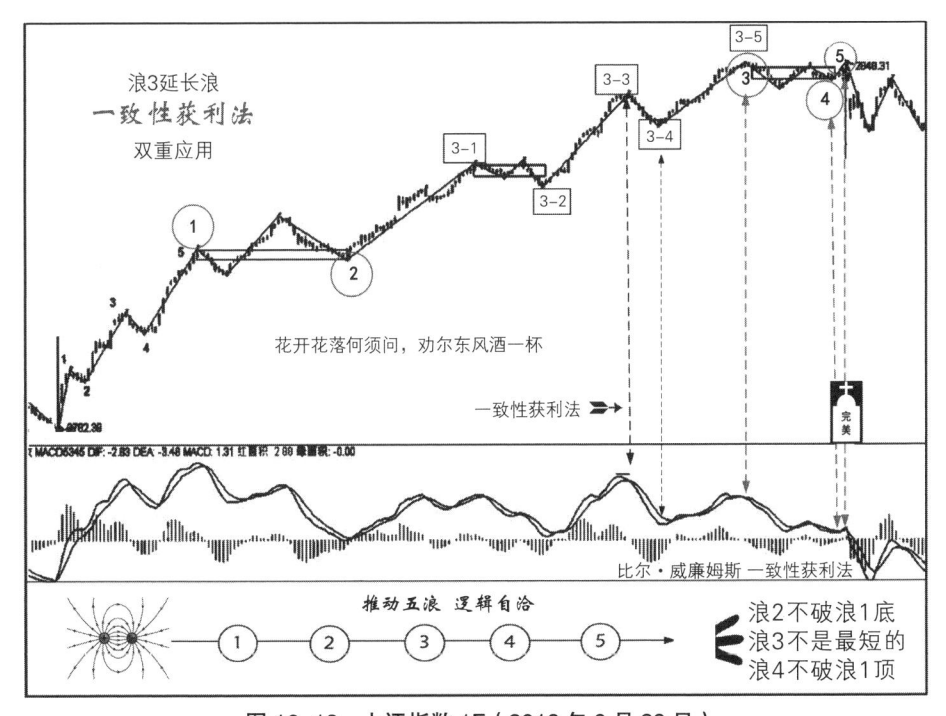

图 16-18　上证指数 1F（2018 年 6 月 29 日）

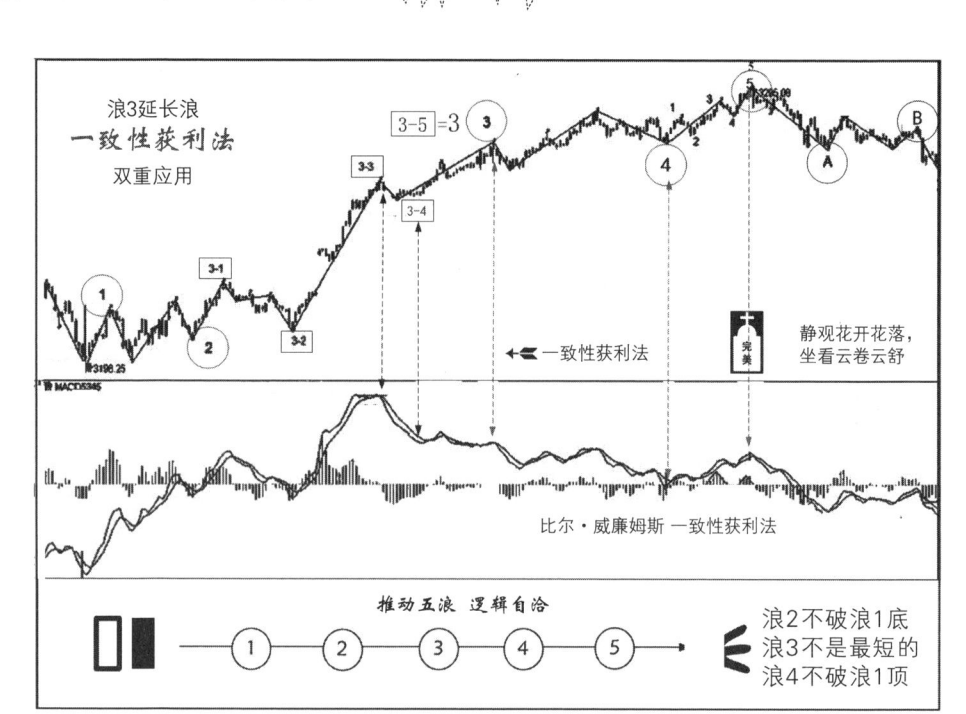

图 16-19　上证指数 5F（2017 年 4 月 10 日）

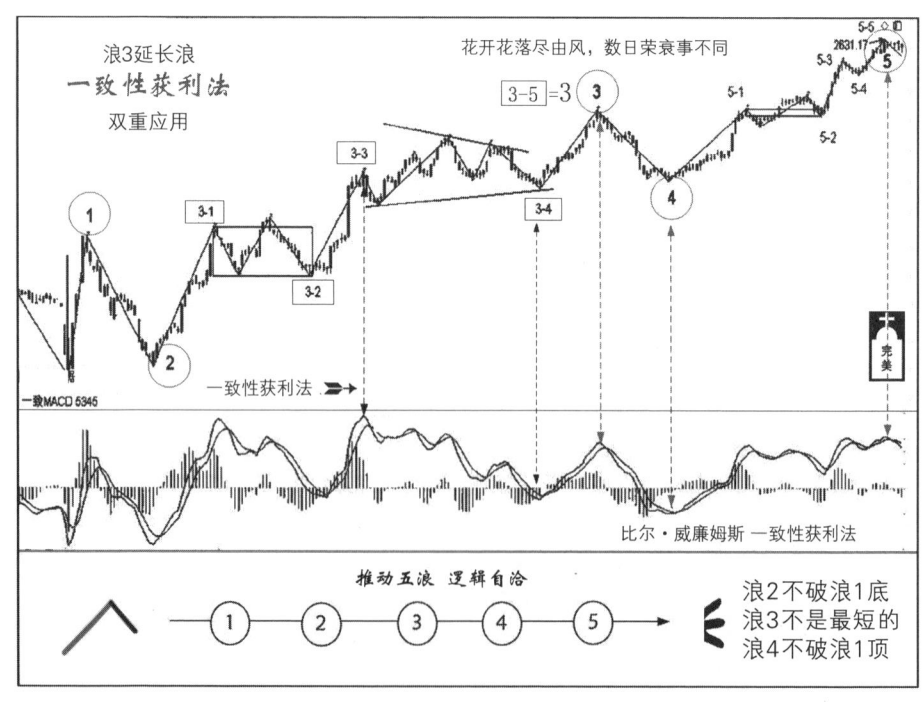

图 16-20　上证指数 1F（2018 年 11 月 12 日）

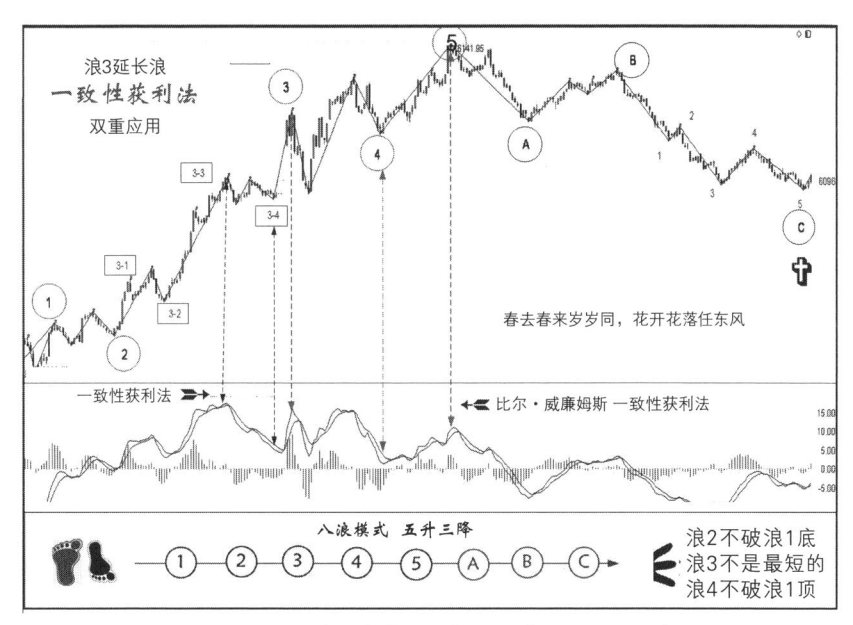

图 16-21　中小板指 1F（2019 年 12 月 2 日）

图穷匕见

无画不说，有画少说；

画中有话，话中有画。

主要是画，次要是话；

画没有错，话会有错。

春风得意马蹄疾，一日看嗨延长浪。

不畏浮云遮望眼，只缘心在八浪中。

实践感悟

理论靠不靠谱，只有实践说了算！

波浪理论根植于实践，又是离实践一尺的飞翔。

泰山北斗大家说

◆ 社会就是书，事实就是教材。

——卢梭

◆ 思维模型会给你提供一种视角或思维框架，从而决定你观察事物和看待世界的视角。顶级的思维模型能提高你成功的可能性，并帮你避免失败。

——查理·芒格

◆ 科学家必须在庞杂的经验事实中抓住某些可用精密公式来表示的普遍特征，由此探求自然界的普遍原理。

——爱因斯坦

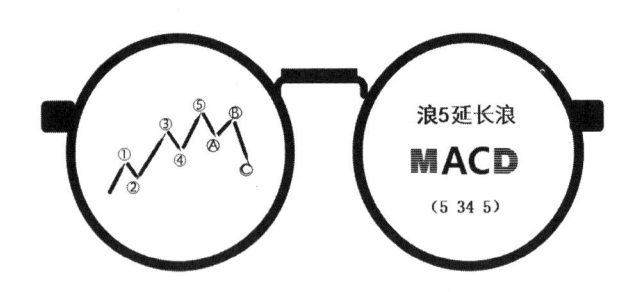

一致性获利法——在浪5延长浪中的双重应用

首先，在基本的数字浪，即浪1、浪2、浪3、浪4、浪5中，可以对浪3、浪4、浪5使用比尔·威廉姆斯的一致性获利法；

然后，在延长的数字浪5，即浪5-1、浪5-2、浪5-3、浪5-4、浪5-5中，可以再对浪5-3、浪5-4、浪5-5使用比尔·威廉姆斯的一致性获利法。

格物致知
纸上得来终觉浅，绝知此事要躬行。

股事求是
市场先生　图表语言

画说
浪5延长浪与一致性获利法
事实是无言的芬芳，真理在画说中绽放。
穿着最顶级的鲨鱼皮游泳衣，天天岸上练，从来不湿脚。
你还在岸上学游泳吗？请跳下水吧！
涉浅水者见鱼虾，涉深水者见蛟龙。
矮人看戏何曾见，都是随人说短长。
掀起你的盖头来，让我看看浪延长。

第 16 章 走势与 MACD

相关内容见图 16-22 至图 16-28。

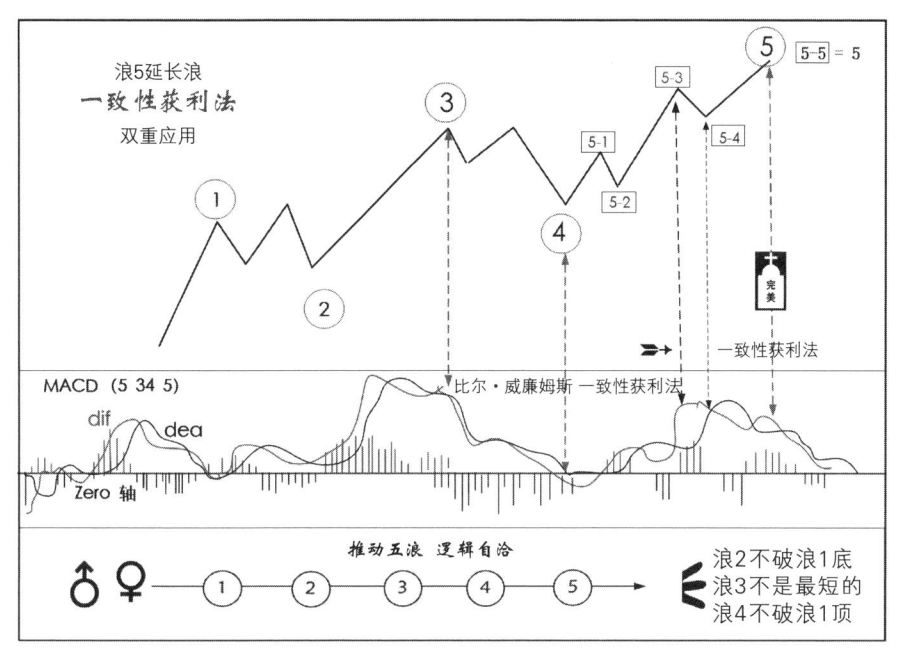

图 16-22 浪 5 延长浪与一致性获利法原理图

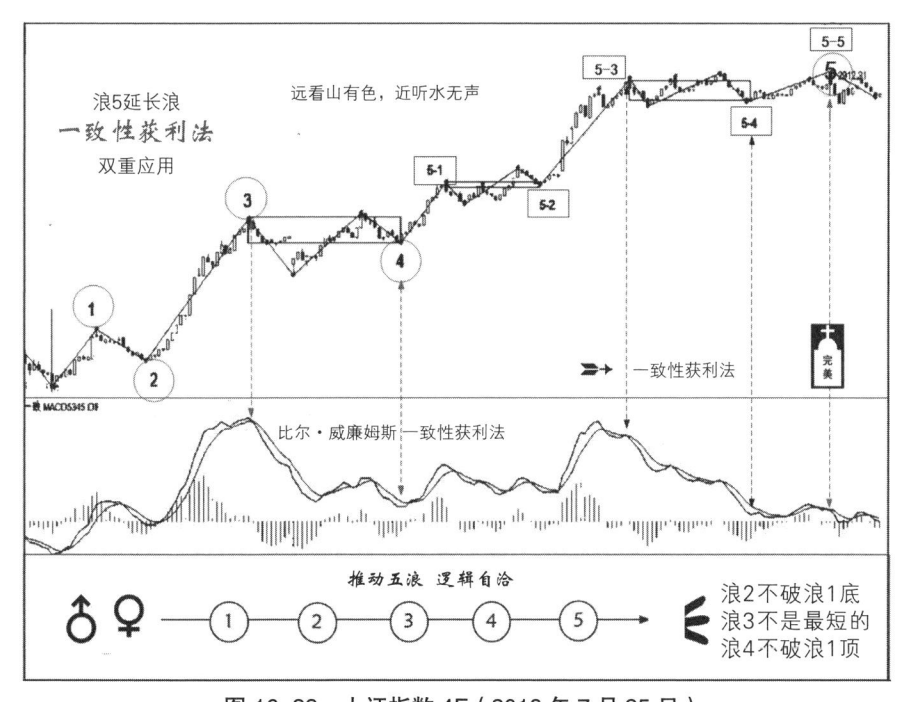

图 16-23 上证指数 4F（2018 年 7 月 25 日）

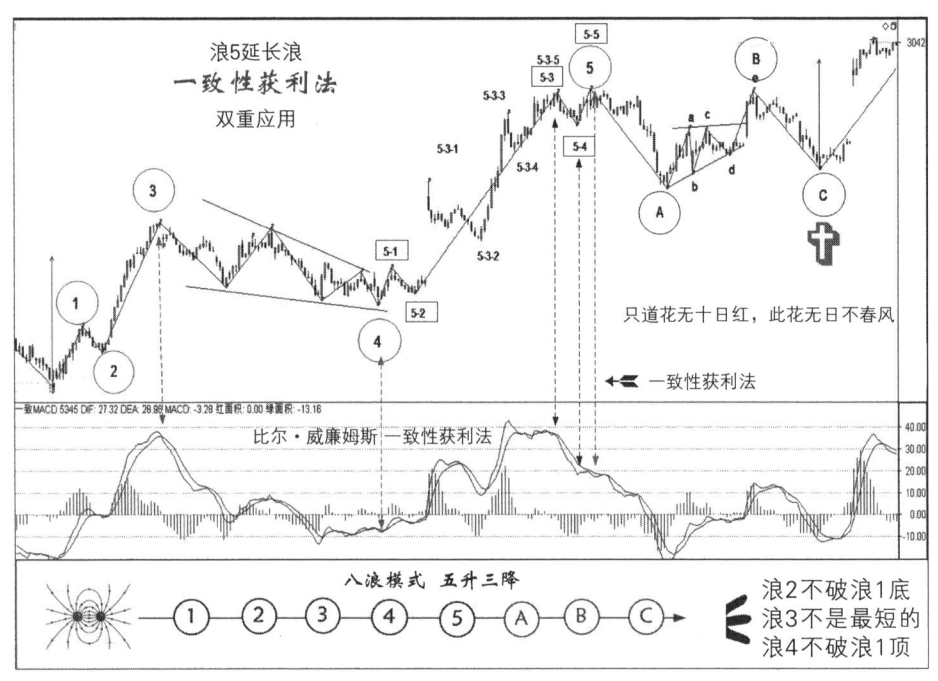

图 16-24　上证指数 15F（2019 年 6 月 10 日）

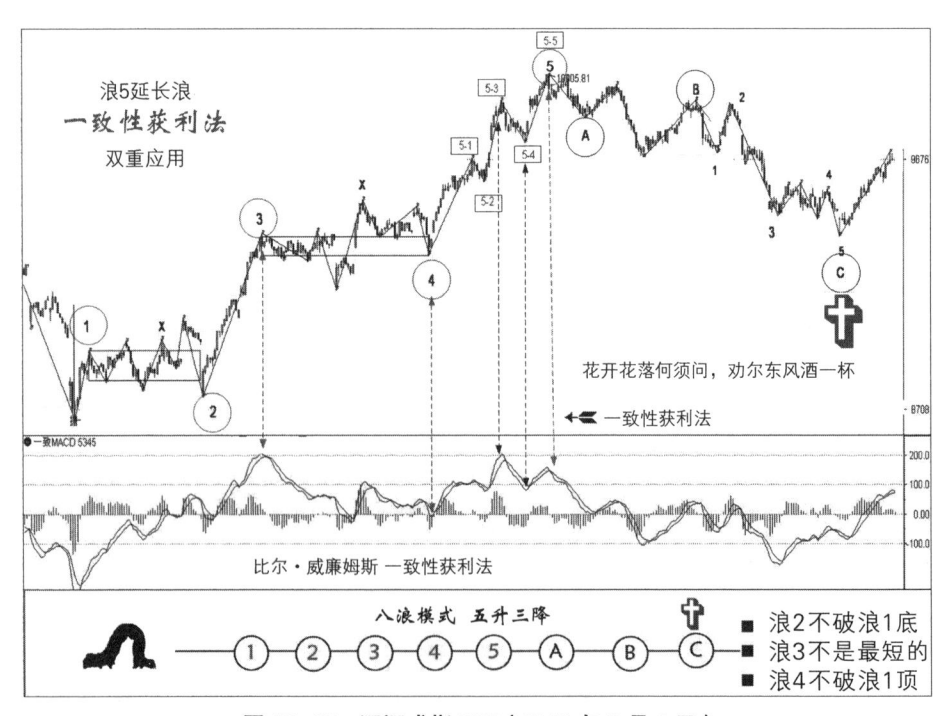

图 16-25　深证成指 30F（2019 年 8 月 6 日）

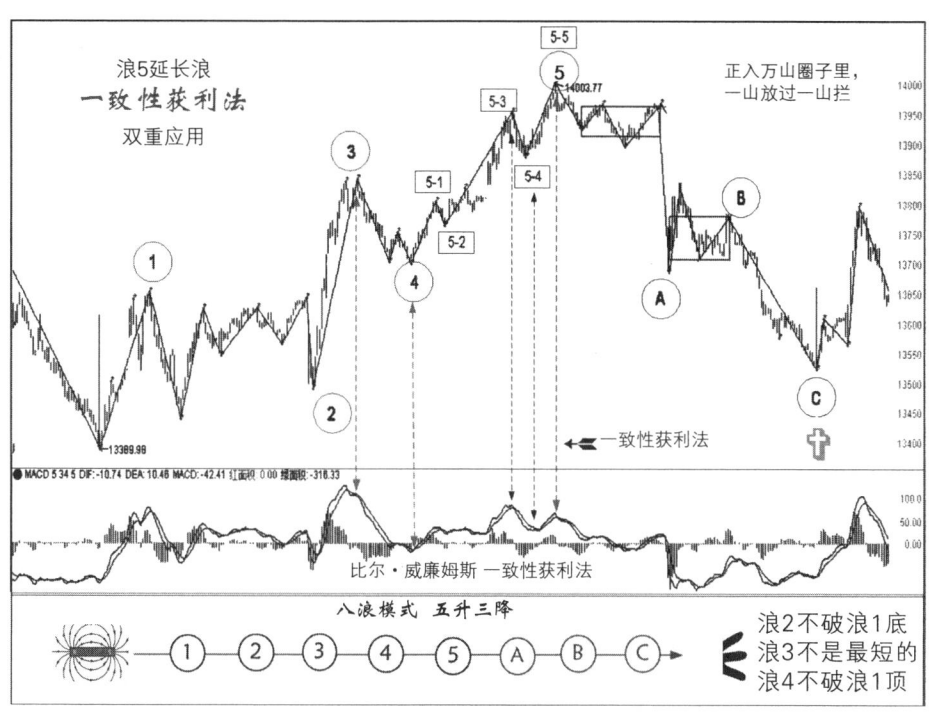

图 16-26　深证成指 3F（2021 年 3 月 15 日）

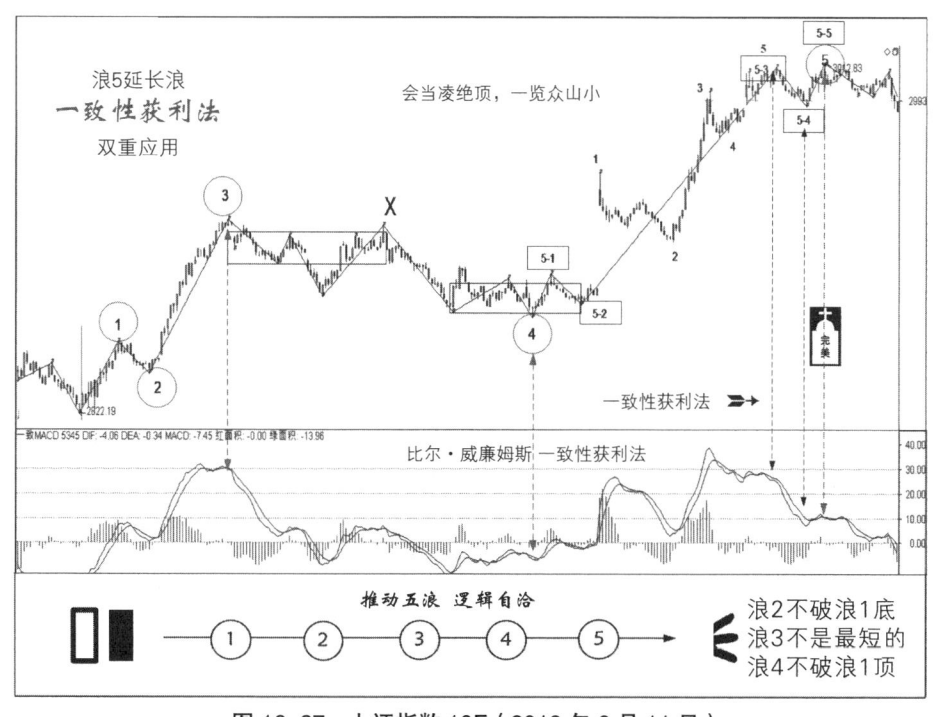

图 16-27　上证指数 10F（2019 年 6 月 11 日）

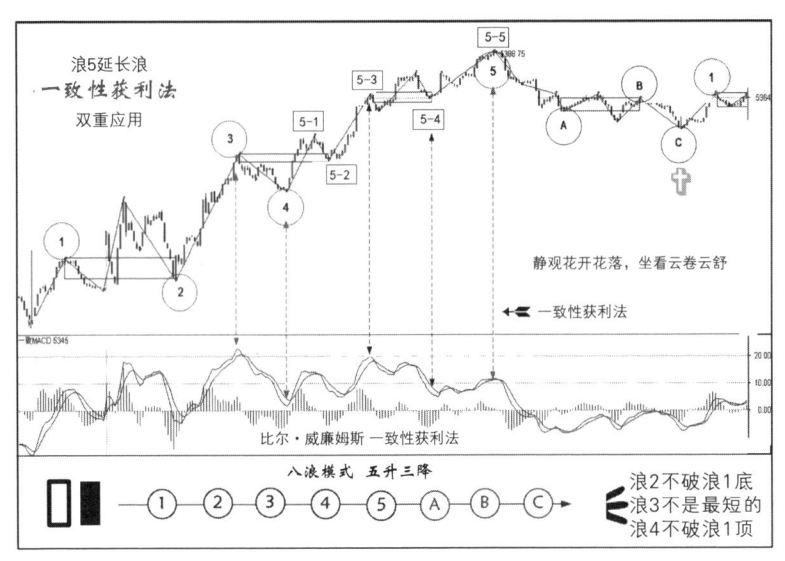

图 16-28　中小板指 1F（2019 年 6 月 6 日）

图穷匕见

无画不说，有画少说；
画中有话，话中有画。
主要是画，次要是话；
画没有错，话会有错。
谁持画笔描山色，五升三降淡淡情。
春风得意马蹄疾，一日看嗨一致性。

实践感悟

在事实面前瑟瑟发抖的理论，会是真理吗？
别以为穿着最顶级的鲨鱼皮游泳衣，就一定是游泳高手了！

泰山北斗大家说

◆ 简单是最高级的复杂。

——达·芬奇

◆ 没有正确的方法，即使有眼睛的博学者也会像瞎子一样盲目摸索。

——笛卡儿

◆ 世界上最不可思议的事情便是这个世界是可以思议的。

——爱因斯坦

第 17 章　级别

级别之辩

缠中说禅话说：级别[①]

所谓走势的级别，从最严格的意义上说，可以从每笔成交构成的最低级别图形不断按照中枢延伸、扩展等的定义精确地确认出来，这是最精确的，不涉及5分钟、30分钟、日线等。

1分钟、5分钟、30分钟、日线、周线、月线、季线、年线等的级别安排，只是一个简略的方式，最主要的是现在可以查到的走势图都是这样安排的。

关于级别的问题，如果想不明白，可以当成用不同倍数的显微镜去看一滴水，由此当然会看出不同的精细度，级别之于走势也一样。

就像我们研究猴子的行为时，如果还考虑其中的每个细胞里包含的分子中的原子里的电子的走势问题，那就不是研究猴子了。

再次强调，什么级别的图和什么级别的中枢没有任何必然关系，走势类型以及中枢就如同显微镜下的观察物，是客观存在的，其存在性由上面所说最原始的递归定义保证。而级别的图，就如同显微镜，用不同的倍数看这客观的图就看到不同的精细程度，如此而已。所以，不能把显微镜和显微镜观察的东西混在一起。

自相似性还有一个最重要的特点，就是自相似性可以自组出级别来。自相似性就如同基因，按照这个基因、这个图谱，走势就如同有生命般自动生长出不同的级别来。不论进行交易的投资者如何改变，只要其贪嗔痴疑不改变，那么自相似性就存在，级别的自组性就必须存在。另外，有了自相似性结构，那么，任何一个级别里的走势发展都是独立的。例如，30分钟的中枢震荡与5分钟的上涨走势，两个级别之间并不会互相打架，而是构成一个类

[①] 缠中说禅. 教你炒股票 [M]. 北京：科学技术文献出版社，2013.

似联立方程的东西，如果单一个方程的解很多，那么联立起来，解就大幅减少。也就是级别的存在，使得对走势的判断可以联立了，也就是可以综合起来系统地看了。这样，走势的边界条件就变得异常简单。

所以，看走势，不能光看级别，必须立体地看，否则，就是浪费了自相似性结构给你的有利条件。

另外，必须再对一种错误的想法敲打一下。级别，本质上与时间无关，级别也不是什么时间结构。级别，只是按照本ID的规则，自生长出来的一种分类方法。而所谓时间结构，本质上和电脑软件上的K线时间周期选择一样。一个连最低级别都不到的走势类型，可能生长100年也无法成为更高级别的，级别与时间，本质上没有太大的关系。级别的关键，就是本ID设计的那套规则。级别，本质上不对任何时间结构有任何绝对的承诺，为什么？因为这里没有任何的绝对的理论推导可以保证这一点，级别被破坏了，就是因为被破坏了，仅此而已，并不是因为时间的因素，结构就被破坏了。

因此，级别在本ID理论中就极端关键了。为什么？因为本ID的递归函数是有级别的，并且级别是依次升高的。所以，若搞不明白级别，根本就不明白本ID理论。而级别的存在，一个必然的结论就是，任何高级别走势的改变都必须先从低级别走势开始。注意，完全分类是级别性的，是有明确点位界限的。

一般来说，1分钟、5分钟、30分钟三个级别的分解，就足以应对所有的走势。

按定义严格操作，必须从最低级别走势开始逐步确认其级别，太麻烦也没多大意义，所以才有了后面1分钟、5分钟、15分钟、30分钟、60分钟，日、周、月、季、年的级别分类。在这种情况下，就可以不太严格地说，三个连续1分钟走势类型的重叠构成5分钟的中枢，三个连续5分钟走势类型的重叠构成15分钟或30分钟的中枢等。在实际操作中，这种不太严格的说法不会产生任何原则性的问题，而且使用起来很方便，所以就用了，对此，必须再次明确。

艾略特话说：波浪的浪级 [①]

在波浪理论应用中如何准确地辨别波浪的级别常常是一个困难的问题。特别是在一个新的波浪开始时，很难判定最后的小波浪属于哪个级别。幸运

[①] 普莱切特，弗罗斯特.艾略特波浪理论：市场行为的关键（珍藏版）[M].陈鑫，译.北京：机械工业出版社，2015.

的是，波浪等级仅仅是相对的概念。但是尽管这样，以上的等级标号仍反映了波浪的相对大小。

所有的波浪都可按相对规模或浪级来分类。艾略特命名了九个浪级，并为这些浪级从最大到最小选择了不同的名称，即从特大超级循环浪到亚微浪。

要精确辨别一个正在发展中的波浪尤其是处于一波新浪起始位置的子浪的浪级不太可能。浪级并非基于特定的价格或时间长度，而是基于形态，形态是价格和时间作用下的产物。精确的浪级通常与成功预测无关，知道一轮大涨势即将来临比知道它的精确名称更重要。

普莱切特话说：波浪的浪级

小尺度的波浪汇聚产生大尺度波浪，大尺度的波浪组合在一起又形成更大的波浪。

波浪理论的基本内在趋势是，在任何浪级的趋势中，与大一浪级趋势相同的作用以五浪模式展开，而与大一级趋势逆向的反作用以三浪方式展开。

要研判波浪，你必须深入更低一级浪的细节里面去。月线图上的形态同样会出现在分钟图上。在进行短线交易之前，你需要先研究大一级趋势的走势图。

学习与思考

观察级别：纵轴方向（显微镜精度：粗略、大概、细致、精微）——月、周、日、30分钟、5分钟、1分钟。

观察级别——对某段确定走势，在大小不同的时间周期图上，观察该段走势，看到的纵向（Y轴方向）走势的不同形态变化。

走势级别：横轴方向（个体生长过程：生、住、坏、灭）——幼年、童年、少年、青年、壮年、老年。

走势级别——在某一个确定的时间K线周期图上，走势在横轴方向（X轴方向），按照前后时间顺序，根据自身生长规则，逐渐自然成长，并达到某种程度的新形态。

泰山北斗大家说

◆ 必须要在事物本身中认识事物。

——培根

◆ 可以相信，明天谁不能熟悉分形，谁就不能被认为是科学上的文化人。

——约翰·惠勒

观察级别

缠中说禅话说：观察级别

不同级别的走势图，其实就是真实走势不同精度的一种模本。

走势是客观的，而用什么级别去分析这走势却是主观的。

用不同倍数的显微镜去看一滴水，由此当然会看出不同的精细度，级别之于走势也一样。

不同倍数的显微镜下的世界是不同的，因为走势是按级别逐步生长出来的。

在大级别走势图粗略选定攻击目标后，就要选好显微镜，先进行精细的跟踪分析，然后定位好符合自己操作级别的买点，并按照相应的操作级别进行操作。

说点更实际的问题，一般人面对一只股票，不可能先看1分钟图，大概都是先从日线图，甚至周、月、季、年线图入手，这样等于先用倍数小的显微镜，甚至是肉眼先看一下，然后再转用倍数大的，进行精细的观察。

再次强调，用什么图与以什么级别操作没任何必然关系，用1分钟图，也可以找出年线级别的背驰，然后进行相应级别的操作。看1分钟图，并不意味着一定要玩超短线。

但用月线图分辨，等于用的是精度超低的显微镜，只能看一个大概，但这个大概，却是最具实质性的，是一个大方向。

从同一级别的视角去看走势，就如同从一个横切面去考察，而对不同级别的走势进行纵向比较，对走势就有了一个纵向的视野。

做一个在水中学习游泳的人

疑

象牙塔里吟定理,白纸一张演走势。
念念有词多级别,同构结构纵向观。
纸上得来终觉浅,绝知此事要躬行。

实事求是

市场先生　图表语言

画说

观察级别

事实是无言的芬芳,真理在画说中绽放。
穿着最顶级的鲨鱼皮游泳衣,天天岸上练,从来不湿脚。
你还在岸上学游泳吗?请跳下水吧!
涉浅水者见鱼虾,涉深水者见蛟龙。
矮人看戏何曾见,都是随人说短长。
掀起你的盖头来,让我看看立体美。

相关内容见图 17-1 至图 17-6。

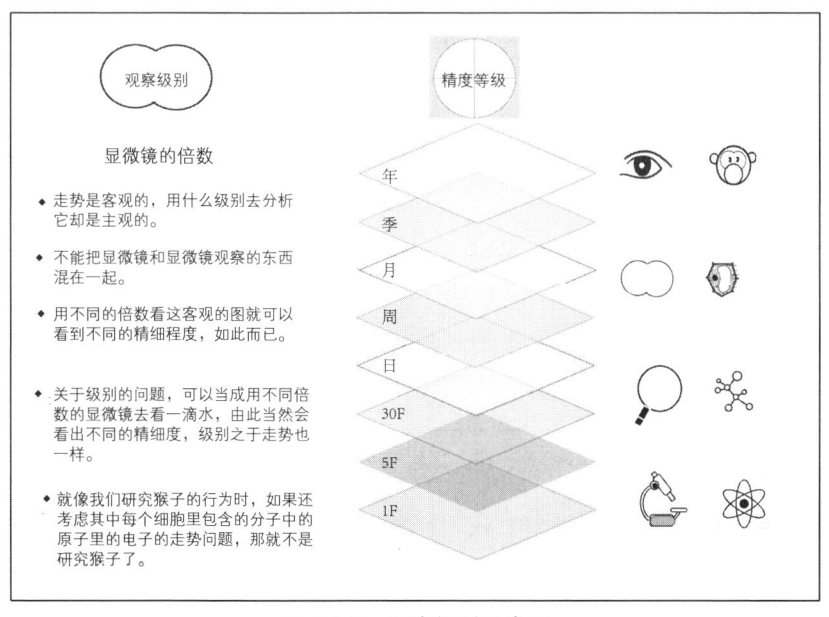

图 17-1　观察级别示意图

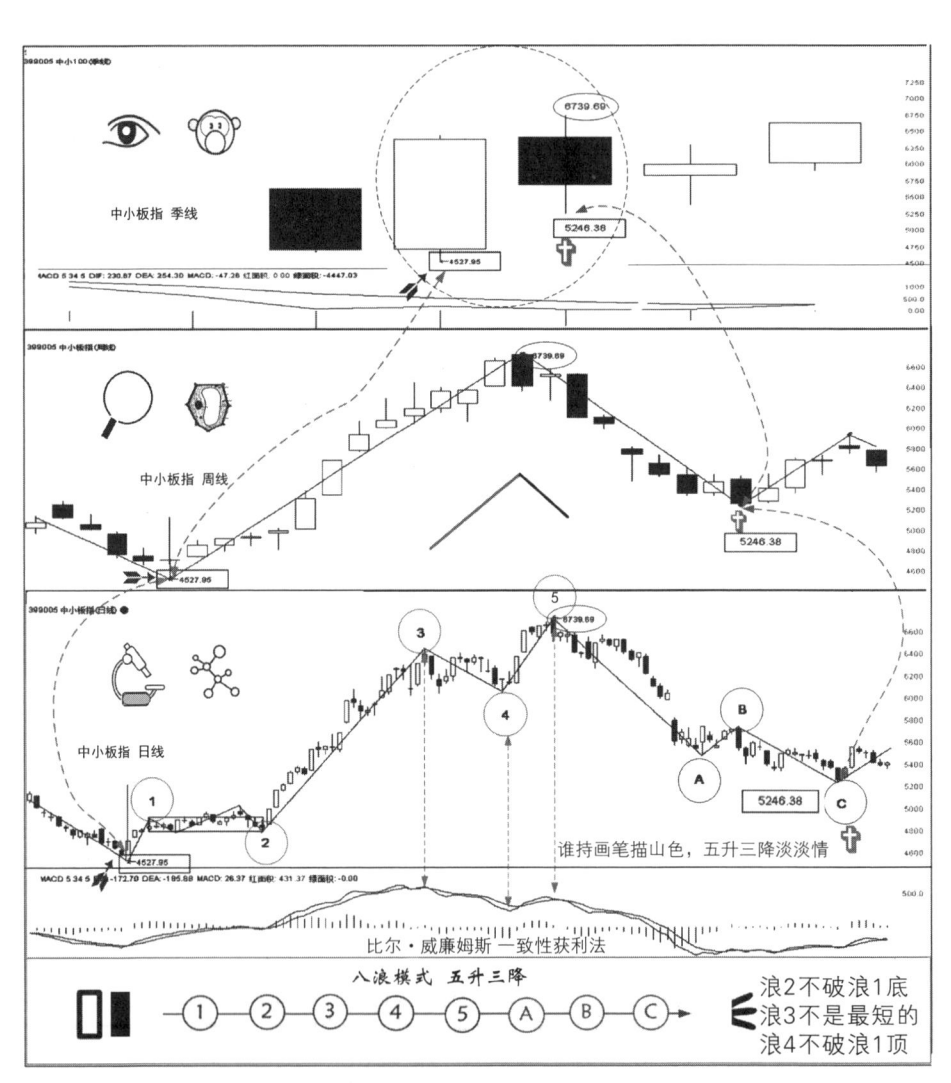

图 17-2　中小板指季线、周线、日线（2019 年 1 月 15 日）

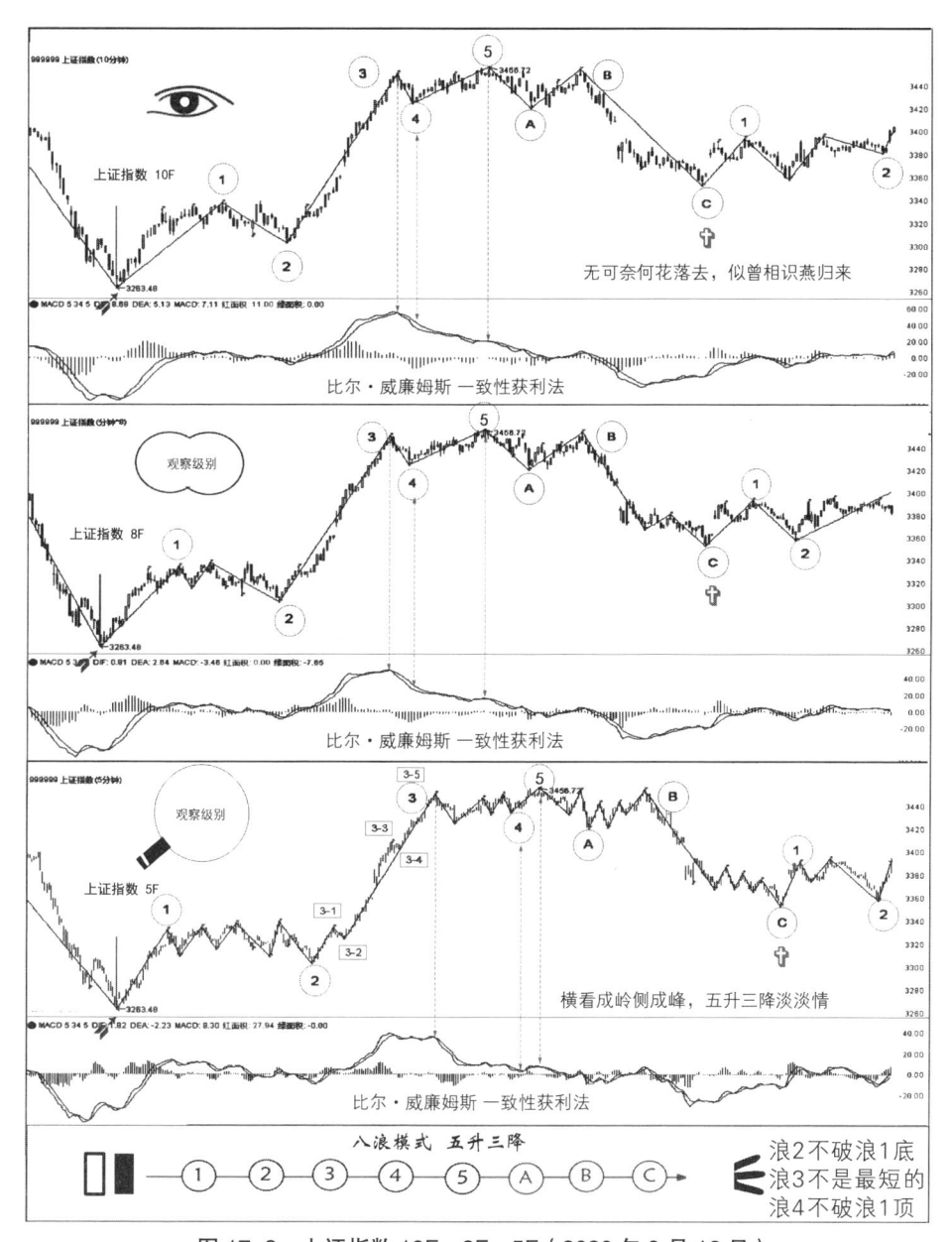

图 17-3 上证指数 10F、8F、5F（2020 年 8 月 12 日）

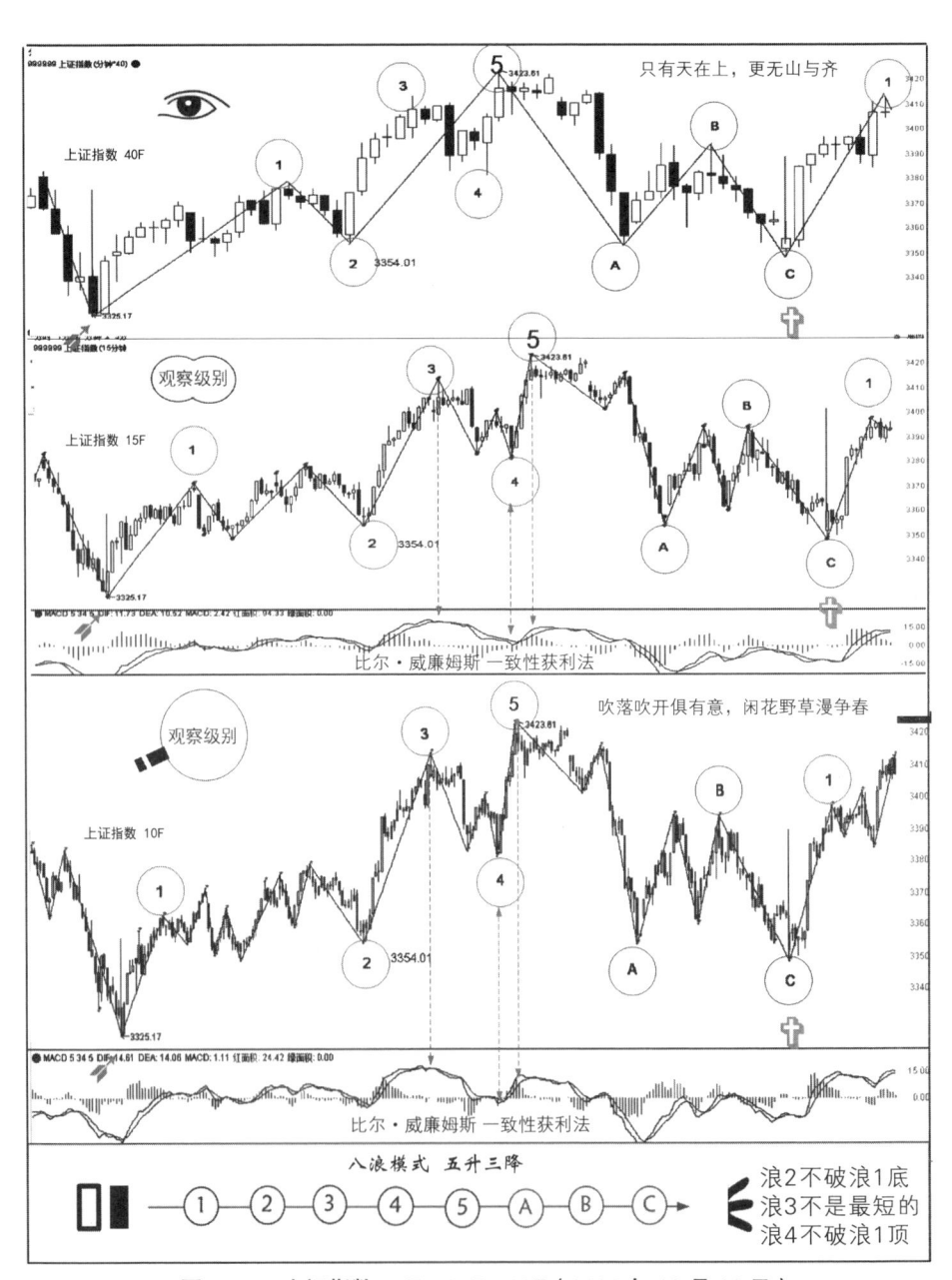

图 17-4　上证指数 40F、15F、10F（2020 年 12 月 11 日）

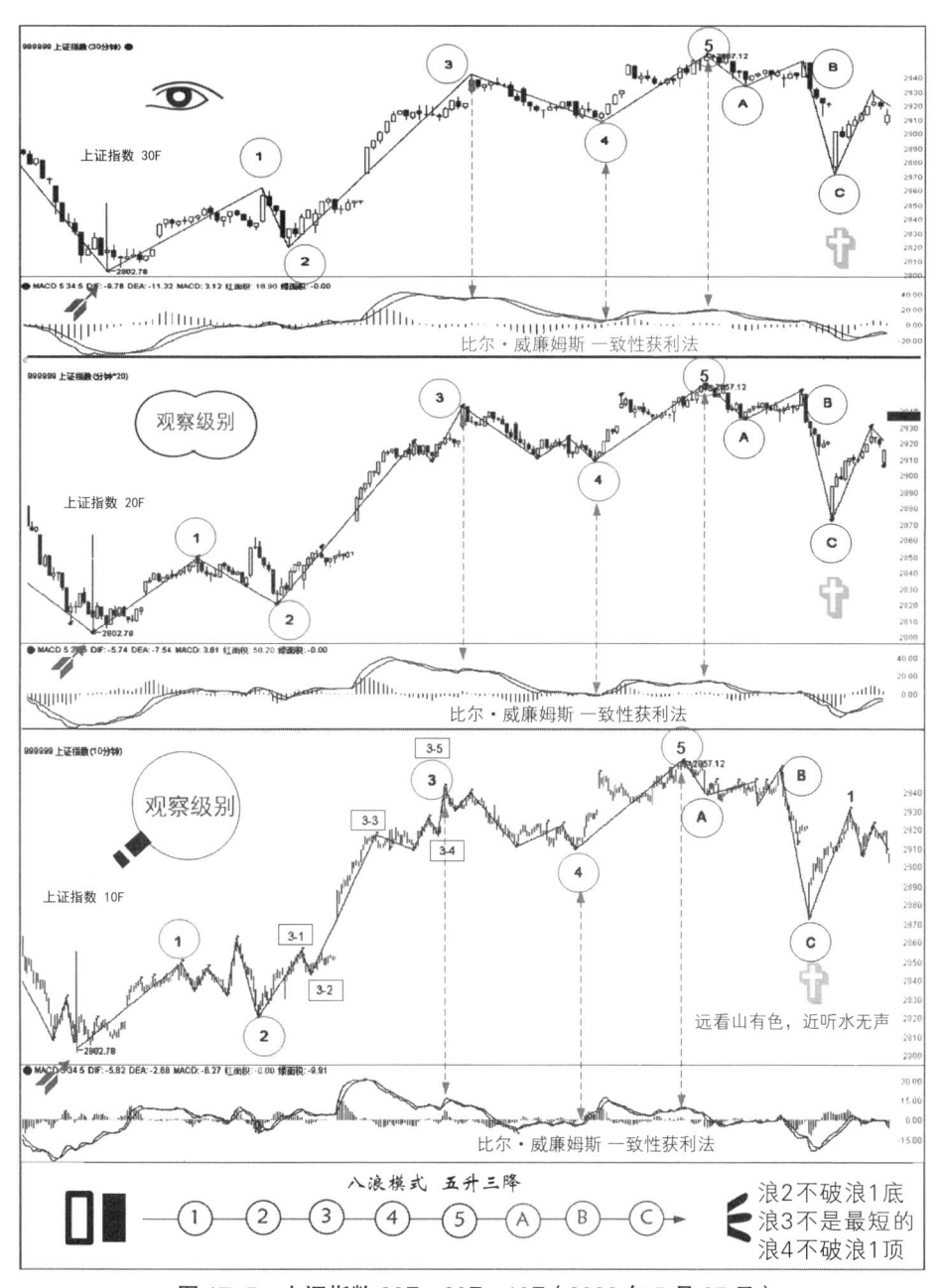

图 17-5　上证指数 30F、20F、10F（2020 年 5 月 25 日）

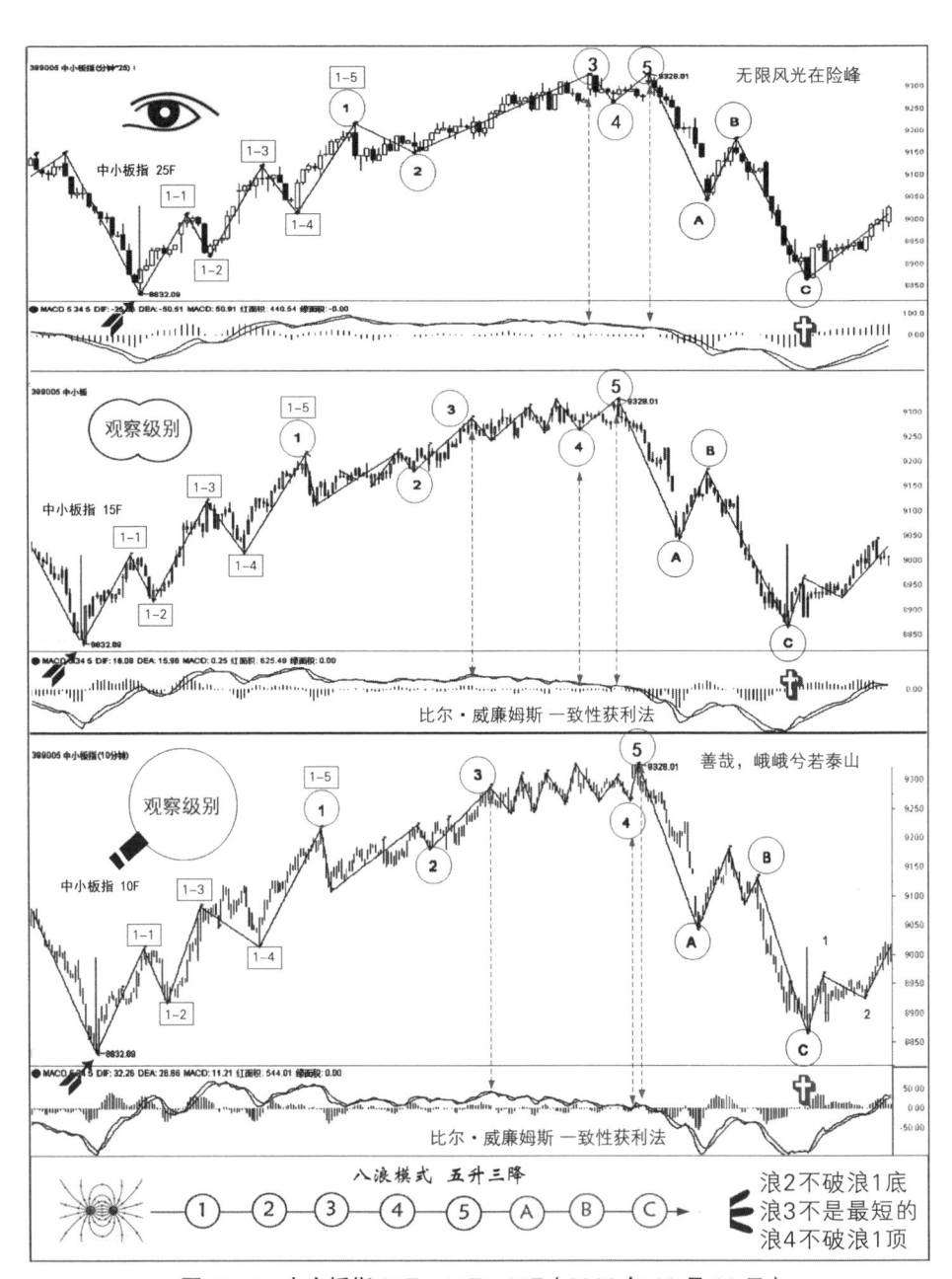

图 17-6　中小板指 25F、15F、10F（2020 年 12 月 11 日）

> **图穷匕见**
>
> 无画不说，有画少说；
>
> 画中有话，话中有画。
>
> 主要是画，次要是话；
>
> 画没有错，话会有错。
>
> 春风得意马蹄疾，一日看懂纵剖面。
>
> 谁持彩练当空舞，五升三降别样情。

学习园地

曼德勃罗特曾描述过绳球的维数问题：从很远的距离观察这个绳球，可看作一点（零维）；从较近的距离观察，它充满了一个球形空间（三维）；再近一些，就看到了绳子（一维）；再向微观深入，绳子又变成了三维的柱，三维的柱又可分解成一维的纤维。

读者朋友，假定你从200米外观察一个5厘米大的线团，它看起来就像一个点，而点的维度为零。逐渐走近时，你发现它是一个线团，并具有三个维度，当非常接近时，发现它由单一维度的线所构成；如果你以高倍放大镜观察它，又发现线也具有三个维度。所以，这完全取决于你观察的方式，首先线团可以是零维度，其次是三维度，再次又是一维度，最后又是三维度。市场的情况也是如此，你的观察模式，或你当时采用的方式，将决定你会看见什么。

> **实践感言**
>
> 话说——能混淆视听；画说——能以正视听。

泰山北斗大家说

◆ 没有图形就没有思考。

——笛卡儿

◆ 上帝惊叹细节。

——黑格尔

◆ 自然科学理论不能离开实验的基础，特别是物理学，它是从实验开始的。

——丁肇中

◆ 判断一个人当然不是看他的声明，而是看他的行动，不是看他自称如何如何，而是看他做些什么和实际上是怎样一个人。

——恩格斯

走势级别

缠中说禅话说：走势级别

自相似性可以自组出级别来。上面的话中，先提到级别，在严格意义上是不对的。级别是自相似性自组出来的，或者说是生长出来的。

自相似性结构说明，任何一个级别里的走势发展都是独立的。所以，看走势，必须立体地看。

自相似性结构很容易和数学里的分形以及利用相关理论中的一些术语混淆，所以以后都统一称为自同构性结构。有了自同构性结构，股票走势才可以被技术所绝对分析。

【编者按】缠中说禅——自同构性结构；波浪理论——自相似性结构。

级别，本质上与时间无关，只是按照本 ID 的规则，自生长出来的一种分类方法。

但完全的分类，不是单层次的，一定也必须是多层次的。本 ID 理论最重要的特点之一，就是自然给出了分类的层次，也就是不同的自然形成的级别。不同的级别，有不同的完全分类，而综合起来，就有了一个立体的完全分类的系统，这才是我们的操作必须依赖的。

艾略特话说：波浪的浪级

波浪都可按相对规模或称浪级来分类，其浪级取决于它相对于分量、相邻和环绕等波浪的规模和位置。

> 做一个在水中学习游泳的人
>
> **痴**
>
> 象牙塔里吟定理，白纸一张演走势。
> 递归迭代两由之，级别花朵层层开。
> 纸上得来终觉浅，绝知此事要躬行。
>
> **股事求是**
>
> 市场先生　图表语言
>
> **画说**
> **走势级别**
>
> 事实是无言的芬芳，真理在画说中绽放。
> 穿着最顶级的鲨鱼皮游泳衣，天天岸上练，从来不湿脚。
> 你还在岸上学游泳吗？请跳下水吧！
> 涉浅水者见鱼虾，涉深水者见蛟龙。
> 矮人看戏何曾见，都是随人说短长。
> 掀起你的盖头来，让我看看多级别。

相关内容见图 17-7。

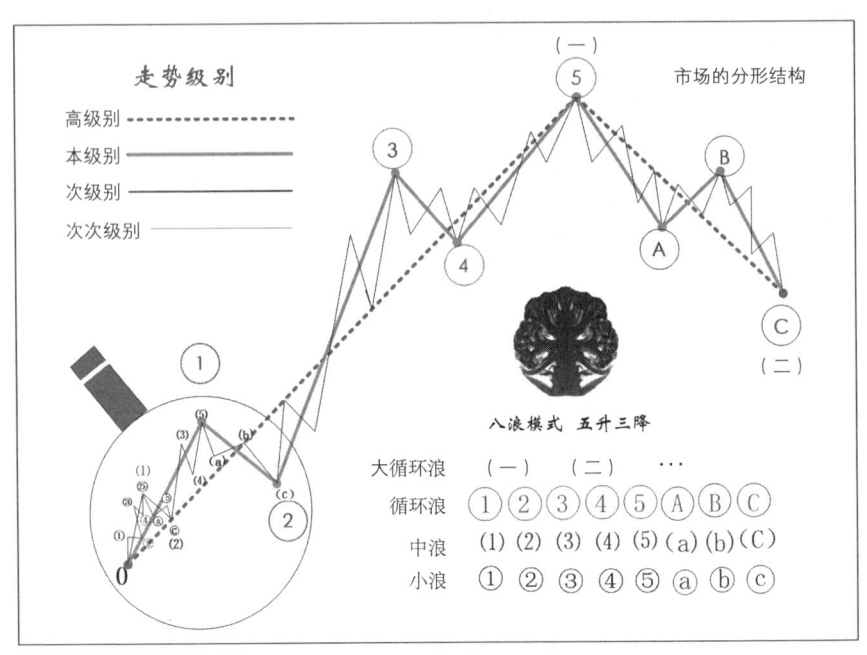

图 17-7 走势级别原理图

在一幅图上观察——走势级别

相关内容见图 17-8 和图 17-9。

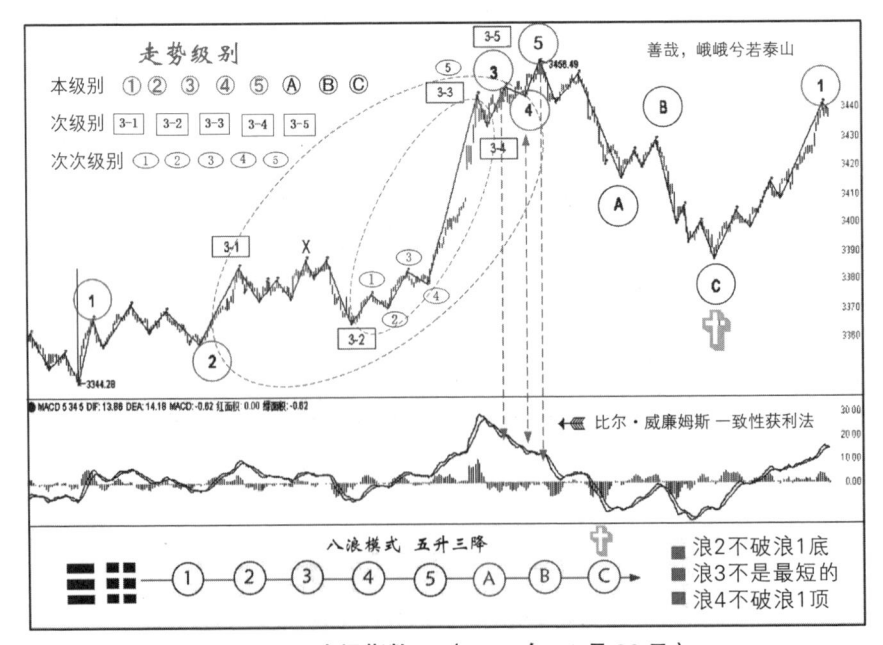

图 17-8 上证指数 2F（2020 年 11 月 26 日）

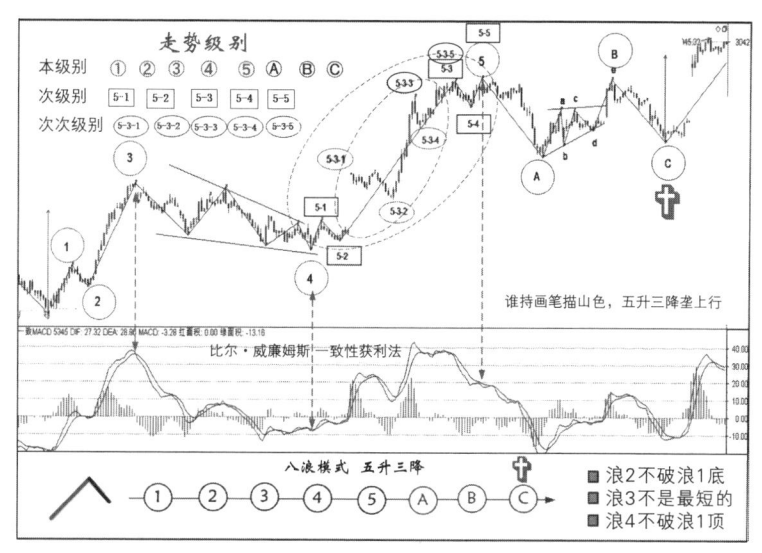

图 17-9　上证指数 15F（2019 年 6 月 10 日）

在多幅图上观察——走势级别

相关内容见图 17-10 和图 17-11。

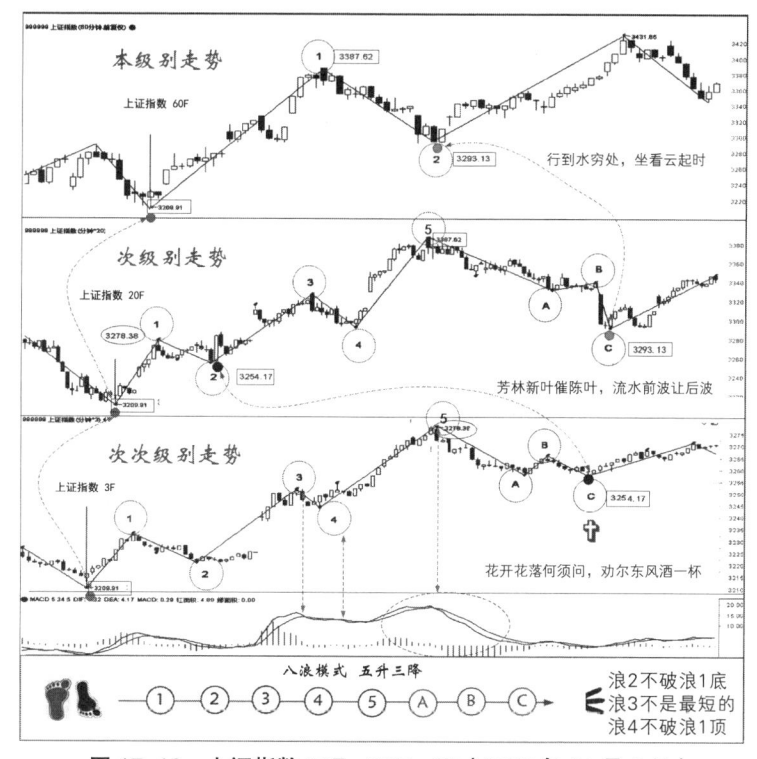

图 17-10　上证指数 60F、20F、3F（2020 年 11 月 2 日）

315

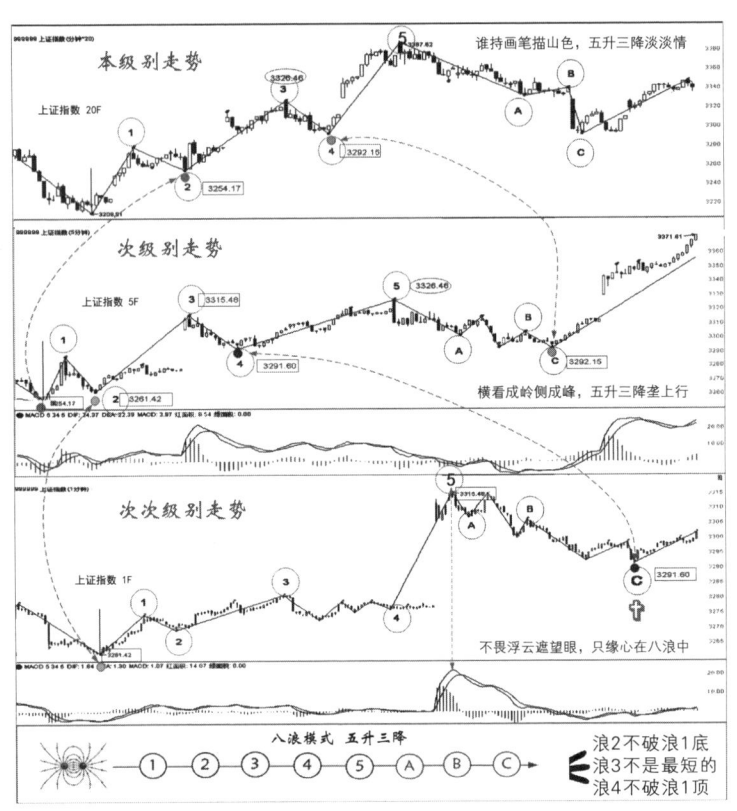

图 17-11　上证指数 20F、5F、1F（2020 年 11 月 2 日）

图穷匕见

无画不说，有画少说；

画中有话，话中有画。

主要是画，次要是话；

画没有错，话会有错。

一花一世界，一叶一如来。

没有一朵花，一开始就是一朵花。

梅须逊雪三分白，雪却输梅一段香

对于同一段走势图，缠中说禅与波浪理论，两者都可以严格地定义各自的走势级别。而缠中说禅级别生长方式是递归，波浪理论浪级生长方式是迭代，它们各有章法，各具特色，各有千秋。

> 缠中说禅的数学基础是欧几里得几何学；波浪理论的数学基础是曼德勃罗特分形几何学。
>
> 在缠中说禅的理论中，走势的级别由走势中枢级别的大小来确定；而在波浪理论中，波浪的浪级由波浪的形态及斐波那契数字来确定。

泰山北斗大家说

◆ 怀疑是理性的始祖。

——笛卡儿

◆ 把简单的事情做好了，就是不简单，把平凡的事情做好了，就是伟大。伟大，出自平凡！

——苏格拉底

中枢延伸升级

缠中说禅话说：中枢延伸升级

所有走势的多义性都与中枢有关。例如，5分钟级别的中枢不断延伸，出现九段以上的1分钟次级别走势。站在30分钟级别的中枢角度，3个5分钟级别的走势重合就形成了，而九段以上的1分钟次级别走势，每三段构成一个5分钟的中枢，这样就可以解释成这是一个30分钟的中枢。这种情况下，只要对中枢延伸的数量进行限制，就可以消除多义性。一般来说，中枢的延伸不能超过五段，也就是一旦出现六段的延伸，加上形成中枢本身那三段，就构成更大级别的中枢了。

当然，只要有波动，就可以用类似中枢、走势类型之类的手段去分析，不过 Z_n（中枢段数）的数量不会过于庞大，不会达到9个数据，达到了，次级别就要升级了。

> **做一个在水中学习游泳的人**
>
> **痴**
>
> 象牙塔里吟定理，白纸一张演走势。
>
> 中枢九段级别升，苹果变大别样红。
>
> 纸上得来终觉浅，绝知此事要躬行。

画说（上）
波浪理论·缠中说禅·筹码分布

股事求是
市场先生　图表语言

画说
中枢九段升级

事实是无言的芬芳，真理在画说中绽放。

穿着最顶级的鲨鱼皮游泳衣，天天岸上练，从来不湿脚。

你还在岸上学游泳吗？请跳下水吧！

涉浅水者见鱼虾，涉深水者见蛟龙。

矮人看戏何曾见，都是随人说短长。

掀起你的盖头来，让我看看苹果脸。

相关内容见图 17-12 至图 17-19。

市场哲学的数学原理

中枢延伸　九段升级

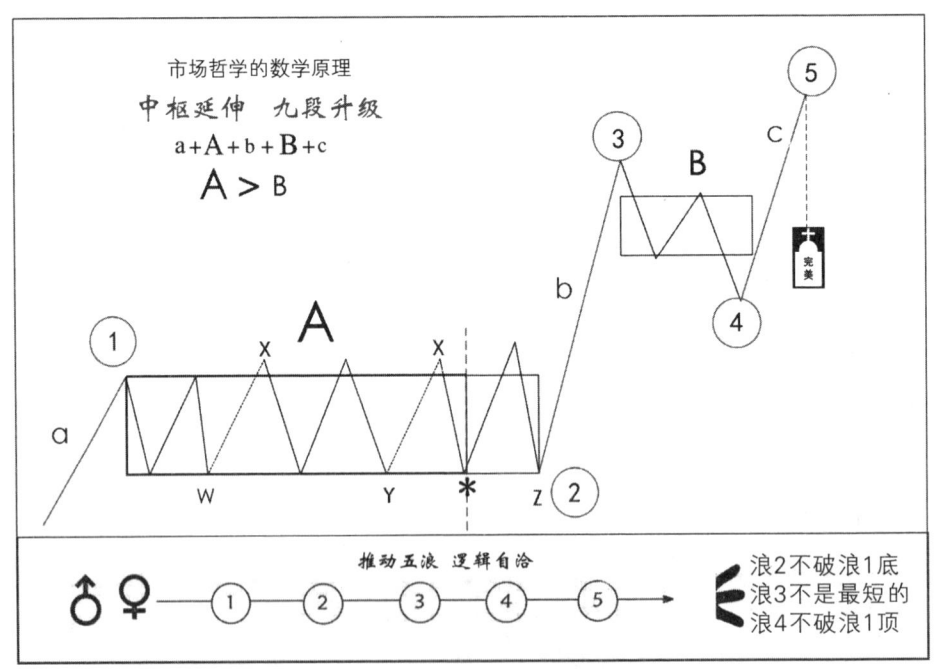

$a+A+b+B+c$

$A>B$

推动五浪　逻辑自洽

浪2不破浪1底
浪3不是最短的
浪4不破浪1顶

图 17-12　中枢九段升级示意图

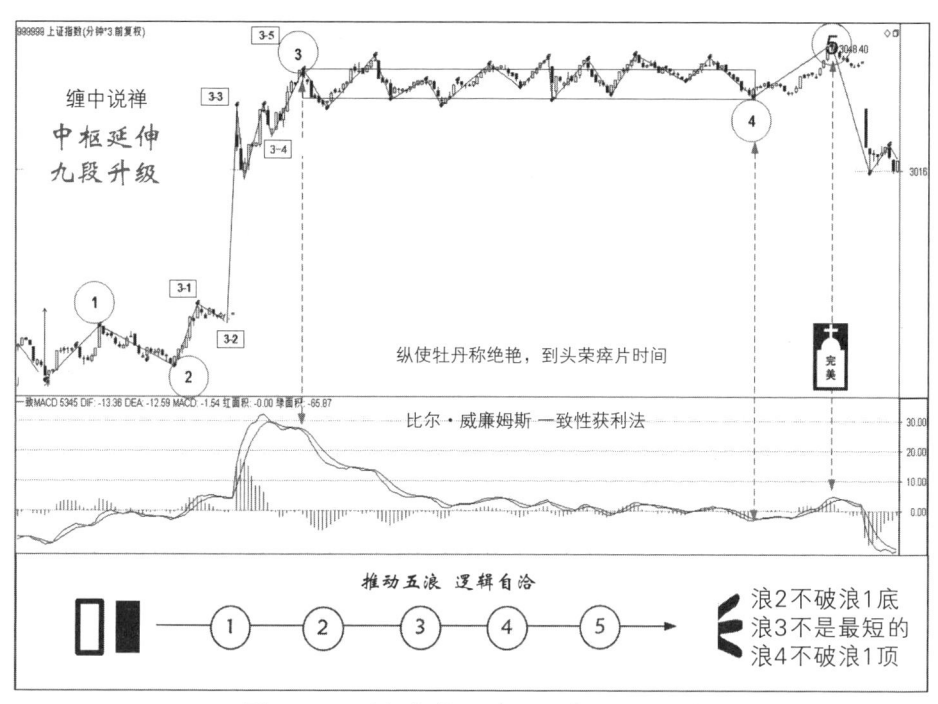

图 17-13　上证指数 3F（2019 年 7 月 1 日）

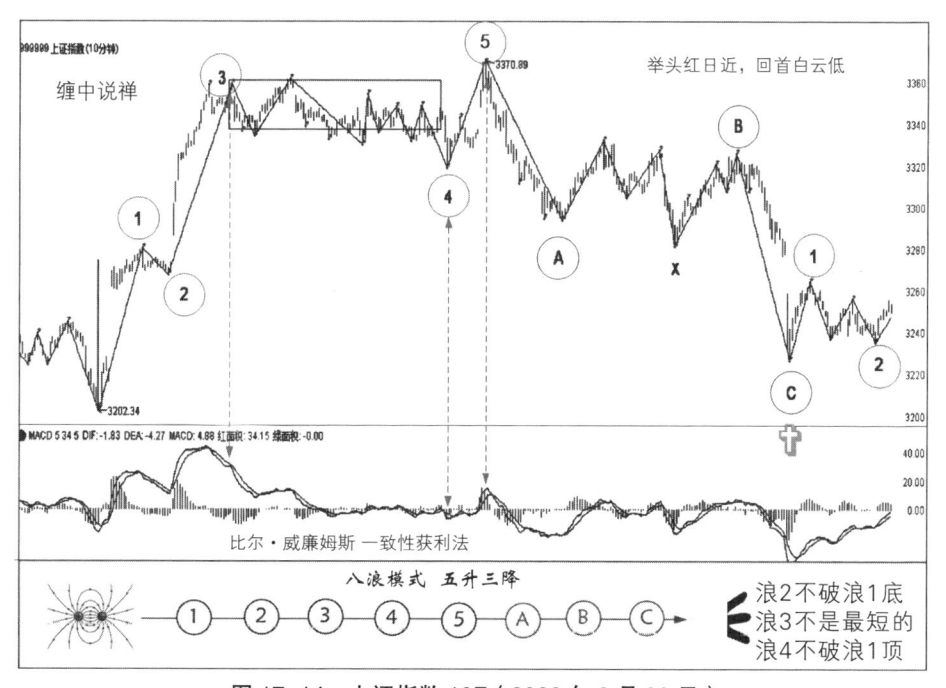

图 17-14　上证指数 10F（2020 年 9 月 30 日）

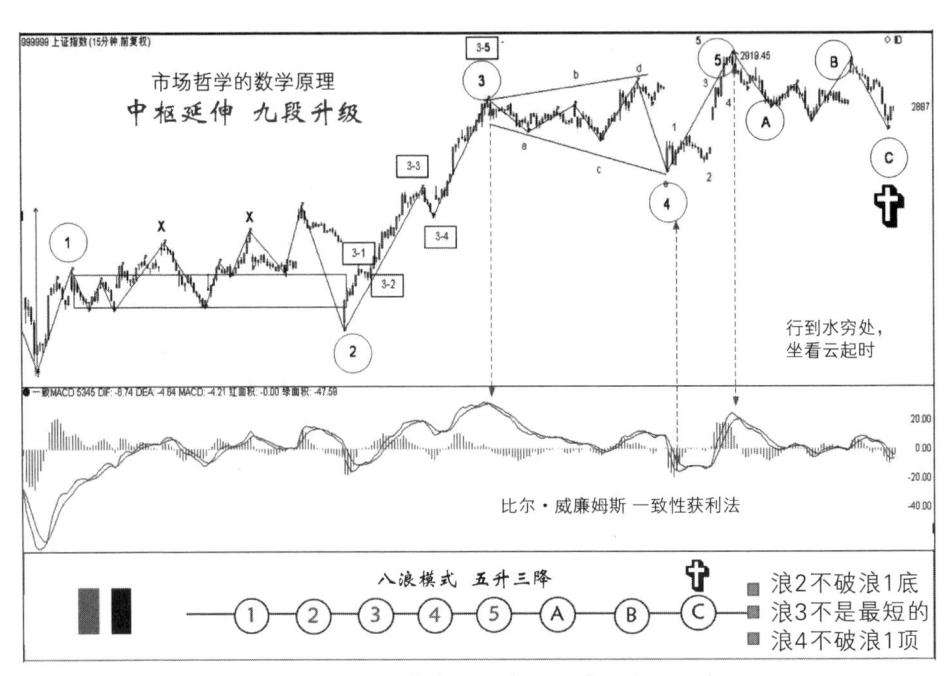

图 17-15　上证指数 15F（2019 年 8 月 8 日）

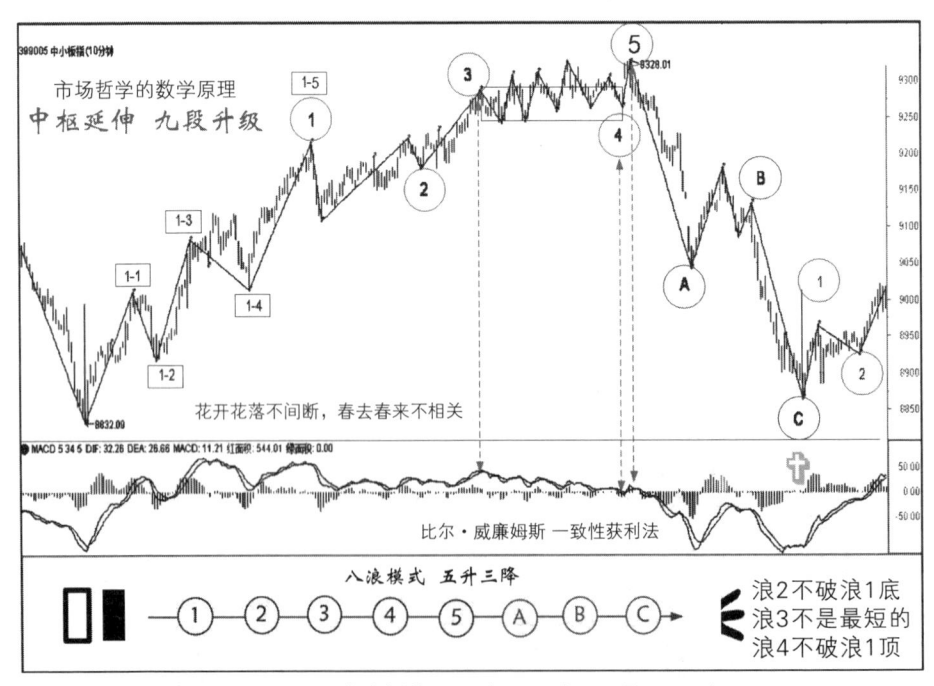

图 17-16　中小板指 10F（2020 年 12 月 11 日）

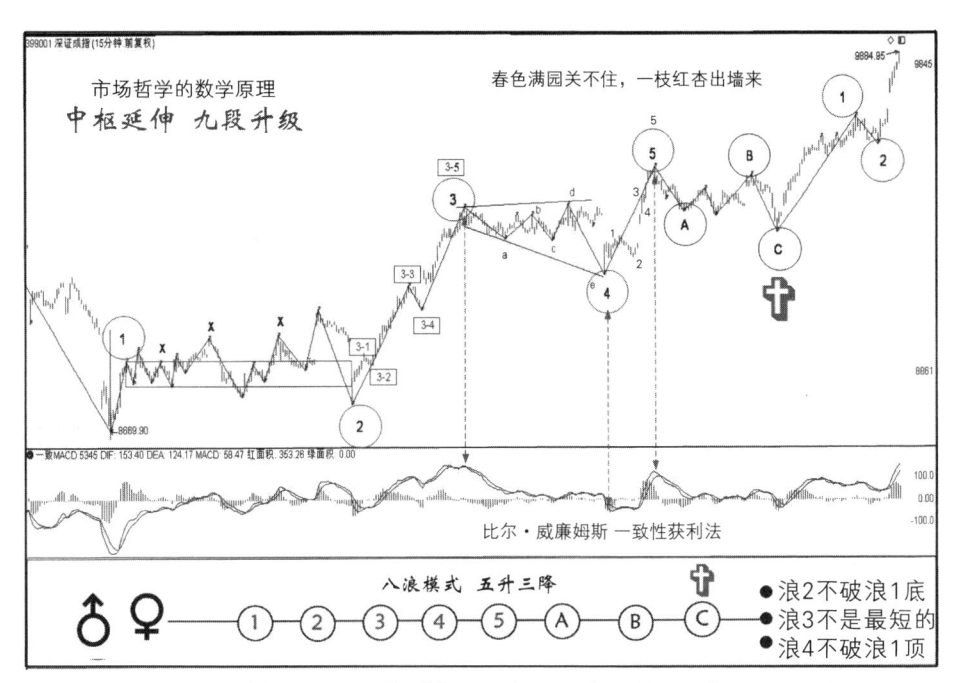

图 17-17　深证成指 15F（2019 年 8 月 8 日）

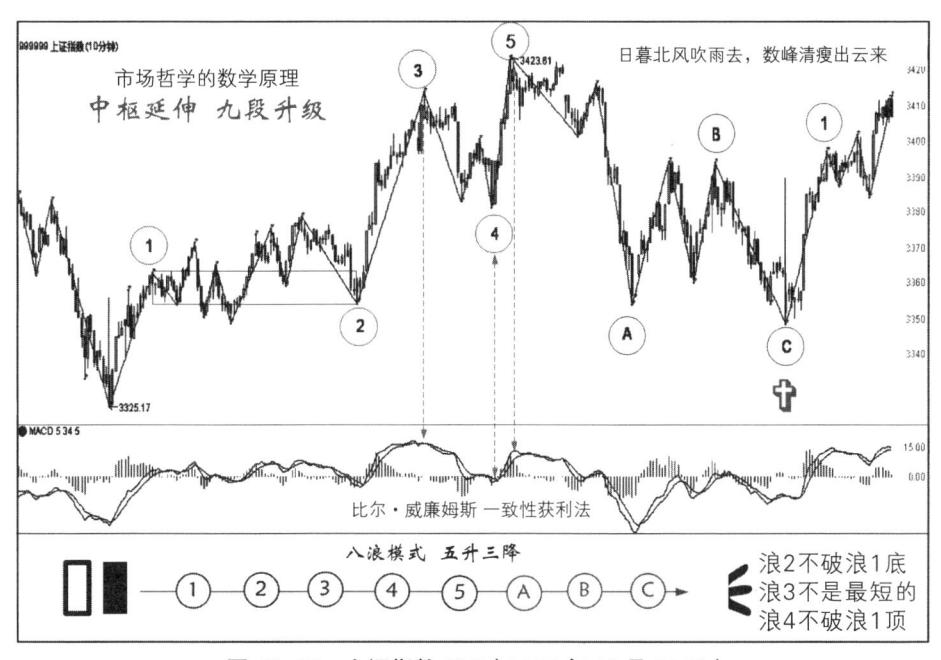

图 17-18　上证指数 10F（2020 年 12 月 11 日）

图穷匕见

无画不说，有画少说；

画中有话，话中有画。

主要是画，次要是话；

画没有错，话会有错。

春风得意马蹄疾，一日看嗨大苹果。

学不博无以通其变，思不精无以烛其微。

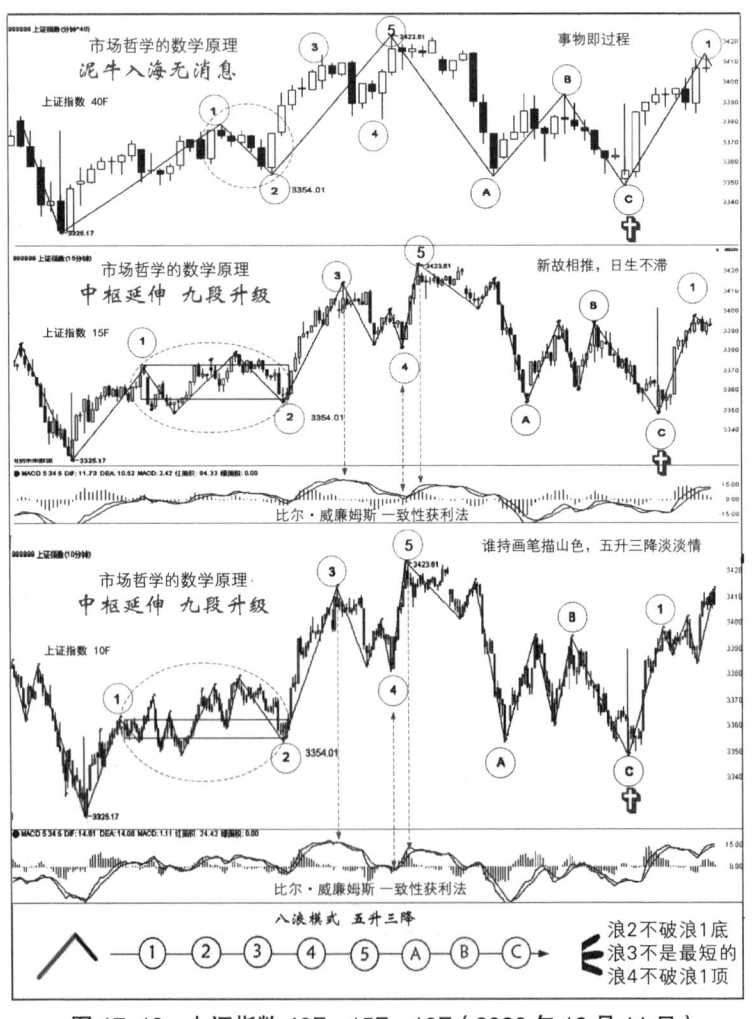

图 17-19　上证指数 40F、15F、10F（2020 年 12 月 11 日）

【路人问】：走势中枢延伸九段，级别就要升级了！在上证指数 10F 走势图（见图 17-19）中，中枢延伸了九段，缠中说禅的理论中信誓旦旦地指出，中枢级别必然升级，一定升级，肯定升级，绝对升级。可是又大又红的大苹果转眼间怎么就无影无踪了？图 17-19 中的上证指数 10F 走势图，走势中枢的的确确延伸了九段，而事实上在 40F 走势图里却没有实现级别升级——泥牛入海无消息！

泰山北斗大家说

◆ 除了实践以外，没有别的办法可以识别错误。

——狄德罗

◆ 大自然不会欺骗我们，欺骗我们的往往是我们自己。

——卢梭

◆ 科学家一个很重要的素质是对于自然的进攻性，不要安于书本上给你的答案，要去尝试下一步。

——贝弗里奇

中枢扩张升级

缠中说禅话说：中枢扩张升级 [①]

一个走势中枢完成前，其波动触及上一个走势中枢或延伸时的某个瞬间波动区间，由此产生更大级别的走势中枢。

更大级别缠中说禅走势中枢产生，当且仅当围绕连续两个同级别缠中说禅走势中枢产生的波动区间出现重叠。

这里打个比喻就好理解了，缠中说禅走势中枢就如同恒星和围绕该恒星转动的行星所构成的恒星系统。而两个同级别恒星系统要构成一个更大级别的系统，至少是其中的外围行星之间发生关系。

在趋势里，同级别的前后缠中说禅走势中枢是不能有任何重叠的，这

[①] 缠中说禅. 教你炒股票［M］. 北京：科学技术文献出版社，2013.

包括围绕走势中枢产生的任何瞬间波动之间的重叠。因此，3个连续次级别走势类型的重叠区间虽然不和前面的走势中枢有任何重叠，但围绕该中枢产生的波动触及前面走势中枢延续时的某个瞬间波动区间，这时候，就不能认为该走势类型是趋势，而只是产生一个更大级别的缠中说禅走势中枢。

> **做一个在水中学习游泳的人**
>
> 溅
>
> 不证自明几何学，公式定理一摞摞。
>
> 下上下又下上下，中枢扩张级别大。
>
> 纸上得来终觉浅，绝知此事要躬行。
>
> **股事求是**
>
> 市场先生　图表语言
>
> **画说**
>
> **中枢扩张升级**
>
> 事实是无言的芬芳，真理在画说中绽放。
>
> 穿着最顶级的鲨鱼皮游泳衣，天天岸上练，从来不湿脚。
>
> 你还在岸上学游泳吗？请跳下水吧！
>
> 涉浅水者见鱼虾，涉深水者见蛟龙。
>
> 矮人看戏何曾见，都是随人说短长。
>
> 掀起你的盖头来，让我看看扩张美。

相关内容见图17-20至图17-27。

市场哲学的数学原理
中枢扩张级别升级

缠中说禅走势级别延续定理二：

更大级别缠中说禅走势中枢产生，当且仅当围绕连续两个同级别缠中说禅走势中枢产生的波动区间出现重叠

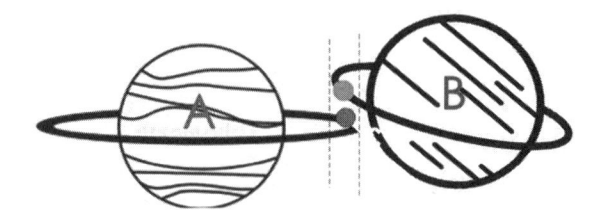

缠中说禅走势中枢就如同恒星和围绕该恒星转动的行星所构成的恒星系统。而两个同级别恒星系统要构成一个更大级别的系统，至少是其中的外围行星之间发生关系

缠中说禅
中枢扩张级别升级

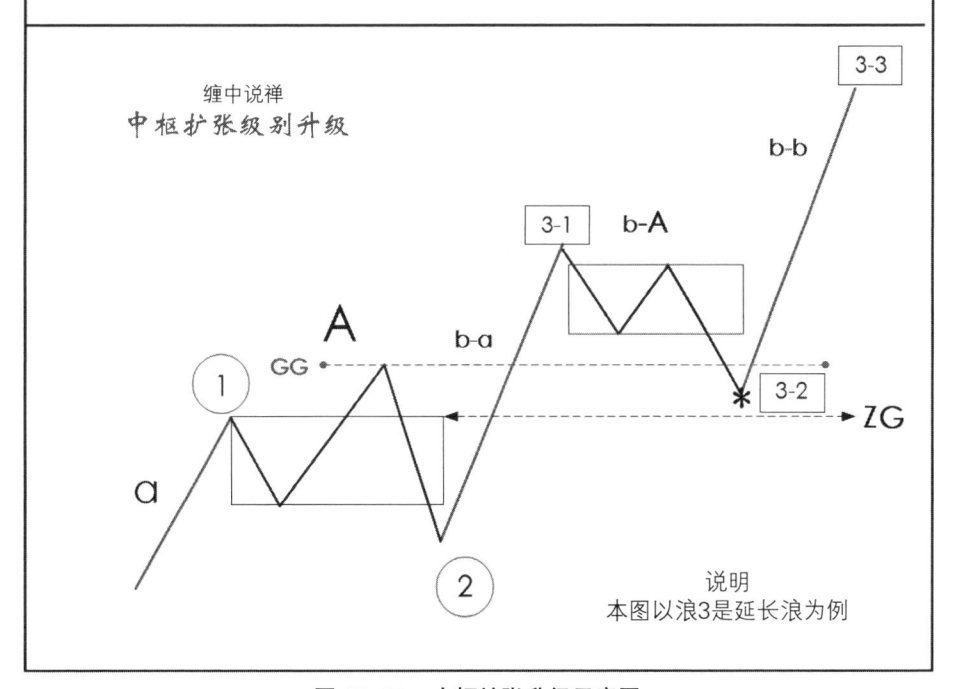

说明
本图以浪3是延长浪为例

图17-20 中枢扩张升级示意图

市场哲学的数学原理
中枢扩张级别升级

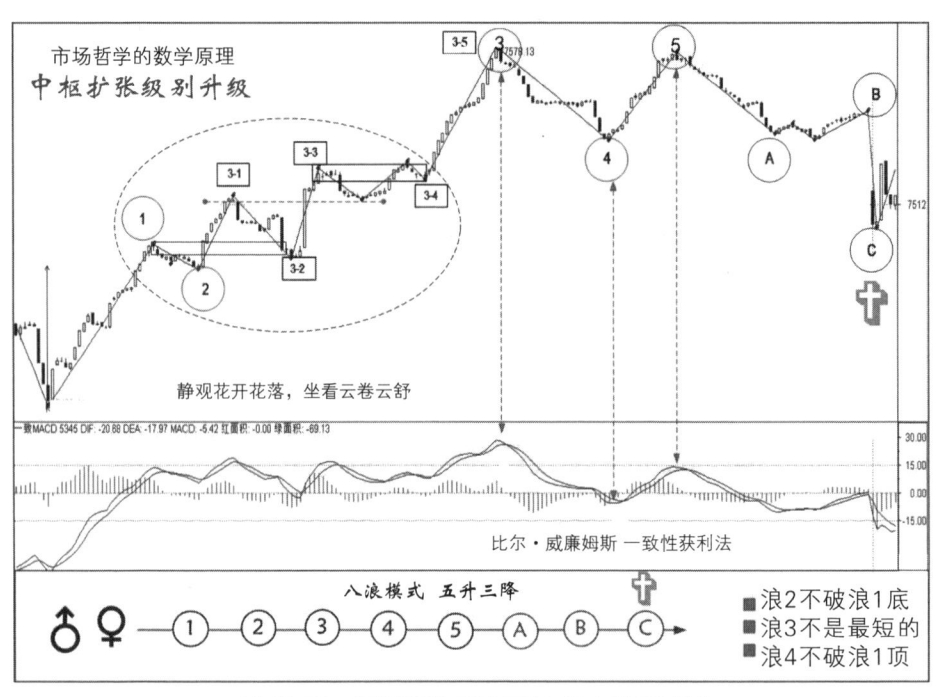

静观花开花落，坐看云卷云舒

八浪模式　五升三降

比尔·威廉姆斯 一致性获利法

■ 浪2不破浪1底
■ 浪3不是最短的
■ 浪4不破浪1顶

图 17-21　深证成指 1F（2019 年 1 月 29 日）

市场哲学的数学原理
中枢扩张级别升级

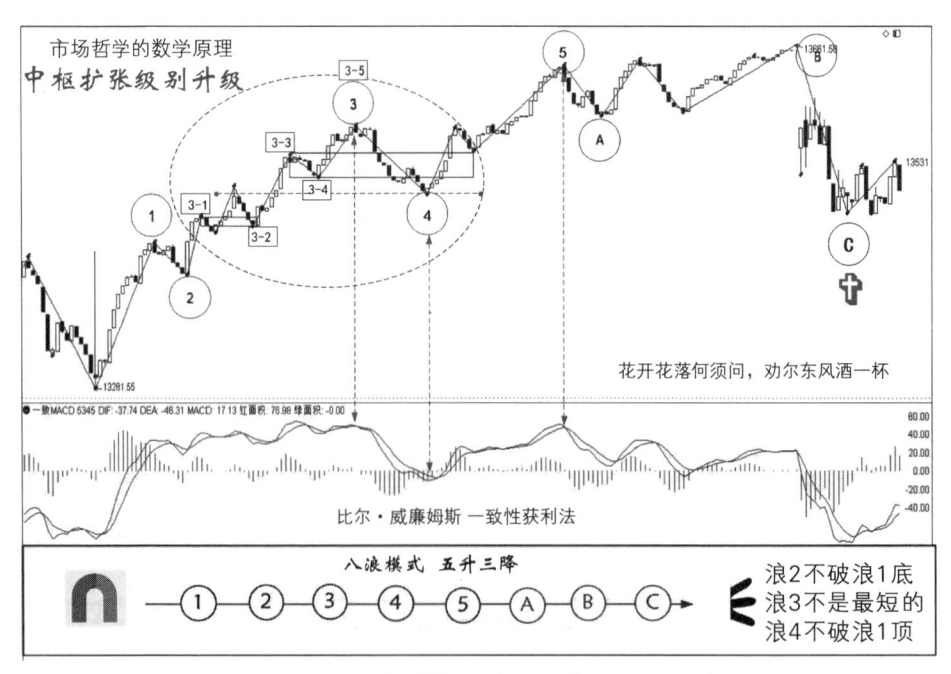

花开花落何须问，劝尔东风酒一杯

比尔·威廉姆斯 一致性获利法

八浪模式　五升三降

浪2不破浪1底
浪3不是最短的
浪4不破浪1顶

图 17-22　深证成指 1F（2020 年 7 月 23 日）

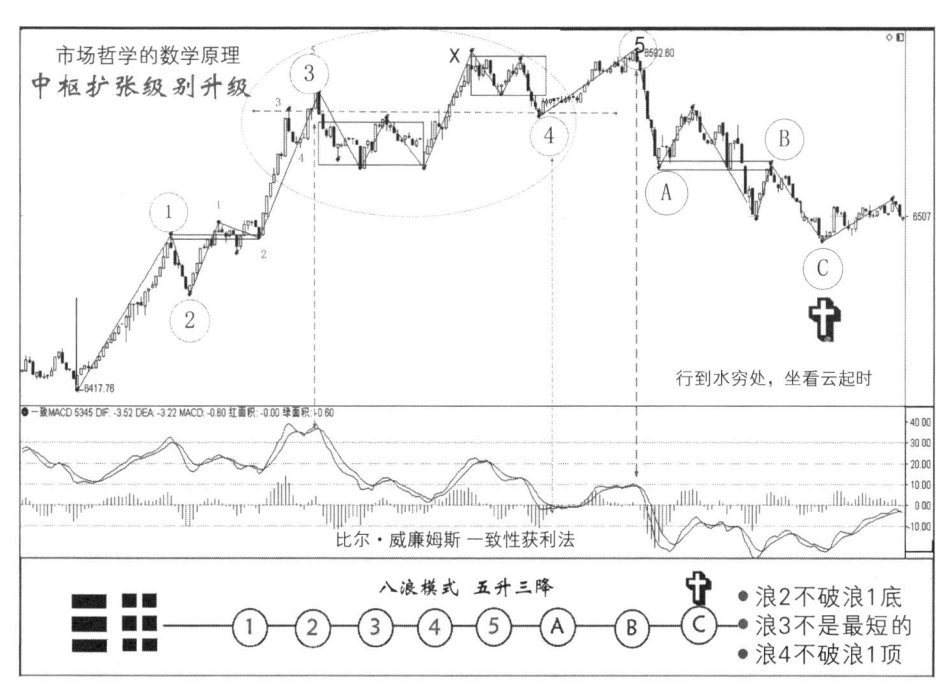

图 17-23　中小板指 3F（2019 年 12 月 23 日）

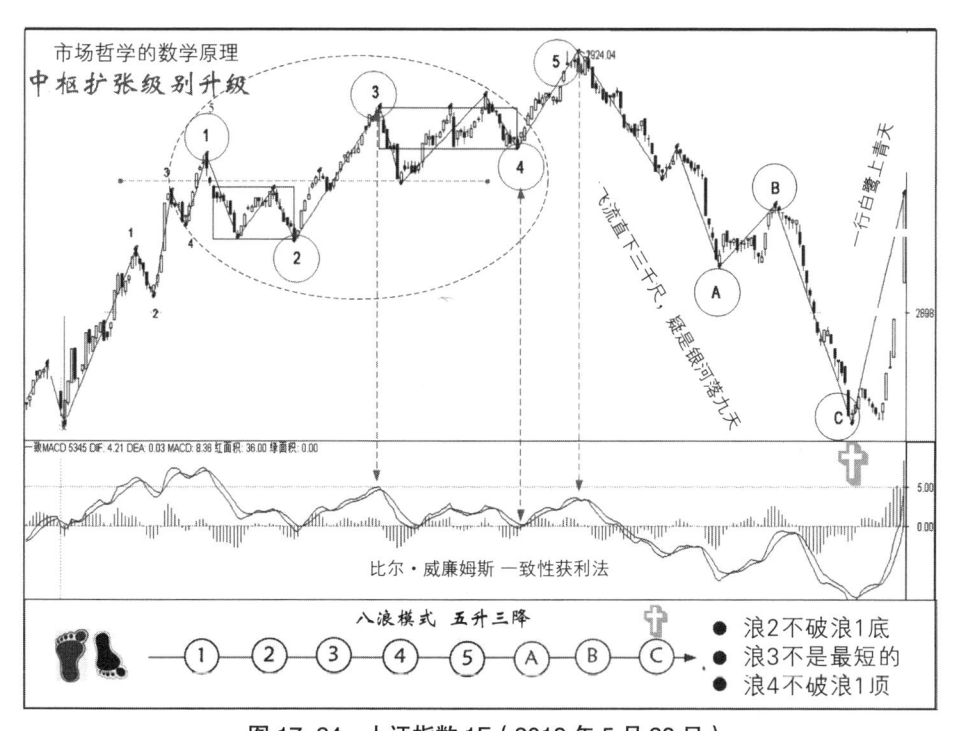

图 17-24　上证指数 1F（2019 年 5 月 28 日）

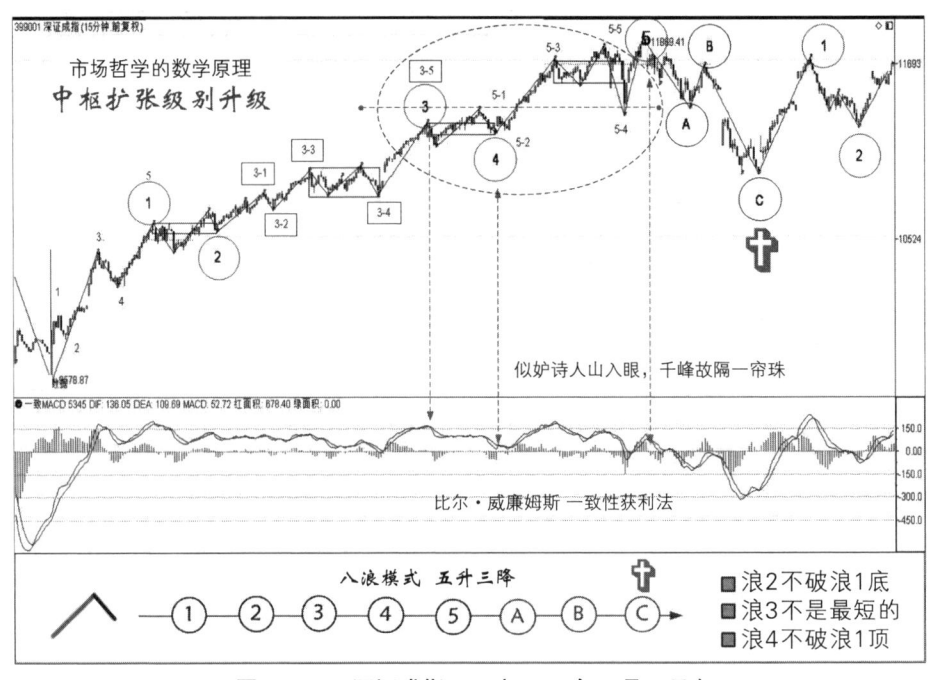

图 17-25　深证成指 15F（2020 年 2 月 5 日）

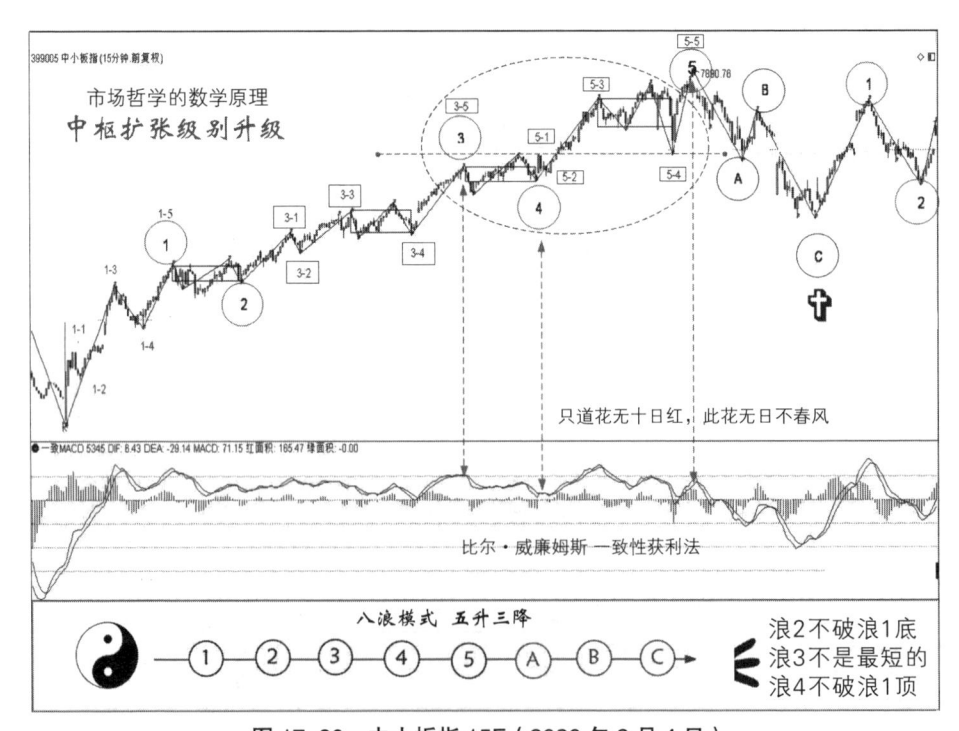

图 17-26　中小板指 15F（2020 年 2 月 4 日）

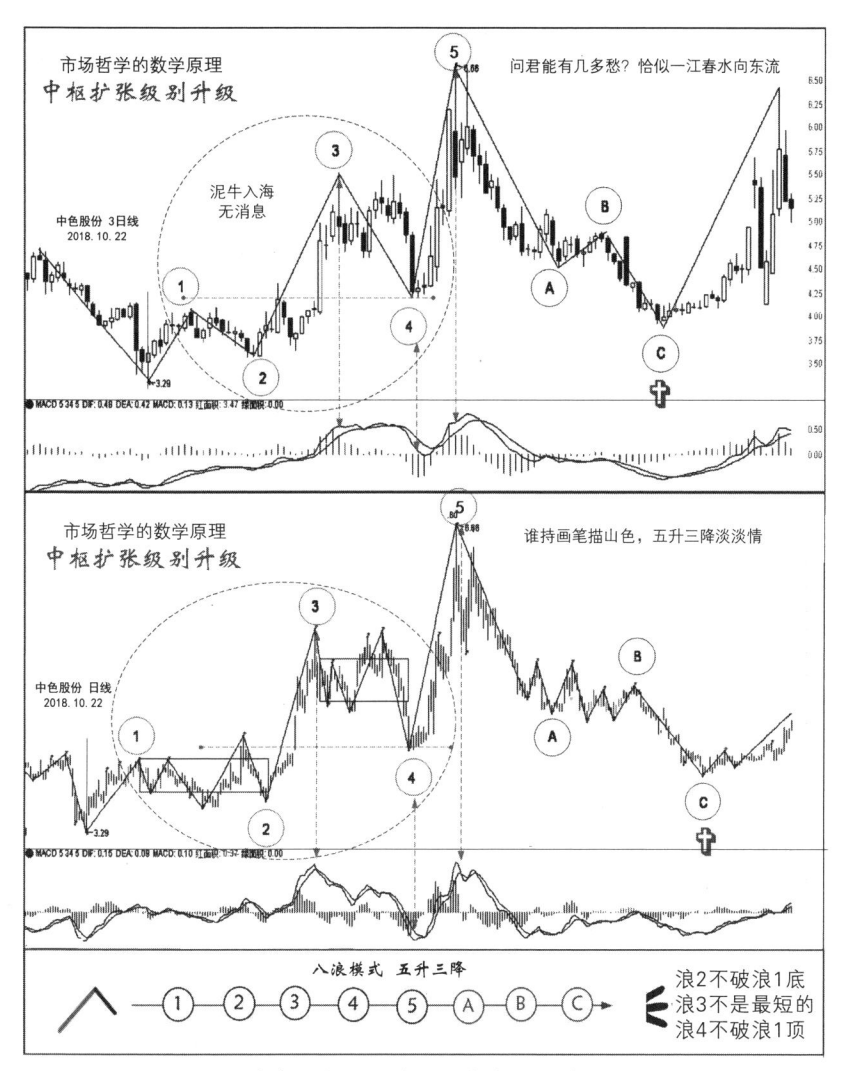

图 17-27 中色股份 3 日线、日线（2018 年 10 月 22 日）

图穷匕见

无画不说，有画少说；

画中有话，话中有画。

主要是画，次要是话；

画没有错，话会有错。

春风得意马蹄疾，一日看尽扩张美。

不畏浮云遮望眼，只缘心身在八浪中。

> **实践感悟**
>
> 波浪一边歌唱，一边冲向高空，去迎接那惊涛骇浪！

泰山北斗大家说

◆ 事实是毫无情面的东西，它能将空言打得粉碎。

——鲁迅

◆ 不怀疑不能见真理，所以我希望大家都取怀疑态度，不要为已成的学说所压倒。

——李四光

◆ 没有经过实践检验的理论，不管它多么漂亮，都会失去分量，不会为人所承认，没有以有分量的理论为基础的实践一定会遭到失败。

——门捷列夫

中枢扩展升级

缠中说禅话说：中枢扩展升级

在趋势里，同级别的前后缠中说禅走势中枢是不能有任何重叠的，这包括围绕走势中枢产生的任何瞬间波动之间的重叠。因此，三个连续次级别走势类型的重叠区间虽然不和前面的走势中枢有任何重叠，但围绕该中枢产生的波动触及前面走势中枢延续时的某个瞬间波动区间，这时候，就不能认为该走势类型是趋势，而只是产生一个更大级别的缠中说禅走势中枢。

在 a+A+b+B+c 里，如果 B+c 发生中枢扩展，从 5 分钟扩展成 30 分钟，那么 a+A+b 就是一个 5 分钟的走势类型。把 a+A+b 用 a~ 表示，而 B+c 发生中枢扩展用 A~ 表示，那么整个走势就表示成 a~+A~，其后的走势还可以继续演化，形成 a~+A~+b~+B~+c~，也就是扩展成一个 30 分钟级别的下跌。

至于中枢的扩展，其程序都有严格的定义，按照定义操作就行。

有人可能要问，那么中枢扩展的定义是否不适用？当然适用，中枢扩展的定义是在两个中枢都完全走出来的情况下定义的。而实际操作中，往往第二个中枢还没有走完，还在继续延伸中。所以，除非出现明确的、符合理论定义的破坏，否则就可以根据有利于判断、操作的原则，对当下走势进行组合。

做一个在水中学习游泳的人

凝

不证自明几何学，公式定理一摞摞。

下上下又下上下，中枢扩展级别大。

纸上得来终觉浅，绝知此事要躬行。

股事求是

市场先生　图表语言

画说

中枢扩展升级

事实是无言的芬芳，真理在画说中绽放。

穿着最顶级的鲨鱼皮游泳衣，天天岸上练，从来不湿脚。

你还在岸上学游泳吗？请跳下水吧！

涉浅水者见鱼虾，涉深水者见蛟龙。

矮人看戏何曾见，都是随人说短长。

掀起你的盖头来，让我看看扩展美。

相关内容见图 17-28 至图 17-35。

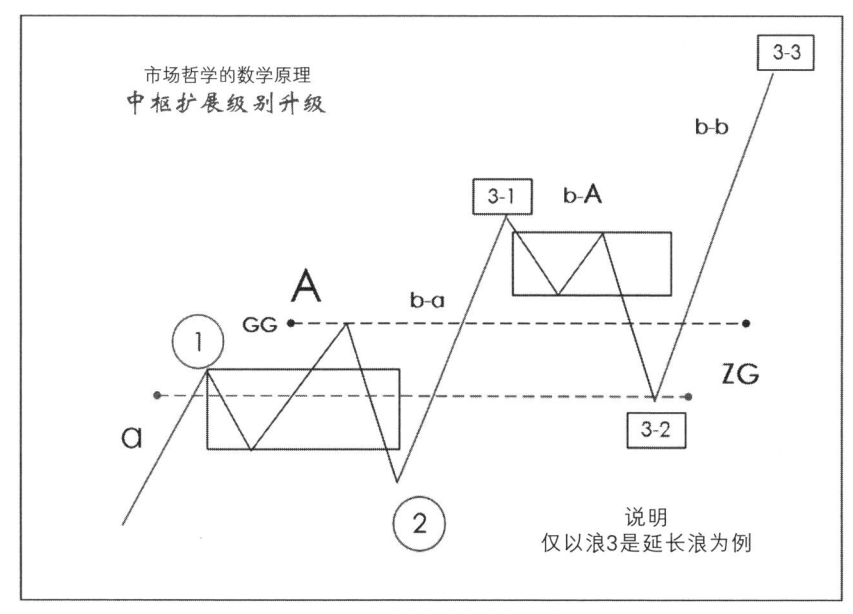

图 17-28　中枢扩展升级示意图

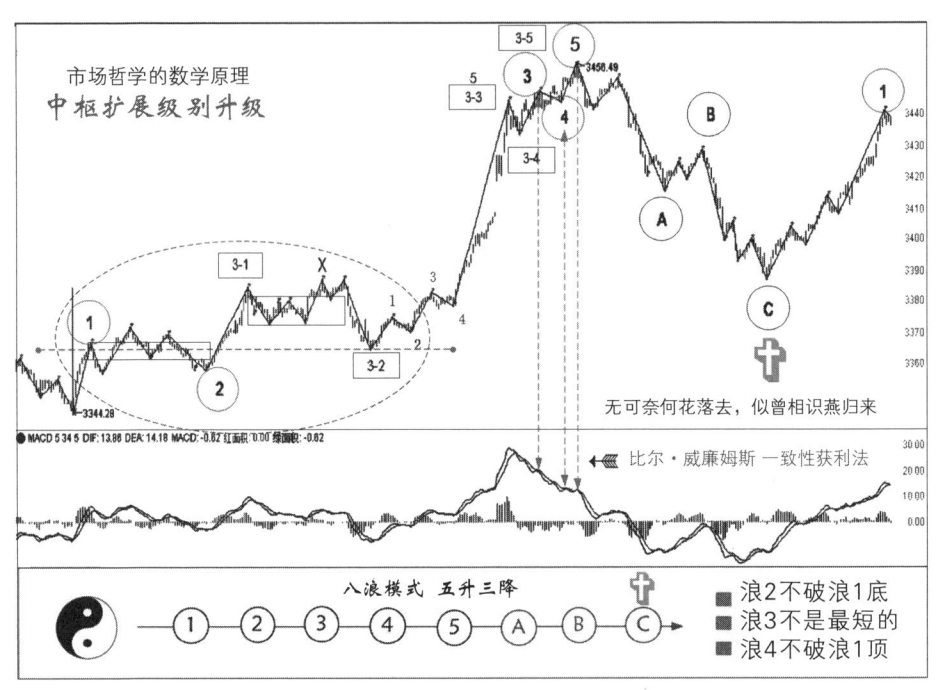

图 17-29　上证指数 2F（2020 年 11 月 26 日）

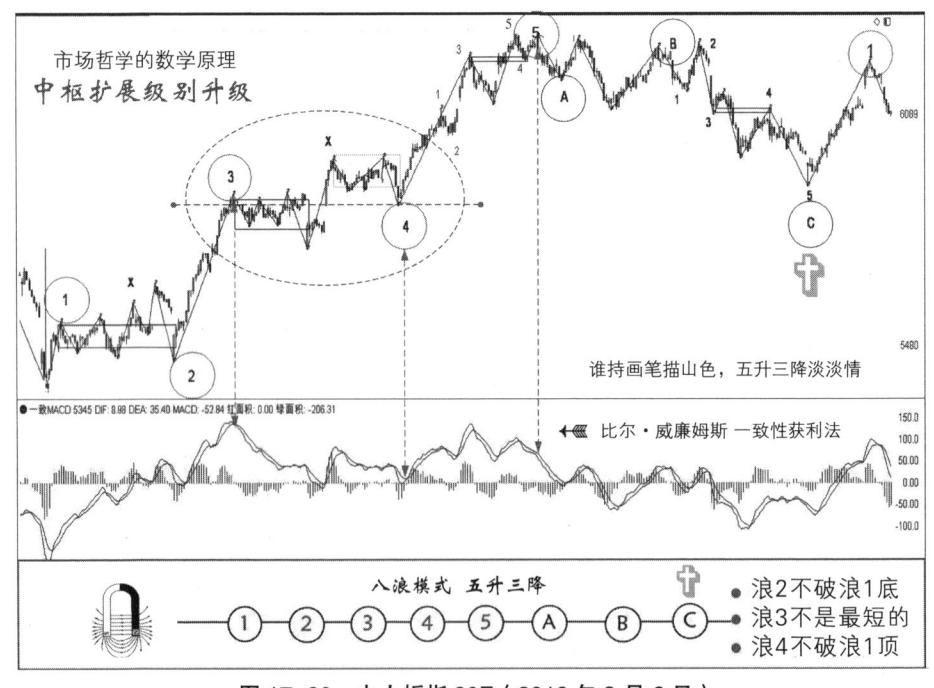

图 17-30　中小板指 30F（2019 年 8 月 6 日）

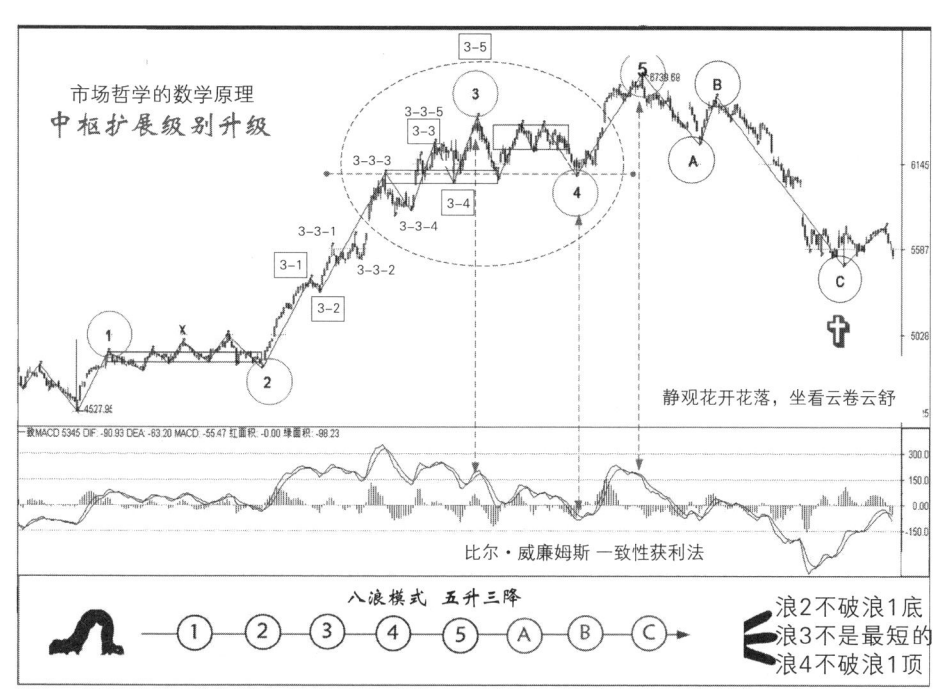

图 17-31　中小板指 60F（2019 年 2 月 14 日）

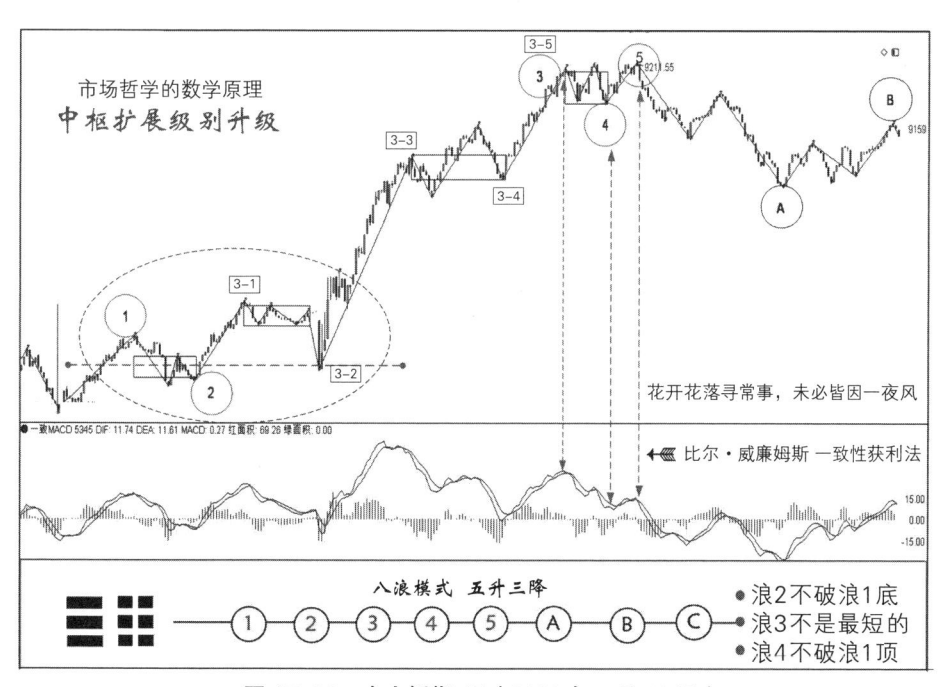

图 17-32　中小板指 1F（2020 年 7 月 21 日）

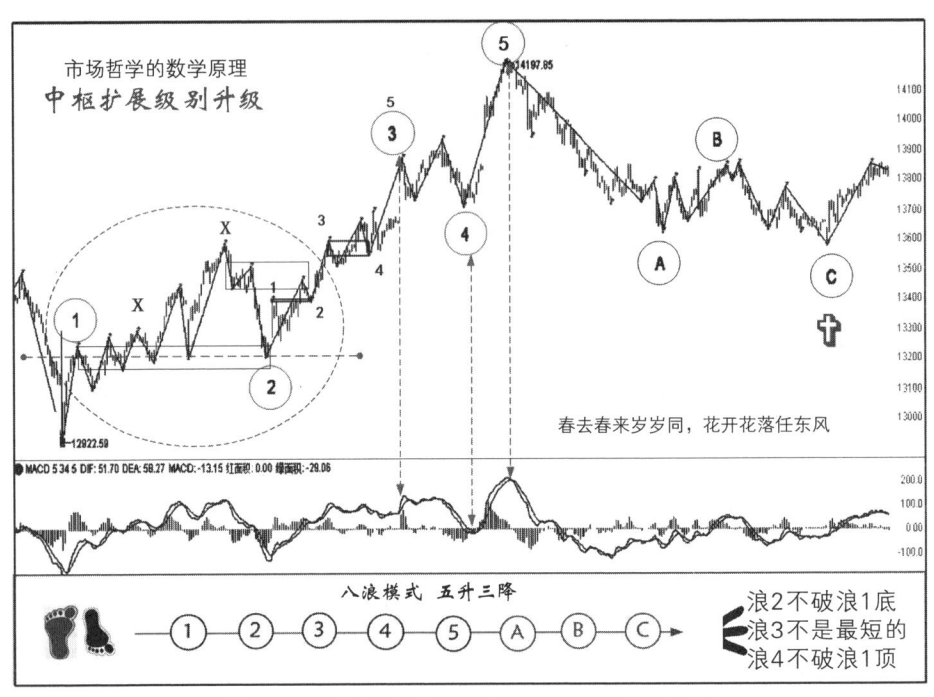

图 17-33　深证成指 12F（2020 年 10 月 26 日）

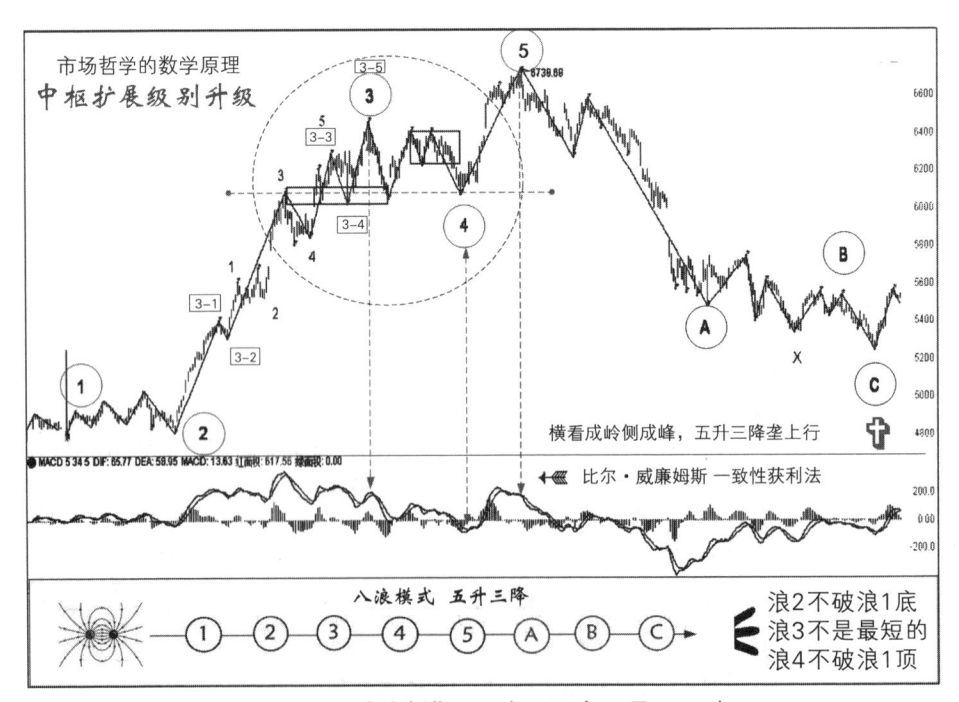

图 17-34　中小板指 60F（2019 年 1 月 15 日）

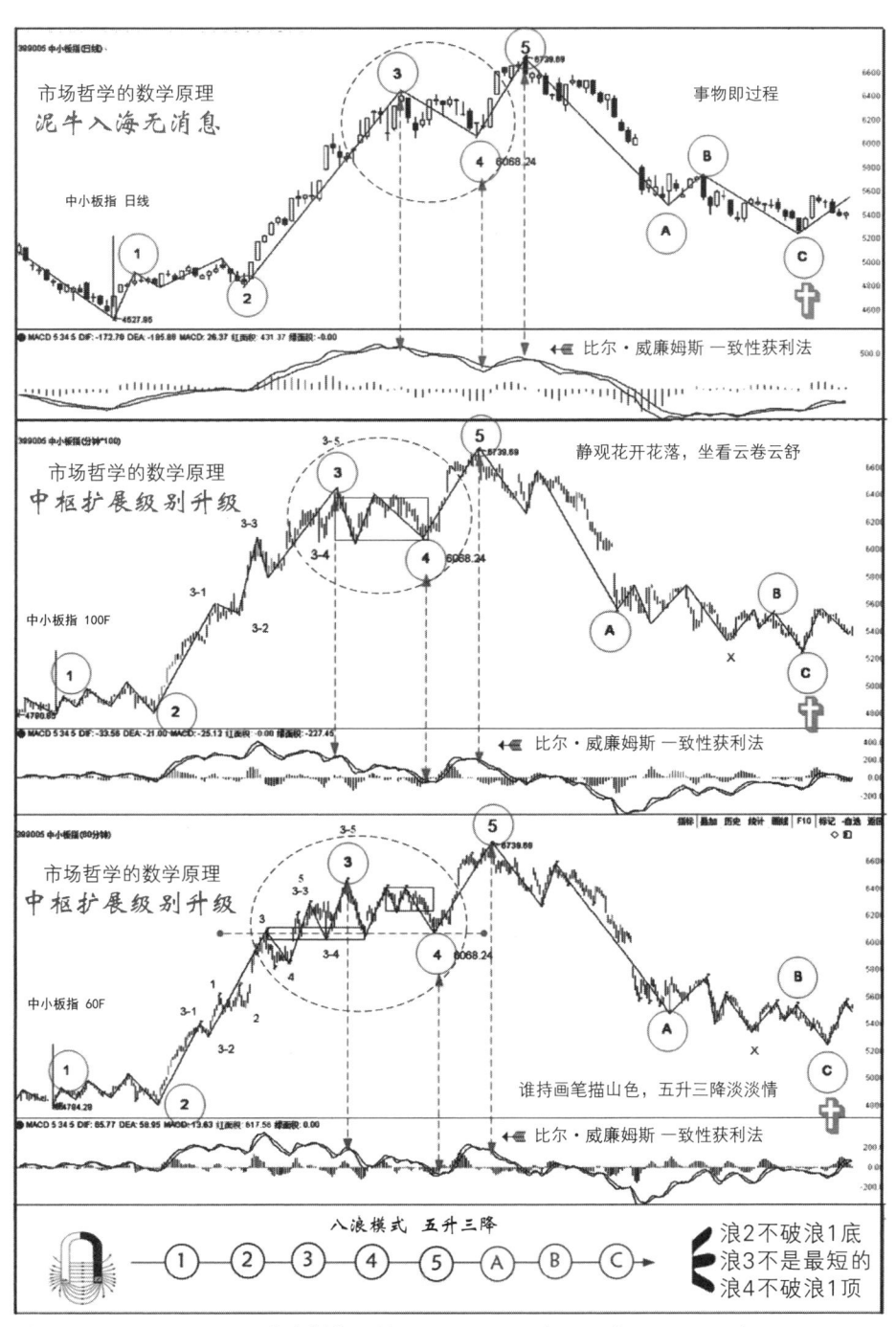

图 17-35　中小板指日线、100F、60F（2019 年 1 月 15 日）

注意，图17-35中的中小板指在60F上发生了中枢扩展的走势，根据缠中说禅走势级别延续定理中枢扩展之后应该产生一个更大级别的中枢，可是万万没有想到，一个更大级别中枢压根儿就没有出现！

> **图穷匕见**
>
> 无画不说，有画少说；
> 画中有话，话中有画。
> 主要是画，次要是话；
> 画没有错，话会有错。
> 桃李不言，下自成蹊。
> 谁持画笔描山色，五升三降淡淡情。
> 春风得意马蹄疾，一日看嗨扩展美。

泰山北斗大家说

◆ 最有价值的理论是从事实中得来的。

——纪伯伦

◆ 一切背离了公正的知识都应叫作狡诈，而不应称为智慧。

——柏拉图

◆ 只有那些永远躺在坑里从不仰望高空的人，才不会掉进坑里。

——黑格尔

定理失灵　原因初探

读者注意，在前面章节里描述了上证指数在2020年12月11日的10F图上，显示走势中枢延伸了九段，而在40F图上却没有实现中枢级别九段升级，连中枢的影子都没有发现（见图17-19）。缠中说禅的理论中白纸黑字，言之凿凿写着中枢延伸九段级别就要升级，这不是咄咄怪事，匪夷所思吗？

同理，在上述章节里描述了中色股份，在2018年10月22日日线图上前后两个中枢有了交集，出现了中枢扩张走势，而在3日线走势图上却没有实现中枢扩张升级（见图17-27），天晓得这又是怎么回事？

不出所料，在中小板指2019年1月15日60F的图上，前后两个中枢有了交集，出现了中枢扩展走势，而在日线图上却没有出现中枢扩展升级（见

图17-35）。走势中枢不升级的情况一而再再而三发生。

根据缠中说禅反复强调的完全分类的指导原则，对中枢延伸九段没有升级，中枢扩张没有升级，中枢扩展也没有升级，这些奇怪现象的产生原因初步分析如下：

价格充分有效市场非完全绝对趋同交易条件不满足使然。

——缠中说禅

【对策】反映给证监会，要求市场监管，惩罚恶意坐庄的人！

相互独立的三个程序的选择不匹配。

——缠中说禅

【对策】重新调整缠中说禅、波浪理论、筹码分布三个相互独立系统的权重比例。

欧几里得几何学的基础失败不严谨使然。

——缠中说禅

【对策】在金融市场中，极力推荐使用曼德勃罗特——分形几何学，放弃使用欧几里得几何学。

还是牛顿时代那种弱智思维使然。

——缠中说禅

【对策】忘掉牛顿理论，应用相对论、分形理论、系统论、信息论、混沌理论等新理论。

有些半吊子哲学胡诌什么"一分为二"。

——缠中说禅

【对策】学好对立统一、量变质变、否定之否定规律。

缠中说禅理论中小转大现象的存在使然。

——缠中说禅

【对策】尽量降低观察级别，减少小转大出现的概率。干脆，使用比尔·威廉姆斯一致性获利法吧！

需要指出的是，这些内容是从《教你炒股票108课》中寻找出的一些主要原因，而不是全部原因。以上原因分析可能都是事后诸葛亮、马后炮。

理由多多，结论一个：中枢没有升级，中枢不会升级，中枢不可能升级，中枢升级是一个伪命题。

朋友！让我悄悄地、小声地、慢慢地告诉你：中枢延伸九段、中枢扩张、中枢扩展三种升级方式，都是幼儿园里老师说给小朋友们听的童话故事，可别当真，就像月亮掉到了井里一样。不信，你抬头望望，月亮还在天上挂着呢！

世间无限丹青手，一片伤心画不成。

有的读者会说，中枢九段延伸、中枢扩张、中枢扩展，都没有实现升级，仅仅是笔者挖空心思找的一两个特例吧！由此，就完全否定缠中说禅的重要定理，是不是有点小题大做？笔者实话实说吧，本书上册为了缩小篇幅，不可能罗列过多的图形实例。在《画说》下册里将用更大的篇幅摆事实、讲道理，让学友们明白这究竟是偶然事件，还是必然事件。让朋友们一次看个够！进一步明辨是非，做到心悦诚服。事实会告诉我们：缠中说禅走势中枢的级别升级，是个伪命题，纯属无稽之谈，子虚乌有。

你选择哪一个？

当物体受到重力作用，从静止开始下落的过程，就是自由落体运动。

生活在公元前4世纪的古希腊哲学家亚里士多德最早阐述了这种观点，他认为物体下落的快慢绝对与它们的重量成正比。

亚里士多德的论断影响深远，在其后近2000年的时间里，人们一直信奉他的学说，从来没有怀疑过。

直到1590年，伽利略在比萨斜塔上做了"两个铁球同时落地"的实验，得出了重量不同的两个铁球同时落地的结论，从此推翻了亚里士多德"物体下落速度和重量成正比"的学说，纠正了这个持续了1900多年之久的错误结论。

借此机会，想问问读者朋友：用来分析金融市场走势的数学理论你选择哪一个？是欧几里得几何学，还是曼德勃罗特分形几何学？我想，你的心里，答案是十分明确的。

泰山北斗大家说

◆ 自然中没有任何偶然的东西。

——斯宾诺莎

◆ 在根本上，说谎让人烦扰的不是用言辞大声地对别人说了假的东西，也不是故意设法误导了别人，而是在自己的心灵中对自己说了假东西，尤其是在"最重要事情上说了假的东西"。

——苏格拉底

波浪理论与传统技术分析

还要注意，艾略特波浪的指导方针覆盖了大部分传统的技术分析，如市场动量和投资者的情绪。结果是，传统的技术分析现在大幅增值，因为它可以帮助投资者在艾略特波浪结构中确定市场的位置。从这个意义上讲，使用这些工具应该得到鼓励。

艾略特曾提到，平行的趋势通道常常可以相当准确地标出推动浪的上下边界。你应尽早绘制出一条价格通道来帮助确定波浪的运动目标，并为趋势未来的发展提供线索。

没有波浪标识和边界线，市场就显得没有条理。但有了波浪理论作为指引，这种结构的含义就会变得清晰。

任何分析方法的实际目的是要确定适合买入（或回补空头仓位）的市场最低点，以及适合卖出（或做空）的市场最高点。在建立一个交易或投资系统时，你应当根据环境的要求，采用某种能够帮助你灵活果断、能攻能守的思维模式。艾略特波浪理论不是这样一种系统，但作为创造这样一种系统的基础，它无可匹敌。

实际上，艾略特注意到，大浪级以上的牛市终点的成交量常常创天量。

艾略特把成交量作为校验数浪并预测延长浪的工具。他识别出，在牛市中，成交量有随价格变化的快速放大或萎缩的自然倾向。在调整阶段后期，成交量萎缩通常表示卖压下降。在市场中，成交量的最低点常常与转折点同时出现。在大浪级以下的正常第5浪中，成交量往往比在第3浪中的少。如果上升中的大浪级以下的第5浪的成交量与第3浪的相比持平或放大，那么第5浪延长就有效。如果第1浪和第3浪的长度基本相等，至少可以预测第5浪延长很可能出现，同时，它是第3浪和第5浪都延长的那些罕见时候的最佳警告。

闲言少叙，书归正传。

缠中说禅走势的级别，是由走势类型中的中枢级别确定的，中枢级别的生长由中枢延伸、中枢扩张、中枢扩展来实现，这些内容在前面章节中已经叙述得清清楚楚、明明白白、真真切切。

接下来，将对波浪理论的浪级进行详细的阐述，这是一个别开生面的天地。

第一个视角：静态地描述——"名同实异"，在实际的走势图中明辨浪级的大小。

第二个视角：动态地描述——"逢五进一"，在实际的走势图中认识浪级的迭代生长过程。

> **股事求是**
> 理论靠不靠谱，只有实践说了算！
> 市场先生用"画"而不仅仅是话，告诉我们什么是走势的级别！

泰山北斗大家说

◆ 心灵中的黑暗必须用知识来驱除。

——亚里士多德

◆ 所谓真正的智慧，都是曾经被人思考过千百次；但要想使它们真正成为我们自己的，一定要经过我们自己再三思维，直至它们在我个人经验中生根为止。

——歌德

名同实异

艾略特话说：波浪形态的浪级

波浪分类的主要目的是确定股价在股市前进中所处的位置。

所有的波浪都有一个特定的浪级。浪级主要基于形态，是价格和时间作用的结果。知道一轮大涨势即将来临比知道它的精确名称更重要。后来的各种事件总能使浪级清晰明了。

驱动浪中的每个同向分量，以及一个完整循环中的每个完全循环分量，均是其自身的较小版本。

无论浪级如何，形态是不变的。

普莱切特话说：波浪形态的浪级

形态无论大小，其基本格局永远不变。

较大级别波浪是由较小级别的波浪所构成的。大尺度的波浪与同级别的其他波浪组合在一起又形成更大的波浪。

> **做一个在波浪中学习冲浪的人**
> **浪花**
> 洪湖水呀浪打浪，峰谷交替奔远方。
> 五升三降亘规律，名同实异不同级。

分形几何学研究的是这样一种图形，它看似杂乱无章毫无规律，但是如果我们将它放大或者缩小，发现它与原来的图形十分相似，具有自相似性结构，无论从哪一个级别去观察它，它都拥有极其相似的图形结构。

金融市场的走势图属于随机分形，它具有统计意义上的自相似性，而不是绝对的严格的自相似性。

在艾略特波浪理论中，大一级波浪与小一级波浪在形态上只是"惊人的相似"，而绝不是"简单的重复"。

一个更为简单的理解是：从相貌上看，父亲与儿子最多只是"相似"，而不是"相同"。

> **格物致知**
> 纸上得来终觉浅，绝知此事要躬行。
>
> **股事求是**
> 市场先生　图表语言
>
> **画说**
> **名同实异**
> 事实是无言的芬芳，真理在画说中绽放。
> 穿着最顶级的鲨鱼皮游泳衣，天天岸上练，从来不湿脚。
> 你还在岸上学习冲浪吗？请跳下水吧！
> 涉浅水者见鱼虾，涉深水者见蛟龙。
> 矮人看戏何曾见，都是随人说短长。
> 掀起你的盖头来，让我看看浪里浪。

同为浪 1 级别不同

相关内容见图 17-36 至图 17-40。

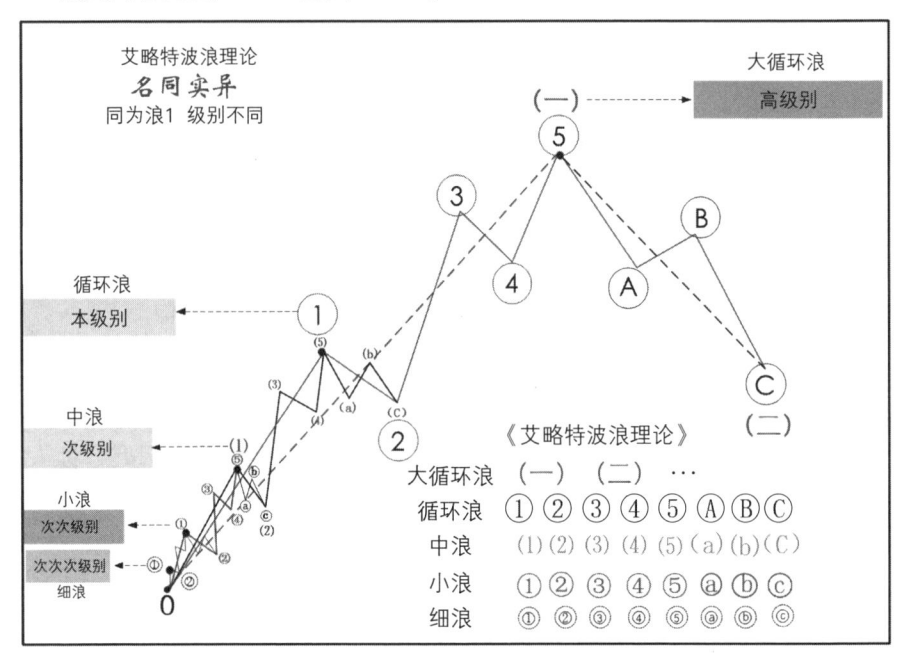

图 17-36 同为浪 1 级别不同原理图

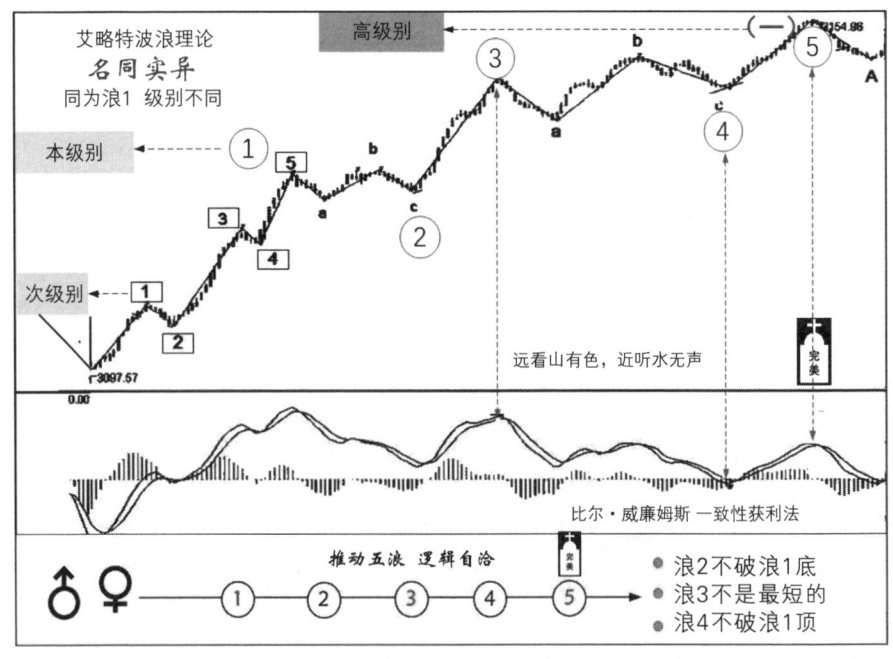

图 17-37 上证指数 1F（2017 年 4 月 27 日）

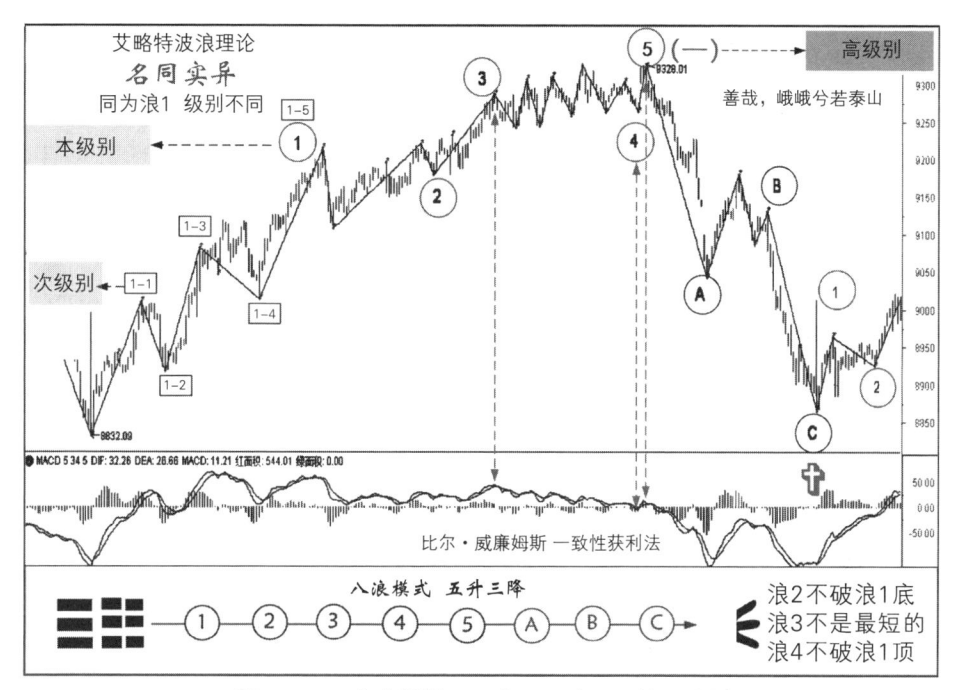

图 17-38　中小板指 10F（2020 年 12 月 11 日）

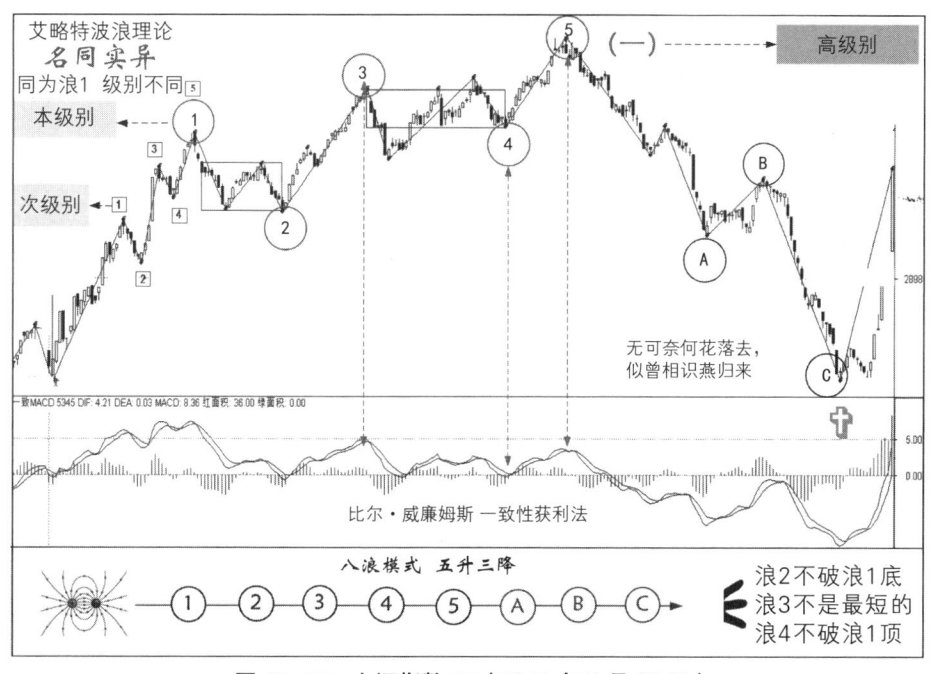

图 17-39　上证指数 1F（2019 年 5 月 28 日）

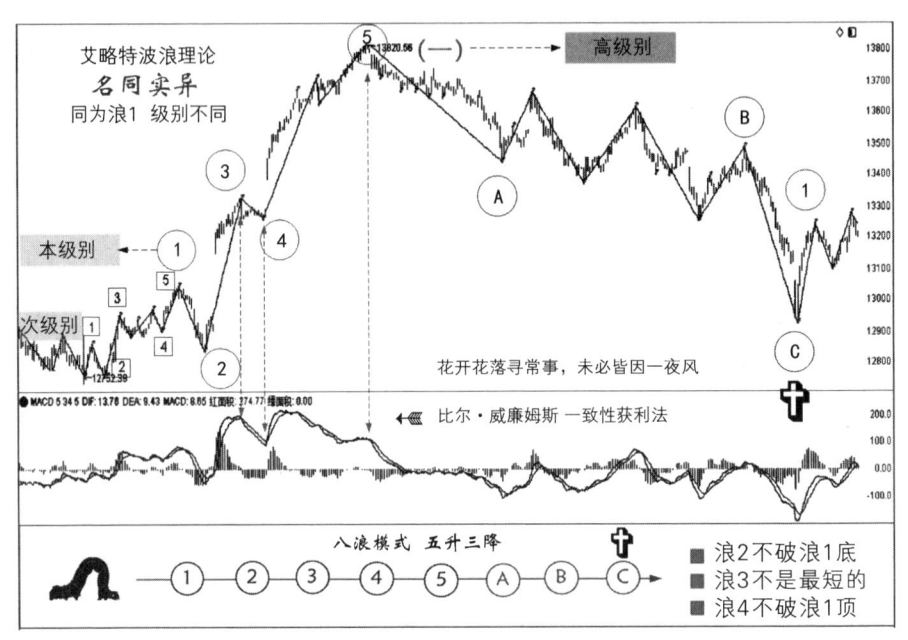

图 17-40　深证成指 10F（2020 年 9 月 28 日）

同为浪 3　级别不同

相关内容见图 17-41 至图 17-45。

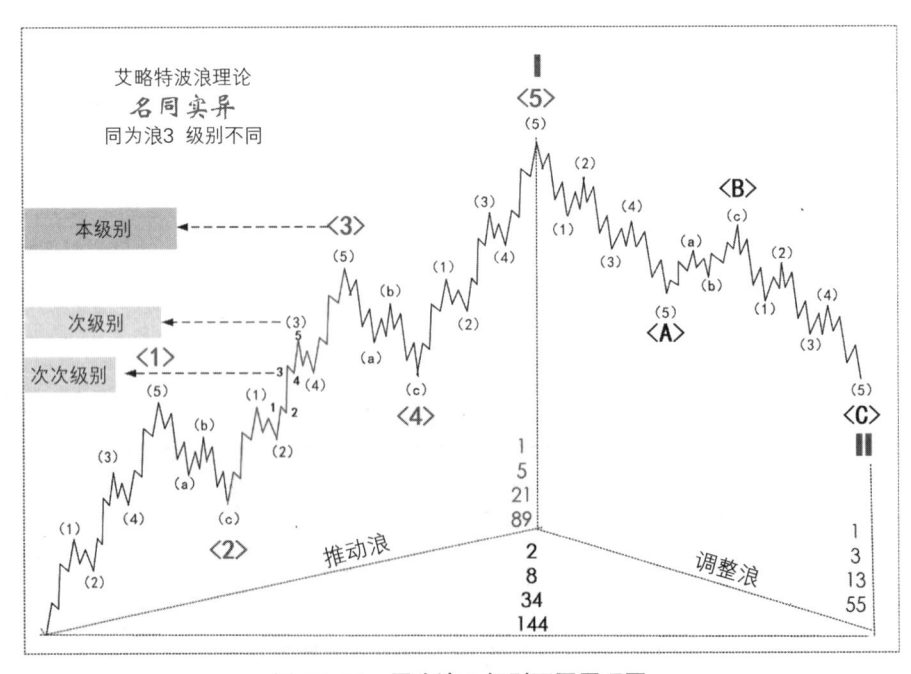

图 17-41　同为浪 3 级别不同原理图

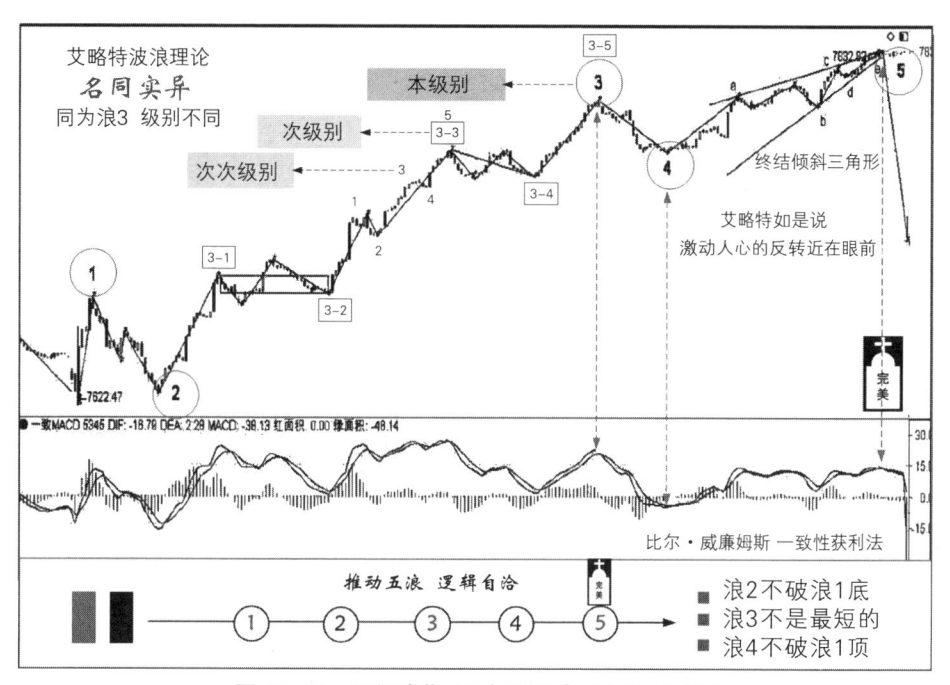

图 17-42　深证成指 1F（2018 年 11 月 12 日）

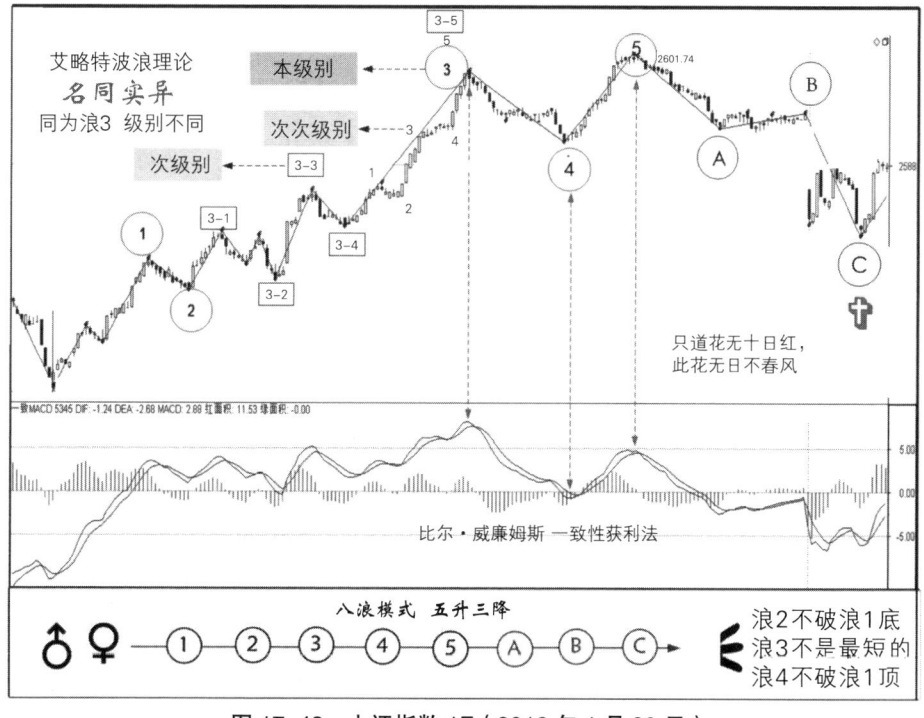

图 17-43　上证指数 1F（2019 年 1 月 30 日）

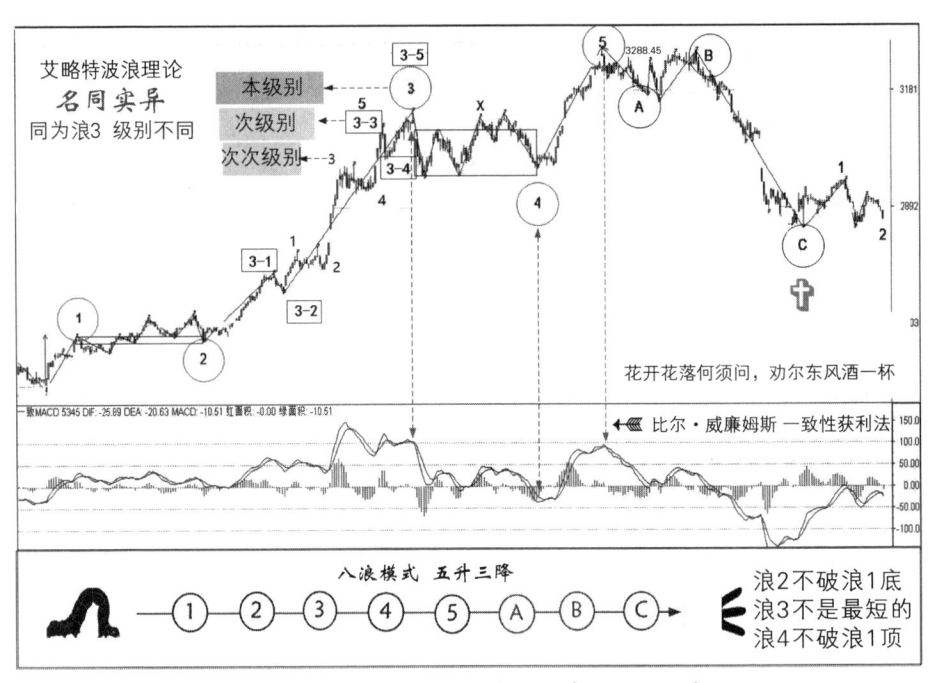

图 17-44　上证指数 60F（2019 年 5 月 9 日）

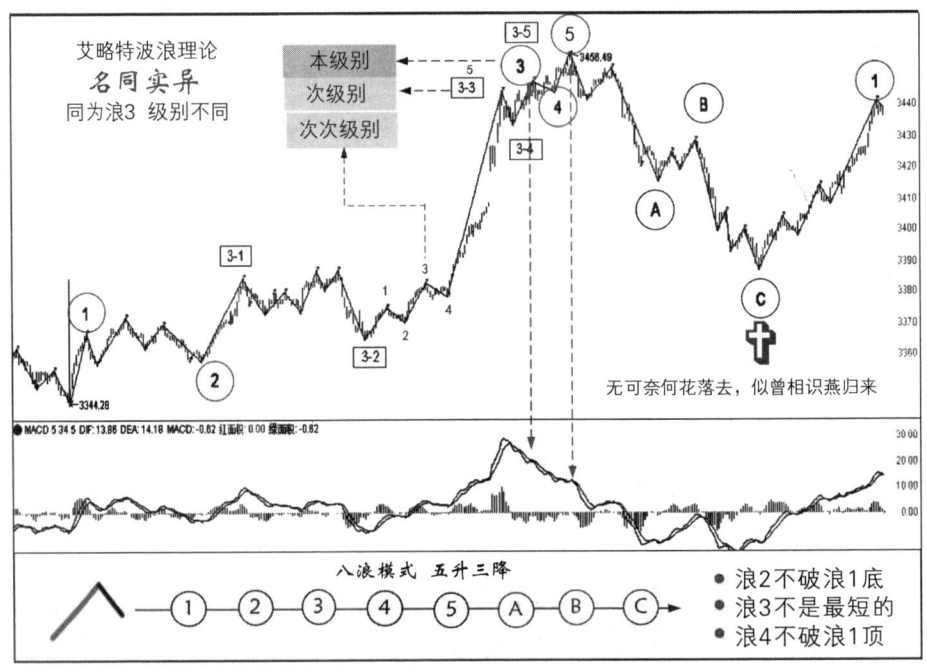

图 17-45　上证指数 2F（2020 年 11 月 26 日）

浪 5 终点不同释义

相关内容见图 17-46 至图 17-50。

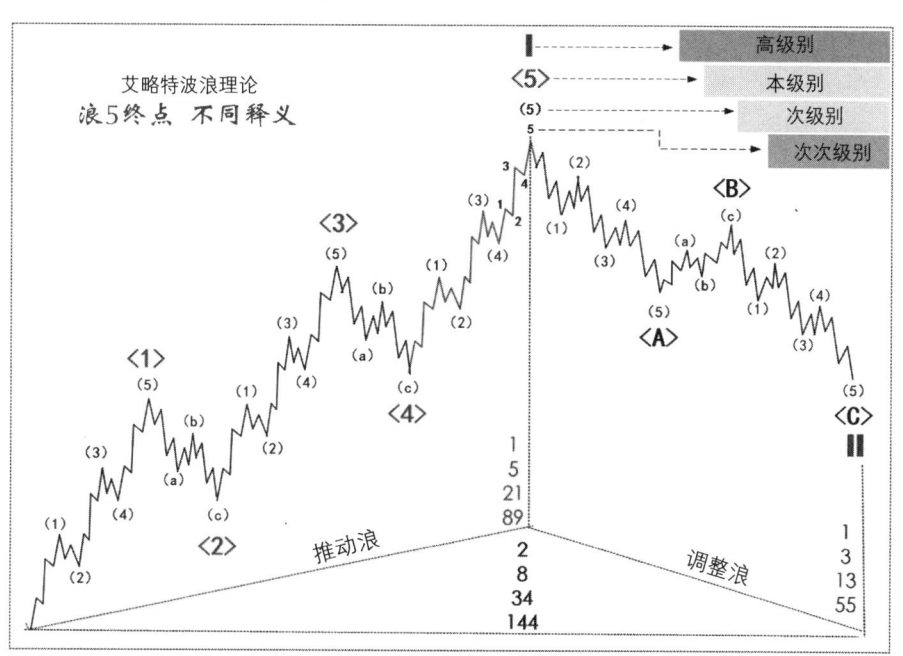

图 17-46　浪 5 终点不同释义原理图

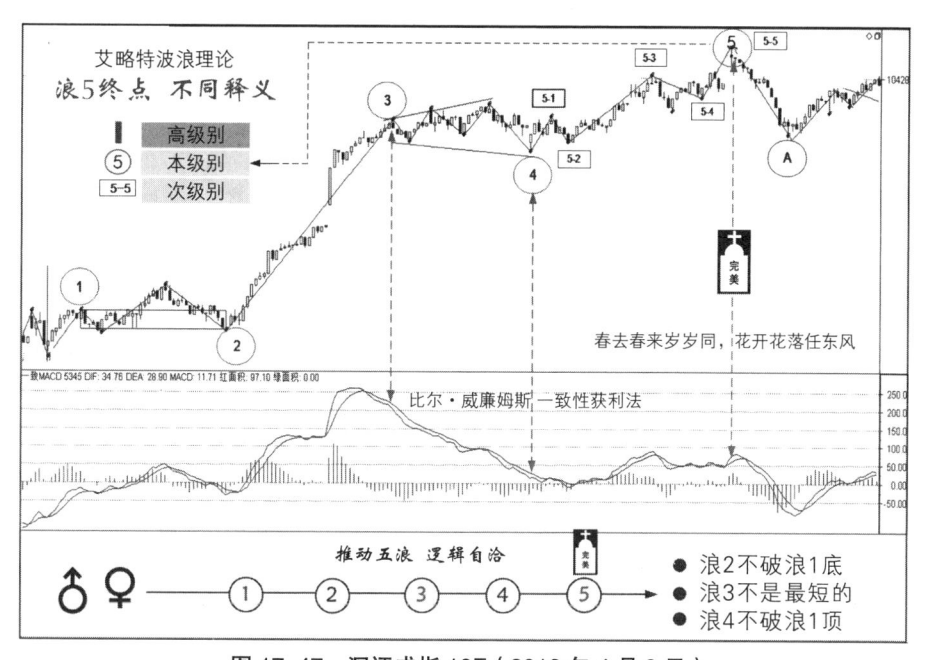

图 17-47　深证成指 10F（2019 年 4 月 8 日）

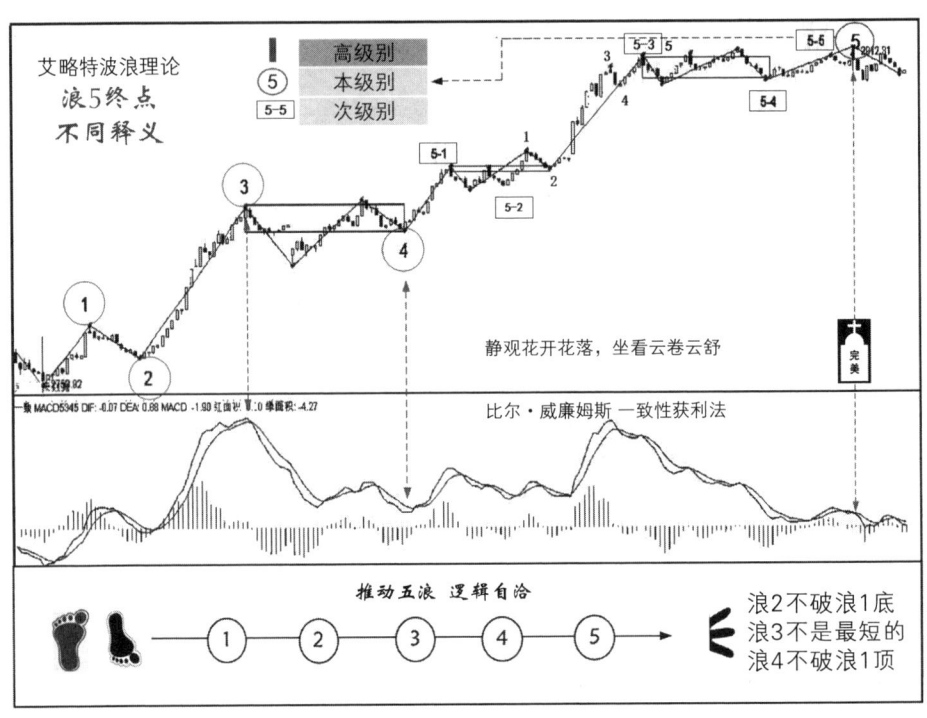

图 17-48　上证指数 4F（2018 年 7 月 25 日）

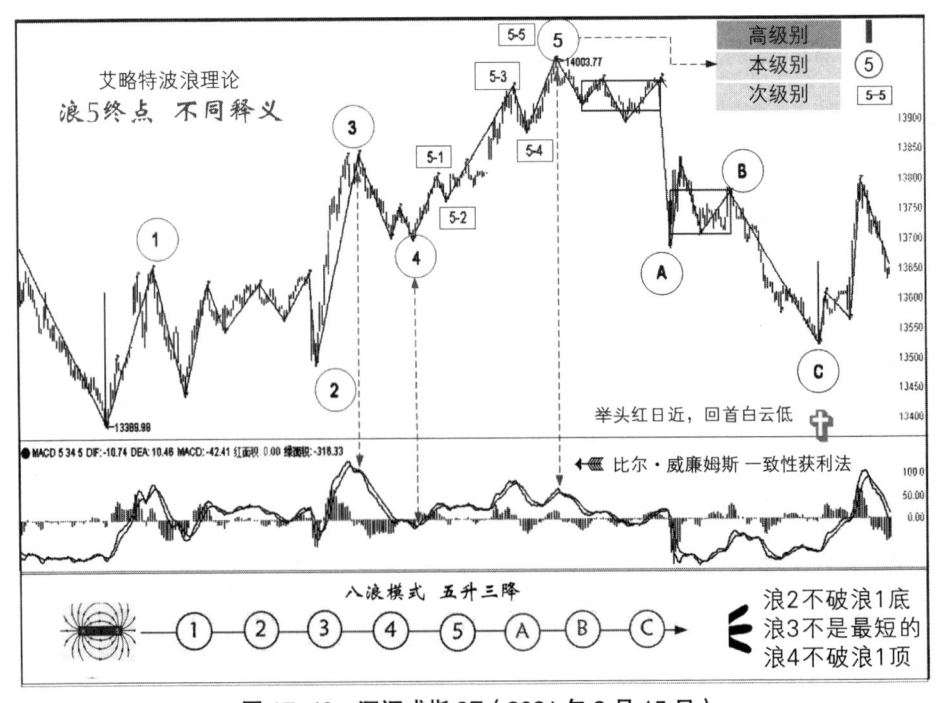

图 17-49　深证成指 3F（2021 年 3 月 15 日）

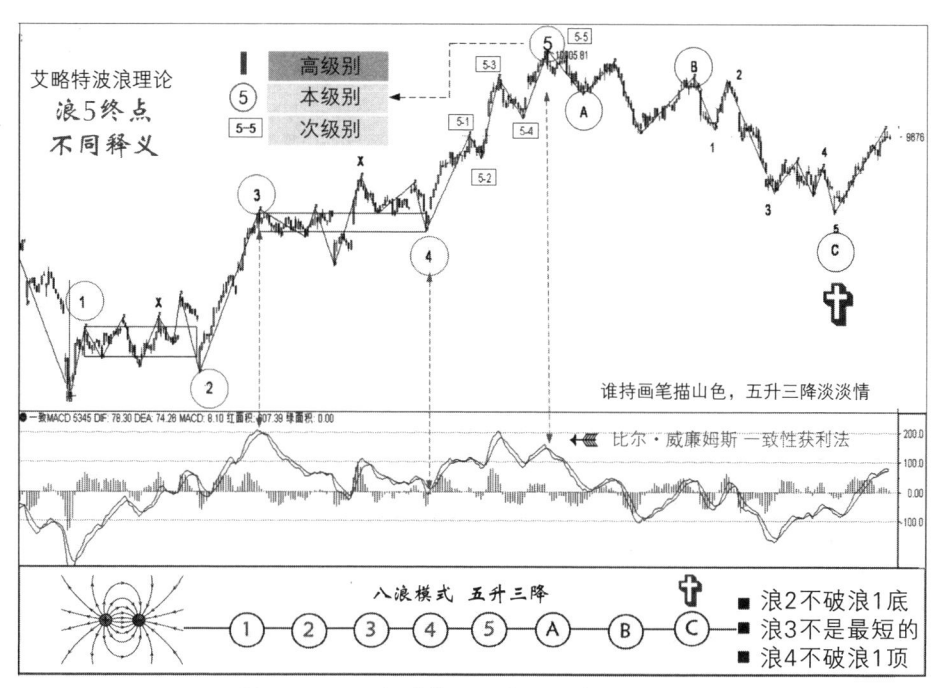

图 17-50　深证成指 30F（2019 年 8 月 6 日）

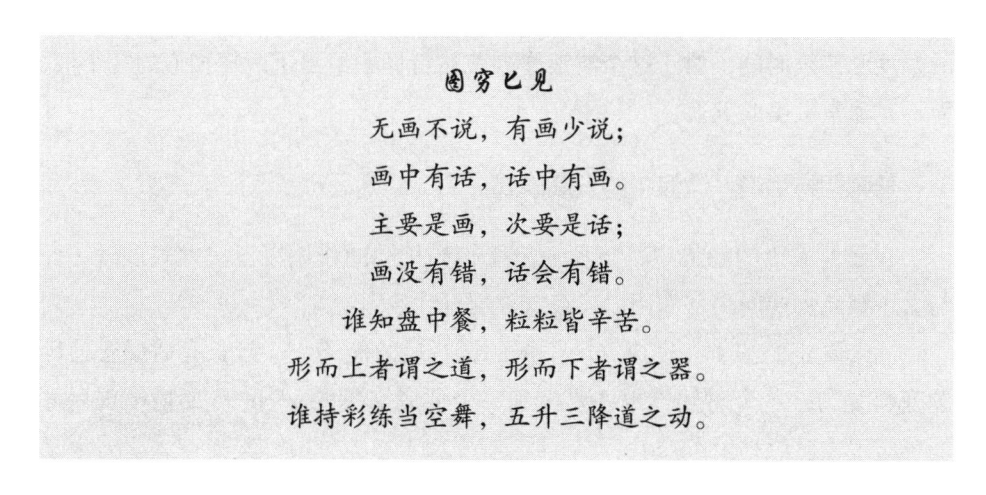

图穷匕见

无画不说，有画少说；

画中有话，话中有画。

主要是画，次要是话；

画没有错，话会有错。

谁知盘中餐，粒粒皆辛苦。

形而上者谓之道，形而下者谓之器。

谁持彩练当空舞，五升三降道之动。

泰山北斗大家说

◆ 在高级阶段上重复低级阶段的某些特征、特性等，并且仿佛是向旧东西的回复。

——列宁

◆ 系统是由若干要素组成的具有一定新功能的有机整体，各个要素一旦组成系统整体，就具有独立要素不具有的性质和功能，整体的性质和功能不等于各个要素性质和功能的简单加和。

——贝塔朗菲

逢五进一

艾略特话说：波浪中的五浪模式

驱动浪细分成五浪，而且总是与大一浪级的趋势同向运动。它们简洁明了，相对容易认出和研判。

价格前进采取一种特定结构的五浪形态。这些浪中的三个，分别标示为1、3和5，实际影响这种有向运动。而它们又被两个逆势的休整期所分割，标示为2和4。对于将要发生的整个有向运动，这两个休整期显然是必不可少的。

绝大多数推动浪的三个作用子浪中包含一个，也仅包含一个延长浪。在许多时候，延长浪的各个细分浪与大一浪级推动浪的其他四浪有着几乎相同的幅度和持续时间，对于这个波浪序列艾略特体系给出了规模相似的九个浪，而不是通常数出的五浪。

普莱切特话说：波浪中的五浪模式

在任何浪级的趋势中，与大一浪级趋势相同的作用以五浪模式展开，而与大一级趋势逆向的反作用以三浪方式展开。

一个真正的浪1在完成五个子浪的运行后才能终止。延长有时候会使问题变得复杂，这个时候你也许要等到一个低成交量的a—b—c回撤出现后才能确定浪1已经结束了。

做一个在波浪中学习冲浪的人

浪

钱塘大潮波浪起，峰谷交替正弦律。
大浪小浪浪中浪，逢五进一亘规律。
纸上得来终觉浅，绝知此事要躬行。

第17章 级别

> **股事求是**
>
> 市场先生　图表语言
>
> **画说**
> **逢五进一**
>
> 事实是无言的芬芳，真理在画说中绽放。
> 穿着最顶级的鲨鱼皮游泳衣，天天岸上练，从来不湿脚。
> 你还在岸上学习冲浪吗？请跳下水吧！
> 涉浅水者见鱼虾，涉深水者见蛟龙。
> 矮人看戏何曾见，都是随人说短长。
> 掀起你的盖头来，让我看看五进一。

相关内容见图17-51。

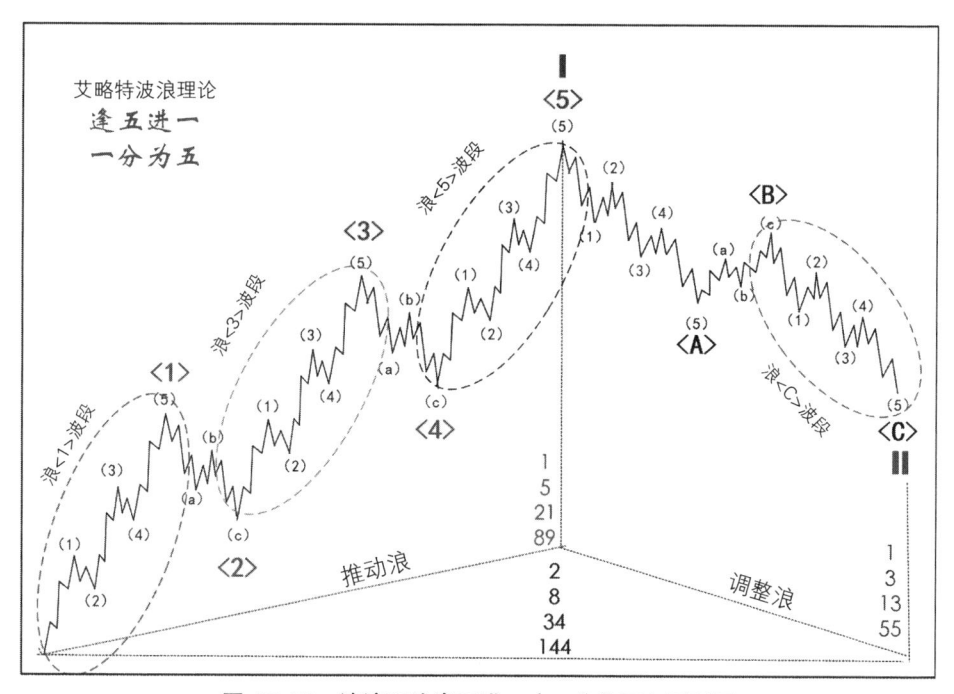

图17-51　波浪理论逢五进一（一分为五）原理图

浪1波段逢五进一

相关内容见图 17-52 至图 17-55。

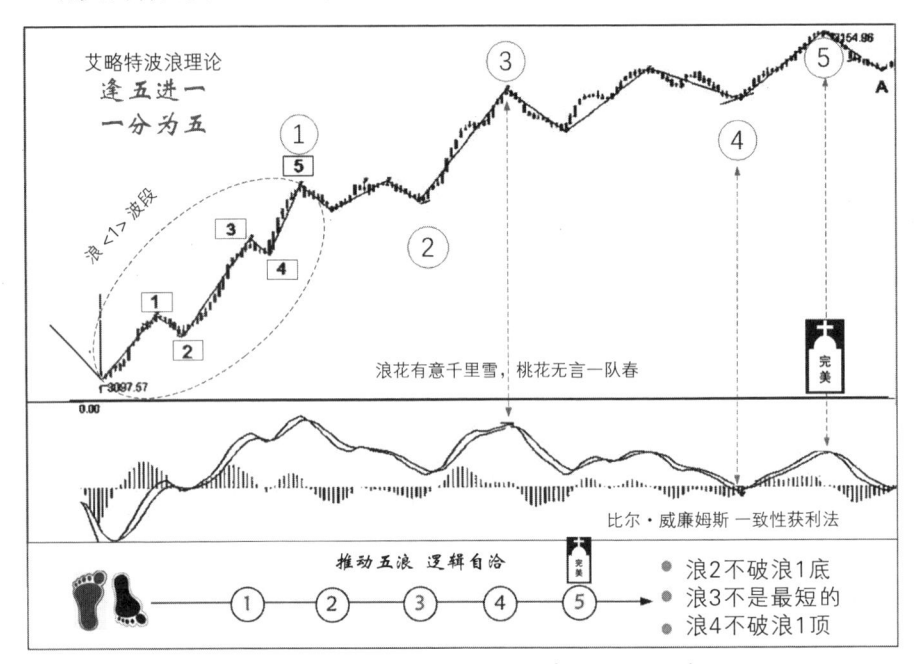

图 17-52　上证指数 1F（2017 年 4 月 27 日）

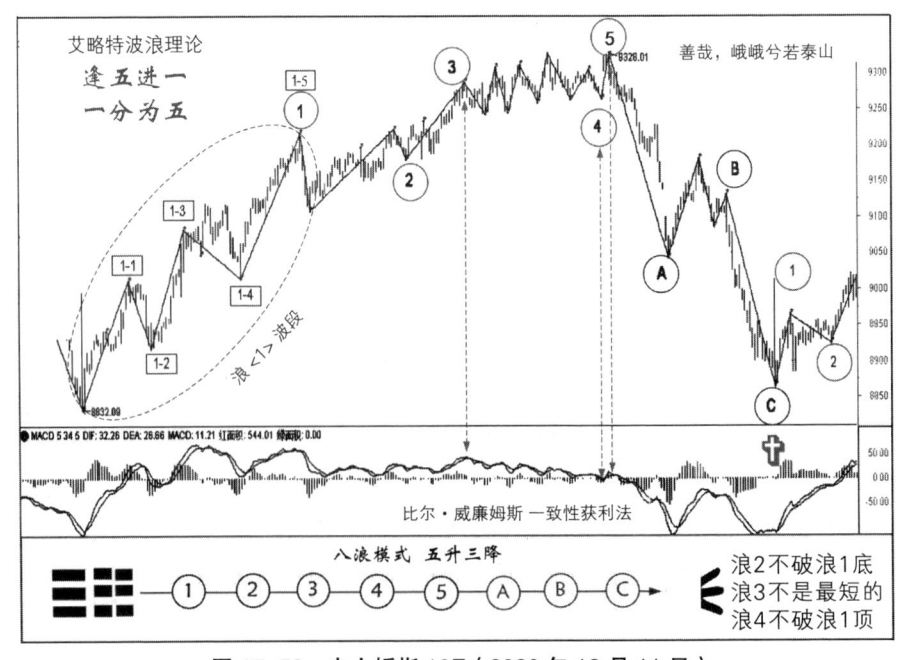

图 17-53　中小板指 10F（2020 年 12 月 11 日）

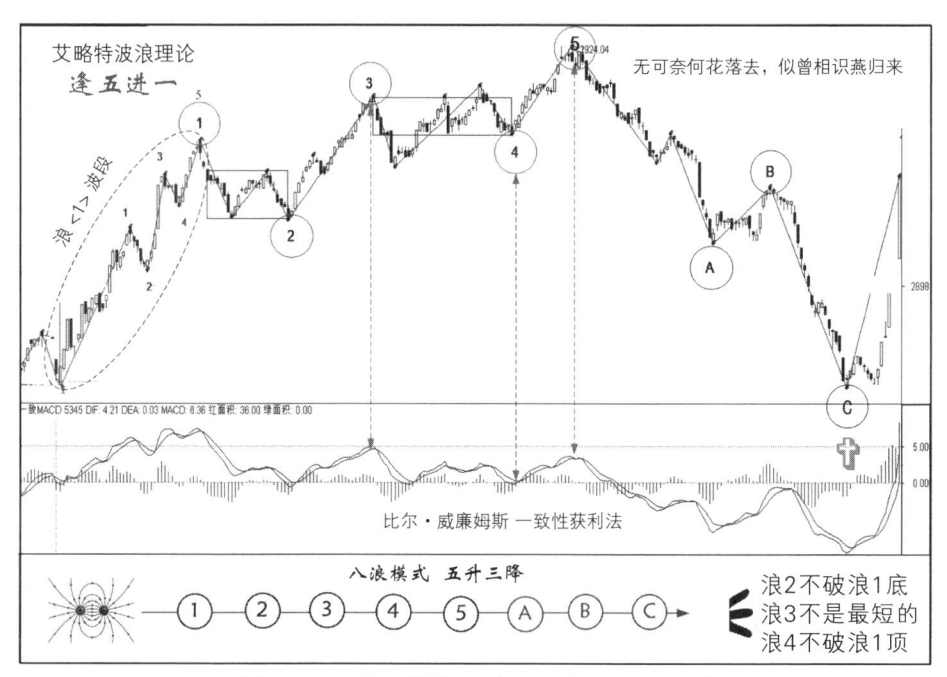

图 17-54　上证指数 1F（2019 年 5 月 28 日）

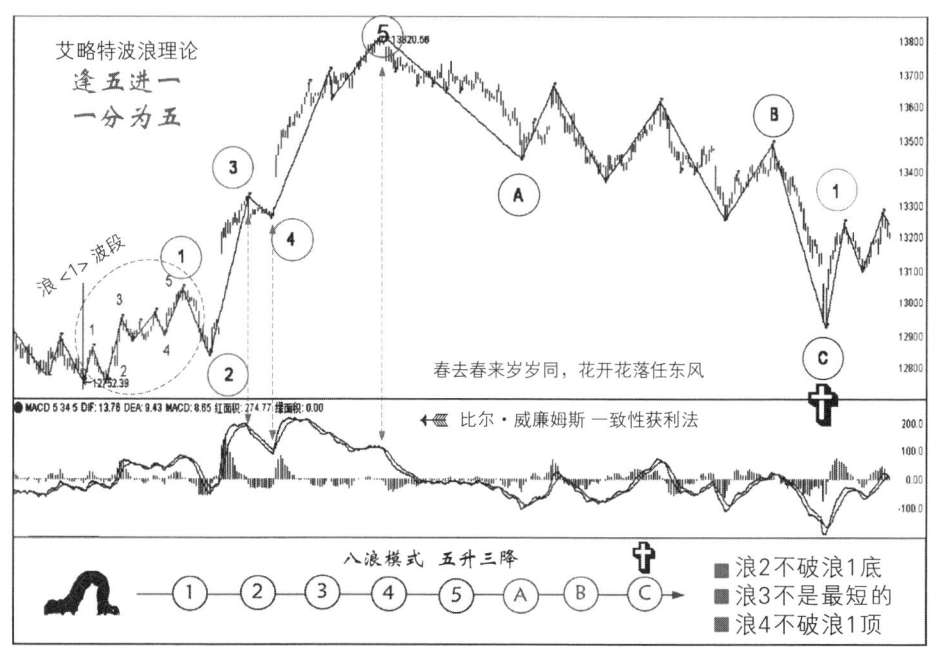

图 17-55　深证成指 10F（2020 年 9 月 28 日）

浪 3 波段　逢五进一

相关内容见图 17-56 至图 17-59。

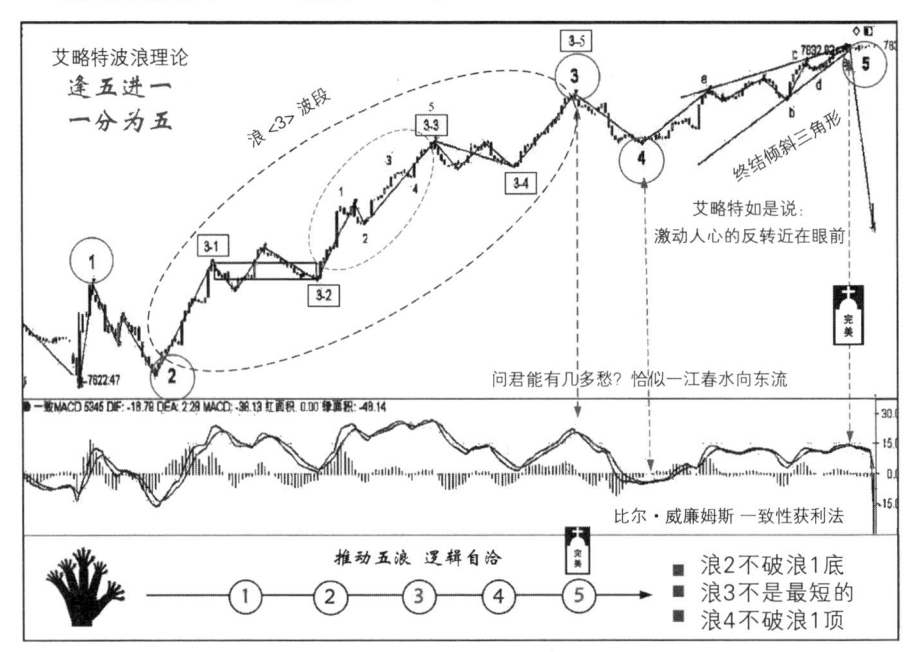

图 17-56　深证成指 1F（2018 年 11 月 12 日）

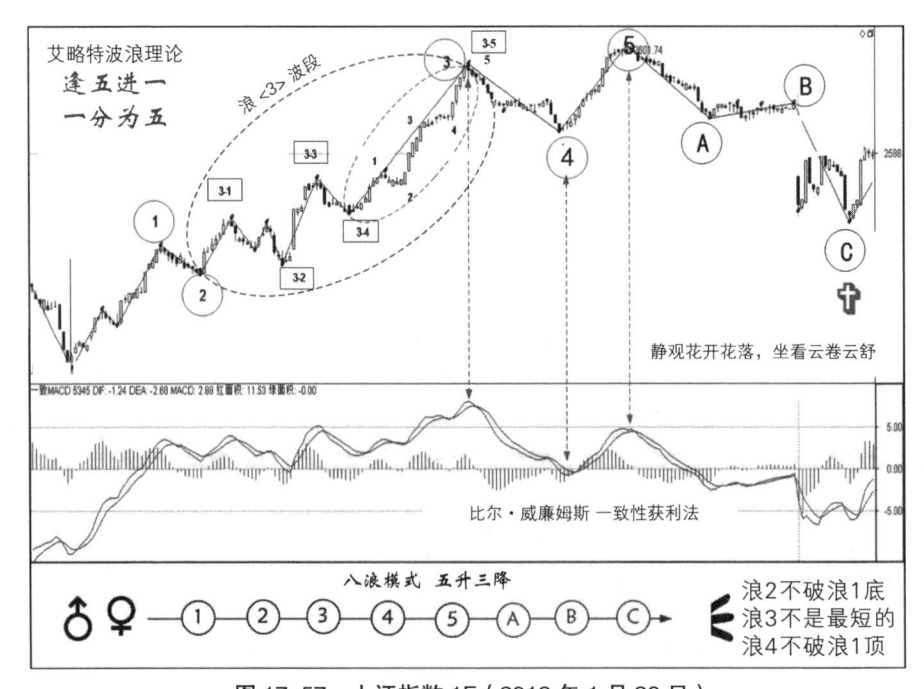

图 17-57　上证指数 1F（2019 年 1 月 30 日）

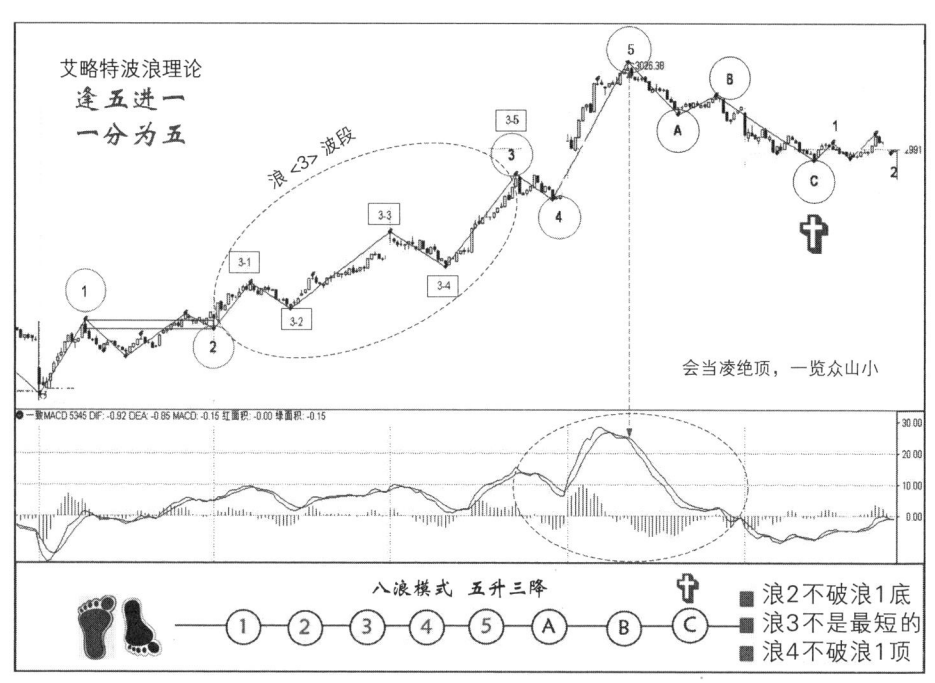

图 17-58　上证指数 5F（2019 年 10 月 11 日）

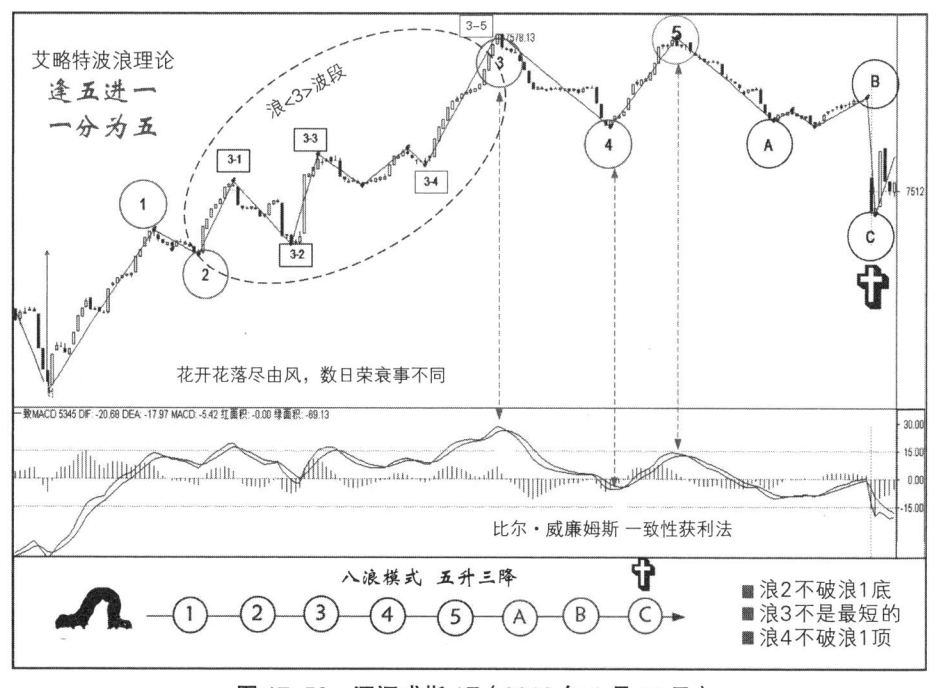

图 17-59　深证成指 1F（2019 年 1 月 29 日）

浪 5 波段　逢五进一

相关内容见图 17-60 至图 17-63。

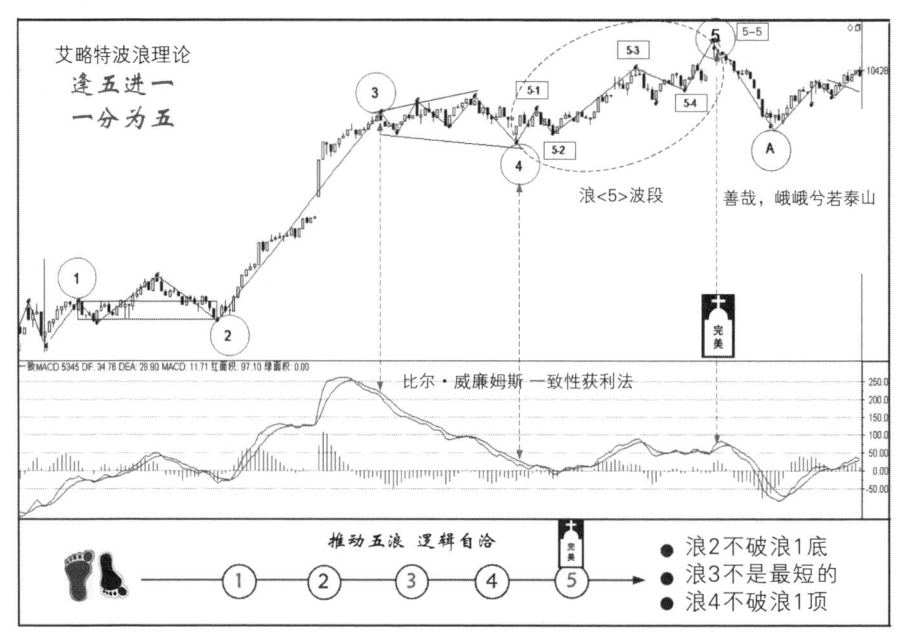

图 17-60　深证成指 10F（2019 年 4 月 8 日）

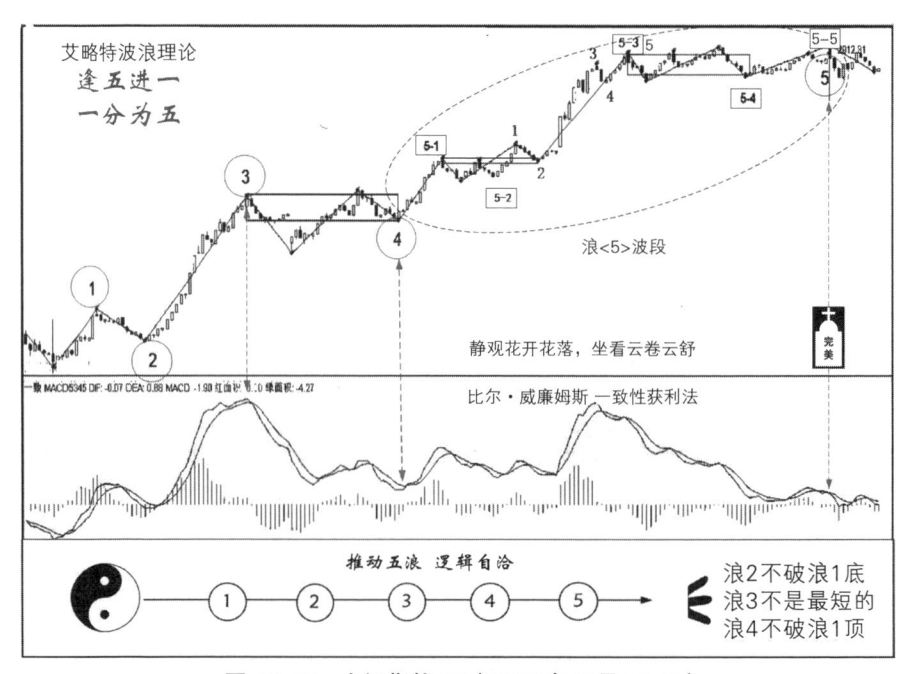

图 17-61　上证指数 4F（2018 年 7 月 25 日）

第 17 章 级别

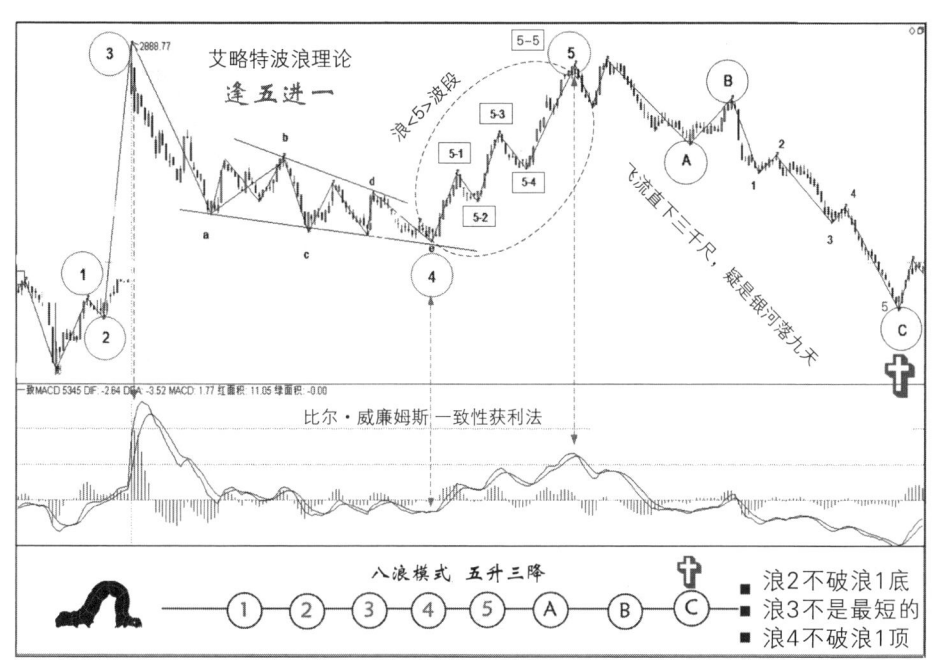

图 17-62 上证指数 1F（2019 年 6 月 13 日）

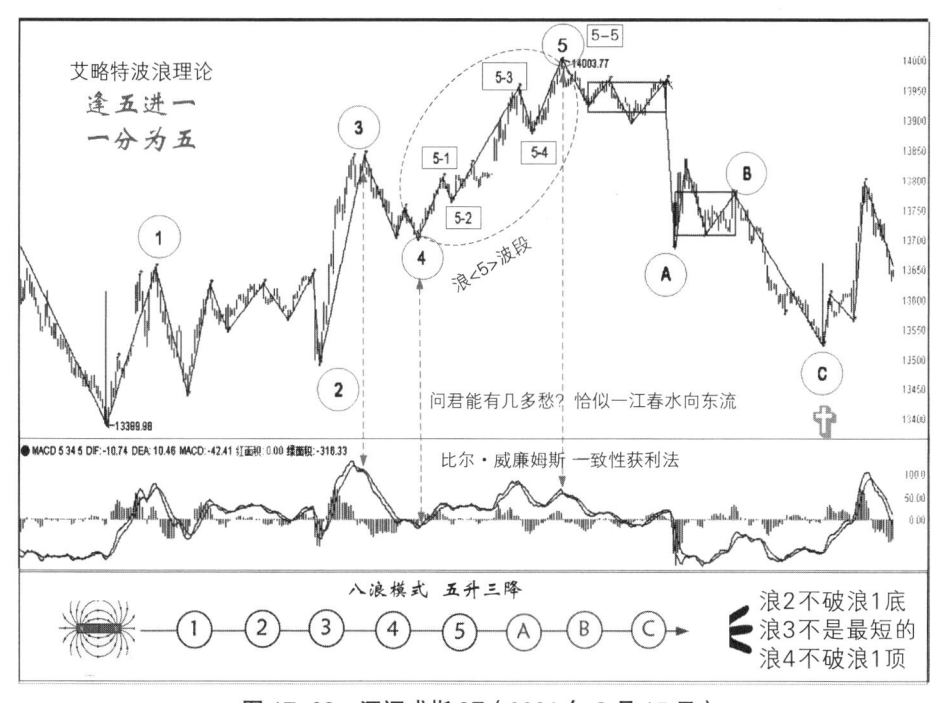

图 17-63 深证成指 3F（2021 年 3 月 15 日）

浪 C 波段　逢五进一

相关内容见图 17-64 至图 17-67。

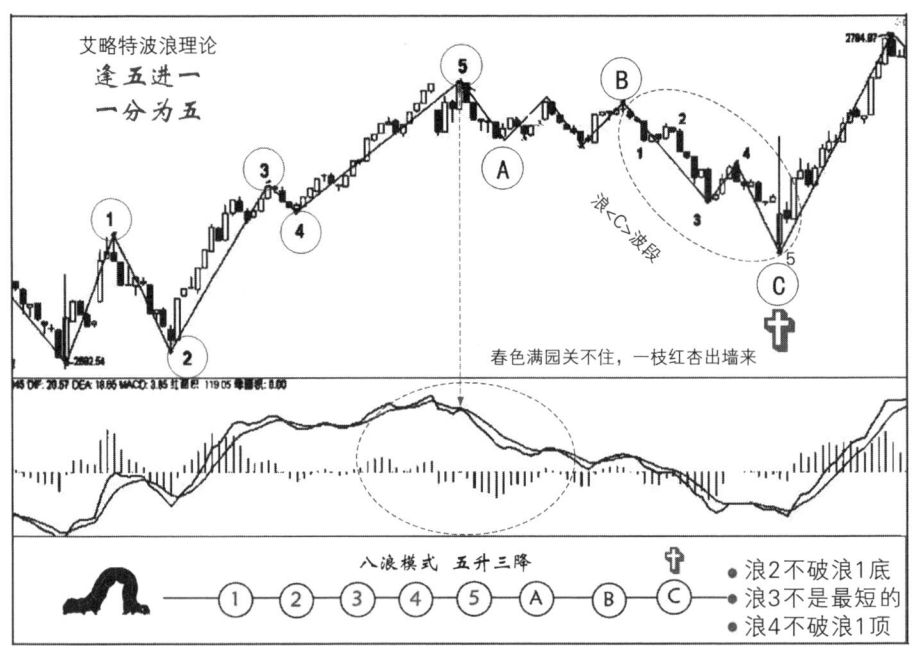

图 17-64　上证指数 5F（2018 年 8 月 8 日）

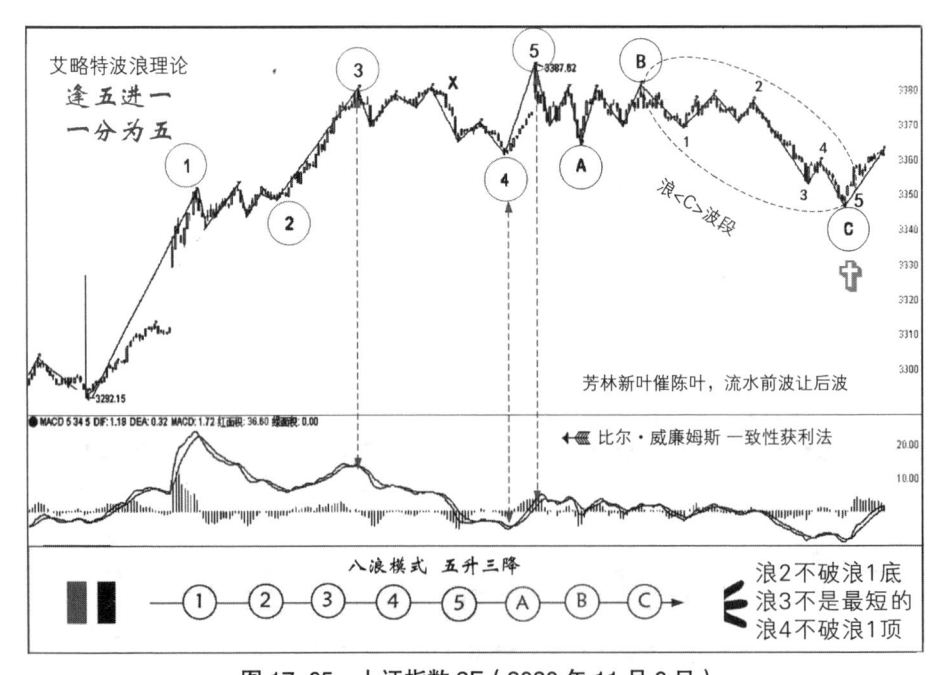

图 17-65　上证指数 2F（2020 年 11 月 6 日）

第17章 级别

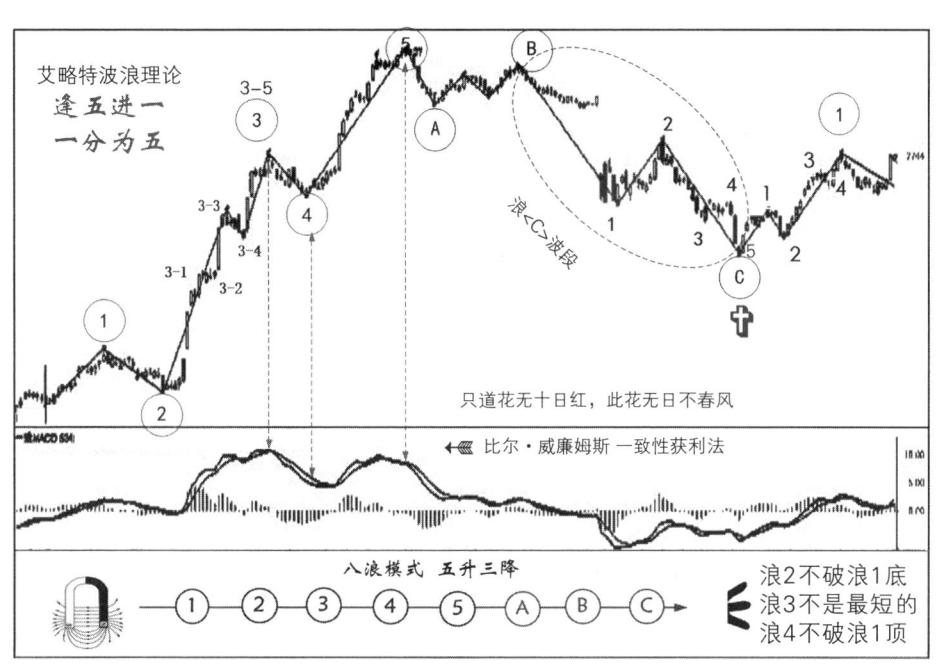

图 17-66 上证指数 1F（2018 年 8 月 14 日）

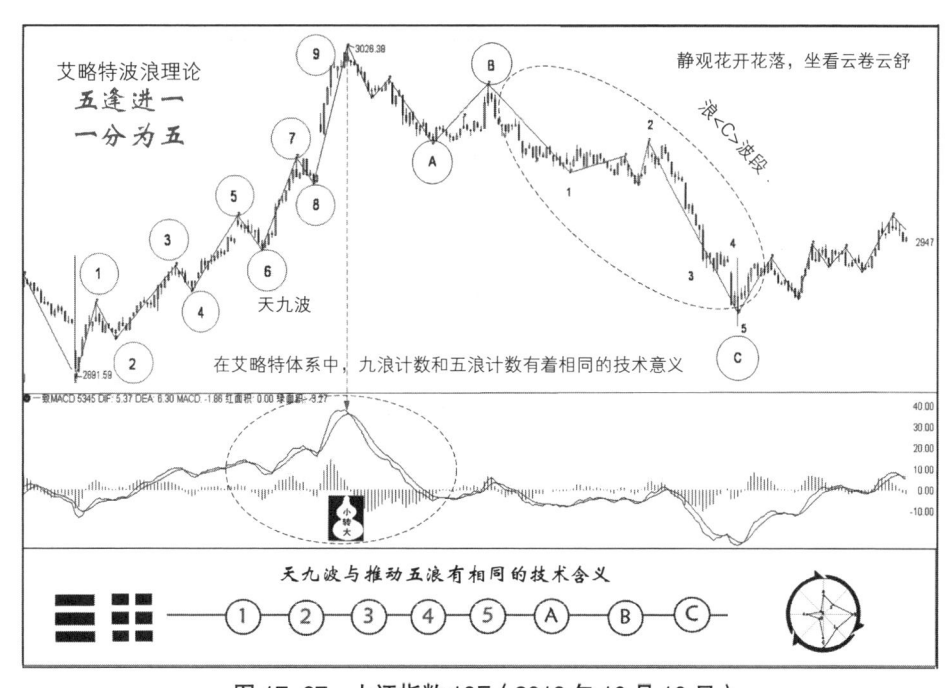

图 17-67 上证指数 10F（2019 年 10 月 10 日）

> **图穷匕见**
>
> 无画不说，有画少说；
>
> 画中有话，话中有画。
>
> 主要是画，次要是话；
>
> 画没有错，话会有错。
>
> 智者察同，愚者察异。
>
> 谁持画笔描山色，五升三降别样情。
>
> 不畏浮云遮望眼，只缘心在八浪中。

"逢五进一"与"一分为五"是同一件事物的不同视角的两种表达方式。波浪生长过程中，从小到大看推动浪是逢五进一，即浪1、浪2、浪3、浪4、浪5完成后，成为高一浪级的一个推动浪。反之，波浪分解过程中，从大到小看是一分为五，即一个推动浪可以再细分为浪1、浪2、浪3、浪4、浪5五个小浪。

学习园地

缠中说禅——自同构性结构，欧几里得几何学。

波浪理论——自相似性结构，曼德勃罗特分形几何学。

- 自相似原则和迭代生成原则，是曼德勃罗特分形理论的重要原则；
- 波浪理论与分形几何，在股市里反映了事物的同一个本质；
- 波浪理论推动浪完成五个波浪之后，其整体序列将成为较高级数的一个波浪；
- 微浪是由亚微浪组成，微浪则组成了细浪，细浪堆成小浪，小浪成长为更大级别的浪。

整体大于局部之和

大鹏之动，非一羽之轻也；骐骥之速，非一足之力也。

人体上的穴位共有365个之多，单单靠一个"中枢"穴，不可能解决身体所有的毛病。

泰山北斗大家说

◆ 整个世界就是数的和谐。

——毕达哥拉斯

◆ 真理在形式上从来都是简单的,而不是复杂和含混不清的,数学之美就是这样体现的。

——牛顿

◆ 向还没有开辟的领域进军,才能创造新天地。

——李政道

第 18 章　没有对比就没有伤害

缠中说禅话说：一个具体走势的分析

相关内容见图 18-1。

当行情发展时，当下就可以用结合律对走势进行多样性分析：

- g0g3=(g0d1+d1g1+g1d2)+d2g2+g2d3=g0d1+(d1g1+g1d2+d2g2)+g2d3
- g0d4=g0d1+d1g1+g1d2+（d2g2+g2d3+d3g3）+g3d4
- g0g5=g0d1+[(d1g1+g1d2+d2g2) + (g2d3+d3g3+g3d4) + (d4g4+g4d5+d5g5)]
- g0g6=g0d1+d1g1+g1d2+[(d2g2+g2d3+d3g3) + (g3d4+d4g4+g4d5) + (d5g5+g5d6+d6g6)]

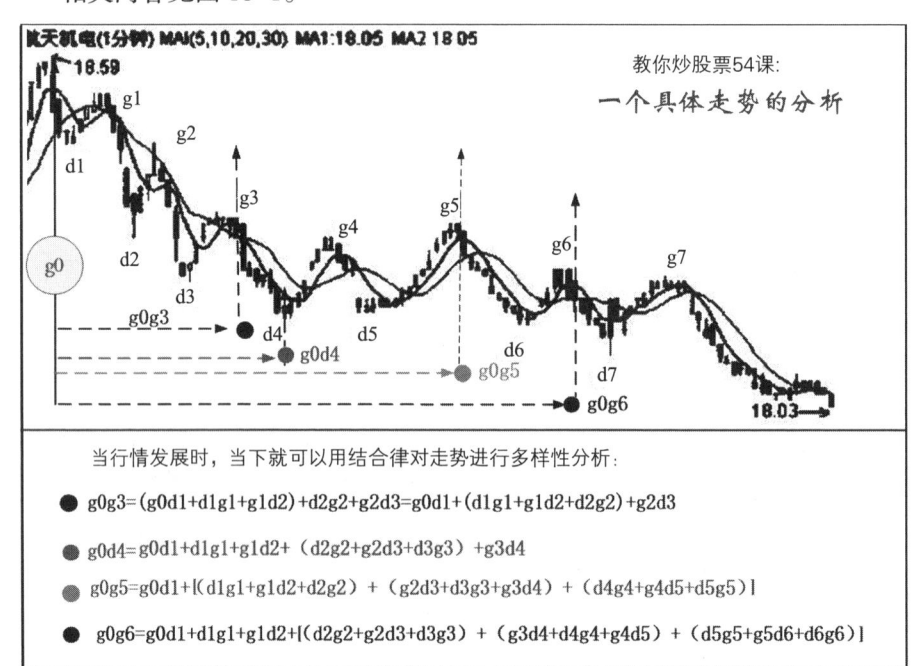

图 18-1　航天机电 1F（2007 年 5 月 18 日）（半图）

图 18-1 中有个条件，就是 d1=g2，d2=g4。其实这条件有还是没有，并不影响分析，但有这些条件，则会增加分析的难度。这里，就从 18.5 元（设为 g0）开始分析。

当你以某级别分析图形时，就先假设了次级别是线段。图 18-1 里，除了最后一个，其余每一个 dngn、gnd（n+1）都是 1 分钟以下级别的，所以都可以看成没有内部结构的线段。

我们就从 g0 开始，进入图 18-1 中。

显然，当下走到 g1 时，由于只有两段，所以不形成任何中枢，当然，如果你是一个分笔操作者，那么 g1 就构成一个第二类卖点了。当走势发展到 d2 时，一个 1 分钟级别的中枢就形成，区间是 [d1，g1]。后面出现的线段，就要以该区间来决定是中枢震荡还是第三类买卖点。由于 d1=g2，那么 d2g2 这段就属于 [d1，g1] 中枢的震荡。而到 d3g3 这段，显然已经不能触及 [d1，g1]，所以 g3 就是第三类卖点。当然，如果前面 d1>g2，那 g2 就是第三类卖点了。

其实，由于 d1=g2，所以当行情发展到 d3 时，就可以用结合律对当下走势进行多样性分析。这时候，有如下等式：

g0g3=（g0d1+d1g1+g1d2）+d2g2+g2d3=g0d1+（d1g1+g1d2+d2g2）+g2d3

式中括号里的是中枢。

在后一式子看来，该中枢就是 [d1，g2]，也就是一个价位，这时候，也并不影响前面关于 g3 就是第三类卖点的分析。而这种分解方式，比较符合一般人的习惯，所以是可以采取的。

显然，可以用 MACD 来辅助判断，力度上，g1d2>g2d3>g3d4，相对来说，后者都是前者的盘整背驰。当然，在 1 分钟图上，这种背驰没有什么操作意义，但如果是在日线图甚至年线图上，就可以据此操作了。

分解图形，有一个原则是必须知道的，两个同级别中枢之间必须有次级别的走势连接，例如：

g0d4=g0d1+（d1g1+g1d2+d2g2）+（g2d3+d3g3+g3d4）

这样的分解方式是被禁止的，因为括号中的两个同级别中枢之间没有次级别的连接。

注意，这与下面三次级别构成中枢的情况不同，那种情况下，是允许三个括号相加而之间没有次级别连接，因为那是扩展成高一级别中枢的情况，和这里两个同级别的情况不同。

当行情当下走到 d4 点时，根据上面的原则，无非有下面两种可能的分解方式：

g0d4=g0d1+（d1g1+g1d2+d2g2）+g2d3+d3g3+g3d4=g0d1+d1g1+g1d2+（d2g2+g2d3+d3g3）+g3d4

d4g4 是盘整背驰后的正常反弹，针对上面第一种分解方式，这只是第三类卖点后走势向一个新的同级中枢移动或形成更高级别中枢的一个中间状态，g4d5 这段也是；针对第二种分解，由于 g4=d2，所以 d4g4 是（d2g2+g2d3+d3g3）的中枢震荡，d5g5 这段也是。

有人可能要问，在这种情况下，采取哪种分解方式？其实，哪一种都可以。但第一种，由于在中间状态中，没有一个确定的标准，所以对短线操作指导意义不大；而第二种，由于是中枢震荡，操作起来指导意义就很明确，所以从方便操作的角度来看，就可以用第二种方式。

这就是反复强调的分解多样性的好处，一般来说，对于具体操作而言，一定要选择当下有明确意义的分解，例如是中枢震荡的，或有第三类买卖点的，但一定要注意，所有的分解必须符合分解的原则，否则就乱套了。

对于第二种分解方式而言，d5g5 这段属于中枢震荡，但对于第一种分解方式而言，d5g5 这段就有了重大的意义。因为那种第三类卖点出现后的中间状态，在 d5g5 这段出现后就彻底消除了，一个更大级别的中枢就确定下来了。具体如下：

g0g5=g0d1+［（d1g1+g1d2+d2g2）+（g2d3+d3g3+g3d4）+（d4g4+g4d5+d5g5）］

三个小括号里的 1 分钟中枢重叠构成了大括号里的 5 分钟高一级别中枢。

中枢的区间是［d2，g5］，注意，这时就要把 1 分钟的走势当成线段，小括号里的都是线段，高低点就是线段的端点。这样一来，后面走势的研判就十分简单了。例如，g7 就是一个第三类卖点（d7g7，其中第二根和第三根 K 线有一个较大的回试，然后第五根和第六根 K 线为两个小十字星，它们停在该区域，由此就知道这肯定构成 1 分钟中枢了，也就是内部可以画出一个 1 分钟以下级别的三段来。当然，如果有 1 分钟以下走势图看就更有把握，特别对于级别大的走势图而言，这时候都可以看小级别的走势图去确认，如果经验多，一般看到这种情况，不用看小级别的走势图就知道这是怎么回事）。

按照第二种分解方式，相应的 5 分钟中枢要到 g6 点才完成：

g0g6=g0d1+d1g1+g1d2+［(d2g2+g2d3+d3g3)+(g3d4+d4g4+g4d5)+(d5g5+g5d6+d6g6)］

相应的 5 分钟中枢区间就是［d3，g5］，在这种情况下，d7g7 也是一个中枢震荡，但不构成第三类卖点，因为不符合条件。

注意，并不是说一定要形成该级别第三类卖点后走势才能大幅下跌，完全可以用该级别以下小级别的第三类卖点来突破中枢，但有一点是肯定的，就是只要时间足够长，该级别的第三类卖点一定会出现。当然，在最极端的情况下，这个卖点离中枢很远，但有一点是肯定的，就是该卖点后走势一定继续向下。

而上涨的情况相反，第三类买点后走势一定继续向上。

必须注意，在这种大幅快速波动的情况下，一个小级别的第三类买卖点就足以值得介入。

例如，对于一个周线中枢的突破来说，如果真要等周线级别的第三类买卖点出现，那就要一个日线级别的离开以及一个日线级别的反抽，这样要等到何年何月？

因此，一个 30 分钟甚至 5 分钟的第三类买卖点就足以值得介入了。但这里有一个基本的前提，这种小级别的大幅突破必须和一般的中枢波动分开，这种情况一般伴随最猛烈快速的走势，成交量以及力度等都要相应配合。这种操作，如果理论把握不好，有一定风险，就是和一般的中枢震荡搞混了，因此理论不熟练的，还是先按最简单的来，例如对周线中枢的突破，就老老实实等周线的第三类买点出现。注意，卖点的情况，即使理论不熟练的，宁愿按小的来，因为宁愿卖早，决不卖晚。不过，对于大级别中枢来说，如果还要等到第三类卖点出现时才卖，反应已经极端迟钝了，第一类、第二类卖点出现时干啥去了？市场里可不能马马虎虎。

所以对中枢震荡的操作，一定是走势向上时盘整背驰抛，走势向下时盘整背驰回补，而不是杀跌追涨。

关于追涨杀跌，如果在中枢震荡走势中，一定死定了。但如果在第三类买卖点出现后，却不一定。因为中枢的移动，并不一定恰好到你买卖的位置就结束了，就算是，后面也还有中枢震荡出现。因此，在这种情况下追涨杀跌，也有生存的机会，但这都不是长远之计，为什么有好好的第三类买卖点不用,一定要追涨杀跌?就算是追涨杀跌,也可以利用小级别的买卖点进去,为什么一定要猜测?回到上面的两种分解方式,其实这两种分解方式对于 g7 点来说,结论是相同的,而从 MACD 辅助看,这种两次拉回 0 轴都冲不上去的走势,而且第二次红柱子面积变小了,这种情况预示着后面可能有麻烦。但对走势做多种分解并不是什么麻烦事,反而是相互印证的好办法。不过本书再次强调,必须符合规范,不能胡乱分解。

艾略特波浪理论画说:一个具体走势的分析

相关内容见图 18-2。

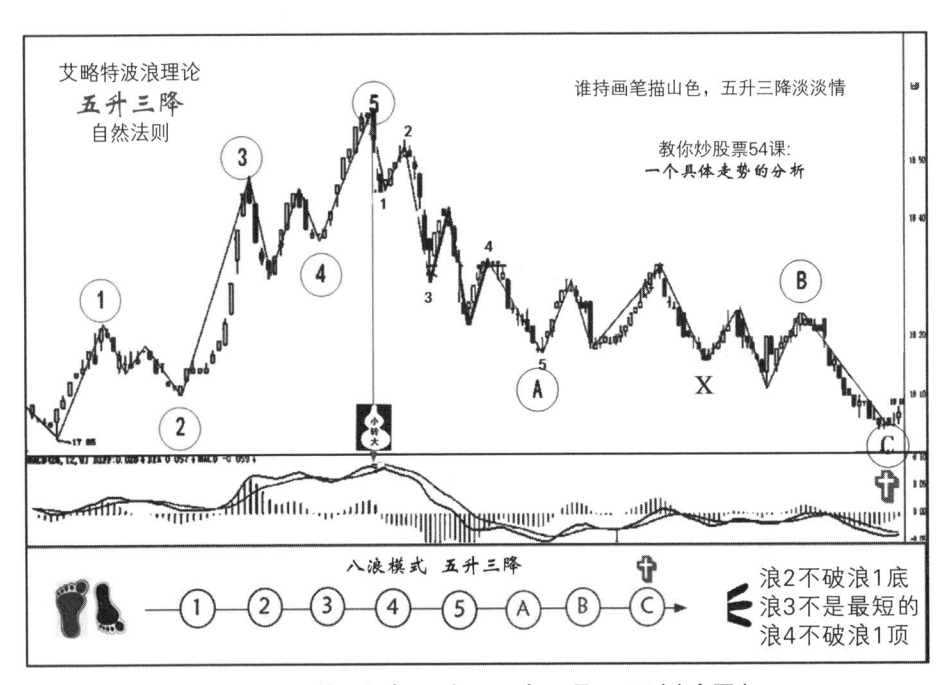

图 18-2　航天机电 1F(2007 年 5 月 18 日)(全图)

波浪理论如是说

一个包含八个浪的完整循环由两个截然不同的阶段组成:五浪驱动阶段;三浪调整阶段。

艾略特记录了五浪形态的三个永恒之处。

缠中说禅 vs 波浪理论

相关内容见图 18-3。

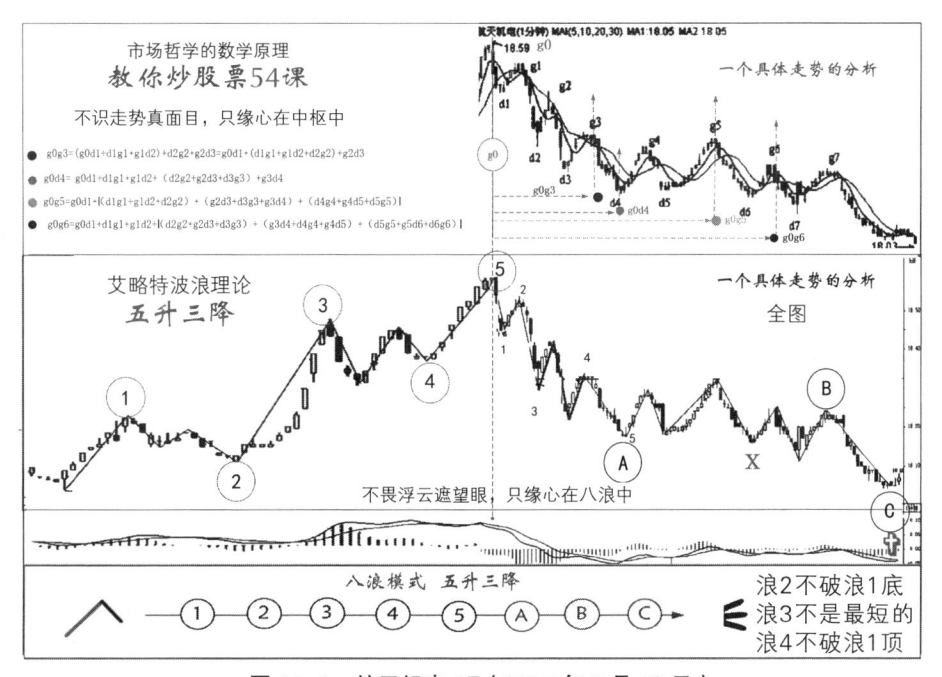

图 18-3 航天机电 1F（2007 年 5 月 18 日）

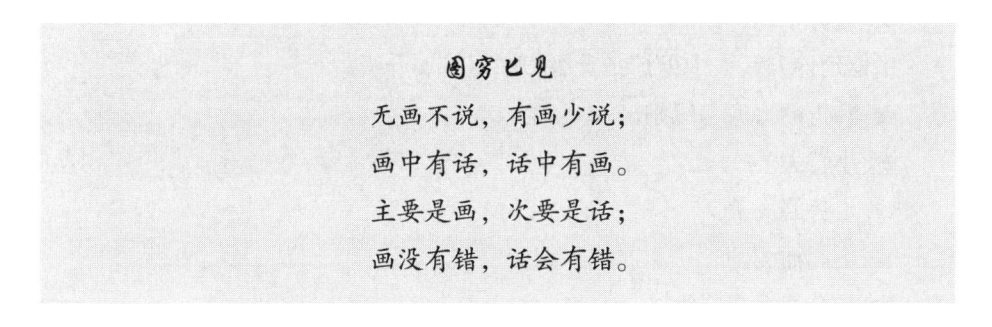

图穷匕见

无画不说，有画少说；

画中有话，话中有画。

主要是画，次要是话；

画没有错，话会有错。

泰山北斗大家说

◆ 如果你不能把一件事情简单地说清楚，那就说明你还没有完全弄明白。

——爱因斯坦

◆ 这是一个可靠的规律，当数学或哲学著作的作者以模糊深奥的话写作时，他是在胡说八道。

——怀德海

◆ 这个世界的问题在于聪明人充满疑惑，而傻子们坚信不疑。

——罗素

◆ 我所佩服诸公的只有一点，就是这种东西也居然会有发表的勇气。

——鲁迅

学习园地

应该忘记（刀枪入库，马放南山）

❀ 缠中说禅形态学。

❀ 缠中说禅动力学。

❀ 线段、特征序列。

❀ 走势类型：上涨、下跌、盘整。

❀ 上涨、下跌、盘整三种基本走势，有六种组合，代表着三类不同的走势：

陷阱式：上涨+下跌、下跌+上涨。

反转式：上涨+盘整+下跌、下跌+盘整+上涨。

中继式：上涨+盘整+上涨、下跌+盘整+下跌。

❀ 走势中枢：

中枢延伸升级，中枢扩张升级，中枢扩展升级。

❀ 转折的力度与级别。

❀ 小转大。

❀ 走势终完美。

❀ 不测而测。

❀ 结合律、多义性。

❀ 定理、定律、定义（分型、笔除外）。

必须牢记（工欲善其事，必先利其器）

● 实事求是。

● 知行合一。

● 一阴一阳之谓道。

● 曼德勃罗特分形几何。

- 八浪循环,五升三降。
- 比尔·威廉姆斯一致性获利法。
- 波浪理论三铁律:

(1)第2浪不破第1浪的底;

(2)第3浪不可以是最短的一个浪;

(3)第4浪的底不可以低于第1浪的顶。

- 缠中说禅:分型、笔。

言人人殊

没有路的时候,我们会迷路;路多了的时候,我们也会迷路,因为我们不知道该到哪里去。

对于本书的观点,你可以点头同意,也可以摇头不同意,但事实(画)就摆在那里。重要的是,针对学习这件事情,你能站在别人的肩膀上,觉察到更广阔的客观世界。

笔者不反对把牢记当作忘记、把忘记当作牢记的人,仁者见仁、智者见智。

课本告诉我的是道理;南墙告诉我的是真理。不碰南墙非好汉!只要去实践,南墙也一定会告诉你该忘记什么,该牢记什么。

走自己的路,让别人去说吧!塞翁失马,焉知非福。失之东隅,收之桑榆!

路不险则无以知马之良,任不重则无以知人之德。

行百里者半九十,《画说》还在演绎,压轴好戏还在后头!笔者将不待扬鞭自奋蹄,尽快完成金字塔系统图(见图0-1)中余下的内容,让下册书尽快能与读者见面。

附录A 画中画

表A1 缠中说禅图例

类别	图例
笔 中枢	
走势类型	
走势终完美	
小转大	
买卖点	
级别	
杂项（一）	
杂项（二）	
标头	◆泰山北斗　❀缠中说禅　☆艾略特　○普莱切特

表 A2　波浪理论图例

分形					
阴阳（一）					
阴阳（二）					
阴阳（三）					
八浪循环					
八浪标识					
专利					
探路者					

波浪图坐标条

在蜘蛛的启示下，大数学家笛卡儿在 1637 年发明了现代数学的基础工具——平面直角坐标系，第一次将几何和代数相结合，创立了具有里程碑意义的解析几何学。

在本书中，笔者东施效颦、照猫画虎，设计了一个波浪图横坐标条。

大海的波浪静如处子，动如脱兔；艾略特波浪理论千变万化，趣味无穷。那么，波浪理论有没有一个变中不变的规律？当然有。形而上者谓之道：阴阳互根、相反相成，八浪模式五升三降，波浪理论三铁律就是变中不变的道。

为此，本书在波浪理论走势图的下方专门设计了一个条形坐标图（见图 A1 和图 A2），它是波浪理论的参照系。

一个波浪图的横坐标条由三部分组成：

第一部分是显示波浪理论阴阳互根、相反相成、对立统一的哲学层面的图形符号；

第二部分是显示波浪理论八浪模式中数字五浪、字母三浪的数学层面的图形符号；

第三部分是分析波浪理论形态中三条铁律规则的内容。

图A1 八浪模式图中的条形坐标图

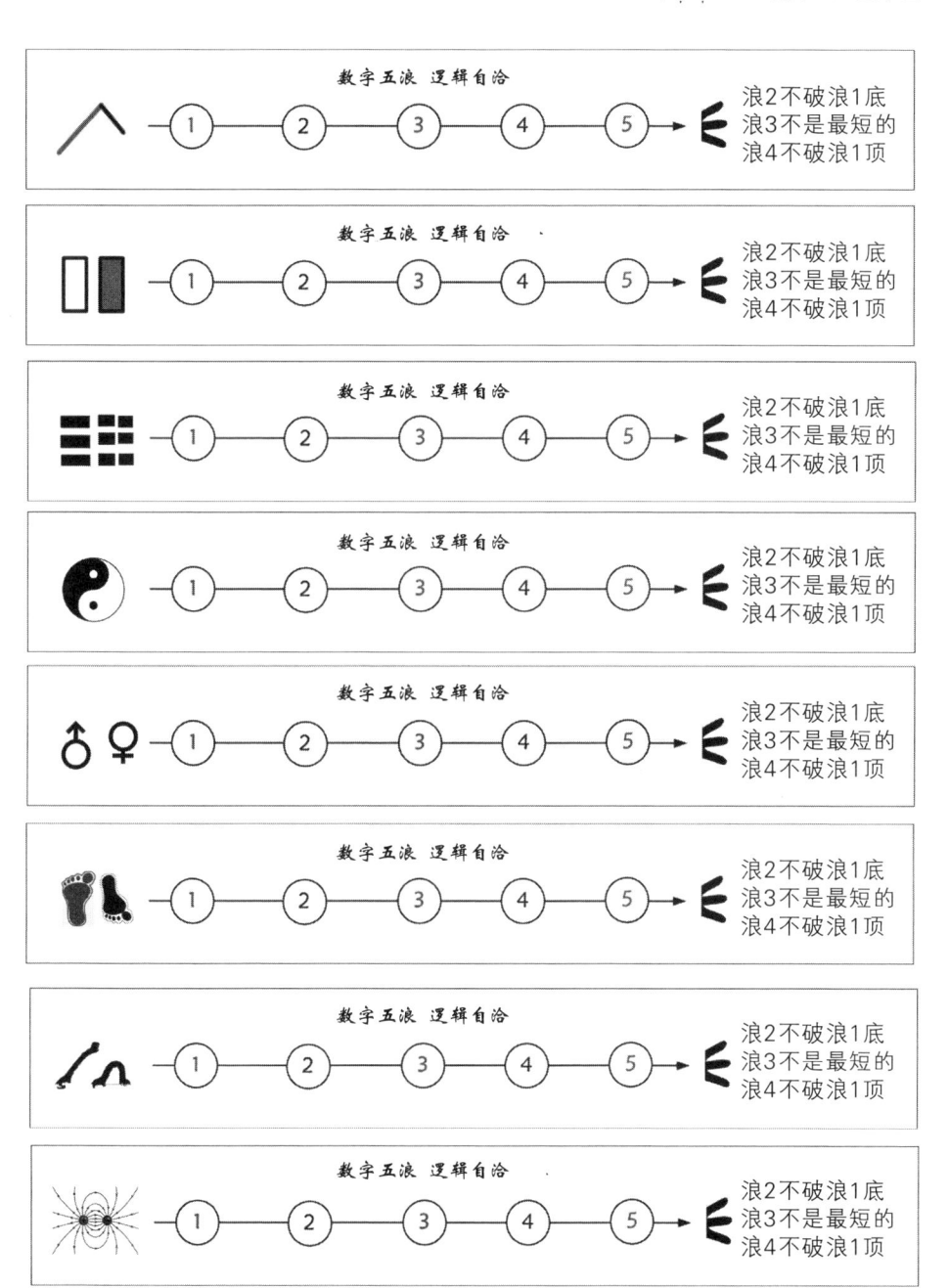

图 A2　数字五浪图中的条形坐标图

本书在分析实际走势图时，在每张图的下方都有一个坐标图作为参照系，它告诉我们：千举万变，其道一也（《荀子》）。

附录 B　画中诗

疏可跑马，密不透风

清代著名书法篆刻家邓石如曾引述并发展前人的名字、名画用"疏可跑马，密不透风"来表述。中国的画家常借用这句话来强调疏密、虚实之对比，并以此反对平均对待和现象罗列。"疏"，是指字画中空的地方，可以跑开奔马；"密"，是指字画密集的地方，连风都透不过去。

股票、期货、外汇、黄金等金融市场的走势图是客观的、有规律的。一幅走势图就是一幅山水画，市场走势在形态上也是一推一调、一张一弛、有疏有密。多数走势图中存在大片的空白区。既然空白区"疏可跑马"，何不在此写一些名诗名句，做到图文并茂，增添些诗情画意呢？这能让读者感到十分惬意，似乎达到了一种更高境界："走势是有生命的，看行情的走势，就如同听一朵花的开放，嗅一朵花的芬芳，见一朵花的美丽，一切都在当下中灿烂。"

"画中诗"，欣赏这一诗一画，可以领略到"诗是无形画，画是有形诗"的浪漫趣味。

本书中不仅有画，还有诗和远方。波浪理论说的就是浪，浪呀么浪打浪，一波一浪奔远方！

诗是无形画，画是有形诗

（部分诗句）

芳林新叶催陈叶，流水前波让后波。
不识走势真面目，只缘心在中枢中。
不畏浮云遮望眼，只缘心在八浪中。
只道花无十日红，此花无日不春风。
横看成岭侧成峰，五升三降垄上行。

谁持画笔描山色，五升三降别样红。
谁持彩练当空舞，八浪循环道之动。

春风得意马蹄疾，一日看嗨波浪行。
山重水复疑无路，柳暗花明又一村。
春色满园关不住，一枝红杏出墙来。
无可奈何花落去，似曾相识燕归来。
世间无限丹青手，一片伤心画不成。
问君能有几多愁？恰似一江春水向东流。
苔花如米小，也学牡丹开。

附录 C　参考资料

图书资料

- 艾略特波浪理论——小罗伯特·R.普莱切特
- 艾略特名著集——小罗伯特·R.普莱切特
- 应用艾略特波浪理论获利——史蒂文·波泽
- 证券混沌操作法——比尔·威廉姆斯
- 证券交易新空间——比尔·威廉姆斯
- 教你炒股票108课——缠中说禅
- 筹码分布——陈浩
- 股市博弈论——杨新宇
- 纳什均衡与博弈论——汤姆·齐格弗里德
- 期货市场技术分析——约翰·墨菲
- 金字塔原理——芭芭拉·明托
- 图形思考——久恒启一
- Visio 2003图形设计实用教程——邱春红

引用论证

本书使用了引用论证，这是"道理论证"的一种，也叫"引证"，即引用名人名言、格言警句、权威数据或名人的观点等作为论据，引经据典分析问题、说明道理的论证方法。可用来提升本书的品位，增加本书的含金量、可读性、可信性、权威性和趣味性。

泰山北斗大家——本书指的是先哲、圣人、哲学家、政治家、科学家、数学家、诺贝尔奖获得者、文学家等。

本书中名言警句的数量达400多条，在引用过程中，个别句子会有引用不妥的地方，请读者自行甄别。